教科書ガイド

第一学習社 版

高等学校
精選言語文化

TEXT
BOOK
GUIDE

文研出版

はしがき

本書は、第一学習社発行の教科書「精選言語文化」に準拠した教科書解説書として編集されたものです。

教科書内容がスムーズに理解できるよう工夫されています。

予習や復習、試験前の学習にお役立てください。

本書の特色

●冒頭解説

本書は、教科書の流れにしたがい、「日本文学編―近現代」「日本文学編―古文」「漢文学編」の三編で構成されています。

「日本文学編―近現代」では、まず学習のねらいや主題、段落などを解説しています。また、詩・短歌・俳句では、きまりや技法についても扱っています。

「日本文学編―古文」「漢文学編」では、冒頭の〔○○とは〕等で、学習にあたっての予備知識となるような事柄(作品・作者など)を解説しています。

●教材解説

「日本文学編―近現代」では、まず段落ごとの大意を簡潔にまとめ、その後、重要語句や文脈上おさえておきたい箇所の意味を解説しています。さらに教科書下段にある脚問に対する解答(例)も加えています。

「日本文学編―古文」では、主として、まず段落ごとの〔大意〕をまとめています。

品詞分解の略符号

1 品詞名

(名詞は品詞名省略)

ク・シク＝形容詞

ナリ・タリ＝形容動詞

連＝連体詞

副＝副詞

接＝接続詞

感＝感動詞

助動＝助動詞

補＝補助動詞

2 動詞の活用の種類

四＝四段　　上一＝上一段

上二＝上二段　下一＝下一段

下二＝下二段

カ変・サ変・ナ変・ラ変＝変格活用

3 活用形

未＝未然形　用＝連用形

終＝終止形　体＝連体形

已＝已然形　命＝命令形

〔品詞分解／現代語訳〕では、教科書の原文を単語単位に分け、品詞名・種類・活用形を下記の略符号で原文右に示し、原文左には、適宜必要な言葉を補って現代語訳を示しています。また、〔語句の解説〕として、重要語句や文法上特におさえておきたい箇所についての解説や、脚問に対する解答(例)も加えています。

「漢文学編」では、まず段落ごとの〔大意〕を簡潔にまとめています。〔書き下し文〕では、現代仮名遣いによる読み方をつけています。〔現代語訳〕では、適宜必要な言葉を補って現代語訳を示しています。また、〔語句の解説〕として、重要語句や文法上特におさえておきたい箇所についての解説や、脚問に対する解答(例)も加えています。

●手引き

教科書教材末に提示されるそれぞれの課題に対しては、解答(例)、考え方や取り組み方などを示しています。

「漢文学編」では、教科書の下段にある「基本句形」で示されている事柄について、〔句形〕として解説を加えています。

なお、前記以外に、次の項目にも解説を設けています。

近現代
・言語活動

古文
・古文を読むために　・言語活動

漢文学
・漢文を読むために　・言語活動　・漢詩のきまり

4 助動詞の意味

使＝使役　**尊**＝尊敬　**受**＝受身
可＝可能　**自**＝自発　**打**＝打消
過＝過去　**詠**＝詠嘆　**完**＝完了
強＝強意　**存**＝存続　**在**＝存在
推＝推量　**定**＝推定　**意**＝意志
勧＝勧誘　**命**＝命令　**仮**＝仮定
婉＝婉曲　**当**＝当然　**適**＝適当
伝＝伝聞　**禁**＝禁止　**不**＝不可能
願＝願望　**比**＝比況　**例**＝例示
断＝断定　**様**＝様子　**状**＝状態
過推＝過去推量　**現推**＝現在推量
反仮＝反実仮想　**打推**＝打消推量
打意＝打消意志　**打当**＝打消当然
過定＝過去推定

5 助詞の分類

格助＝格助詞　**副助**＝副助詞
係助＝係助詞　**終助**＝終助詞
接助＝接続助詞　**間助**＝間投助詞

6 その他

尊＝尊敬　**謙**＝謙譲　**丁**＝丁寧
(代)＝代名詞
(枕)＝枕詞　(音)＝音便
(連語)　(語幹)
(係)……(結)＝係り結び　など

目次

日本文学編——近現代

日本文学編―古文

漢文学編

小説（一）

羅《ら》生《しょう》門《もん》

芥《あく》川《たがわ》龍《りゅう》之《の》介《すけ》

教科書P.12〜24

学習のねらい

下人の行動や心理をもとに場面の展開を捉え、老婆の語る論理が下人の決断に与えた影響を読み取る。

主題

飢え死に寸前の極限状況におかれた主人公の下人や老婆の姿、善（ヒューマニズム）と悪（エゴイズム）との間を揺れ動く主人公の心理描写を通して、人の中にある抜きがたいエゴイズムや、善と悪とは相対的で状況によって変わりうることなどを描き出している。

段落

本文は、時間の推移、場面の展開から、四つの段落に分けられる。

一　教P12・1〜P16・4　羅生門の下で雨やみを待つ下人
二　教P16・5〜P19・1　はしごの上から老婆を見つける
三　教P19・2〜P23・1　楼上での下人と老婆
四　教P23・2〜P23・7　羅生門から消えた下人

段落ごとの大意と語句の解説

第一段落　教12ページ1行〜16ページ4行

ある日の暮れ方、四、五日前に暇を出された若い下人が羅生門の下で雨のやむのを待っていた。羅生門は荒れ果て、死人の捨て場になっていた。下人は明日の暮らしをどうにかしようと考えるが、飢え死にしないためには盗人《ぬすびと》になるよりしかたがないということを積極的に肯定する勇気が出ずにいた。そして、この門の上の楼で一晩明かそうと、はしごの段に足をかけた。

教12ページ

1　冒頭の一行には、どのような情報が示されているか。

答　日付《ひづけ》（特定されていない）、時刻、登場人物の立場とその行動、場所、天気。

1 **下人**《げにん》　ここでは、身分が低い召し使いの男、の意。原典の『今昔物語集』では、最初から「盗人」となっている。

2 **丹塗**《にぬ》**りの剝**《は》**げた**　赤い塗料が剝げた。羅生門や京都の荒廃ぶりを表し、不気味な感じをかもし出している。

3きりぎりすが一匹《いっぴき》とまっている　門の下にいるのは「この男」のほかはきりぎりすのみであり、さびしい様子が強調されている。

4雨《あめ》やみをする　雨のやむのを待つ。雨宿りをする。

6飢饉《ききん》　農作物が実らず、食物が欠乏して、飢え苦しむこと。

7ひととおりではない　普通ではない。並のことではない。

8箔《はく》　金属をたたいて、紙のように薄く平たく伸ばしたもの。

9料《しろ》　材料。使用する品物。

9その始末《しまつ》　仏像や仏具を打ち砕いて、薪の材料として売るというような事情。

「始末」＝ここでは、物事の事情・状態・様子、の意。

10もとより　言うまでもなく。もちろん。

10顧《かえり》みる　気にかける。心配する。

11狐狸《こり》　きつねとたぬき。

教13ページ

2日《ひ》の目《め》が見《み》えなくなる　日が暮れる。日が沈んで暗くなる。

「日の目」＝日の光、の意。「日の目を見る」は、普通、これまで世に埋もれていた物事が世間に知られる、という意で使う。

4足踏《あしぶ》みをしない　ここでは、足を踏み入れない、の意。

2　**「からす」の描写は、どのような効果をあげているか。**

答　黒いからすが死人の肉を求めて集まっている様子を描くことで、羅生門の辺りが荒れ果ててさびれているさまを想像させるとともに、不吉で不気味な印象を与えている。

11それがごまをまいたように　黒いからすが羅生門の上を群がって飛び回る姿が、赤い夕焼け空にくっきり浮かんで見える様子を表している。

教14ページ

2洗《あら》いざらした　何度も洗って色が薄くなった。

2大《おお》きなにきびを気《き》にしながら　下人がまだ若いことを示す表現。

4作者《さくしゃ》は……　この小説を虚構だと印象づけると同時に、語り手(作者)がこの小説の世界について熟知しているのだと感じさせようとする意図が表れた表現とも言える。

6暇《ひま》を出《だ》された　解雇された。

7ひととおりならず衰微《すいび》していた　すっかり衰え弱っていた。

8余波《よは》　ここでは、物事が周囲や後世に及ぼす影響、の意。

11平安朝《へいあんちょう》　平安時代。

12上《あ》がる気色《けしき》がない　(雨が)やむ気配がない。

12差《さ》し当《あ》たり　今のところ。当面。

13とりとめもない　まとまりのない。

16雨《あめ》は、羅生門《らしょうもん》を……雲《くも》を支《ささ》えている　「雨」や「夕闇」、「屋根」を主語にした擬人法的な表現。下人が途方に暮れている重苦しい気持ちをきわだたせている。

教15ページ

1甍《いらか》　屋根の頂上の部分を覆う瓦。瓦ぶきの屋根。

3いとま　ひま。時間的余裕。

6低回《ていかい》した　考えごとをしながら、ゆっくり歩き回った。

6この局所《きょくしょ》へ逢着《ほうちゃく》した　「この局所」とは、手段を選ばないとすればと仮定した地点である。飢え死にをしないために盗人になるよりしかたがないという理屈はわかっているが、まだ勇気が出ない状態である。

「局所」＝ここでは、全体の中の限られた一部分、の意。

「逢着」＝出会うこと。行き着くこと。

7 **この「すれば」** 手段を選ばないとすれば。

8 **かたをつける** 物事を処理する。けりをつける。

9 **「盗人《ぬすびと》になるよりほかに……勇気《ゆうき》が出《で》ずにいたのである** 「盗人になるしかない」と論理的にはわかっていても、心理的には抵抗があって実行に移せない下人の心の揺れを表している。

11 **くさめ** くしゃみ。

11 **大儀《たいぎ》そうに** 面倒くさそうに。だるそうに。

3 「きりぎりす」の描写は、どのような効果をあげているか。

答 冒頭の場面から時間が経過したことと、下人以外の生き物がいなくなり、より静かでさびしくなったことを示す効果。

16 **憂《うれ》え** 心配。

16 **人目《ひとめ》にかかる** 人目につく。人に見とがめられる。

教16ページ

1 **楼《ろう》** 二階建て以上の高い建物。

第二段落 教16ページ5行〜19ページ1行

下人がはしごを上り楼の内をのぞくと、死骸が転がる中、火をともした松の木切れを持った一人の老婆が一つの女の死骸の顔を眺めていた。下人は恐怖と好奇心とで息をするのも忘れた。老婆が死骸から長い髪の毛を一本ずつ抜き始めるのを見る下人の心からは、恐怖が少しずつ消え、悪を憎む心が燃え上がった。

教16ページ

4 「一人の男」という表現には、どのような効果があるか。

答 第三者のような言い方をすることで、場面が転換したことをより印象づける効果。

6 **息《いき》を殺《ころ》しながら** 息をおさえて音を立てないようにしながら。

9 **たかをくくって** たいしたことではないと見くびって。「たかをくくる」＝もともとは、程度(高《たか》)をあらかじめはかる(括《くく》る)、の意。

10 **火《ひ》をとぼして** 火をともして。

11 **それと知《し》れた** 楼の上で誰かが火をともして、しかもその火をそこここと、動かしているらしいことがわかった。

5 「この雨の夜に、この羅生門の上で」には、どのような意識が表れているか。

答 出かけるべきときではなく、出かけるべき場所でもない、人がいるべきでないところという意識。

14 **足音《あしおと》を盗《ぬす》んで** 足音を立てないようにして。「盗む」＝ここでは、ひそかに何かをする、の意。

教17ページ

1 **無造作《むぞうさ》に** ここでは、大事に扱わず、雑に、の意。

3 **おぼろげながら** はっきりしないけれども。

9 **腐乱《ふらん》** 腐ってただれること。

6　**「ある強《つよ》い感情《かんじょう》」とは、どのような感情か。**

答　猿のような老婆が死骸の中にうずくまって女と思われる死骸の顔を眺めているのを見たときの、しばらく息をし忘れるほどの「六分の恐怖と四分の好奇心」が入り混じった感情。

16 **六分《ろくぶ》の恐怖《きょうふ》と四分《しぶ》の好奇心《こうきしん》**　このときの下人の心の中では、恐怖のほうが好奇心よりも強いことを示している。

16 **暫時《ざんじ》**　しばらくの間。

教18ページ

1 **旧記《きゅうき》の記者《きしゃ》の語《ご》を借《か》りれば**　古い物語（ここでは『今昔物語集』）の作者の表現を借りると。

7　**「恐怖」が「憎悪」へと変わったのはなぜか。**

答　老婆が死人の髪の毛を抜いていると知り恐怖が薄らぐにつれ、老婆の死者を汚す行為を許せないという思いがわいたから。

6 **それと同時《どうじ》に**　死骸から髪の毛が一本ずつ抜けるのに従って、下人の心から恐怖が少しずつ消えていくのと同時に。

7 **語弊《ごへい》**　言葉の使い方が不適切であるために起こる弊害。

7 **あらゆる悪《あく》に対《たい》する反感《はんかん》**　世の中の醜いもの、不道徳なものすべてを拒否する漠然とした感情。

14 **片《かた》づけて**　ここでは、判断して、の意。

16 **許《ゆる》すべからざる**　許すことはできない。

教19ページ

1 **……なぞ**　……など。……なんか。

1 **とうに**　とっくに。ずっと前に。

第三段落　教19ページ2行〜23ページ1行

下人は楼の上に飛び上がり、老婆をねじ倒して何をしていたか尋ねた。憎悪の心は冷め、安らかな得意と満足を感じた。老婆は、髪を抜いてかつらにしようと思った、ここの死人《しびと》はそのくらいされてもいい人間ばかりだ、死人も自分も飢え死にしないためにしかたがなくしたので悪いことと思わない、死人も大目に見るだろうと言った。それを聞くうちに盗人になる勇気を得た下人は、では俺が追い剝ぎをしても恨むまいなと言って老婆から着物を剝ぎ取り、老婆を蹴倒してはしごを駆け下りた。

教19ページ

3 **大股《おおまた》に老婆《ろうば》の前《まえ》へ歩《あゆ》み寄《よ》った**　最初は「やもりのように足音を盗んで」（教16ページ14行）いた下人が、堂々と足音を立てて老婆に近寄っている。下人の心理の変化が行動に表れている。

8　**このときの老婆の「驚き」は、どのようなものか。**

答　雨の夜の羅生門の上なので、老婆も誰もいないと考えていたはずで、人がいたことと、自分が死人の髪の毛を抜くという悪いことをしているところを見られたことに、弩《いしゆみ》にはじかれたかのように飛び上がるほど、ひどく驚いた。

6 **おのれ**　ここでは、きさま、こいつ、の意。相手を罵る表現。

13 **白《しろ》い鋼《はがね》の色《いろ》**　太刀の刃をさす。刃の色で刃そのものを表す比喩表現。

14 **わなわな**　恐怖・興奮・寒さなどで体が小刻みに震える様子。

14 **肩《かた》で息《いき》を切《き》りながら**　苦しそうに息をしながら。

「息《いき》を切《き》る」＝驚きや恐怖で苦しそうに呼吸をする。「肩で息を切る」は「肩で息をする」とも言う。

15 **眼球《がんきゅう》がまぶたの外《そと》へ出《で》そうになるほど**　老婆が恐怖に陥っている様子を示している。

9　**「この老婆の生死が、……支配されている」とは、どういうことか。**

答　老婆を生かすも殺すも、下人の意志一つで決められるということ。

教20ページ

3 **円満《えんまん》**　ここでは、不満や争いのないこと、の意。

3 **成就《じょうじゅ》**　成し遂げること。でき上がること。

5 **今《いま》し方《がた》この門《もん》の下《した》を通《とお》りかかった旅《たび》の者《もの》だ**　通りすがりの者だということで老婆を安心させ、自分が困窮していることを隠しプライドを保ちたかったので嘘《うそ》をついている。

「今し方」＝たった今。

6 **縄《なわ》をかけて**　ここでは、罪人として捕らえて、の意。

9 **肉食鳥《にくしょくちょう》のような、鋭《するど》い目《め》**　タカやワシのような鋭い目。一分の隙も見逃さない、油断のならない目をたとえた表現。

12 **あえぎあえぎ**　荒く息をしながら。

10　**「老婆の答えが存外、平凡なのに失望した」のはなぜか。**

答　雨の夜、羅生門の上で「ただの者ではない」老婆が死人の髪の毛を抜くという異様な状況から、何か特別な答えを期待していたのに、老婆の答えが案外現実的なものでがっかりしたから。また、老婆がありふれた悪人であれば、それを捕らえた自分の功績も価値が下がるように思えたから。

「存外」＝思いのほか。案外。

15 **侮蔑《ぶべつ》**　あなどりさげすむこと。

15 **その気色《けしき》**　下人が失望や憎悪に加え、老婆に対して冷ややかな侮蔑を感じていること。

「気色」＝ここでは、態度や顔色などに表れた心の動き、の意。

16 **先方《せんぽう》**　老婆のこと。

16 **持《も》ったなり**　持ったまま。「……たなり」は、……したまま、の意。

教21ページ

2 **なんぼう**　どんなにか。どれほど。

3 **そのくらいなこと**　死人の髪の毛を抜くくらいのこと。

5 **往《い》んだ**　行った。

5 **死《し》なんだら**　死なかったら。

8 **思《おも》うていぬ**　思ってはいない。

8 **せねば、飢《う》え死《じ》にをするのじゃて**　（蛇を干し魚だとだまして売ることを）しなければ、飢え死にをするのだから。

8 **されば**　だから。

9 **これとてもやはりせねば**　死人の髪の毛を抜いてかつらにすることも、やはりしなければ。

12 **大目《おおめ》に見《み》て**　あまりとがめず寛大に扱って。

15 **冷然《れいぜん》として**　冷ややかな態度で。

教22ページ

答 11 **「ある勇気」とはどのような勇気か。**

直後の「さっき門の下で、この男には欠けていた勇気」のこと。具体的には、「『盗人になるよりほかにしかたがない。』ということを、積極的に肯定するだけの、勇気」(教15ページ9行)であり、盗みをしてでも生きていこうとする勇気のこと。

7 **意識《いしき》の外《そと》に追《お》い出《だ》されていた** すっかり忘れてしまっていた。

答 12 **「嘲るような声」とは、下人のどのような気持ちの表れか。**

老婆は、自分の行動を正当化するために、悪い者には悪いことをしてもかまわない、生きるためには悪いことをするのもしかたがない、という論理を用いたが、その論理によって、老婆自らがこれから自分(下人)によってひどい目にあうことになる、という皮肉な展開を、下人が笑いたい気持ち。

「嘲る」=人を軽蔑して悪く言ったり笑ったりする。

16 **夜《よる》の底《そこ》** 門の下の真っ暗闇。比喩的な表現である。

第四段落 教23ページ2行～23ページ7行

間もなくして老婆ははしごの口まで這《は》っていき、門の下をのぞき込んだが、外には黒洞々《こくとうとう》たる夜があるばかりである。下人の行方は、誰も知らない。

教23ページ

5 **外《そと》には、ただ、黒洞々《こくとうとう》たる夜《よる》があるばかりである** 真っ暗闇であるだけでなく、下人がこれから生きていく世界の暗さをも示している。

手引き

学習の手引き

一 本文全体を、場面のうえから四つの段落に分けてみよう。

解答例 省略(ガイド7ページの「段落」の項を参照)

二 第一段落を読んで、次の点を整理しよう。

1 場面設定(場所・時代・季節・時間など)

2 主人公の人物設定(名前・年齢・性格・境遇など)

考え方 1 「暮れ方」「羅生門」「雨」(一三・1)、「もう火桶《ひおけ》が欲しいほどの寒さ」(一五・12)、「夜を明かそうと思った」(一六・1)などから捉える。

2 年齢は「にきび」(一四・3)、性格は「『すれば』は、いつまでたっても、結局『すれば』であった」(一五・7)、「勇気が出ずにいた」(一五・10)、「ともかくも、夜を明かそう」(一六・1)などから考える。

解答例 1 場所…平安京正門の羅生門/時代…平安時代(末期)/季節…晩秋～初冬/時間…暮れ方～夜/天気…雨

2 名前…不明/年齢…若者/性格…優柔不断、正義感が強い/境遇…暇を出されて行く当てがない/立場…下人/様子…右頬に大きなにきびがあり気にしている

三 次のそれぞれの場面における下人の心理について考え、下人の心理の推移をまとめよう。

1　羅生門の下で雨のやむのを待っていたとき。
2　死骸から髪の毛を抜き取る老婆を見たとき。
3　逃げようとする老婆を力ずくで取り押さえたとき。
4　老婆の説明を聞いたとき。

解答例　1　雨天という空模様も手伝って、感傷的な気持ちになっている。→生きるためには手段を選ばないということを肯定しながらも、盗人になることを積極的に肯定する勇気を持てないでいる。
2　六分の恐怖と四分の好奇心とを感じる。→しだいに恐怖心が消え、同時に、悪に対する憎悪がわいてくる。→悪に対する憎悪がわいてくると同時に、以前の「盗人になろう」という気持ちを忘れる。
3　老婆の生死が、完全に自分の意志に支配されていることを感じ、悪に対する憎悪が冷め、安らかな得意と満足とを感じる。→老婆の答えに失望し、以前の悪に対する憎悪が、冷ややかな侮蔑といっしょに、心の中に入ってくる。
4　盗人になることを、積極的に肯定する勇気が生まれてくる。→老婆の論理を自分の論理として、手始めに、この老婆から引き剝ぎをしようと考える。

四 老婆の語る論理について

1　論理の要点を二点にまとめよう。
2　下人は老婆の論理をどのように自らの決断に応用したのか、説明してみよう。

解答例　1　・相手が悪いことをした人間ならば、その人間に同じように悪いことをしてもかまわない。
・生きるためにしかたがなくする悪事は「悪」とは言えず、相手もそれを許すだろう。
2　自分も生きるために老婆に引き剝ぎという悪いことをするが、生きるために悪いことをすることをしかたないと老婆は理解しているのだから、自分のことも大目に見るだろうというように応用した。

活動の手引き

一 『羅生門』の典拠となった『今昔物語集』の本文を調べ、

1　どのような話が書かれているか、内容をまとめよう。
2　『羅生門』では、どのような要素を加えて話を膨らませているか、文章にまとめて発表し合おう。

考え方　2　『今昔物語集』の二つの話をつなげて『羅生門』は書かれている。老婆の言葉と男の境遇について、『羅生門』と読み比べて考えよう。

解答例　1　「羅城門《らせいもん》の上層《うわこし》に登りて死人を見たる盗人の語《こと》」…盗みをしようと京に来た男が羅城門の上で死人の髪を抜いている老婆を見つける。老婆は主人の死体をここに運び、長い髪を抜いてかつらにしようとしていたと話す。男は死人と老婆の着物と、抜いた髪を奪って逃げた。
「太刀帯《たちはき》の陣に魚を売る嫗《おうな》の語」…太刀帯の詰め所に味のよい魚を売りに来る女がいた。あるとき太刀帯たちが野で蛇を捕まえている女に会った。女は蛇を魚と言って売っていたのだ。

言葉の手引き

一 次のかたかなを、訓読みの語は送り仮名も含めて、漢字に改めよう。

1 キガによる死者が増える。
2 幼いころの出来事をカエリミル。
3 事故で列車がチエンする。
4 運動不足で体力がオトロエル。
5 バツグンの成績で入学する。
6 シセイに生きる人々を描く。
7 敵の実力をアナドル。
8 彼の不安をイッシュウする。

解答 1 飢餓　2 顧みる　3 遅延　4 衰える
5 抜群　6 市井　7 侮る　8 一蹴

二 次の語を正しく読んでみよう。

1 草履　2 憎悪　3 成就　4 行方

解答 1 ぞうり　2 ぞうお　3 じょうじゅ　4 ゆくえ

三 次の慣用表現の意味を調べ、それぞれを使って短文を作ろう。

1 たかをくくる(一六・9)
2 大目に見る(二一・12)

解答例 意味は省略(「段落ごとの大意と語句の解説」を参照)。

1 格下の対戦相手と思ってたかをくくって試合に臨んだが、接戦の末、負けてしまった。
2 次の機会に埋め合わせをするので、今回は大目に見てください。

四 動物を使った比喩を本文中から抜き出し、その表現効果を説明してみよう。

解答例
・犬のように捨てられてしまう(一五・5)…人が人らしく扱ってもらえないほど、世間が混乱していることを表す。
・猫のように身を縮めて(一六・6)…下人が小さくなり、恐怖を感じていることを表す。またあとで老婆の生死を握っている感覚を得るほど立場が変わるが、その変化を印象づけている。
・やもりのように足音を盗んで(一六・14)…下人が足音を立てず、身を低くしてはしごを上る様子と、その姿が不気味なことを表す。
・猿のような老婆(一七・13)…老婆の小ささ、細さを強調している。
・猿の親が猿の子のしらみを取るように(一八・3)…老婆の姿が猿のようであることを強調しつつ、その動作が丁寧であり、無理に抜いているのではないことを表す。
・鶏《とり》の脚のような、骨と皮ばかりの腕(一九・11)…老婆が貧しく満足に食べられておらず、力もない、非力な人であることを表す。
・まぶたの赤くなった、肉食鳥のような、鋭い目(二〇・9)…非力だが、精神は弱っておらず、下人に強い敵意があることを表す。
・からすの鳴くような声(二〇・11)…老婆の声が美しくなく、小さくもないことを表し、老婆の精神の強さを感じさせる。
・蟇《ひき》のつぶやくような声(二一・1)…声は相変わらず美しくないが、下人が先の自分の言葉に失望し、侮蔑を覚えたことを察し、気が弱くなったことを表す。

砂に埋もれたル・コルビュジエ

原田《はらだ》マハ

教科書P.26〜37

●学習のねらい

父との過去の会話を重層的に描いた構成を把握し、一冊の本にまつわる三人の人間の思いを読み取る。

●主　題

ル・コルビュジエというフランスの建築家の著書『輝く都市』に絡めて、眞砂子《まさこ》、父、眞砂子の祖父のところで働いていた正司《しょうじ》さんの三人の夢と、父と正司さんは戦争など時代のためにその夢をかなえられなかったことを描く。それでも別の形で自分の夢を実現させたいと願う父と正司さんの行動に、時代に対する人の無力さと、未来に希望を託そうとする強さを、父が眞砂子へ伝える人間の可能性についての思いとともに描き出す。

●段　落

本文は、一行空きによって三つの段落に分けられる。

一　教P26・8〜P28・17　十年ほど前の眞砂子と父の言い合い
二　教P29・1〜P32・9　父の憧れと正司さんとの関わり
三　教P32・10〜P36・8　父の戦地での行動と思い

段落ごとの大意と語句の解説

第一段落　教26ページ8行〜28ページ17行

眞砂子は十年ほど前の父との会話を思い出している。仕事に満足しておらず、「自分でモノを作れる人」になりたかったと言う眞砂子を、父は自分でモノを作るのは今からでもできるのになぜあきらめるのかと理解できない。眞砂子は自分のしたいことは父が言うモノを作ることとは「レベルが違う」と言い放ち、かつての自室にこもる。自室で、レベルが違うとは言ったものの、父からの影響を強く受けてきたことを思い出す。

教26ページ

9 **十年《じゅうねん》ほど前《まえ》**　「二十年以上働いた建築事務所を辞めて郷里に戻ってきた」（同ページ6行）現在からみて、十年ほど前のこと。当時眞砂子は三十代後半で、地元を離れ、建築事務所で働いていた。

9 **本音《ほんね》をこぼした**　「本音」は、「本当は、自分でモノを作れる人になりたかった」（同ページ8行）である。「こぼす」はここでは、不満などを胸に収めておけないでつい言ってしまう、の意。父に本音を告げる気はなかったのだが、話の成り行きでつい言ってしまったのである。

教27ページ

2 **長年文句《ながねんもんく》も言《い》わず**　それまで父に本音を告げていなかったことがわかる。

10 **憮然《ぶぜん》** 失望、落胆し、どうすることもできないでいる眞砂子の様子を表す。

15 **なんだったのか、と過去形《かこけい》にされているところに、むっとした** 自分の本当にやりたかったことはこの先もずっとかなえられないと言われたようで腹を立てている。

教28ページ

4 **自嘲《じちょう》** 自分で自分を軽蔑すること。

1 **「レベルが違う」という言葉には、どのような意味がこめられているか。**

答 自分のやりたいモノ作りとは、父の言っているような単純なことではないため、日曜大工と同列に扱ってほしくないと眞砂子が思っているという意味。

16 **幾《いく》ばくか** ここでは、少し、の意。情報源となる本や雑誌がわずかしかないことを表す。

第二段落 教29ページ1行～32ページ9行

眞砂子が高校三年生のときの父との会話を思い出している。父は祖父と働く正司さんに憧れ、正司さんがなりたかった建築家になりたいと思う。それを打ち明けると、正司さんはル・コルビュジエの『輝く都市』を父に渡す。正司さんは、本に書いてあることを父が実現してくれたら、それが日本のためになると話す。しかし戦争の影響もあって、父は建築家にはなれず、本は戦争中に南の島に置いてきていた。

教29ページ

3 **ほんでもなあ** それでもなあ、の意。「ほんで」は広島地方などの方言。

8 **片田舎《かたいなか》** 都会から離れた不便な田舎。ここでは広島市をさしている。

10 **棟梁《とうりょう》** 親方。大工の職人たちを指導、保護する立場にある人。

11 **ガヤガヤとやった** 家で職人たちとにぎやかに食事や宴会をしていた。

教30ページ

4 **戦争《せんそう》がもう間近《まぢか》に迫《せま》り** この「戦争」は原爆が落とされた戦争なので、太平洋戦争開戦間近の時期であることを示している。

4 **父《ちち》の夢《ゆめ》はかなえられないと知《し》っていたにちがいない** 「インテリ」（教29ページ12行）であった正司さんは、戦争に進む日本の未来について悲観的な予想ができていた。

4 **それでも正司《しょうじ》さんは、父《ちち》に言《い》ったそうだ** 戦争になれば建築家になりたいという父の夢はかなえられないと思ったが、正司さんは父の夢を否定せずに、応援している。

12 **まるで本《ほん》の中《なか》から太陽《たいよう》が昇《のぼ》ったように、すべてのページが輝《かがや》いて見《み》えた** ル・コルビュジエの名前も知らず、フランス語も読めなかっただろう父には、本の内容はすぐにはわからなかったはずである。それでも憧れの正司さんが繰り返し読んだ形跡のある本の価値を感じ取っている。

教31ページ

3 **ほんまのことを言《い》うと、わしも、この人《ひと》の弟子《でし》になりたかった** 正司さんは、「これからは、みんなで共存する都市そのものを作っていかにゃあおえん」（教30ページ17行）と言っているル・コルビュジエの考えに共感し、弟子になりたいと思っていた。しかし、「家庭の事情で東京の大学の建築科を中退」(教29ページ12行)し、広島で眞砂子の祖父のもとで大工として働いていた。

6 **わし、とうとう読《よ》み切《き》らんかった。じゃけえ、おまえにやる**　弟子になりたいと思うほど感銘を受けた人の本だが、フランス語の原書であるため、正司さんは読み切れなかった。また、このことは、正司さんの建築家への夢がついえたことを暗示しているとも考えられる。「じゃけえ」は、だから、の意の方言。

8 **じゃけど**　だけど、の意の方言。

9 **この本《ほん》のためになる。――日本《にほん》のためにもな**　大学を中退し建築家になれなかった自分よりも、これから建築家を目ざす父が持っていたほうが、本が役立つと正司さんは考えている。また、みんなで共存する都市が生まれることで、この本が書かれた意義や価値が認められることになり、さらに、そのような都市を作ることは日本のためになるとも考えている。この考えは父に影響を与え、この本に書かれている都市を作ることが日本のため、世界のためになり、それができれば「みんな、笑って、幸せに暮らせ」(教36ページ4行)るようになるのではないかと考えた。

15 **建築家《けんちくか》になれなかったのは、時代《じだい》のせいかもしれん、……もっとどうにかできたかもしれんかった**　戦時中に建築家になることは難しいと考えられるが、それを言い訳に努力をしなかったのではないかと、父は自分を分析している。「なんで今まで、やりたいことをできるとこへ行かんかったんじゃ?」(教27ページ11行)、「遅うねえじゃろ」(教28ページ6行)とあるように、父が眞砂子に自分のやりたいことをやってほしいと願っているのは、自分が戦争のせいで、あるいはそれを言い訳にやりたいことをしてこなかった過去があるためとも考えられる。

教32ページ

3 **その本《ほん》、どこにあるの?と十八歳《じゅうはっさい》の私《わたし》は、好奇心《こうきしん》いっぱいで父《ちち》に訊《き》いた**　父の「自分の夢から逃げた……建築家になれなかったんじゃのうて、結局、なろうともしなかった」(同ページ1行)という人生への後悔を滲《にじ》ませた発言は「甘酸っぱい青春時代の話」(同ページ4行)として眞砂子は重要視していない。それよりも、建築方面に興味のあった眞砂子は、『輝く都市』という本を見てみたいと自分の興味を優先させている。十八歳の眞砂子には、まだ未来に夢があり、かなえられなかった父の気持ちには理解が及ばない。

2　「甘酸っぱい」という言葉から、このときの父の話をどのように受け取ったことがわかるか。

答　ほほえましくも切ない過去の話として受け取ったこと。

第三段落　教32ページ10行～36ページ8行

再び十年ほど前の会話に戻る。父に言いすぎたと思った眞砂子は、自分が持っていた『輝く都市』を父に見せる。しかし父は、戦争中の南の島で死を覚悟したときに、この本だけは生き延びてほしいと砂の中に埋めてきたからと本を開かない。父は、戦場で本を埋めることで、戦後に輝く都市ができることと、そこに暮らすみんなの幸せを願ったことを眞砂子に語った。

教32ページ

10 **漫然《まんぜん》**　ぼんやりとしてとりとめのない様子。

15 **別段目新《べつだんめあたら》しくもないようにも思《おも》えた**　正司さんが「日本のため」(教31ページ9行)と父に託し、父が「自分の命よりも、……重かった」(教35ページ17行)と感じて戦争中に砂の中に埋めた『輝く都市』に描かれた未来が、現在では現実のものになっていることを表している。

教33ページ

3　**「まるで敵でも討つように」というのは、どのような心情を表現したものか。**

答　本に夢中になり、内容を理解したいと強く願う心情。

7 **何《なん》の前置《まえお》きもなく**　「前置き」は、本題に入る前に述べることの意。新聞を読んでいる父に声もかけず、突然邪魔をしている。自分と父にとってそれが許されるくらい重要な本だと思っている。

9 **思《おも》わず笑《え》みをこぼして**　戦争中に南の島の砂に埋めた宝物と同じ本を見て、懐かしく思い、喜んでいる。

教34ページ

11 **南方《なんぽう》の最前線《さいぜんせん》**　太平洋戦争末期、日本はフィリピンなど日本の南方でアメリカ軍と過酷な戦いを強いられていた。

12 **玉　砕《ぎょくさい》**　全力で戦い、名誉や忠節を守って死ぬこと、の意。

教35ページ

4 **殺《ころ》される前《まえ》に突撃《とつげき》して玉砕《ぎょくさい》せよと、上《うえ》からの命令《めいれい》だった。……たとえ敵兵《てきへい》であっても、自分《じぶん》の死《し》に誰《だれ》かを巻《ま》き添《ぞ》えにしたくはなかった**　命令に反してでも、人を傷つけたくないという父の優しい人柄がうかがえる。

4　**「掘って、掘って、掘って、埋めた。」という表現から、どのようなことが読み取れるか。**

答　未来とを絶対に守りたいという強い気持ち。
死が隣り合わせにある戦場の緊迫感や、この本と、本が描く

11 **強　靭《きょうじん》**　ねばり強く、柔軟であること。

17 **自分《じぶん》の命《いのち》よりも、あの本一冊《ほんいっさつ》のほうが重《おも》かった**　自分が死んでも、「この本にだけは、生き延びてほしい」(教34ページ10行)と思い、本当に自分の死が迫ったときに、自分が助かることよりも、本を埋めて本を助けることを優先している。

教36ページ

8 **少《すこ》し照《て》れくさそうな顔《かお》をして、笑《わら》った**　「どことなく寂しそうな笑み」(教32ページ7行)とは対照的に、照れくさそうに笑っている。「若くて、まっすぐ」(教34ページ8行)だった頃、自分なりに未来の日本や世界、人の幸せを願い、「戦争で、なんもかんもなくなって」(教36ページ5行)しまっても、人間ならばやり直せると人間の可能性を真剣に考えて行動したことを、照れくさいと思いながらも、肯定的に受け止めていることがわかる。

手引き

学習の手引き

一 **本文は、一行空きによって三つの段落に分かれている。**

1 時間軸に注意しながら、各段落がどのような関連によってつながっているか、説明してみよう。

2 第二段落に、会話を表すかぎかっこが使われていない理由を、この段落の文章構造から説明してみよう。

考え方 1 それぞれの段落がいつの出来事を描いているのかを整理し、それらのつながりを考える。

2 第二段落は眞砂子の回想の中の回想であることから考える。

解答例 1 第一段落は十年ほど前に眞砂子と父が言い合いをし、眞砂子が自室で言い合いについて考えているうちに、父からの影響に思いを巡らせる場面である。第二段落は眞砂子が高校三年生のときの場面で、第一段落で考えた父からの影響に付随して思い出した、父に影響を与えた正司さんとのエピソードである。第三段落は第一段落の場面に戻り、第二段落で思い出した父と正司さんとのエピソードに出てくる『輝く都市』を父に見せて、父との会話を再開している。

2 現在の会話ではなく、過去にした会話や、自分が実際には聞いていない父から聞かされただけの会話を、第一段落で思い出した父との会話に関連して思い出したことが描かれている段落だから。

二 **次の類似した表現に着目し、三人それぞれがなぜ夢をあきらめたのか、整理してみよう。**

●本当は、自分でモノを作れる人になりたかった。(二六・8)

●わしゃあ、ほんまのことを言えば、建築家になりたかった。(二九・1)

●ほんまのことを言うと、わしも、この人の弟子になりたかったんじゃけどな……。(三一・3)

考え方 眞砂子…「たまたま就職試験で受かったのがそこだけだったから入った」(二七・7)、「やりたいことができるところへ行けるほど、才能もチャンスもなかった」(二七・12)とあることから考える。

父…「時代が時代じゃった。戦争中、なんもかもがぶっ壊されていく中で、建築やるなんちゅうことは、とてもとても……」(二九・4)、「十八で、兵隊に取られての。何かを作るどころか、壊し続けた」(二九・6)とあることに加え、「建築家になれなかったのは、時代のせいかもしれん。でも、本当の本当に、ル・コルビュジエになりたければ、戦争から還《かえ》ってきて、『輝く都市』を作るために、もっとどうにかできたかもしれんかった」(三一・15)、「自分の夢から逃げたんじゃな。建築家になれなかったんじゃのうて、結局、なろうともしなかった」(三二・1)ともあることから考える。

正司さん…「家庭の事情で東京の大学の建築科を中退した」(二九・12)とある。戦前は現代よりも家庭の事情の影響が大きかっただろうという時代背景も考える。

解答例　眞砂子…自分には能力がないと思ったから。

父…戦争中では建築家になる夢をかなえることは難しかったからだが、自分の意志や努力が足りなかったためでもあると考えている。

正司さん…家庭の事情のため。

三　**『輝く都市』という本が三人にとってどのような意味を持つかを考え、三人の思いに共通する点や、父から主人公に伝えられた思いについて、想像も交えて話し合ってみよう。**

考え方　『輝く都市』の三人にとっての意味は次のことから考える。

眞砂子…「もちろん、ル・コルビュジエという人が……考えてみると、この人が最初に理想とした都市像が、その後、多くの後継者の努力によって実現したのだ。まさに革命的な、偉大な先人」(三三・13)などから、偉大な建築家の本として、その意義を感じている。

父…「自分の命よりも、あの本一冊のほうが重かった」(三五・17)、「この本には生き延びてほしい、……書いてあることが、全部現実になって、『輝く都市』が日本に、世界のあちこちにできたらいい。みんな、笑って、幸せに暮らせたらいい」(三六・2)、「きっとまたやり直せる、きっと、輝く都市を作り上げられる。それが人間」(三六・5)などから、人間の幸せな未来のための重要な本だと考えていることがわかる。

正司さん…「本のページは、よれて、手あかで汚れていた……繰り返し読んだ形跡があった」(三〇・11)とあることや、父に本をあげることについて、「日本のため」(三一・9)、「『輝く都市』を、作ったらええ」(三一・13)と言っていることなどから、日本の未来のための重要な本だと考えていることがわかる。そしてこの考え方は、父に影響を与えている。

三人ともル・コルビュジエの偉大さを理解しているが、眞砂子は「輝く都市」が実現している時代に生きていることからも捉えるとよい。

また、父が眞砂子に「遅うねえじゃろ。自分でもモノを作るんなら、わしだってやっとるくらい」(二八・6)、「自分の夢から逃げた……建築家になれなかったんじゃのうて、結局、なろうともしなかった」(三二・1)と言っていることからも、父から眞砂子へ伝えられた思いについて考えてみよう。

活動の手引き

一　**主人公が生きる現実と『輝く都市』との関わりについて、失踪した父が砂場にいると直感した現在の出来事もふまえながら、考えたことを文章にまとめて発表し合おう。**

考え方　『輝く都市』に描かれた世界が実現している現代においても、認知症になった父が砂場に行くことから、父の『輝く都市』への潜在的な思いがいまだ衰えていないことがうかがえる。

言葉の手引き

一　**次のかたかなを漢字に改めよう。**

1　年末にキセイする。
2　独特のヒッチで描かれている。
3　黒一色のソウテイの本。
4　センキョウが日を追って悪くなる。

解答例　1　帰省　2　筆致　3　装丁　4　戦況

二 次の語の意味を調べよう。

1 憮然(二七・10)　2 自嘲(二八・4)
3 漫然(三三・10)　4 玉砕(三四・12)

解答例 省略(ガイド「段落ごとの大意と語句の解説」参照)

三 本文中から「腹が立つ」(二七・13)のように、体の部分を用いた慣用表現をすべて抜き出し、意味を調べよう。

解答例 ・頭にかっと血が上った(二八・7)…興奮する。
・目にした(三二・6)…見る。
・目に留まった(三三・10)…見て、関心を引かれる。
・首をかしげた(三三・17)…疑問に感じる。不審に思う。

四 次の傍線部の表現があることで、どのような意味が加えられているか、説明してみよう。

1 挨拶に行きたいなどと(二六・10)
2 憧れて憧れてのう。(二九・4)
3 建築家とやらになりたいと(三〇・1)

考え方 1 「など」には、一例をあげ他にも同種類のものがあることを示す意味、ある事物を示してそれを軽んじる意味、婉曲に示す意味、引用などを受けて大体の内容であることを表す意味があることから考える。
3 副助詞「やら」には、不確かであることや、ぼかして示す意味があることから考える。

解答例 1 「挨拶に行きたい」という父の発言を示し、それを眞砂子が軽んじ、そんなことはしなくてよいという気持ちでいるという意味。
2 「憧れて」を繰り返すことで、父の憧れる思いを強調する意味。
3 父はその時点では建築家がどんなものなのかはっきりとわかっていなかったという意味。

五 「父」のせりふに方言が用いられ、主人公のせりふは共通語であることには、どのような効果があるか、説明してみよう。

考え方 「おえん」(三〇・7)が広島地方の方言であることと、「故郷の町に原爆が落とされた」(三五・15)から、舞台は広島市であることがわかる。「地方都市に生まれ育って」(二八・16)、「日本の片田舎に暮らす少年」(二九・8)ともあり、父は広島で生まれ育ち、家庭を持ち、現在も生活している。眞砂子は広島出身だが、「東京の美大へ進学」(三二・11)し、建築事務所に勤めているときに「帰省」(二六・9)していることから、地元を離れ、共通語を使う生活を「二十年以上」(二六・6)していたことがわかる。それぞれが生活していた場所が使う言葉に影響を与えていることから考える。また、十年ほど前に眞砂子の勤務先についての考えの行き違いがあり、現在では失踪した父を眞砂子はすぐに見つけられない状況であることもふまえる。

解答例 父と眞砂子は、親子ではあるが使う言葉が違うほど離れて暮らしていた期間があり、現在は互いをよく理解できていない関係であることを示す効果がある。また、地方都市で暮らし続ける父は夢に挑戦することがかなわなかったが、現代の東京で暮らしていた眞砂子には夢に挑戦する機会があったことを印象づけている。同じ場所で生まれても、夢に挑戦することができる時代になったことを示す効果もある。

詩

甃《いし》のうへ

三好《みよし》達治《たつじ》

教科書P.40〜41

●学習のねらい

文語で書かれた詩のリズムや表記の特徴を理解し、作品にこめられた作者の心情を捉える。

●主　題

桜の花が風に流れる寺の境内を静かに語らい歩む少女たちという春の美しい情景と、それを見つめ、孤独をかみしめる作者の姿。

●構　成

この詩は連（詩の内容のひとまとまり。普通、間を一行空ける）には分かれていないが、内容的には二つに分けられる。

一　教P40・1〜P40・6
桜の散る寺の境内を、静かに語りながら通り過ぎる少女たち

二　教P40・7〜P40・11
石だたみに映る自分の影を見つめながら孤独に歩む作者

語句の解説

教40ページ

1 **あはれ**《（わ）》　深い感動やしみじみとした情趣を表す語。

1 **花《はな》びらながれ**　どこからともなく、絶えず花びらが流れるように落ちてくる。この花びらは、桜の花びら。

2 **をみなご**《（お）》　少女。

「をみな（若い女性）」＝のちに「をうな」→「をんな」と変化し、女性一般をさすようになった。

3 **しめやかに語《かた》らひ**《（い）》**あゆみ**　静かに話しながら歩いていく。

「しめやかに」は、物静かな様子を表す。ここでは、少女たちが静かに語り合う様子のほか、寺の雰囲気も表していると考えられる。

4 **うららかの跫音空《あしおとそら》にながれ**　少女たちの足音が空に軽やかに響いては消えていく様子。

「うららか」＝ここでは、明るく朗らかな様子、の意。

5 **をりふしに瞳《ひとみ》をあげて**《（お）》　少女たちがときどき顔をあげて、視線を花びらの流れる空に向けていることを示している。

6 **翳《かげ》りなき**　暗さがない。明るい。「翳り」は「陰り」のことで、日のかげりとともに人生のかげりを表す。寺の明るさだけでなく、

若い少女たちのかげりのない輝かしい人生を示している。

6 **み寺《てら》**　「み」は、名詞の上について調子を整えたり、上品さや美しさを加えたり、敬意を示したりする接頭語。

6 **春《はる》**　文字どおりの春と、少女たちの青春とをかけている。

6 **すぎゆくなり**　通り過ぎてゆく。「なり」は「である」という断定の意味を表す文語の助動詞。なお、この詩は連用中止法(「ながれ」「あゆみ」「うるほひ」)が多用されていて、終止形はここ一箇所のみである。

7 **み寺《てら》の甍《いらか》みどりにうるほひ《(おい)》**　屋根を覆っている銅が緑色にさびている(＝緑青《ろくしょう》)とも、苔《こけ》むした屋根とも考えられる。「甍」＝瓦ぶきの屋根。

8 **廂《ひさし》々《ひさし》に／風鐸《ふうたく》のすがたしづ《(ず)》かなれば**　あちこちの廂につるされた風鐸が静かなので。風がほとんど吹いていないことを表している。

10 **ひとりなる／わが身《み》の影《かげ》をあゆまする甃《いし》のうへ《(え)》**　自分は一人、孤独な自分の影を、石だたみの上に歩ませていくのである。友達どうしで「語らひあゆみ」「瞳をあげて」いた少女たちとは対照的に、「ひとり」で、視線を甃(石だたみ)に落としていることに注意。「ひとりなる」の「なる」は断定の助動詞「なり」の連体形。次行の「わが身」にかかっている。

手引き

学習の手引き

一　**この詩の音感とリズムに注意しながら、繰り返し音読してみよう。**

考え方　言葉の区切りに注意して、ゆったりと音読しよう。

二　**「〜ながれ」の繰り返しは、この詩にどのような効果をもたらしているか、説明してみよう。**

解答例　「ながれ」という連用形を繰り返すことで、途絶えることなく花びらが散っていく様子が表されている。また、4行目では「をみなご」の動きも花びらの流れと一体となり、春のゆったりした時の流れが続いている様子が表されている。

三　**この詩の構成を、前半と後半に分けてみよう。**

考え方　「……すぎゆくなり」という終止形に注目する。

解答　6行目までが前半、それ以降が後半。

四　**「ひとりなる／わが身の影をあゆまする甃のうへ」(四〇・10〜11)の二行にこめられた心情について、話し合ってみよう。**

考え方　「主題」や「語句の解説」を参考にして、「わが身(作者)」と「をみなご(少女たち)」とを比較しながら話し合ってみよう。前半は桜の流れる春の境内を語らい歩く少女たちの様子、後半は一人で風のない石だたみの上を歩む作者の様子である。

一つのメルヘン

中原中也《なかはらちゅうや》

教科書P.42〜43

●学習のねらい

詩独特の表現技法や構成などを理解し、作品に託されたメッセージを読み取る。

●主　題

秋の夜の荒涼とした河原に陽《ひ》が射《さ》し、一匹の蝶《ちょう》が訪れると川床に水が流れ出すという幻想的な物語。

●技　法

・形式…西洋のソネット形式(四行・四行・三行・三行の四連構成)
・語り口調や繰り返し→秋の夜の幻想的な物語を描き出している。

●構　成

この詩は、「起・承・転・結」の四つの連に分かれている。

第一連　**教P42・1〜P42・4**〈起〉
秋の夜の荒涼とした河原の情景

第二連　**教P42・5〜P42・8**〈承〉
硅石《けいせき》の粉末のように、陽がさらさらと音を立てて射している

第三連　**教P42・9〜P43・2**〈転〉
小石の上に一匹の蝶がとまり、影を河原に落としている

第四連　**教P43・3〜P43・5**〈結〉
蝶が姿を消し、川床に水がさらさらと流れ始める

語句の解説

教42ページ

1 **秋《あき》の夜《よ》は、**　「秋の夜のこと、」のような意。
「は」は副助詞だが、ここでは主語を示すのではなく、他と区別して取り上げるはたらきをしている。

2 **小石《こいし》ばかりの、河原《かわら》**　植物や動物の姿が見えず、水も涸《か》れた、生命の気配のない荒涼とした様子の河原である。

3 **さらさらと**　一般的には、砂のこぼれる様子を表すときなどに使われる言葉だが、ここでは「陽」の無機質で乾いた様子を表すオノマトペ(擬声語と擬態語の総称)として用いられている。

5 **硅石《けいせき》か何《なに》かのやう《(よう)》で**　「陽」の冷たい輝きを、鉱物である硅石にたとえている。「やうで(ようで)」のような語句を用いた比喩のことを「直喩(法)」(↓ガイド44ページ)という。
「硅石」は、ガラスや陶磁器の原料。現在では「珪石」と書く。

6 **非常《ひじょう》な個体《こたい》の粉末《ふんまつ》のやう《(よう)》で**　乾いた「陽」の様子を表した言葉。
「非常な個体の粉末」は、硅石の粉末のこと。

7 **さればこそ**　それだからこそ。前の二行を受けて、硅石のような

冷たくて硬質な陽射しであるからこそ、本来は音を立てるはずのない「陽」の光が、かすかな音を立てているのだ、と言っている。

9**今《いま》しも**　まさに今。ちょうど今。

教43ページ

1**淡《あわ》い、それでゐ《(い)》てくつ《(くっ)》きりとした**　秋の、弱くはあるが透明な光や空気の様子を表している。秋、蝶が間もなく死ぬ運命であることを暗示しているとも言える。

2**影《かげ》**　影は命あるもののあかしであり（幽霊には影がないと言われる）、ここでは、蝶が「生命」であることを強調している。

4**今迄《いままで》流《なが》れてもゐ《(い)》なかつ《(かっ)》た川床《かわどこ》に、水《みず》は／さらさらと、さらさらと流《なが》れてゐ《(い)》るのでありました……**　これまでの荒涼とした「小石ばかりの、河原」に、水が流れ、生き物の気配が感じられ始めたことを示している。ここでの「さらさら」は、乾いた粉末ではなく、潤いのある水の流れを表しているのだろう。

手引き

学習の手引き

一　**次の事柄について説明してみよう。**

1　詩型の特徴　　2　文末表現の特徴
3　四つの連の展開　　4　「さらさら」という繰り返しの効果

考え方　3　第三連冒頭の「さて」という話題転換の接続語に注目。4　第一連、第二連の「さらさら」と、第四連の「さらさら」、それぞれの効果を考えよう。

解答例　1　四行・四行・三行・三行の四連構成のソネット形式。
2　「……のでありました」「……のでした」のように、物語のような語り口調を用いている。
3　「起承転結」の構成になっている。
4　乾いた感じや流れる感じの透明感を印象づけている。

二　**「陽」と「一つの蝶」とは、それぞれどういう存在としてイメージされ、描かれているか、整理してみよう。**

解答例　・「陽」…夜の河原に射す陽射しなので、幻想的であり、「さらさらと／さらさらと」乾いた音を立てるような光なので、鉱石のように冷たく無機質で、透明なものとして描かれている。また、蝶の影を照らし出すライトの役割も果たしている。
・「一つの蝶」…無機質な死の世界だった河原に生命の息吹をもたらす、使者のような存在として描かれている。

三　**この詩はなぜ「一つのメルヘン」と題されているのか、考えてみよう。**

考え方　「メルヘン」は、おとぎ話、童話の意であることを押さえる。

解答例　この詩には、秋の夜に陽が射すという、現実にはありえない状況のもと、水が流れておらず生き物もいない「小石ばかりの、河原」に、一匹の蝶が現れて、やがて姿を消したとたん、河原に水が流れ、生命の息吹が生まれるという幻想的な情景が描かれている。作者は、「メルヘン」の形を取ることで、救いのある美しい世界を表そうとしたのだと考えられる。

自分の感受性くらい

茨木《いばらぎ》のり子

教科書P.44〜45

学習のねらい

現代詩の鑑賞のしかたを理解し、作品にこめられた作者の批判精神を読み取る。

主　題

周囲に流されてみずみずしい心や感性の柔らかさを失っていき、環境や他人をその言い訳にしそうになる自分への厳しい戒めと、自分の感受性は自身で守っていくのだという高らかな宣言。

技　法

・「〜のせいにはするな」という言葉の繰り返し。

・「〜のせいにはするな」「〜か」「〜よ」といった呼びかけの文末。

構　成

この詩は、第一連〜第五連と最後の第六連の二つの部分に分けることができる。

一　教P44・1〜P45・6　自分自身の弱さ・言い訳への内省

二　教P45・7〜P45・9　自分で自分の感受性を守るのだという強い決意

語句の解説

教44ページ

1 **ぱさぱさに乾《かわ》いてゆく心《こころ》**　次第に鈍くなっていく感受性を表現している。

2 **ひと**　ここでは、自分以外のものに原因を求めるときの対象全般のこと。

3 **水《みず》やり**　ここでは、心の潤いを保つために、自分自身で何らかの努力をすること。

3 **怠《おこた》って**　なまけて。

4 **気難《きむず》かしくなってきた**　神経質で我が強く、他人とつきあいを持つことが不得手になってきた。

6 **しなやかさを失《うしな》ったのはどちらなのか**　しなやかさとは、弾力があって、よくしなう様子。ここでは、同ページ4行の「気難かしくなってきた」に対して、柔軟に相手の言動を受け止められるような心を持つことをさす。最後に、自分と友人のどちらのせいでそれを失ってしまったのかを問うている。

7 **苛立《いらだ》つ**　怒りや焦りから、気持ちが落ち着かなくなる。

8 **近親《きんしん》**　血筋の近い親族。

9 **わたくし**　この言葉から、この詩が作者自身へも向けられたものであることがわかる。

教45ページ

1 **初心《しょしん》** 最初のころに持っていた純真でひたむきな気持ち。

3 **そもそも** 最初。もともと。

3 **ひよわな** 弱々しい。

3 **志《こころざし》** 何かをやり遂げようとする気持ち。

4 **一切《いっさい》** すべて。

6 **わずかに光《ひか》る尊厳《そんげん》** 「ぱさぱさに乾いて」(教44ページ1行)、「気難かしく」(教44ページ4行)なり、「初心消えかかる」(教45ページ1行)ような自分の心の奥底に、まだほんの少し残っている気高さ。「尊厳」＝尊く侵しがたい様子。

6 **放棄《ほうき》** 自ら捨ててしまうこと。

7 **自分《じぶん》の感受性《かんじゅせい》くらい／自分《じぶん》で守《まも》れ** 第一〜五連まで共通していた「…を〜のせいにはするな」という言い回しを変え、印象づけている。

「感受性」＝外からの刺激を深く感じ取り、心に受け止める能力。

9 **ばかものよ** 読者が叱られているように感じるかもしれないが、それだけではなく、作者が自身に向けている言葉であることを捉える。

手引き

学習の手引き

一 **「〜のせいにはするな」という繰り返しは、どのような表現効果を生んでいるか、説明してみよう。**

解答例 ・強い禁止の命令形を何回も繰り返して使うことで、思いの強さを表そうとしている。

・自分に対して呼びかけている言葉のように読み手に感じさせ、この詩に作者自身と読み手の双方へ向けた面を持たせている。

・同じ言葉を繰り返すことで一定のリズムで詩に引きこみながら読ませている。

二 **最終連にこめられた思いはどのようなものか、話し合ってみよう。**

考え方 第三連に「なにもかも下手だったのはわたくし」とあることから、詩全体が読み手に向けた叱咤《しった》と励ましの言葉であると同時に、作者自身の自戒の言葉でもあることが読み取れる。「ばかもの」とは作者自身をさすと考えると、自分のみずみずしい感受性への自負や、自分の周囲や環境、そして時代のせいにすることなく、それを今後も自分の意志で守っていくという決意が浮かび上がってくる。そうしたことをふまえてこの詩を読むとどのように感じるか、また、そもそも「感受性」とはどのようなものであると思うかなども、併せて話し合ってみよう。

I was born

吉野《よしの》　弘《ひろし》

教科書P.46～48

学習のねらい

散文詩に親しみ、「I was born」という言葉がどのようなイメージで捉えられているかを読み取る。

主　題

白い身重の女と英語のI was bornという受身形の表現から、人間は生まれさせられるのだということに気づいた少年が、父から蜉《かげ》蝣《ろう》や少年の母の死を聞いて抱く、生と死の悲しみのイメージ。

詩の形式・構成

七連からなる散文詩（第四連は「女はゆき過ぎた。」の一行）。用いられている言葉は平易だが、次のように緊密に構成されている。

第一連～第五連＝英語を習い始めて間もない頃の或《あ》る夏の宵、父と寺の境内を歩いているときに身重の女を見かけ、父に「――やっぱり」と話しかける。（文法上の単純な発見）

第六連＝父と友人との蜉蝣についての話と、それに結びつけられた母の死という、思いがけない話を聞く。（「生と死」へ深化した話）

第七連＝第六連までのことを回想している、成長した「僕」の現在。

語句の解説

教46ページ

1 **英語《えいご》を習《なら》い始《はじ》めて間《ま》もない頃《ころ》**　中学校一年生ぐらいだろう。

2 **宵《よい》**　夕方。夜がふけていないころ。

2 **夕靄《ゆうもや》**　夕方に立ちこめる靄。靄は、霧のようなものだが、霧よりは見通しのよい状態を言う。

3 **物憂《ものう》げに**　けだるそうに。憂鬱そうに。

4 **身重《みおも》**　妊娠していること。

4 **父《ちち》に気兼《きが》ねを……離《はな》さなかった。**　妊婦の腹を見ることに後ろめたさを感じながらも、好奇心のほうが勝ってしまっている状態。

4 **頭《あたま》を下《した》にした胎児《たいじ》の　柔軟《じゅうなん》なうごめきを　腹《はら》のあたりに連想《れんそう》し**　妊婦の腹を見て、その中で胎児が動いている様子を想像している。

6 **打《う》たれていた**　強い感動を覚えていた。

8 **飛躍《ひやく》**　ここでは、順を追わずに離れた点まで飛び越すこと、の意。

9 **諒解《りょうかい》**　「了解」と同じ意。わかること。

教47ページ

2 **父は怪訝《けげん》そうに……のぞきこんだ。**　唐突な「僕」の言葉をいぶかしく思ったのであろうが、その言葉に対する「父」のさまざまな思いが、第六連の「思いがけない話」へとつながっていく。

5 **その時《とき》……過《す》ぎなかったのだから。**　父は、息子の生命の本質を突いた言葉に衝撃を受けていたが、幼い「僕」はただ文法上の発見に喜んでいただけで、父の心中がわからなかった、ということ。

6 **察《さっ》する**　人の心中や物事の事情を推測する。

6 **この事《こと》**　「生まれる」は英語では「I was born」という受身形で表され、人間は自分の意志ではなく生まれさせられるということ。

13 **退化《たいか》**　生物のある器官が、発生や進化の過程で形が単純になったり小さくなったり機能が減退したりすること。

13 **腑《ふ》**　はらわた。内臓。

15 **目《め》まぐるしく繰《く》り返《かえ》される……こみあげているように**　生まれてから二、三日で死ぬにもかかわらず腹の中に卵をぎっしりと充満させている悲しさを、直喩表現によって巧みに言い表している。「こみあげる」＝感情や涙などがわいて外に出てくる。

教48ページ

2 **せつなげ**　やるせない様子。胸がしめつけられるような感じ。「……げ」は、……感じ、……様子、の意を表す接尾語。

手引き

学習の手引き

一　僕の見た「白い女」(四六・3)のイメージは、この詩の中でどのように展開していっているか、説明してみよう。

解答例　「白い女」の腹の中でうごめく胎児がやがて世に生まれてくるイメージが、腹の中に卵をぎっしり充満させている蜉蝣と重なり、最後には自分を生んで死んでいった母のイメージへとつながる。

二　「――やっぱり　I was born なんだね――」(四七・1)と言った「僕」の気持ちはどのようなものか、説明してみよう。

解答例　単なる知識だった英語の受身形の I was born という表現が、実際に身重の「白い女」を見ることによって、「生まれさせられるんだ」という実感を伴うようになり、高揚している。

三　「蜉蝣」の話にこめられた「父」の気持ちはどのようなものか、考えてみよう。

解答例　まるで卵を産むために生きているかのような蜉蝣の話をすることで、少年の誕生と同時に母が死んだという事実に触れ、「生まれる」ということは、死や苦しみを伴う壮絶なもので、生と死の悲しさ、せつなさから逃れられないものであることを、この機会に「僕」に話そうとしている。

四　この詩を読んで、生まれることの意味について思ったことを話し合ってみよう。

考え方　「生まれる」ことは自分の意志と無関係なのか、他の生命を犠牲にすることなのか、「生きる」のは次の命を生み出すためなのかなどについて考え、話し合ってみよう。

小説(二)

夢十夜

夏目《なつめ》漱石《そうせき》

教科書P.50〜59

●学習のねらい

「夢」という非日常性を持った世界において、「自分」は何を判断の根拠としているかを読み解く。

●主題

第一夜 死にゆく女と約束を交わし、日が昇り沈むのを数えながら、女の墓のそばで百年待った。墓石が苔《こけ》むすほどの長い年月が過ぎると、目の前で真っ白な百合《ゆり》の花が開いた。生と死、時間と空間を超越した永遠の愛を二人は成就させた。

第六夜 運慶《うんけい》が人の評判などに頓着なく仁王《におう》像を刻んでいた。若い男が、運慶は木の中に埋まっている仁王を掘り出していると言ったので「自分」も彫ってみたが、仁王を掘り当てられなかった。運慶の芸術には信念と自信に裏づけされた一生懸命さがあるが、「明治の人間」にはそれが欠けている。

●段落

「第一夜」「第六夜」とも、それぞれ場面の展開、主人公(自分)の心境の変化などから三つの段落に分けられる。

第一夜

一 教P50・1〜P52・5 女との約束と女の死
二 教P52・6〜P53・2 約束どおり、墓のそばで待つ
三 教P53・3〜P53・14 百合が咲き、百年の経過に気づく

第六夜

一 教P54・1〜P56・3 運慶が仁王を彫るのを見る
二 教P56・4〜P57・10 仁王を「掘り出す」運慶の技
三 教P57・11〜P58・4 仁王を「掘り出」せない「自分」

段落ごとの大意と語句の解説

第一夜

第一段落 教50ページ1行〜52ページ5行

こんな夢を見た。あお向きに寝た女が、もう死にますと言う。上からのぞき込むと、真っ黒な瞳の奥に自分の姿が浮かんでいる。私《わたし》の顔が見えるかいときくと、そこに写ってるじゃありませんかと笑う。女は、死んだら墓を作って星の破片《かけ》を墓標《はかじるし》にし

て、墓のそばで百年待っていてください、きっと会いに来ますからと言う。自分がただ待っていると答えると、女の目は閉じ、涙が頬へ垂れた。女はもう死んでいた。

教50ページ

1 **こんな夢《ゆめ》を見《み》た**　このあとの話は夢の話であると、最初に読者に示している。「第一夜」のほか、「第二夜」「第三夜」「第五夜」も「こんな夢を見た。」という書き出しで始まっている。

3 **横《よこ》たえている**　横に寝かせている。

4 **頰《ほお》の底《そこ》**　頰の皮膚の下のことを表している。

4 **温《あたた》かい血《ち》の色《いろ》がほどよく差《さ》して**　健康そうな血色をしている様子。「差す」＝ここでは、何かの様子や気配などが表面に出てくる、の意。

4 **むろん**　もちろん。言うまでもなく。

4 **とうてい**　（下に打ち消しの語を伴って）どうしても（……ない）。

5 **自分《じぶん》もたしかにこれは死《し》ぬなと思《おも》った**　「女」の血色のよさから、「とうてい死にそうには見えない」と思っていたはずなのに、「もう死にます」と「女」に言われるとすぐ納得してしまっている。現実の世界で考えると妙に感じるが、夢の世界という設定であるので、心の動きが非合理的であってもおかしくない、と受け止められる。

1　**女がぱっちりと開けた「目」は、何を象徴しているか。**

答　「生」の象徴。女がまだ生きていることを強調している。

8 **ただ一面《いちめん》に真《ま》っ黒《くろ》であった**　白目の部分がなく、目全体が真っ黒だった。

教51ページ

1 **これでも**　こんなにも黒目に色沢《つや》があって元気そうなのに、それでも。

2 **ねんごろに**　親密な様子で。親しみを込めて。

3 **見張《みは》ったまま**　目を大きく見開いたまま。

5 **一心《いっしん》に**　ここでは、心を一つのことに集中して熱心に、の意。

5 **そこ**　「女」の「真っ黒な瞳」をさす。「私の顔が見えるかい」という質問に対して、私の瞳にあなたの顔が写っているでしょ、と、自分自身の「真っ黒な瞳」のことを「そこ」と言って、不思議な答えを返している。

2　**「真珠貝」「星の破片」から受けるイメージはどのようなものか。**

答　穴を掘ったり墓標にしたりするものに似つかわしくないので、現実味がなく、夢の中で起こっている幻想的なイメージ。

10 **墓標《はかじるし》**　墓のしるしにする石や木。普通は「ぼひょう」と読む。

16 **一段張《いちだんは》り上《あ》げて**　声の調子を一段階大きくして。

教52ページ

1 **百年待《ひゃくねんま》っていてください**　「百年」は、とても待ってはいられないような長い時間。日本人の平均寿命は戦前まで五十歳に満たず、明治の世に「百年」生きることは、想像しがたいことであった。百年待っていてくれという願いは、永遠の愛を誓ってほしい、という願いに等しいと言える。永遠の愛は、「自分」が死の世界に行くことを前提としてかなえられる。「女」が「思い切った声」で言っていることにも注意。

3 **自分《じぶん》はただ待《ま》っていると答《こた》えた**　「自分」が永遠の愛を誓ったことを示している。このあと「女」は、安心して死んでいく。

3 **黒《くろ》い瞳《ひとみ》の中《なか》に……ぼうっと崩《くず》れてきた**　「女」の目に涙がにじんできたことを示している。

4 **静《しず》かな水《みず》が動《うご》いて写《うつ》る影《かげ》を乱《みだ》したように、流《なが》れ出《だ》した**　涙が流れ出したことを表す。

5 **目《め》がぱちりと閉《と》じた**　教50ページ7行の「ぱっちりと目を開けた」に対応している。

第二段落　教52ページ6行～53ページ2行

自分は庭へ下りて、女から言われたとおりに真珠貝で穴を掘り、女をその中に入れてそっと土をかけ、星の破片の落ちたのを拾ってきて、土の上へ乗せて墓石とした。苔の上に座って待っていると、女の言ったとおり赤い日が東から出て西へ落ちた。自分は一つ、二つとそれを勘定した。

教52ページ

7 **貝《かい》の裏《うら》に月《つき》の光《ひかり》が差《さ》してきらきらした**　夢の中らしい幻想的な光景の描写である。

3 「上からそっとかけた」「かろく土の上へ乗せた」という動作には、どのような気持ちが表れているか。

答 「女」を優しくいたわるような気持ち。

10 **かろく**　軽く。古語「かろし（軽し）」の連用形。

12 **自分《じぶん》の胸《むね》と手《て》が少《すこ》し暖《あたた》かくなった**　「女」の遺言のとおりに埋葬を終えて、悲しみで冷えきった「自分」の心が少しほぐれてきたと考えられる。

13 **苔《こけ》**　「星の破片（＝隕石《いんせき》）」と同様に、長い時間を象徴している。

14 **丸《まる》い墓石《はかいし》**　星の破片で作った墓標をさす。同ページ10行の「星の破片は丸かった。」を受けている。

16 **のっと**　ぬっと。

16 **一《ひと》つ**　一日という意味。教53ページ2行の「二つ」も二日の意。

16 **勘定《かんじょう》した**　ここでは、数えた、の意。

教53ページ

1 **のそりと**　動きが鈍い様子。

1 **黙《だま》って沈《しず》んでしまった**　太陽が、「自分」の心中にはおかまいなしに無情にも東から出て西へ落ちていくことを、擬人化して表現している。

第三段落　教53ページ3行～53ページ14行

赤い日をいくつ見たかわからず、勘定し尽くせないほど赤い日が頭の上を通り越していったが、百年はまだ来ない。自分は女にだまされたのではなかろうかと思い出した。すると石の下から自分のほうへ青い茎が伸びてきて自分の胸のあたりまで来て止まり、茎の頂のつぼみが真っ白な百合の花びらを開いた。自分は露の滴る白い花びらに接吻《せっぷん》した。百年はもう来ていたんだな、とこのとき初めて気がついた。

教53ページ

4 **勘定《かんじょう》しても、勘定《かんじょう》しても、し尽《つ》くせないほど**　数えきれないほど長い年月が過ぎたことを示した表現。

5 **しまいには**　最後には。

5 **苔《こけ》の生《は》えた丸《まる》い石《いし》**　墓標として置いた丸い星の破片にも苔が生えるほど、長い年月が過ぎたことを示している。

7 **斜《はす》に**　ななめに。

8 **すらりと揺《ゆ》らぐ茎《くき》の頂《いただき》に、……ふっくらと花《はな》びらを開《ひら》いた**　ほっそりとした茎の上で、細長い一輪のつぼみが柔らかくふくらみ花開いたことを表している。ほっそりとしたおやかな女性を思わせる表現。

4　**「真っ白な百合」は、何を表しているか。**

答　清楚《せいそ》で、匂うように美しい女のイメージ。

10 **骨《ほね》にこたえるほど匂《にお》った**　まるで骨までが匂いを感じると思われるほど、百合の花の香りが強烈で、身にしみたこと。

10 **はるかの上《うえ》から**　遠い上のほうから。天から。

「はるか」＝距離が遠く離れている様子。

11 **滴《したた》る**　液体がしずくとなって垂れて落ちること。

12 **接吻《せっぷん》**　口づけ。キス。

12 **……拍子《ひょうし》に**　ここでは、……したはずみに、……したとたん、の意。

12 **暁《あかつき》の星《ほし》**　明けの明星(明け方、東の空に出る金星)のこと。

「暁」＝夜明け。明け方。

13 **瞬《またた》いていた**　ここでは、星がちらちらしていた、の意。

14 **百年《ひゃくねん》はもう来《き》ていたんだな**　「自分」が、真っ白な百合が「女」であることを悟ったことを表している。また、永遠の時間の中に「自分」がいつの間にか組み込まれていたことを表している。

第六夜

第一段落　教54ページ1行～56ページ3行

運慶が護国寺《ごこくじ》の山門で仁王を刻んでいるという評判を聞いて行ってみると、大勢の人が集まって下馬評をやっていた。山門のあたりの様子は古風で鎌倉時代とも思われるが、見ているものは、みんな自分と同じく、明治の人間である。

教54ページ

1 **山門《さんもん》**　寺の門。

1 **評判《ひょうばん》**　ここでは、人々のうわさ、の意。

1 **散歩《さんぽ》ながら**　散歩をしながら。

「……ながら」＝二つの動作を並行して行うことを表す。

2 **下馬評《げばひょう》**　当事者でない人々が勝手にする批評やうわさ。

3 **甍《いらか》**　瓦ぶきの屋根。

4 **朱塗《しゅぬ》りの門《もん》**　赤く塗ってある門。

5 **目障《めざわ》り**　物を見るのに邪魔になるもの。

8 **見《み》ているもの**　見物人。

5　**「明治」と「運慶」「護国寺」という取り合わせの設定は、何を意味しているか。**

答　「自分」は明治の人間、運慶は鎌倉時代の彫刻家、護国寺は江戸時代の創建なので、時代がばらばらであり、夢らしい不条理さを意味している。

9 **相違《そうい》ない**　まちがいない。

11 **骨《ほね》が折《お》れる**　労力がいる。困難である。たいへんである。

12 **わっしゃ**　私は、の意。江戸っ子らしい話しぶりを示している。

教56ページ

1 **強《つよ》いんだってぇからね**　強いんだと言うからね。

2 **尻《しり》をはしょって**　和服の裾を折り曲げて、尻の上のほうで帯にはさんでいる様子。

6　**「よほど無教育」と評価するのはなぜか。**

答　仁王のことを「強そう」と言っているので、仁王が大力で仏敵を払って仏法を守るものであることを知らず、また、仏教の仁王と日本の伝説上の英雄である日本武尊《やまとたけるのみこと》を比べるような日本の文化や歴史について的外れなことを言っていることから。

第二段落　教56ページ4行〜57ページ10行

運慶は見物人の評判に頓着《とんじゃく》せずに鑿《のみ》と槌《つち》を動かし、仁王の顔のあたりをしきりに彫り抜いてゆく。運慶の古くさい様子と騒がしい見物人とはまるで釣り合いがとれない。一人の若い男が、運慶の鑿と槌の使い方は大自在の妙境に達している、運慶は木の中に埋まっている仁王を掘り出しているのだ、と言った。

教56ページ

4 **委細頓着《いさいとんじゃく》なく**　少しも気にかけることなく。全く無頓着に。

「委細」＝細かいこと。詳しいこと。詳細。

「頓着」＝気にすること。心配。「とんちゃく」とも言う。

4 **鑿《のみ》と槌《つち》**　木や石の加工に用いる工具。ここでは、彫刻の道具。

4 **一向《いっこう》**　少しも。全く。打ち消しの語を伴って、少しも……ない、全く……ない、の意味を表す。「いっこうに」と同じ意。

7 **くくっている**　縛りつけている。

7 **見物人《けんぶつにん》とはまるで釣《つ》り合《あ》いがとれない**　運慶が鎌倉時代の古くさい服装をしていて、明治の人間である見物人たちと全く釣り合いがとれていないのである。

8 **今時分《いまじぶん》まで**　今ごろまで。

10 **奇態《きたい》**　普通と違って珍しい様子。

10 **とんと感《かん》じ得《え》ない**　全く感じることができない。

12 **眼中《がんちゅう》に我々《われわれ》なし**　運慶が自分たち見物人など全く気にしないで、無視していることを言っている。

12 **仁王《におう》と我《われ》とあるのみ**　仁王と自分（運慶）しかいない。

7　**「自分はこの言葉をおもしろいと思った」のはなぜか。**

答　若い男が、それまでの無教育な人々の下馬評と違い、運慶の仕事ぶりを的確に褒めたから。

16 **大自在《だいじざい》の妙境《みょうきょう》**　思いのまま物事を行える境地。

「大自在」＝おおいに思いのままであること。

「妙境」＝ここでは、芸術・技芸などの絶妙の境地、の意。

教57ページ

1 **一寸《いっすん》**　約三・〇三センチメートル。「寸」は、長さの単位。

1 **返《かえ》すやいなや**　返すと同時に。

「……やいなや」＝……するとすぐに。……すると同時に。

2 ひと刻《きざ》みに削《けず》って　一気に削って。
2 槌《つち》の声《こえ》に応《おう》じて　槌の音にこたえて。
3 おっ開《ぴら》いた　勢いよく開いた。「おっ」は、他の語の頭に付いて、意味や語調を強めるはたらきをする。
4 無遠慮《ぶえんりょ》　遠慮のないこと。ここでは、刀《とう》の入れ方にためらいがない様子を表している。
4 疑念《ぎねん》をさしはさんでおらん　疑いの心を持っていない。「さしはさむ」＝ここでは、ある考えを心の中に持つ、の意。
6 無造作《むぞうさ》　かまえることなく、手軽にやってのける様子。
6 あんまり　ここでは、甚だしく、並はずれて、の意。「あまり」と同じ。

教57ページ

第三段落　教57ページ11行〜58ページ4行

若い男の言ったように、木の中から像を掘り出すだけなら誰にでもできることだと思い、自分も家《うち》に帰って薪《まき》にするつもりだった樫《かし》を勢いよく彫り始めてみたが、不幸にして、どの木にも仁王は見当たらなかった。ついに明治の木には仁王は埋まっていないものだと悟り、それで運慶が今日まで生きている理由もほぼわかった。

8　「彫刻とはそんなもの」とは、どのようなことをさすか。

答　彫刻とは、木の中に埋まっているものを鑿と槌で掘り出すものので、まるで土の中から石を掘り出すようなものであるということ。

11 はたして　ここでは、本当に、その言葉どおりに、の意。
14 先《せん》だっての　先日の。この間の。
16 不幸《ふこう》にして、仁王《におう》は見当《みあ》たらなかった　運が悪いことに、仁王を掘り出すことはできなかった。「不幸にして」という表現から、仁王の埋まっている木さえあれば、自分にも仁王像が彫れるという「自分」の意識が読み取れる。

教58ページ

3 蔵《かく》している　内にたくわえている。
3 明治《めいじ》の木《き》にはとうてい仁王《におう》は埋《う》まっていない　「明治の木」は、文字どおり明治時代の木を表すのではなく、明治時代という時代精神や風潮をさしているのだろう。彫刻とは「誰にでもできること」（教57ページ11行）ではなく、まして、若い男の言うことをうのみにした自分のように、外からの知識や刺激に頼って左右される明治の人間には、内から発する力で成す芸術を表現することはできない、ということを言っていると考えられる。明治の人間へ向けられた漱石の批判精神に留意したい。

手引き

学習の手引き

一 「第一夜」について

1 話の展開によって三つの段落に分け、各段階に小見出しをつけて構成をつかもう。

2 女の言葉に無心に従う「自分」の判断は、何を根拠になされているか、説明してみよう。

3 「百年」という時間が持つ意味を押さえたうえで、はるかの上から落ちた「露」が何を表しているか、自分の考えをまとめてみよう。

解答例 1 「段落」参照

2 「輪郭の柔らかなうりざね顔」(五〇・3)、「透き通るほど深く見えるこの黒目の色沢」(五一・1)など女の美しさの描写や、「柔らかい土を、上からそっとかけた」(五二・8)などの女を優しく扱う動作から、「自分」は女を大切に思っていることがわかる。また、「もう死にます」(五〇・5)と言った女に対して「これでも死ぬのかと思った」(五一・1)と疑いを持っていたが、女はその言葉どおりに本当に死んでしまう。これらから、大切に思う相手であり、またその相手の言うことが一度は本当になったことから、「自分」は女の言葉に無心に従っていると考えられる。

3 当時の人間の寿命から考えても百年待つというのは不可能であり、永遠にも似た長い時間を意味している。よって、百年待ってほしいという女の願いは永遠の愛を誓ってほしいという願いに等しい。「百年後に合う」という意味も隠されている「百合」に女は生まれ変わり、「自分」と再会したときに落ちてきた「露」は、冒頭で女の目が水鏡を象徴していたことから、女の涙だと考えられる。

二 「第六夜」について

1 話の展開によって三つの段落に分け、各段落に小見出しをつけて構成をつかもう。

2 車夫たちと若い男との対比関係を押さえたうえで、「自分」が彫刻を「誰にでもできる」と考えた根拠を説明してみよう。

3 運慶と明治の人間とを比較し、運慶が今日まで生きている理由について、自分の考えをまとめてみよう。

解答例 1 「段落」参照

2 車夫たちの話は「大きなもんだなあ」(五四・10)のようにあまり中身はなく、「無教育」(五六・2)だと「自分」は評している。逆に若い男の話は運慶の仕事ぶりを的確に褒めているので「おもしろい」(五六・14)と評している。退屈しのぎにおもしろがって見物しているだけの車夫たちに対し、的確な内容を話す若い男が、彫刻とは「眉や鼻が木の中に埋まっているのを、鑿と槌の力で掘り出すまで」(五七・8)と言ったので、「自分」は納得し、掘り出すだけなら誰でもできると考えた。

3 通俗的で主体性の欠けた明治の人間に対し、運慶は超然としてあくまで主体的に事にあたっている。運慶が今日まで生きているということは、そうした姿勢の重要さを私たちに教えてくれることになるから。

活動の手引き

一 **全部で十夜の話がある『夢十夜』の残りの八話から一つを選んで、話のあらすじをまとめて発表し合おう。**

考え方 すべて夢に関連した話である。どれも短編なので、ひととおり読んでみて、気に入った話や気になった話を選ぼう。あらすじとは話のだいたいの内容のことで、細かな部分は省いて主人公の行動などを起承転結を意識してまとめる。自分の感想などを加えてもよい。

言葉の手引き

一 **次のかたかなを漢字に改めよう。**

1 顔のリンカクがぼやける。
2 リジュンを追求する。
3 シュギョクの名曲を収める。
4 トウトツな質問を受ける。
5 ホウビの品を与える。

解答 1 輪郭 2 利潤 3 珠玉 4 唐突 5 褒美

二 **次のかたかなを、傍線部の字の違いに注意して、漢字に改めよう。**

1 事情をカンアンして結論を出す。
　カンニン袋の緒が切れる。
2 万雷のハクシュで迎える。
　実力ハクチュウの勝負。
3 ケンジツに得点を積み重ねる。
　ケンメイな判断である。

解答 1 勘案／堪忍 2 拍手／伯仲 3 堅実／賢明

三 **「骨が折れる」（五四・11）のような、「骨」を使った慣用表現を調べてみよう。**

解答例 馬の骨／恨み骨髄に徹す／肉を斬らせて骨を斬る／気骨《きぼね》が折れる／愚の骨頂／骨肉相食《は》む／骨折り損のくたびれ儲《もう》け／骨に刻む／骨身を削る／骨を埋める／骨を惜しむ／骨を拾う／老骨にむち打つ など

四 **次の表現が表すイメージを説明してみよう。**

1 赤いまんまでのっと落ちていった。（五二・15）
2 すらりと揺らぐ茎の頂に（五三・8）

解答例 1 変化を予感させず急に落ちるイメージ。
2 細く形のよい茎が静かに揺れているイメージ。

鏡

村《むら》上《かみ》春《はる》樹《き》

教科書P.61〜71

学習のねらい

恐怖体験の一つとして語られる、幽霊でも超常現象でもない、人の内面に潜む恐怖とは何かを読み解く。

主題

「僕」は、新潟の小さな町のある中学校で夜警をしたときの体験談を語る。深夜の見回りで「鏡」の中に映っている自分を見るが、その鏡に映っている「僕」は、「僕」自身とは別の存在で、心の底から「僕」を憎んでいる者であることを理解する。自分が認識していない自分を突然見る恐怖感を一人称の語りの形式で描き、自己存在の背後に潜む感覚を描き出している。

段落

本文は、一行空きによって四つの段落に分けられる。

一 教P61・1〜P63・5 体験談を語るまで
二 教P63・6〜P64・9 中学校での夜警のアルバイト
三 教P64・10〜P69・9 鏡の中に「僕」を見る
四 教P69・10〜P70・6 「僕」が恐れるもの

段落ごとの大意と語句の解説

第一段落 教61ページ1行〜63ページ5行

主人《ホスト》としてみんなの体験談を聞いていた僕は、幽霊の話や虫の知らせなどには縁がない。二人の友だちとエレベーターに乗っていて、僕のわきに女の幽霊が立っていたと二人が言ったときも僕はまったく気づかなかった。そんな僕にも一度だけ、心の底から怖いと思ったことがある。

教61ページ

3 **それが何《なに》かの力《ちから》によってどこかでクロスする** 生の世界と死の世界が何かの力によってどこかで交差するということ。
「クロスする」＝交差する。

5 **虫《むし》の知《し》らせ** よくないことが起こりそうな感じがすること。

1 **みんなの体験談のタイプを「ふたつに分類」したのはなぜか。**

答 どちらのタイプにも属さない怖い体験があることを強調するため。

10 **個人的《こじんてき》な傾向《けいこう》** 幽霊を見る人と虫の知らせを体験する人は、それぞれの一方だけを経験しがちであるという傾向。

教62ページ

1 **どちらの分野《ぶんや》にも適《てき》さない** 「僕」が変わった体験をすることのない人間であることを述べている。このことを少しあとで「散文的な人生」(同ページ11行)と言い換えている。

2 **予知夢《よちむ》** 将来起きる出来事を前もって知らせるような夢。

7 **わざわざ僕《ぼく》をかつぐようなタイプ** わざわざ「僕」をだましておもしろがるようなタイプ。

「かつぐ」＝からかってだます。

10 **僕《ぼく》という人間《にんげん》は幽霊《ゆうれい》だって見《み》ないし、超能力《ちょうのうりょく》もない** ここでは幽霊を見ることや超能力を持つことが、おもしろみのあることとして捉えられている。

2 **「散文的な人生」とはどういう人生か。**

答 詩や短歌、俳句など趣深い韻文と違い、ごく普通の文章である散文のように、詩的(韻文的)でない、ありきたりな人生。

「散文」＝句読点などを用いて表した通常の文章。対 韻文

14 **口《くち》に出《だ》しちゃうと同《おな》じようなことがまた起《お》こる** ここには、言葉が現実を引き寄せるという考えが表れている。

教63ページ

4 **なんだということになっちゃうかもしれない** 自分の話がみんなの期待に沿わなかったときの予防線を張りながら、最後の場面の恐怖感を効果的に感じさせる伏線となっている。

第二段落 教63ページ6行～64ページ9行

六〇年代末の学園紛争の頃、僕は大学に進むことを拒否して、何年間か肉体労働をしながら日本中をさまよっていた。そんな放浪の二年めの秋に二ヵ月ほど、新潟の小さな町のある中学校で夜警の仕事をやった。昼間は用務員室で寝て、夜中に全校舎を二回チェックする仕事だ。十八、十九の頃だから、ちっとも怖くなんかなかった。

教63ページ

6 **体制打破《たいせいだは》** 現状の政治や社会の仕組みを打ち破ること。

7 **そんな波《なみ》に呑《の》みこまれた** 学園紛争の体制打破という雰囲気に感化されたということ。

3 **「そういうのが正しい生き方」とは、どういう生き方か。**

答 体制に従うことなく、大学へ行かず、定住せず、肉体労働をしながら放浪する生き方。

9 **若気《わかげ》のいたり** 若さの勢いで無分別な行いをしてしまうこと。

10 **それ** 体制打破をうたう時代の波に呑まれ、大学に進むことを拒否し、何年間か肉体労働をしながら日本中をさまよっていたこと。

13 **かなりタフに働《はたら》いた** とても精力的に働いた。

教64ページ

3 **怖《こわ》いもの知《し》らず** 自信たっぷりで、怖いものが何もないこと。

第三段落 教64ページ10行～69ページ9行

十月の初めの風の強い夜、午前三時に起きた時、僕はすごく変な気分だった。校舎の見回りの途中で玄関を通り過ぎた時、鏡の中に映っている自分を見る。その鏡に映っている僕は、「僕以外の僕」であり、心の底から僕を憎んでいることが理解できた。僕はしばらく呆然《ぼうぜん》としていた。やがて鏡の中の僕が僕を支配しようとするのを感じ、木刀を投げつけて鏡を割り、部屋に駆けこんで布団をかぶった。

教64ページ

14**寝込《ねこ》みを襲《おそ》われる**　眠っている間に襲われる。

教65ページ

1**腕《うで》には自信《じしん》がある**　剣道の腕前に自信があるということ。

2**今《いま》なら一目散《いちもくさん》に逃《に》げるよ**　十八、九の頃とは違って若くない今は、日本刀の真剣を持った相手と戦う自信が全くないということ。

「一目散に」＝わき目もふらず一心に走る様子。

4

「それは」という指示語は、どういう役割を果たしているか。

答

これから始める話に注目させる役割。

4**どちらかというとむし暑《あつ》いくらいの気候《きこう》だった**　ここから、風の強さとともに不快感のある夜として設定されていることがわかる。

7**これが風《かぜ》にあおられてばたんばたんとうるさかった**　プールの仕切り戸が壊れているために立つ音。この夜の不気味な感じをかもし出している。

13**僕《ぼく》はなんだかすごく変《へん》な気《き》がした**　「体が起きようとする僕の意志を押しとどめてるような感じ」(同ページ14行)というように、自分の意志以外の何かを感じていることが暗示されている。

教66ページ

1**その音《おと》が何《なに》かしらさっきとは違《ちが》う**　前の文の「ばたんばたんていう仕切り戸の音」の変化を感じ取っている表現。

2**うまく体《からだ》に馴染《なじ》まない**　体が受け付けない。体にしっくりこない。

3**意《い》を決《けっ》して行《い》くことにした**　行きたくないが、思い切って見回りに行くことにしたということ。

「意《い》を決《けっ》する」＝決心する。覚悟を決める。

8**戸《と》は頭《あたま》の狂《くる》った人間《にんげん》が首《くび》を振《ふ》ったり肯《うなず》いたりするみたいな感《かん》じ**　不規則で異様な動きをたとえている。

9**うん、うん、いや、うん、いや、いや、いや……っていった感《かん》じの音《おと》**　「何かしらさっきとは違う」(同ページ1行)と説明されていたプールの仕切り戸の音が、人間の苦しいつぶやきのような擬人的表現で表されている。「なんだか変なたとえだけど」(同ページ10行)とも補足されている。

16**一階《いっかい》の長《なが》い廊下《ろうか》を歩《ある》いて用務員室《ようむいんしつ》に戻《もど》ることになる**　これから起こる怖い体験の舞台となる場所の説明をしている。

教67ページ

5

「いつもより急ぎ足で廊下を歩いた」のはなぜか。

答

三時に時計のベルが鳴った時からすごく変な気がしていて、見回りをするのが気が進まなかったし、意を決して見回りに出たものの、プールの仕切り戸の音が異様に感じられたりしたので、早く用務員室に戻りたいという意識があったから。

7**そこを通《とお》り過《す》ぎた時《とき》に突然《とつぜん》「あれ！」って感《かん》じがした**　学校の玄関を通り過ぎた時に感じた異様な感触が表現されている。「わきの下がひやっとした」(同ページ8行)とも述べられている。

11**そこに僕《ぼく》の姿《すがた》が映《うつ》っていただけなんだ**　異様な感触の正体はまだ明らかにはされていない。単に「僕の姿」とだけ表現されている。

答 6

「昨日の夜」とは、いつのことをさすか。

昨日の午後九時。「昨日の夜まではそんなところに鏡なんてなかった」とあるので、「昨日の夜」に見回りをした時間、つまり、昨日の午後九時である。

14 **僕《ぼく》はほっとすると同時《どうじ》に馬鹿馬鹿《ばかばか》しくなった** 「僕」は、暗闇の中で何かの姿が見えたような気がしてひやっとし、木刀を握りなおして向きなおった。ところが、見えたものが鏡に映った自分の姿であったことがわかり、安心すると同時に、驚いたことを馬鹿馬鹿しく思ったのである。

教68ページ

3 **鏡《かがみ》の中《なか》の像《ぞう》は僕《ぼく》じゃないんだ** 違和感のある「僕」の像は、すぐあとで、「僕以外の僕」「僕がそうあるべきではない形での僕」（同ページ6行）と言い換えられている。

10 **まるでまっ暗《くら》な海《うみ》に浮《う》かんだ固《かた》い氷山《ひょうざん》のような憎《にく》しみ** 「僕」以外の「僕」が「僕」に抱く憎しみを、比喩表現を用いて表している。「まっ暗な海に浮かんだ固い氷山」から、動かし難く底知れぬものである様子が、冷徹なイメージとともに伝わってくる。

13 **我々《われわれ》は同《おな》じようにお互《たが》いの姿《すがた》を眺《なが》めていた** もともと違いのあるはずのないものを「同じように」、また「我々」と表現することで、現実の「僕」と鏡の中の「僕」が、同じ姿をした異なる存在であることを表している。

13 **僕《ぼく》の体《からだ》は金《かな》しばりになったみたいに動《うご》かなかった** 鏡の中の「僕」が「僕」を憎んでいることに驚き呆然としている様子を表している。

「金しばり」＝体を縛りつけられて動けなくなったように感じること。

15 **やがて奴《やつ》の方《ほう》の手《て》が動《うご》き出《だ》した** 鏡の中の「僕」が主体性を持ち始めたことを表している。

16 **気《き》がつくと僕《ぼく》も同《おな》じことをしていた** 「僕」自身と「鏡の中の像」という関係が逆転していることが、次に続く「まるで僕の方が鏡の中の像であるみたいにさ」という表現からもわかる。

教69ページ

8 **プールの仕切《しき》り戸《ど》の音《おと》は夜明《よあ》け前《まえ》までつづいた** 「うん、うん、いや、うん、いや、いや、いや」（同ページ8行）といううめき声のような異様な音の支配が夜明けまで続いたことを表している。

第四段落　教69ページ10行〜70ページ6行

太陽が昇る頃には、鏡はなくなっていた。鏡はもともとなかったのだ。僕はあの夜味わった恐怖を忘れることができず、人間にとって、自分自身以上に怖いものがこの世にあるだろうかといつも思っている。そして、家には一枚も鏡を置いていない。

教69ページ

10 **もちろん鏡《かがみ》なんてはじめからなかった** 夜明けとともにすべてが消え去るというのは、怖い体験談や不思議な話でのよくあるパターンであることをふまえた表現。

13 **そこには煙草《たばこ》の吸殻《すいがら》が落《お》ちていた。……でも鏡《かがみ》はなかった** 煙草も木刀も落ちていたのに、鏡はなかった。鏡はなくなっているのに、夜の出来事は、実際に起きた出来事らしいとわかる。

教70ページ

1 僕《ぼく》が見《み》たのは――ただの僕自身《ぼくじしん》さ　鏡はなかったが、「僕自身」を見たことは否定されないのである。

3 人間《にんげん》にとって、自分自身以上《じぶんじしんいじょう》に怖《こわ》いものが……君《きみ》たちはそう思《おも》わないか？　幽霊や虫の知らせなど、ありがちな怖い話の例で始まったこの小説では、一番怖いものは自分自身だと結んでいる。

5 この家《いえ》に鏡《かがみ》が一枚《いちまい》もないことに気《き》づいたかな　「僕」はあの夜に味わった恐怖から、今でも鏡を見るのが怖いのだとわかる。

手引き

学習の手引き

一　本文全体を一行空きに従って四つの段落に分け、各段落がどのような位置づけになっているか、説明してみよう。

解答例　一段落…「僕」の家で体験談を語り合っているという場面設定と、「僕」がどんな人物かの説明。

二段落…「僕」の怖い体験談という本題の場面設定の説明。

三段落…本題。

四段落…本題の怖い体験が今も影響を残していることを示す。「鏡を見ないで髭《ひげ》が剃《そ》れるようになるには結構時間がかかる」(七〇・5)とあり、何度も失敗したと考えられるが、その痛みよりも本題の体験の恐怖のほうが「僕」にとって重いことが示されている。

二　「中学校の夜警」の仕事がどのようなものであったかを整理し、その仕事に就く前の状況と比較しよう。

解答例　中学校の夜警の仕事は、夜中に二回校内を見回るだけという、僕にとっては楽な仕事であった。しかし、それは社会や秩序を守るという体制側の仕事であり、さらには教育を守る仕事であるとも言える。「体制打破」の波に呑まれ、教育を否定していた「僕」の以前の生き方とは正反対の仕事に就いていると言える。

三　体験談について、次のことを説明してみよう。

1　「体が起きようとする僕の意志を押しとどめてるような感じ」(六五・14)とは、何を暗示しているか。
2　プールの仕切り戸の音が果たしている役割は何か。
3　「僕はほっとすると同時に馬鹿馬鹿しくなった」(六七・14)のはなぜか。
4　「僕がそうあるべきではない形での僕」(六八・6)とは何であり、それがなぜ「心の底から僕を憎んで」いたのか。

解答例　1　何か不吉なことが起こりそうなこと。
2　この夜の不気味な感じをかもし出す役割。また、午後九時と午前三時で音の聞こえ方が変わっていることも、嫌なことが起こることをさらに予感させている。
3　鏡に自分が映るというありきたりなことで自分が驚いたことを知ったから。
4　鏡の中の「僕」は、現在の「僕」が抑圧してきた自分の姿であり、それは、体制側として実直に生きている現在の「僕」を許すことができないから。

四 「家に鏡が一枚もない」ことから想像される「僕」のその後の生き方はどのようなものであったか、説明してみよう。

解答例 自分を客観視することなく、自分自身と向き合うことを避ける生き方。

活動の手引き

一 僕の体験談には「幽霊も出てこないし、超能力もない」(六三・3)とあるが、その場合、「嫌な夜」の体感や、「もともとなかった」鏡の出現は、どのように説明したらよいか、各自の考えを文章にまとめて発表し合おう。

考え方 鏡に映った「僕」は現在の「僕」を憎む自分自身の姿であり、鏡の出現は自分自身と向き合うことの象徴として描かれていること、また、「人間にとって、自分自身以上に怖いものがこの世にあるだろうか」(七〇・3)とあるように、自分自身と向き合うことは誰にとっても恐ろしいことだとされていることなどから考える。

解答例 「僕」は心の底では安易な生き方を選んだ今の自分に憎しみを持っており、それが、嫌な夜の体感やもともとなかった鏡の出現によって示されている。自分自身の中に普段は押し殺されて気づくことのない感情を持っていることは誰にでもあり得ることなので、幽霊や超能力とは関係のないことだとされている。

言葉の手引き

一 次のかたかなを漢字に改めよう。

1 人知をチョウエツした力。
2 ヒガタに棲《す》む生物を調査する。
3 企業とのユチャクを避ける。
4 チカクの変動を観測する。

解答 1 超越 2 干潟 3 癒着 4 地殻

二 次のかたかなに共通する漢字を答え、それぞれの熟語中での意味の違いを説明してみよう。

1 カイ中に忍ばせる。／カイ旧の情に駆られる。
2 敵のシュウ撃を受ける。／世シュウ制の職業。

解答例 1 懐。右は、ふところ、の意。左は、なつかしむ、の意。
2 襲。右は、おそう、の意。左は受け継ぐ、引き継ぐ、の意。

三 「そこには僕がいた。つまり――鏡さ。」(六七・11)、「僕が見たのは――ただの僕自身さ。」(七〇・1)のように、間に「――」を挟むことの表現上の効果を説明してみよう。

解答例 「――」のあとの言葉への期待を高め、強調する効果。

四 「まるでまっ暗な海に浮かんだ固い氷山のような」(六八・10)という比喩は、鏡の中の僕の「憎しみ」を表現するうえで、どのようなイメージを添えているか、説明してみよう。

解答例 「氷山の一角」という言葉があるように、「鏡の中の僕」の、「僕」に対する憎しみは見えている憎しみより深く、また、「まっ暗な」「固い」などの表現から、その憎しみが非常に強いものであるというイメージ。

短歌・俳句

その子二十《はたち》

教科書P.74〜79

●学習のねらい

わが国の伝統文化の一つである短歌の鑑賞のしかたを理解し、近代を代表する歌人の作品を味わう。

●短歌のきまり

【定型の音数】 五・七・五・七・七の五句三十一音から成る。五・七・五の部分を**上《かみ》の句**、七・七の部分を**下《しも》の句**と言う。

【字余り・字足らず】 各句の中で、定型の音数より多いものを**字余り**、少ないものを**字足らず**と言う。また、字余りと字足らずを併せて**破調**と言い、その極端なものを**自由律**と言う。

●表現技法

【句切れ】 一首の途中で意味や調子が切れるところのこと。名詞や活用語の終止形・命令形、「ん・じ・な・よ・ぞ・や」などで切れることが多い。二句切れ・四句切れだと五七調、初句切れ・三句切れだと七五調になる。

【体言止め】 末尾を名詞・代名詞(体言)で止めて、余韻を残す。

【倒置】 語順を入れ替えて、情景や心情などを強調する。

【反復】 同じ語句を繰り返して、リズムや印象を強調する。

【対句】 構成のよく似た二つの語句を並べて、印象を深める。

【押韻】 句の初めの音や末尾の音をそろえて独特の雰囲気やリズムを生む。

【比喩】 物事を説明するとき、他のものにたとえて表現する。

・**直喩**…「まるで〜」「〜ようだ」などを用いてたとえる。

・**隠喩**…「まるで〜」「〜ようだ」などを用いずにたとえる。

・**擬人法**…動植物や自然現象など、人でないものを人に見立てて表現する。

＊**枕詞《まくらことば》**、**序詞**、**掛詞**、**縁語**などの和歌の修辞も用いられる。

短歌の鑑賞と語句の解説

●与謝野晶子《よさのあきこ》

その子二十櫛《くし》にながるる黒髪のおごりの春のうつくしきかな

通釈
その子はいま二十歳の娘ざかりである。櫛ですけばその櫛に流れる黒髪は豊かで、誇らしい青春のなんと美しいことよ。

語句の解説
教74ページ

2**その子《こ》**　その娘。作者自身をさしている。
2**櫛《くし》にながるる黒髪《くろかみ》**　櫛ですくと、その櫛に流れるような豊かな髪。
2**おごりの春《はる》**　誇らしい青春の意。「おごり」は、漢字では「驕り」。
2**うつくしきかな**　美しいことよ。「かな」は詠嘆の終助詞。

鑑賞
晶子二十三歳の作。自らを賛美しながら、青春のすばらしさ、女性の美を歌いあげている。『みだれ髪《がみ》』所収。《初句切れ》

やは肌のあつき血汐《ちしほ》にふれも見でさびしからずや道を説く君

通釈
若い女性のやわらかな肌を流れる血潮、その情熱に触れてみることもしないで、さびしくはないですか。古い道徳を説く君よ。

語句の解説
3**やは《(わ)》肌《はだ》**　女性のやわらかな肌。
3**あつき血汐《ちしほ(しお)》**　情熱をたとえた表現。本来は、流れ出る血、の意。
3**ふれも見《み》で**　触れてみることもしないで。「で」は打ち消しの接続助詞。
3**道《みち》を説《と》く君《きみ》**　「道」は、道徳、倫理のこと。旧態依然とした道徳にこだわる人物（一説では夫となる与謝野鉄幹《てっかん》）をさしている。

鑑賞
女性の肉体の官能性と恋の情熱を歌う中に、旧道徳にとらわれた世俗への批判も含んでいる。『みだれ髪』所収。《四句切れ》

鎌倉や御仏《みほとけ》なれど釈迦牟尼《しやかむに》は美男におはす夏木立かな

通釈
鎌倉の大仏様。仏様ではあるけれど釈迦牟尼様は、なんと美男でいらっしゃるのだろうか。あたりの夏木立も爽やかで美しいことよ。

語句の解説
4**鎌倉《かまくら》や**　「や」は感動の終助詞。俳句の切れ字の用法である。
4**釈迦牟尼《しやかむに(しゃか)》**　お釈迦様の意で、大仏のことをさしている。ただし、鎌倉の大仏は阿弥陀如来《あみだにょらい》像であって釈迦像ではない。
4**おは《(わ)》す**　いらっしゃる。動詞「居り」の尊敬語。

鑑賞
信仰の対象である大仏を人間として見るところに、発想の新しさがある。詩歌集『恋衣《こいごろも》』所収。《初句切れ》

●**石川啄木《いしかわたくぼく》**

たはむれに母を背負ひて
そのあまり軽《かろ》きに泣きて
三歩あゆまず

通釈

たわむれに母を背負ってみたが、その母の体があまりに軽いのに泣けてきて、三歩と歩くこともできない。

語句の解説

教75ページ

2 **たは《(わ)》むれに** 冗談に。ふざけて。

3 **そのあまり軽《かろ》きに** 母の体があまりに軽いことに。「その」は、母の、の意味。「軽き」は形容詞「軽し」の連体形で、体言のように用いている(「準体言」と言う)。

鑑賞

作家を志すも全く売れず、失意の中、東京本郷《ほんごう》の下宿で、明治四一年六月の数日間に数百首を作ったときの一首。母への強い思慕の気持ちがよみ込まれている。第一歌集『一握《いちあく》の砂《すな》』所収。

友がみなわれよりえらく見ゆる日よ
花を買ひ来て
妻としたしむ

通釈

友人たちがみんな自分よりも立派に見える日。そんな日は花を買ってきて、妻と眺めて親しみながら、わびしさを紛らわせている。

語句の解説

5 **見《み》ゆる** 見える。動詞「見ゆ」の連体形。

鑑賞

自尊心が強かった啄木は、かつての友人たち(金田一京助《きんだいちきょうすけ》など、盛岡《もりおか》中学時代の友と思われる)の活躍する様子を聞くたびに、自分だけが取り残されていくように感じたのだろう。「妻としたしむ」には、妻への愛情やいたわりとともに、青春の劣等感やわびしさを紛らわせたいというような気持ちも含まれている。『一握の砂』所収。《三句切れ》

みぞれ降る
石狩《いしかり》の野の汽車に読みし
ツルゲエネフの物語かな

通釈

みぞれが降りしきる冷たい石狩平野を走る汽車の中で読んだ、あのツルゲーネフの物語が思い出されることだ。

語句の解説

8 **みぞれ** 雨まじりの雪。

9 **読《よ》みし** 読んだ。「し」は、過去の助動詞「き」の連体形。

10 **ツルゲエネフ** 一九世紀のロシアの小説家。美しい自然や、農奴制下で苦しむ農民、没落する貴族などを描いた。ツルゲーネフ。

10 **物語《ものがたり》かな** 物語であることよ。「かな」は詠嘆の終助詞。

鑑賞

みぞれ降る冬の北海道の石狩平野の荒涼とした様子が、ツルゲーネフの小説を通して、いてつくロシアのイメージと重なり、また啄木の不安定な生活のイメージとも重なっている。『一握の砂』所収。

●若山牧水《わかやまぼくすい》

白鳥《しらとり》はかなしからずや空の青海のあをにも染まずただよふ

通　釈

白鳥はかなしくないのだろうか。澄んだ空の青にも深い海の青にも染まることなく、ひとり漂っている。

語句の解説

教76ページ

2**白鳥《しらとり》**　ここでは、かもめなどの白い海鳥のことと思われる。

2**かなしからずや**　かなしくはないのだろうか。「ず」は打ち消しの助動詞、「や」は反語の係助詞だが、疑問と捉える説もある。

鑑　賞

牧水二十二歳の作。真っ青な空と海の中、ただ一羽染め残されたように真っ白な鳥の姿に、孤独な自分の魂を重ねている。『海《うみ》の声《こえ》』『別離《べつり》』所収。《二句切れ》

幾山河《いくやまかは》越えさり行かば寂しさのはてなむ国ぞ今日も旅ゆく

通　釈

いったい、いくつの山や河を越えて過ぎて行ったなら、人の世のさびしさの尽きる国に行き着くのだろうか。そんなことを思いながら、今日も私は旅を続けてゆく。

語句の解説

3**幾山河《いくやまかは》**（かわ）　いくつもの山や河。人生における試練とも考えられる。

3**行《ゆ》かば**　行ったならば。接続助詞「ば」は、未然形に付いて、仮定条件（「……たら、……なら」）を表す。

3**はてなむ国《（ん）くに》ぞ**　尽きるような国。「はてる（果てる）」は、尽きてなくなる、の意。「なむ」は強意の助動詞「ぬ」の未然形＋婉曲《えんきょく》の助動詞「む」の連体形で、「……ような」の意。「ぞ」は念押しを表す係助詞。終助詞と採る説もある。

鑑　賞

さびしさのなくなる国がどこかにあるにちがいない、という憧れとも、そんな国はほんとうにあるのだろうか、というあきらめに近い疑問とも受け取れる。旅を愛した牧水の、実際の旅と人生の旅のイメージを融合させた代表歌の一つ。『海の声』『別離』所収。《四句切れ》

海鳥の風にさからふ一ならび一羽くづれてみなくづれたり

通　釈

海鳥の群れが風にさからうように一列に並んで飛んでいる。一羽が隊列を乱したら、次々に乱れてすっかり隊列が崩れてしまった。

語句の解説

4**くづれ《（ず）》たり**　崩れてしまった。「たり」は完了の助動詞。

鑑　賞

ちょっとしたきっかけで鳥の隊列が崩れていく様子を冷静に観察し、鳥の習性をよく捉えているが、読み終えたあとには、言いようもないさびしさが残る。初期の浪漫的な歌風から、自然主義的歌風に変わった牧水後期の特徴をよく示す歌。歌集『山桜《やまざくら》の歌《うた》』所収。

● 島木赤彦《しまきあかひこ》

ひたぶるに我を見たまふみ顔より涎《よだれ》を垂らし給《たま》ふ尊さ

通釈

ひたすらに私を見つめていらっしゃる父。お顔の口もとから涎をお垂らしになりながら懸命に生きようとされている、その尊さよ。

語句の解説

6**ひたぶるに**　ひたすら。いちずに。
6**見たまふ**《(もう)》　見ていらっしゃる。「たまふ」は尊敬の補助動詞。
6**み顔**《かほ》《(かお)》　父のお顔。「み」は尊敬の意を表す接頭語。
6**垂**《た》**らし給**《たま》**ふ**《(たもう)》　お垂らしになる。涎を垂らすことは、父の衰えを示してはいるが、父が生きていることの証拠でもある。父に対する尊敬の念をこめて尊敬語を用い、「尊さ」と結んでいる。

鑑賞

死の床にいる父と面会し、一心に自分を見つめる父の愛情を感じ取りながら、父のすべてに対して、限りない情愛と尊敬の念を抱く様子がよく捉えられている。歌集『氷魚《ひお》』所収。

みづうみの氷は解けてなほ寒し三日月の影波にうつろふ

通釈

一面に張りつめていた湖の氷は解けたが、まだまだ寒さは厳しい。細く鋭い三日月が湖の波に影を映している。

語句の解説

7**なほ**《(お)》**寒**《さむ》**し**　やはり寒い。まだ寒い。
7**うつろふ**《(う)》　映っている。動詞「うつる」の未然形に反復・継続の助動詞「ふ」が付いた「うつらふ」が、「うつろふ」と変化した。

鑑賞

「三日月の影波にうつろふ」から、湖（諏訪湖《すわこ》）の厳しい寒さや静かでさびしい様子が伝わってくる。自然を徹底的に写生することによって、人生の寂寥《せきりょう》に達しようとする赤彦の理想が表れた歌。歌集『太虚集《たいきょしゅう》』所収。《三句切れ》

隣室に書《ふみ》よむ子らの声きけば心に沁《し》みて生きたかりけり

通釈

病室の隣の部屋で本を読んでいるわが子たちの声を聞いていると、心の底から生きたいと思うのだ。

語句の解説

8**隣室**《りんしつ》　病室に使っている自分の書斎の隣にある部屋。
8**書**《ふみ》**よむ子**《こ》**ら**　本を読んでいる自分の子供たち。
8**心**《こころ》**に沁**《し》**みて**　心の底から。痛切に。
8**生**《い》**きたかりけり**　動詞「生く」の連用形＋願望の助動詞「たし」の連用形＋詠嘆の助動詞「けり」。

鑑賞

大正一五年、癌《がん》を患い死期の近い赤彦が、病床で痛みに耐えながらよんだ歌の一つ。いとしいわが子の声を聞き、何とかもう少し生きたいと願う赤彦の祈るような思いが込められている。赤彦の死後出版された歌集『柹蔭集《しいんしゅう》』所収。

●斎藤茂吉《さいとうもきち》

この心葬《はふ》り果てんと秀《ほ》の光る錐《きり》を畳に刺しにけるかも

通釈

この苦しい心を葬り去ってしまおうと、穂先の鋭く光る錐を畳に突き刺したことだ。

語句の解説

教77ページ

2 **この心《こころ》**　苦しい心、傷心。ここでは、恋に苦しむ心を言っている。

2 **葬《はふ》り果《は》てんと**　葬り去ってしまおうとして。「ん」は意志の助動詞「む(ん)」。

2 **秀《ほ》**　外形の突き出ていること。「穂」と同じ。

2 **刺《さ》しにけるかも**　刺したことだ。「に」は完了の助動詞「ぬ」の連用形、「ける」は詠嘆の助動詞「けり」の連体形、「かも」は詠嘆を表す終助詞。

鑑賞

第一歌集『赤光《しゃっこう》』中の四十四首の恋愛歌の連作「おひろ」の中の一首。茂吉はおひろのモデルとなった女性との人目を忍ぶ恋に苦しんだ末、別れた。「錐を畳に刺しにけるかも」に、恋の苦しみやつらさがよく表れている。

のど赤き玄鳥《つばくらめ》ふたつ屋梁《はり》にゐて足乳根《たらちね》の母は死にたまふなり

通釈

のどの赤いつばめが二羽、梁《はり》にとまっている。その下で私を育ててくれた母は死んでいかれるのである。

語句の解説

3 **屋梁《はり》**　梁のこと。屋根を支えるために横に渡した太くて長い材木。

3 **足乳根《たらちね》の**　「母」にかかる枕詞(特定の言葉の前に置いて、調子を整える言葉)。この歌では、育ててくれたという意味も込められているととれる。

鑑賞

『赤光』中の連作「死にたまふ母」の中の一首。死んでいく母と梁にとまったつばめという二つの物事をありのままに写生した歌。母の死の悲しさを直接歌ってはいないが、上の句の玄鳥ののどの赤さが、下の句の母の死に対する深い悲しみをきわだたせている。

沈黙のわれに見よとぞ百房《ひゃくふさ》の黒き葡萄《ぶだう》に雨ふりそそぐ

通釈

(敗戦を迎え、)心重く沈黙したままの自分にこの様子を見ろと言うかのように、たくさんの房を実らせて黒く熟した葡萄に、雨が降り注いでいる。

語句の解説

4 **見《み》よとぞ**　見ろと言っているかのように。「ぞ」は強調の係助詞。

鑑賞

4 百 房《ひゃくふさ（ひゃく）》　たくさんの房。「百」は、多くの、たくさんの、の意。

敗戦直後の昭和二〇年の作。茂吉は、戦争を賛美する歌をよみ、多くの若者を死に追いやったことに責任を感じていた。「沈黙のわれ」と対照的に、黒々と色濃く実る葡萄は、自責の思いや痛みをいっそうきわだたせると同時に、そこから再生しようとする気持ちをも表している。歌集『小園《しょうえん》』所収。

●北原白秋《きたはらはくしゅう》

君かへす朝の舗石《しきいし》さくさくと雪よ林檎《りんご》の香のごとくふれ

通釈

（一夜が明けて、）あなたを帰す朝は雪になっていた。舗道に降りあなたがさくさくと踏んで帰る雪よ、せめて林檎の香りのように、あなたの上に甘酸っぱく降ってくれ。

語句の解説

6 君かへす《きみ（え）》　一夜を過ごした恋の相手を、朝になって帰すこと。

6 舗石《しきいし》　舗道の石。白秋がよく遊んでいた東京の銀座の舗道ではないかと思われる。

鑑賞

一夜の逢《あ》い引きの翌朝の思いをよんだ歌。雪を踏む音を表す「さくさくと」は、新鮮な林檎をかむ音をも連想させ、それが「雪よ林檎の香のごとくふれ」と、みずみずしい恋のイメージを導き出している。第一歌集『桐《きり》の花《はな》』所収。

昼ながら幽《かす》かに光る蛍一つ孟宗《まうそう》の藪《やぶ》を出《い》でて消えたり

通釈

昼ではあるが、かすかに光る蛍が一匹、薄暗い孟宗竹《もうそうちく》の藪の中から出てきたと思ったら、たちまち見えなくなってしまった。

語句の解説

7 昼ながら《ひる》　昼であるが。「ながら」は逆接の接続助詞。

7 出でて消えたり《い き》　出てきて消えてしまった。昼の蛍で、光がかすかなので、まぎれて行方がわからなくなってしまったのである。「出で」は動詞「出づ」の連用形、「たり」は完了の助動詞。

鑑賞

昼の蛍という、普通なら歌のテーマとならないものを素材としたところに、象徴主義(個人の内面を象徴によって表現する)の歌人白秋ならではの鋭い目がある。歌集『雀《すずめ》の卵《たまご》』所収。

照《て》る月の冷《ひえ》さだかなるあかり戸に眼《め》は凝らしつつ盲《し》ひてゆくなり

通釈

照る月の冷たさが皮膚にはっきり感じられる。しかし、ガラス戸ごしに目を凝らして月を見るのだが、はっきりとは見えない。こうしている間にも盲目になっていくのである。

語句の解説

8 あかり戸《ど》　明かりを採る戸。ここでは、ガラス戸のこと。

8 凝《こ》らしつつ　じっと見つめながら。

鑑賞　白秋が腎臓病と糖尿病から眼底出血を起こし、入院したときの歌。心情を前面には出さず、月の冷たさだけは感じられるとうたい、「盲ひてゆくなり」と客観的によむことで、視力を失う恐怖や悲痛さをいっそう高めている。歌集『黒檜《くろひ》』所収。

手引き

学習の手引き

一　**次の短歌において、自然に対する歌い方の違いを比較してみよう。**

1　若山牧水「白鳥は」の歌　2　島木赤彦「みづうみの」の歌

解答例　1の牧水の歌は、白鳥に自らの心情を投影したり憧憬の対象としたりしているのに対して、2の赤彦の歌は、自然を冷静、正確に写生している。

二　**次の短歌は、作者がどんな状態のときに作られたのか、説明してみよう。**

1　斎藤茂吉「この心」の歌　2　斎藤茂吉「沈黙の」の歌

解答例　1　秘めた恋に苦しんでいる状態。　2　敗戦直後、戦争に協力したことへの自責の念にかられ無力感にさいなまれている状態。

三　**次の句切れに該当する短歌を抜き出してみよう。**

1　初句切れ　2　二句切れ　3　三句切れ　4　四句切れ

解答　1　「その子二十」「鎌倉や」　2　「白鳥は」
3　「友がみな」「みづうみの」　4　「やは肌の」「幾山河」

四　**数詞が使われている短歌を抜き出し、それぞれの短歌において、数詞のあげている表現上の効果を説明してみよう。**

解答例
・「その子二十」→「二十」と具体的な年齢をよみ込むことで、娘の若々しいエネルギーを端的に表している。
・「たはむれに」→「三歩」すらも歩むことができなかった、と、母の軽さから受けた作者の心の重さ、母への情愛を強調している。
・「海鳥の」→見事な「一ならび」の隊列が、ただ「一羽」によって崩れてしまう様子を、「一」の繰り返しで印象づけている。
・「みづうみの」→細く鋭い「三日月」のイメージが、厳しい寒さの印象を強めている。
・「のど赤き」→「玄鳥」を「二羽」ではなく「ふたつ」と描写することで、作者がこのとき抱いた緊張感、切迫感が表されている。
・「沈黙の」→充実した実りを表す「百房」を対比させることによって、自分の無力さをきわだたせている。
・「昼ながら」→蛍を「一つ」とし、かすかに光る蛍一匹に焦点を当てることで、読者の視点をそのかすかな光に集中させている。

五　**各自の好きな短歌を一首選び、作者の立場に立って、その気持ちを四百字程度の文章に書いて発表し合おう。**

考え方　「作者の立場に立って」書くことに注意。作者の心情に共感しやすいものを選ぶとよい。

こころの帆

教科書P.80〜85

学習のねらい

わが国の伝統文化の一つである俳句の鑑賞のしかたを理解し、近代を代表する俳人の作品を味わう。

俳句のきまり

【定型の音数】　五・七・五の三句十七音から成る。

【字余り・字足らず】　ガイド44ページを参照。

【季語(季題)】　俳句には、句の中に季節を表す**季語(季題)**を一つよみ込むきまりがある。季語は、短い俳句の世界に深みと豊かな味わいを与える。一句に季語が二つある場合を**季重なり**と言い、自由律俳句運動によって生まれた季語のない俳句を**無季俳句**と言う。

季節ごとに季語を集めたものを**歳時記**《さいじき》と言う。なお、俳句における季節は原則として**旧暦**(太陰太陽暦)によるため、現代とは季節感が異なる場合があるので注意する。

表現技法

【切れ字】　「ぞ・や・かな・けり」などの、俳句の意味や調子の切れ目を示す語のこと。切れ字のある部分は感動の中心となる。

体言止め・比喩などの表現技法は、ガイド44ページを参照。

俳句の鑑賞と語句の解説

●正岡子規《まさおかしき》

三千の俳句を閲《けみ》し柿二つ

通釈

山のように寄せられた俳句を選句していると、秋の夜も更けた。ようやく終えて疲れたところで、さあおいしそうな柿を二つ食べようか。

語句の解説

教80ページ

2 **三千**《さんぜん》**の俳句**《はいく》　「三千」は実際の数ではなく、数多くの俳句のことを表している。

鑑賞

脊椎カリエスに苦しみ、病床に伏せながらも俳句の革新を進める子規が、何千句もの中から句誌に載せる句を選んだときのもの。温かな雰囲気を感じさせる「柿二つ」に、何か月もかかって選句をし終えた安堵《あんど》感や感慨が表れている。『俳句稿《はいくこう》』所収。《季語＝柿(秋)》

いくたびも雪の深さを尋ねけり

通釈

外は相当な大雪らしい。病床の私は、朝から何度となく、家人に雪の積もりぐあいを尋ねたことだ。

語句の解説

3 **いくたびも**　何度も。

3 **尋《たづ》《(たず)》ねけり**　「けり」は切れ字で詠嘆を表している。

鑑賞

何度も雪の深さを尋ねるという行為に、雪に心が踊っても、外の雪景色を想像するだけで、自分では見に行けない病床の子規のもどかしさが表れている。『寒山落木《かんざんらくぼく》』所収。《季語＝雪(冬)　切れ字＝けり》

痰《たん》一斗糸瓜《へちま》の水も間にあはず

通釈

痰がとめどもなく出てきて苦しい。痰切りの薬として飲む糸瓜の水も、役に立たない。

語句の解説

4 **痰《たん》一《いつ》《(いっ)》斗《と》**　痰が大量に出ることを誇張した表現。一斗は約一八リットル。

4 **糸瓜《へちま》の水《みづ》《(みず)》**　茎から採れるへちま水は痰切りの薬になると言われる。

鑑賞

三十四歳で病死した子規の絶筆三句の一つ。「糸瓜咲《さき》て痰のつまりし仏かな」、「痰一斗」の句、「をととひのへちまの水も取らざりき」と続けたという。自らの臨終をも突き放して写生した子規らしい句で、「痰一斗」という誇張表現には、ある種のユーモアさえ感じられる。『子規言行録《しきげんこうろく》』所収。《季語＝糸瓜(秋)》

● **高浜虚子《たかはまきょし》**

山国の蝶《てふ》を荒しと思はずや

通釈

この山国の蝶《ちょう》は、山を越え谷を越えするせいか(里の蝶と違って)、荒々しい感じがすると思いませんか。

語句の解説

教81ページ

2 **山国《やまぐに》**　山の多い地方。ここでは、虚子が昭和一九年から二二年まで疎開していた信州の小諸《こもろ》地方のこと。

2 **思《おも》は《(わ)》ずや**　思いませんか。「……ずや」は打ち消しの助動詞「ず」＋疑問の係助詞「や」で、「……ないだろうか」の意。

鑑賞

長男と友人が小諸の虚子庵《あん》を訪ねてきたときの句。相手に呼びかけるような形で、春ののどかな山国の様子を即興的によんでいる。『六百句《ろっぴゃくく》』所収。《季語＝蝶(春)　切れ字＝や》

去年今年《こぞことし》貫く棒の如《ごと》きもの

通釈
世間では年が暮れ、新年になったが、自分には改まって思うこともなく、とくに変わりはない。去年と今年を一本の棒のようなものが貫いているようなものである。

語句の解説
3 **去年今年《こぞことし》**　年初に、ゆく年来る年に対する感慨を表す言葉。
3 **棒《ぼう》の如《ごと》きもの**　棒のようなもの。「如き」は、たとえ(比況)の助動詞「如し」の連体形。

鑑賞
慌ただしい世間に惑わされず、あるがままに日々を過ごし文筆活動にふける自身のありようをよんだ句。『六百五十句《ろっぴゃくごじっく》』所収。《季語＝去年今年(新年)》

手毬唄《てまりうた》かなしきことをうつくしく

通釈
正月に子供たちが毬つきをしている。歌の内容は悲しいのに、無心な少女たちの歌声は美しく聞こえることだ。

語句の解説
4 **手毬唄《てまりうた》**　手毬をつくときに歌うわらべ歌。時代や地域によってさまざまあり、悲しい内容や恐ろしい内容のものも少なくない。「手毬《てまり》」は、女の子の正月の遊び道具。

鑑賞
「うつくしく」という連用形止め(連用形中止法)とひらがな表記によって、悲しげな歌の内容と、無心に遊ぶ少女たちの姿や可憐《かれん》な歌声との対照が印象的な効果をあげている。『五百五十句《ごひゃくごじっく》』所収。《季語＝手毬唄(新年)》

● **村上鬼城《むらかみきじょう》**

冬蜂の死にどころなく歩きけり

通釈
飛ぶ力も尽きた秋からの生き残りの蜂が、冬の冷気の中を、死に場所も見つけられないまま弱り切って歩いていることだ。

語句の解説
6 **冬蜂《ふゆばち》**　ここでは、冬まで生き残り、死期が迫った蜂。
6 **死《し》にどころ**　死ぬ場所。
6 **歩《ある》きけり**　よろよろと力なく歩いていることだ。

鑑賞
鬼城数え年で五十一歳のときの句。蜂が飛ぶ力もなく歩いているのを、「死にどころ」を探している姿だと捉え、共感を覚えている。『鬼城句集《きじょうくしゅう》』所収。《季語＝冬蜂(冬)　切れ字＝けり》

鷹《たか》のつらきびしく老いて哀れなり

通釈

鷹はつら構えや眼光は変わらず鋭いが、年老いていて、その厳しさのためにかえって哀れである。

語句の解説

7**つら**　顔。

7**きびしく老《お》いて**　老いて筋だらけになった老醜をさらして。

7**哀《あは》（あわ）れなり**　哀れである。ナリ活用の形容動詞。

鑑賞

晩年の鬼城が自分と重ね合わせて、本来は強く雄々しい鷹が飼われたまま老いていく様子を哀れんでよんだ句。「顔」ではなく「つら」という言葉を用いることで、鷹の不敵な容貌や鋭い眼光の印象を強めている。『続鬼城句集《ぞくきじょうくしゅう》』所収。《季語＝鷹(冬)》

闘鶏の眼《まなこ》つむれて飼はれけり

通釈

闘鶏で目がつぶれた軍鶏が、生々しい傷を残したまま飼われていることだ。

語句の解説

8**闘鶏《とうけい》**　ここでは、闘鶏(鶏と鶏をたたかわせる競技)に用いる軍鶏(シャモ)のこと。

8**つむれて**　つぶれて。闘鶏によって目がつぶれたのである。

鑑賞

目をつぶされたみじめな姿をさらしながら飼われ続ける軍鶏への哀れみ、生きることの非情なまでの厳しさをよんでいる。『鬼城句集』所収。《季語＝闘鶏(春)　切れ字＝けり》

●水原秋桜子《みずはらしゅうおうし》

「高嶺星《たかねぼし》……」の句

通釈

春の夜空の高い山の上に星が輝いている。その空の下、養蚕の村は、ひっそりと寝しずまっている。

語句の解説

教82ページ

2**高嶺星《たかねぼし》**　高い山の上に輝く星。

2**蚕飼《こかひ》（かい）の村《むら》**　養蚕を営んでいる村。

2**寝《ね》しづ（ず）まり**　「寝しづまる」の連用形止めになっており、静かな時間の流れや余韻が感じられる。

鑑賞

一面の星空と寝しずまる山あいの村との対照によって、澄みわたる夜の情景を大きな視点で描いている。「高嶺星」という造語が清澄な雰囲気を生んでいる。『葛飾《かつしか》』所収。《季語＝蚕飼(春)》

「冬菊の……」の句

通釈

草や花の枯れた庭には、冬菊だけが、自分の放つ光をまとうように輝きながら、気品のある姿で立って咲いている。

語句の解説
3 **まとふ**《(う)》**は** 身につけているものは。「まとふ」の主語は「冬菊」で、擬人法を用いている。
3 **おのが** 自分の。

鑑賞 秋桜子の自宅の庭の景色をよんだ句。すべてが枯れたさびしい冬の庭の中で、凜《りん》と咲く冬菊に焦点を絞ることで、作者自身の清澄な心情をも表現している。『霜林《そうりん》』所収。《季語＝冬菊(冬)》

「滝落ちて……」の句

通釈 滝が水しぶきを上げ、豪快な音を立てて激しく落ちている。その滝の落ちる音は、滝とあたりの杉木立とが一体となった群青一色の世界にとどろいている。

語句の解説
4 **滝**《たき》 ここでは、紀伊《きい》半島熊野《くまの》地方の那智《なち》の滝のこと。
4 **群**《ぐん》**青**《じやう(じょう)》 鮮やかな青色。滝つぼとあたりの山の色を表現したもの。
4 **とどろけり** 「り」は完了・存続の助動詞で、ここでは詠嘆の意も含む。

鑑賞 滝つぼの水しぶきとあたりの杉木立とが一体となった様子を「群青世界」という造語で表し、風景への感動を豪快に描いている。『帰《き》心《しん》』所収。《季語＝滝(夏)》

●**中村草田男**《なかむらくさたお》

「冬の水……」の句

通釈 静かに澄み切った冬の池の水は、枝の一つ一つをいっさいごまかすことなく、くっきりと映していることだ。

語句の解説
6 **一枝**《いっし(いっし)》 一本の枝。「イッシ」という音読みの語感が、冬の池の引き締まった空気を思わせている。
6 **影**《かげ》 水面に映っている姿。ここでは、木の枝の姿。
6 **欺**《あざむ》**かず** 主語は「冬の水」で、擬人法が用いられている。ここでは、正確に細部まで映している、の意。

鑑賞 冷たく澄み切った冬の池の様子を、擬人法で表現した句。「一枝」の響きや「欺かず」と言い切る表現が、冬の厳粛な雰囲気や緊張感を高めている。『長子《ちょうし》』所収。《季語＝冬の水(冬)》

「万緑の……」の句

通釈 あたり一面の草木の緑に育まれるかのように、わが子の白い歯が生え始めたことだ。

語句の解説

7 **万緑《ばんりょく（りょく）》** 見渡す限りの一面の草木の緑のこと。

7 **吾子《あこ》** わが子。

7 **生《は》え初《そ》むる** 終止形「生え初む」で言い切らず、連体形止めにすることで、下五の定型律を整えるとともに、生命力を感じさせる句となっている。

鑑賞

わが子の成長の喜びをよんだ句。切れ字の「や」が、生命力の象徴である真夏の草木の緑を印象づけている。万緑の緑と歯の白との色彩の対比も印象的。『火《ひ》の島《しま》』所収。《季語＝万緑（夏） 切れ字＝や》

「玫瑰《はまなす》や……」の句

通釈

はまなすが咲く浜辺で沖を眺めると、水平線のかなたには、少年時代のように、今も希望に満ちた未来が広がっていると思えてくる。

語句の解説

8 **玫瑰《はまなす》** 本州以北の海岸に自生する植物。赤い五弁の花が咲く。

8 **未来《みらい》あり** 断定の表現で、これからの未来へ向けての決意や緊張感が表れている。

鑑賞

目前の「玫瑰」から視点が「沖」に向かい、「今も」と、少年時代に思いを馳《は》せ、現在と重ね合わせながら、人生の決意を新たにしている。玫瑰の赤、浜辺の砂の白、海の青、という色彩の豊かな句。『長子』所収。《季語＝玫瑰（夏） 切れ字＝や》

●加藤楸邨《かとうしゅうそん》

「鰯雲《いわしぐも》……」の句

通釈

秋の空一面に鰯雲が広がっている。私の胸の中の思いはあの鰯雲の微妙な陰影のひだのようで、他人に告げられるようなことではない。自分の胸の中だけにおさめておこうと思う。

語句の解説

教83ページ

2 **鰯雲《いわしぐも》** うろこ雲。小さい斑点が集まってさざ波のように見える。

2 **告《つ》ぐべきことならず** 告げることができるようなことではない。「べき」は、可能・当然の助動詞「べし」の連体形。

鑑賞

鰯雲のさざ波のような形状に、繊細で微妙な作者の胸中を託して表現している。『寒雷《かんらい》』所収。《季語＝鰯雲（秋）》

「隠岐《おき》やいま……」の句

通釈

隠岐の島はいま春を迎え、いっせいに木《こ》の芽が芽吹いている。新芽と競い合うかのように、四方から厳しい荒波が押し寄せているよ。

語句の解説

3 **隠岐《おき》**　日本海に浮かぶ島で、後鳥羽《ごとば》上皇、後醍醐《ごだいご》天皇が流された。

3 **怒濤《どたう》(とう)**　激しく打ち寄せる大波。荒波。

鑑賞

春の芽吹きを「木の芽をかこむ怒濤かな」と、荒波と木の芽との激しいぶつかり合いとして描き、躍動する春への感動を表している。楸邨が、承久《じょうきゅう》の変《へん》により隠岐に流された後鳥羽上皇の跡を訪ねたときの句。『雪後《せつご》の天《てん》』所収。《季語＝木の芽(春)　切れ字＝かな》

「木の葉……」の句

通釈

病床から見ると、木の葉が次から次へと降ってくる。何をそんなに焦っているのだ。木の葉も俺も、急ぐな、急ぐなよ。

語句の解説

4 **木の葉《こは》ふりやまずいそぐな**　初句と二句が切れずにつながっている。これを「句またがり」と言う。「木の葉ふりやまず」は、木の葉があとからあとから散る様子のこと。

4 **いそぐないそぐなよ**　木の葉へ呼びかけた言葉だが、自分自身にも言いきかせている。

鑑賞

病床でよんだ句。八・四・五の破調だが、内容的には「木の葉ふりやまず」という自然描写と「いそぐないそぐなよ」という心情表現とを取り合わせた構成になっている。本格的な冬を前に散っていく木の葉に託して、自分の心の焦りを抑える気持ちをよんでいる。『起伏《きふく》』所収。《季語＝木の葉ふる(冬)》

●山口誓子《やまぐちせいし》

「つきぬけて……」の句

通釈

秋の晴れわたる紺碧《こんぺき》の空に、真紅の花をつけた野の曼珠沙華《まんじゅしゃげ》が、その秋空を突き抜くようにまっすぐ立っている。

語句の解説

6 **つきぬけて**　突き抜けたような晴天という意味と、曼珠沙華が空を突き抜くようにすっと立っているという両方の意味を表す。

6 **天上《てんじやう》(じょう)の紺《こん》**　晴れ上がった秋の空のこと。

6 **曼珠沙華《まんじゅしゃげ》**　彼岸花のこと。

鑑賞

地上の花から青空を仰いだ構図や、空の青と曼珠沙華の赤の色彩の対照が鮮やかな句。「曼珠沙華」という体言止め、「天」「紺」「曼」の「撥音《はつおん》(ん)」の重なりが、緊張感を生んでいる。『七曜《しちよう》』所収。《季語＝曼珠沙華(秋)》

「海に出て……」の句

通釈

山から野へと吹き下ろしてきた木枯らしは、荒涼とした海に出たが、もう帰るところもなく、ただ海の上を吹きすさんでいる。

語句の解説

7**木枯**《こがらし》　冬の初めのころに吹く、強くて冷たい風。

7**帰**《かへ（かえ）》**るところなし**　帰るところがない。主語は「木枯」で、擬人法が用いられている。

鑑賞

木枯らしに自分を重ね合わせ、たださまよい続けなければならないという、すさまじさとその虚無感をよんでいる。昭和一九年の作で、誓子自身は、片道のみの燃料で飛び立った特攻隊のことを念頭に置いたと言っている。『遠星《えんせい》』所収。《季語＝木枯（冬）》

「炎天の……」の句

通釈

真夏の空の下、はるか沖に一つ船の帆が見える。この白い帆こそ、私の孤独な魂そのものであり、かすかな救いとなるものでもある。

語句の解説

8**炎天**《えんてん》　真夏の焼けつくように暑い天気。また、その空。

鑑賞

昭和二〇年八月二二日の作。沖に見える白い帆のイメージに、敗戦直後のむなしさを抱えた自分の内面の姿や、かすかな希望となるものを重ねている。『遠星』所収。《季語＝炎天（夏）　切れ字＝や》

手引き

学習の手引き

一　それぞれの句について、季語と季節を指摘してみよう。

解答　省略（各句の「鑑賞」参照）

二　切れ字の使われている句を抜き出し、表現効果を説明してみよう。

解答例

・「いくたびも」…「けり」に詠嘆の意が込められている。

・「山国の」…「や」によって周囲の人に同意を求めている。

・「冬蜂の」…「けり」に「冬蜂」に対する哀れみが込められている。

・「闘鶏の」…「けり」に「闘鶏」に対する哀れみが込められている。

・「万緑の」…「や」によって「万緑」が印象づけられている。

・「玫瑰や」…「や」が、思いが起きるきっかけが「玫瑰」であることを強調している。

・「隠岐やいま」…「かな」によって、島を囲む怒濤の力に対する感動が強められている。

・「炎天の」…「や」に「帆」への詠嘆の気持ちが込められている。

三　次の二つの観点から各句を区別し、それぞれ作者がどのような点に感動しているか、整理してみよう。

1　生活的な句

2　叙景的な句

考え方　「生活的」とは、作者の生活や作者の周辺の人々や物事を中心にしているということ。「叙景的」とは、自然や風物の印象を中心によんでいるということ。

解答例 （感動している点については、各句の「鑑賞」参照。）

1 「三千の」「いくたびも」「痰一斗」「山国の」「去年今年」「手毬唄」「万緑の」「玫瑰や」「鰯雲」「木の葉ふりやまず」「炎天の」

2 「冬蜂の」「鷹のつら」「闘鶏の」「高嶺星」「冬菊の」「滝落ちて」「冬の水」「隠岐やいま」「つきぬけて」「海に出て」

四 **好きな句を一句選び、感想を四百字程度で書いて発表し合おう。**

考え方 季語のイメージを捉え、語句と語句との間の省略を補いながら、十七文字に凝縮された作者の思いを想像して感想を書こう。

言語活動 折句を用いて短歌を作る

教科書P.86

活動の手引き

一 **「ありがとう」の五字をよみ込んで、折句を用いた短歌を作ろう。三句目は「が」でも「か」でもよい。**

考え方 冒頭の二首で折句としてよみ込まれた言葉「はなざかり（花盛り）」「てつやあけ（徹夜明け）」と短歌の内容は、互いに関連したものになっている。

・「春過ぎて」…夏になり、青空のもとで「花盛り」となった薔《ば》薇《ら》の様子をよんでいる。

・「テスト前」…夜通し勉強し、「徹夜明け」でやつれている様子をよんでいる。

よみ込む言葉が「ありがとう」なので、「ありがとう」と伝えたい内容を短歌にできるとよい。家族や友人、あるいは自然への感謝など、感謝を伝えたいものを想定し、「ありがとう」の一字ずつを各句の初めに置いて言葉をつなげていこう。

次のようにして各句を考えるとよい。

あ○○○○ り○○○○○○ が（か）○○○○

と○○○○○○ う○○○○○○○

二 **よみ込む言葉を各自で考えて、沓《くつ》冠《かぶり》折句にも挑戦してみよう。「沓」は、一句目から順に置くのでも、五句目からさかのぼって置くのでも、どちらでもよい。**

考え方 「沓」は履き物の靴のこと。「冠」は頭に被《かぶ》る冠のこと。各句の初めが「冠」で、終わりが「沓」である。

初めに十字の言葉を考えてそれに合わせて各句を考えてもよいし、まず「冠」の五字を一の手順で作り、そのあとに「沓」を考えてもよい。そのとき、「冠」と「沓」の内容が続くようにする。うまく句が続かないときは、よみ込む言葉を変えながら意味が通る短歌となるように工夫しよう。

小説（三）

城の崎にて

志賀《しが》直哉《なおや》

教科書P.88〜98

学習のねらい

三つの小動物の死と関連して心境が語られる構成を読み取り、作中に示された死生観について考えを深める。

主　題

山の手線の事故でけがをした「自分」は、養生《ようじょう》に出かけた城崎《きのさき》温泉で、三つの生き物の死に遭遇した。静かに土にかえる蜂、必死に生きようとするねずみ、偶然死んでしまったいもりの死を通して自身の生と死を顧みると、生と死は両極なのではなく、連続したものであることを「自分」は感じた。

段　落

前書き（城崎温泉に来た理由）、城崎温泉での生活と心境、蜂の死、ねずみの死、いもりの死、後書き、の六つの段落に分けられる。

一　教P88・1〜P88・5　城崎温泉に来た理由
二　教P88・6〜P89・16　死への親しみを感じる「自分」
三　教P90・1〜P91・16　蜂の死に接した「自分」
四　教P92・1〜P94・10　死にぎわにもがくねずみと「自分」
五　教P94・11〜P97・8　いもりの偶然の死と「自分」
六　教P97・9〜P97・10　その後の「自分」の状況

段落ごとの大意と語句の解説

第一段落　教88ページ1行〜88ページ5行

山の手線の電車に跳ね飛ばされてけがをして、その背中の傷の後養生のために、一人で但馬《たじま》の城崎温泉へ出かけた。城崎温泉には三週間以上、我慢できたら五週間くらいいたいものだと考えて来た。

教88ページ

1　最初の段落には、どのような情報が示されているか。

答　城崎温泉に来た理由、「自分」の状況といった、この小説の前提となる情報。

2 **致命傷**《ちめいしょう》　生命に関わるような重い傷。

2 **なりかねない**　なるかもしれない。

「……かねない」＝……しそうだ。……するかもしれない。

3 **二《に》、三年《さんねん》で出《で》なければ**　二、三年で脊椎カリエスの症状が出なければ。

3 **要心《ようじん》は肝心《かんじん》だから**　体に注意することがいちばん大切だから。

「要心」は現代では「用心」と書くことが多い。また、「肝心」は「肝腎」とも書く(肝臓も腎臓も大切なものである、ということから)。

第二段落　教88ページ6行〜89ページ16行

頭ははっきりしないが、気候もよく、落ち着いたいい気持ちがしていた。一人きりで誰も話し相手はない。読むか書くか、ぼんやり外を眺めるか、散歩をして暮らした。自分はよくけがのことを考えた。一つ間違えば、今ごろは青山の土の下にあお向けになって寝ているところだった。そのことを思うと寂しいが、それほど恐怖は感じなかった。妙に自分の心は静まり、何かしら死に対する親しみが起こっていた。

教88ページ

7 **稲《いね》の取《と》り入《い》れの始《はじ》まるころ**　季節が秋であるということがわかる表現。直哉は一九一三年(大正二年)一〇月一八日に城崎温泉に来ている。

9 **一人《ひとり》きりで誰《だれ》も話《はな》し相手《あいて》はない**　孤独ではあるが、同時に自分自身を見つめる時間ができたことを示している。

10 **往来《おうらい》**　ここでは、道路、街道、の意。

11 **山《やま》の裾《すそ》**　山のふもと。

教89ページ

3 **冷《ひ》え冷《び》えとした夕方《ゆうがた》、寂《さび》しい秋《あき》の山峡《さんきょう》を……やはり沈《しず》んだことが多《おお》かった。寂《さび》しい考《かんが》えだった**　一人であるためだけでなく、秋という季節や夕方の冷気のために、自然と寂しく沈んだことを考えがちになる、ということ。

3 **小《ちい》さい清《きよ》い流《なが》れについていくとき**　澄んだ小川に沿って散歩をするとき。

「山峡」＝山と山との間。

4 **沈《しず》んだこと**　ここでは、気持ちが晴れ晴れとせず、落ち込んでしまうようなこと、の意。

4 **寂《さび》しい考《かんが》え**　山の手線に跳ね飛ばされた事故で、一つ間違えば、今ごろは死んでいただろうという考え。すぐあとに「一つ間違えば、……──こんなことが思い浮かぶ」(同ページ5行〜8行)と具体的に述べられている。

5 **それには静《しず》かないい気持《きも》ちがある**　「それ」は寂しい考え。あとにある「死に対する親しみ」に通じる感覚である。

5 **けがのこと**　山の手線に跳ね飛ばされて負った、致命傷になりかねなかったけがのこと。

5 **一《ひと》つ間違《まちが》えば、今《いま》ごろは青山《あおやま》の土《つち》の下《した》にあお向《む》けになって寝《ね》ているところだった**　あと少しで死ぬところだった、ということを言っている。青山墓地には志賀家の墓がある。

7 **青《あお》い冷《つめ》たい……傷《きず》もそのままで**　主語は「自分」。前の文と倒置の関係である。

7 **祖父《そふ》や母《はは》の死骸《しがい》が脇《わき》にある**　直哉の母は、直哉が中学に進んだ明治二八年に死んでいる。祖父は明治三九年死去。

8 **もうお互《たが》いに何《なん》の交渉《こうしょう》もなく**　祖父や母の脇に埋葬されているのだが、死んでいるので何らの交渉もないということ。

9 **いつかはそうなる**　いつかは死んで墓に入る、というような意。

11 **しかし今《いま》は、それが本当《ほんとう》にいつか知《し》れないような気《き》がしてきた**　以前は死ぬのは遠い将来のことだと考えていたが、今は「いつか」は本当にわからない、明日死ぬのかもしれない、という気がしてきた、ということ。

13 **中学《ちゅうがく》**　旧制中学校のこと。直哉は学習院《がくしゅういん》中等科に通っていた。

13 **そう思《おも》うこと**　「自分」は死ぬはずだったのを助かった、何かが「自分」を殺さなかった、「自分」にはしなければならぬ仕事があるのだ、と思うこと。

14 **激励《げきれい》される**　はげまされる。元気づけられる。

14 **そういうふうに**　クライヴが、自分は死ぬはずだったのを助かった、何かが自分を殺さなかった、自分にはしなければならぬ仕事があるのだ、と思ったように。

14 **危《あや》うかった出来事《できごと》**　電車事故で危険な目に遭ったことをさす。

15 **何《なに》かしら**　それが何であるかはわからないが。

第三段落　教90ページ1行〜91ページ16行

ある朝、一匹の蜂が玄関の屋根で死んでいるのを見つけた。ほかの蜂は死んだ蜂に全く拘泥せず忙しく立ち働いていて、いかにも生きているものという感じを与え、死んだ蜂は一つ所に全く動かずに転がっていて、いかにも死んだものという感じを与えて、寂しかった。全く動かない蜂は静かである。自分はその静かさに親しみを感じた。自分は以前、范《はん》という中国人が嫉妬から妻を殺す『范の犯罪』という短編小説を、范の気持ちを主にして書いたが、今は范の妻の気持ちを主にし、殺されて墓の下にいる、その静かさを書きたいと思った。

教90ページ

2 **縁《えん》**　縁側。

4 **あわい**　あいだ。ここでは、物と物との間、の意。

8 **欄干《らんかん》**　橋や廊下などのへりに設ける柵。ここでは、「自分」が滞在している二階の部屋の手すりのこと。

10 **ほかの蜂《はち》はいっこうに冷淡《れいたん》だった**　仲間の蜂が死んでいるにもかかわらず、ほかの蜂たちはまるで気にもとめない様子で働いている光景を見て、「自分」は、ほかの蜂たちを「冷淡」に感じたのである。「自分」がこのとき、働いている蜂でなく死んだ蜂に共感していることを示す表現。
「冷淡」＝物事に興味・関心を見せなかったり、同情心を持たなかったりする様子。

11 **拘泥《こうでい》**　こだわること。

12 **いかにも生《い》きているものという感《かん》じ**　忙しく立ち働いている蜂は当然生きているが、もう少しで死ぬような事故を経験した「自分」は、蜂の忙しく活動する姿から、あらためて命あるものの生のエネルギーを感じたのだと考えられる。

12 **朝《あさ》も昼《ひる》も夕《ゆう》も、見《み》るたびに**　「自分」が死んだ蜂のことを気にして、何度も見ていたことがわかる。

14 **そのまま**　玄関の屋根の一つ所に全く動かずにうつ向きに転がっているまま。

15それは見《み》ていて、いかにも静《しず》かな感《かん》じを与《あた》えた。寂《さび》しかった　「それ」は、三日ほどそのままになっている蜂の死骸。「自分」は死に対して静かさと同時に寂しさを感じているが、このことは直後の二文の「……冷たい瓦の上に一つ残った死骸を見ることは寂しかった。しかし、それはいかにも静かだった。」にも表れている。

教91ページ

1それ　冷たい瓦の上に一つ残った蜂の死骸。

3そこ　屋根の瓦の上。

2　**「次《つぎ》の変化《へんか》」とあるが、前の「変化《へんか》」は何か。**

答　夜の間に降ったひどい雨。

6そこ　最初の変化(ひどい雨)によって流されたどこかの場所。

7それにしろ、それはいかにも静《しず》かであった　蜂の死骸がありに引かれていくにしろ、蜂の死骸は非常に静かだった、の意。

8自分《じぶん》はその静《しず》かさに親《した》しみを感《かん》じた　教89ページ15行の「自分の心には、何かしら死に対する親しみが起こっていた。」と同じ心境。

10嫉妬《しっと》　ここでは、自分の愛する人がほかに愛情を向けることを恨んだり憎んだりする感情、の意。やきもち。

11助長《じょちょう》　ここでは、悪い傾向をさらに強めること、の意。

12范《はん》の妻《つま》の気持《きも》ちを主《しゅ》にし、しまいに殺《ころ》されて墓《はか》の下《した》にいる、その静《しず》かさを自分《じぶん》は書《か》きたい　このように思ったのは、死んだ范の妻と、「青山の土の下」で死骸として寝ていたかもしれなかった「自分」とを重ね合わせていたためだろう。

14そんな要求《ようきゅう》　「殺されたる范の妻」を書きたいという要求。「要求」は、ここでは「欲求」と同じ意。

15長編《ちょうへん》の主人公《しゅじんこう》の考《かんが》え……気持《きも》ちだったので弱《よわ》った　一九二一年(大正一〇年)から発表された小説『暗夜行路《あんやこうろ》』の主人公、時任謙《ときとうけん》作《さく》の考え。苦しみながらも数々の困難を乗り越えて生きようとする時任謙作と、死の静かさに親しみを感じているこのときの「自分」の心境とは対極だったため、「弱った」のである。

第四段落　教92ページ1行〜94ページ10行

ある午前、散歩に出ると、七寸ばかりの魚串を首に刺して川へ投げ込まれたねずみに向かって、子供や車夫が石を投げていた。どうかして助かろうと一生懸命に逃げるねずみを見た自分は、ねずみの最期を見る気がせず、寂しい嫌な気持ちになった。死後の静寂に到達するまでのあのような苦しみは恐ろしいと思ったが、けがをしたとき、自分もあのねずみと同じように、できるだけのことをしようとしたことを思い出した。

教92ページ

1眼界《がんかい》　ここでは、目に見える範囲、視界、の意。

5一生懸命《いっしょうけんめい》　「一所懸命」とも言う。

6首《くび》の所《ところ》に七寸《ななすん》ばかりの魚串《うおぐし》が刺《さ》し通《とお》してあった　誰かがねずみを殺そうとして魚串を刺したのであろう。

「七寸」＝約二十一センチメートル。一寸は約三・〇三センチメートル。

8車夫《しゃふ》　人力車を引く職業の人。

10しかし入《はい》ろうとすると魚串《うおぐし》がすぐにつかえた　ねずみの頭の上と

喉の下に三寸ほどずつ魚串が出ているので、それが邪魔になって石垣に這い上がれない様子であることがわかる。「つかえた」は、ここでは、物が妨げとなって進めない状態になった、の意。

3 **「動作《どうさ》の表情《ひょうじょう》」とは、何のことか。**

答 ねずみがどうかして助かろうとして動く様子。ねずみが一生懸命に泳いで逃げようとして、石垣へ這い上がろうとする動作。「表情」は、一般には顔に表れる感情や様子のことを言うことが多いが、身体や身ぶりに表れる感情や様子のことも言う。

14 **あさっていた**　餌や獲物を探し求めていた。

16 **あひるは頓狂《とんきょう》な顔《かお》をして首《くび》を伸《の》ばしたまま、……泳《およ》いでいった**　あひるは生の象徴として、死から必死に逃れようとするねずみと対比的に描かれている。

「頓狂」＝突然、その状況に合わないような調子外れのことを言ったり行ったりすること。

教93ページ

1 **自分《じぶん》はねずみの最期《さいご》を見《み》る気《き》がしなかった**　死にゆくねずみの様子に、電車に跳ね飛ばされた自分を重ねたのであろう。

「最期」＝死にぎわ。末期《まつご》。一般的な物事の終わりを表す「最後」と区別する。

2 **死《し》ぬに決《き》まった運命《うんめい》**　七寸もの魚串が首を貫通した状態で川に投げ込まれたのだから、たとえ石が当たらず石垣に這い上がれたとしても、いずれは死んでしまうだろう、ということ。

3 **頭《あたま》についた**　ここでは、強く感じられた、頭から離れなくなった、の意。

3 **自分《じぶん》は寂《さび》しい嫌《いや》な気持《きも》ちになった**　「自分」は、蜂の死骸を見て静かな死に親しみを感じていたが、死を前にして逃げようと必死にもがくねずみの姿を見て、同ページ5行「死に到達するまでのああいう動騒は恐ろしい」と感じたのである。

4 **「あれが本当《ほんとう》なのだ」とは、何をさして言ったものか。**

答 これまで自分や蜂の死について考えて「静かだ」と思っていたが、本当は死の直前には生きようとする動騒があること。

5 **死後《しご》の静寂《せいじゃく》に親《した》しみを持《も》つにしろ、……ああいう動騒《どうそう》は恐《おそ》ろしい**　すでに死骸だった蜂とは違い、ねずみの場合、「自分」は死の前に苦しむ姿しか見ていないので「恐ろしい」と思ったのである。

6 **あの努力《どりょく》**　魚串が刺さったねずみのように、死が目前にあっても、最期のときを迎えるまで必死に死から逃れようとする努力。

8 **しはしまいか**　するのではないだろうか。

9 **それに近《ちか》い自分《じぶん》**　電車に跳ね飛ばされたとき、川へ投げ込まれたねずみと同様に、一生懸命死から逃れようとした自分。

9 **思《おも》わないではいられなかった**　二重否定の表現。打ち消しの言葉を重ねることで、肯定の意味がより強まる。ここでは、「強く思った」という意になる。

教94ページ

1 **こう言《い》われると……非常《ひじょう》に快活《かいかつ》になった**　致命的な傷ではないと言われ、死の恐怖から解放されて元気になったのである。

3**その自分《じぶん》**　フェータル（致命的）な傷だと言われた「自分」。

4**そう言《い》われても**　自分の傷が致命的なものだと言われても。

5　**「それ」は何をさすか。**

答　傷が致命的なものでもしたであろう、助かろうとするための努力。

6**それが今来《いまき》たら**　致命的な傷を負っていることを今告げられたら。

7**あまり変《か》わらない自分《じぶん》**　「ねずみとあまり変わらない自分」とも、「電車に跳ね飛ばされてけがをしたときの自分とあまり変わらない自分」とも解釈できる。

7**気分《きぶん》で願《ねが》うところ**　ねずみのように暴れ騒ぐのでなく、静かに死にたいと願う気分。

7**「あるがまま」**　ありのまま。自然の状態。「」は強調する表現。

8**そう実際《じっさい》にすぐは影響《えいきょう》はしないものに相違《そうい》ない**　静かに死にたいと願っても、実際の死の局面では、そうすぐにはその気持ちが反映されず、願いどおりにはならないだろうということ。

8**両方《りょうほう》**　「気分で願うところ」が「実際」に影響した場合と、「実際」に影響しない場合。具体的かつ簡単に言えば、静かな気持ちになる場合と、必死に生きようとする場合、ということ。

9**影響《えいきょう》した場合《ばあい》は、それでよく、しない場合《ばあい》でも、……それはしかたのないことだ**　影響してもしなくてもどちらでもよく、どちらもしかたのないことだ、ということ。

第五段落　教94ページ11行～97ページ8行

しばらくして、ある夕方、小川に沿って上へ歩いていったとき、いもりを見つけた。いもりを驚かして川の水へ入れようとして石を投げたところ、石が当たっていもりは死んでしまった。いもりをかわいそうに思うと同時に、生き物の寂しさを感じた。自分は偶然に死なず、いもりは偶然に死んだ。そのことに対し感謝しなければならないような気もしたが、実際喜びの感じは湧き上がってこなかった。生きていることと死んでしまっていることとは両極ではなく、それほど差はないような気がした。

教94ページ

11**沿《そ》うて**　沿って。

6　**「もの静《しず》かさ」が「自分《じぶん》をそわそわとさせた」のはなぜか。**

答　人気のない場所に一人でいるので、心細く、不安になったから。

教95ページ

5**こういう場合《ばあい》**　人が感じないようなごく弱い風で、風上にまっすぐ向いているある葉だけが揺れ続け、人が感じるほど強い風が吹くと、かえってその葉の動きがとまるような場合。前述の「ある一つの葉だけがヒラヒラヒラヒラ、同じリズムで動いている。……そうしたらその動く葉は動かなくなった」（教94ページ16行）を指している。直哉は、実際にこうした場面を何度か経験したことがあると述べている。

6**いつまで行《い》っても、先《さき》の角《かど》はあった**　教94ページ14行「あの見える所までというふうに角を一つ一つ先へ先へと歩いていった」とあるので、角が続く限り歩き続けることになる。

8**半畳敷《はんじょうじ》き** 畳一畳の半分の広さ。
9**滴《したた》れた** しずくとなって垂れ落ちた。
11**先《せん》ほど** 以前ほど。
16**そんなこと** いもりを見ることを嫌うこと。

教96ページ

1**不器用《ぶきよう》に体《からだ》を振《ふ》りながら歩《ある》く形《かたち》が思《おも》われた** 「自分」が、いもりが驚いて体を振りながら歩いていく様子を想像したということ。胴体が長いわりに足が短いため体を振りながら歩くいもりの姿を、「不器用」と表現している。
8**のめってしまった** 前へ倒れてしまった。「のめる」＝前方に傾いて倒れたり、倒れそうになったりする。
8**尾《お》は全《まった》く石《いし》についた** いもりが死んだことを表している。
9**とんだこと** 取り返しのつかないこと。ここでは、いもりを殺してしまったことをさす。
10**その気《き》が全《まった》くないのに殺《ころ》してしまった** いもりを殺す気が全くないのに殺してしまった。蜂やねずみとは違い、いもりの死の場合は、偶然とはいえ、「自分」が直接関わったことになる。
12**不意《ふい》な死《し》** 突然の死。思いがけない死。
12**いもりと自分《じぶん》だけになったような心持《こころも》ち……心持《こころも》ちを感《かん》じた** 死んでしまったいもりに、「自分」の思考のすべてが集中し、一体化していることを示している。
14**生《い》き物《もの》の寂《さび》しさをいっしょに感《かん》じた** ここでの「生き物」は、「自分」も含む。続けて「自分は偶然に死ななかった。いもりは偶然に死んだ。」とあるように、不意の事故に襲われかろうじて生き残った「自分」にも、死んでしまったいもりにも、偶然に生死が左右される寂しさがあると感じているのである。

教97ページ

4**それ** 死ななかった「自分」が今こうして歩いていること。
4**しかし実際《じっさい》喜《よろこ》びの感《かん》じは湧《わ》き上《あ》がってはこなかった** 「自分」が偶然生き残った喜びよりも、偶然に生死を支配される生き物の寂しさ、はかなさのほうを強く感じていたためであろう。
5**両極《りょうきょく》** 両極端。ひどく隔たりのあること。
6**それほどに差《さ》はないような気《き》がした** いもりの死で示されたように、生と死は偶然に支配されているもので、表裏一体である、というようなことを言っている。

7 「そういう気分《きぶん》」とは、どのような気分か。

答 生きていることと死んでしまっていることとは両極ではなく、それほど差はないと思えるような気分。

第六段落 教97ページ9行〜97ページ10行

三週間いて、自分は城崎温泉を去り、それからもう三年以上になる。脊椎カリエスにはならずにすんだ。

教97ページ

9**三週間《さんしゅうかん》いて、……助《たす》かった** 冒頭の段落（教88ページ4行〜88ページ5行）の内容と呼応している。

手引き

学習の手引き

一　最初と最後の各段落を導入部と結末部と捉え、そこから読み取れる、この小説の時間的な構成を整理しよう。

考え方　最初の段落の「背中の傷が脊椎カリエスになれば……二、三年で出なければ後は心配はいらない」と、最後の段落の「もう三年以上になる。自分は脊椎カリエスになるだけは助かった」が対応していることから考える。

解答例　導入部と結末部が事故から三年以上経過した時点で、間に城崎温泉を訪れた三週間の出来事の回想を置いているという構成。

二　右以外の本文を四つの段落に分け、内容に即した小見出しをつけてみよう。

解答例　「段落」参照

三　「死に対する親しみ」(八九・16)とは、死をどのようなものとして捉えた結果抱いた心境か、まとめてみよう。

解答例　死ぬ可能性も考えられた事故に遭ったことで、死はいつ訪れてもおかしくないものとして捉えた結果。

四　三つの小動物の死に遭遇した際に抱いた、それぞれの死に対する心境をまとめてみよう。

解答例
・蜂の死…全く動かずに転がっているのを見て、静かさと寂しさを感じたが、その静かさに親しみも覚えた。
・ねずみの死…死から必死に逃れようとする様子を見て、寂しい嫌な気持ちになり、恐ろしいと思った。
・いもりの死…「自分」が投げた石が偶然当たって死んでしまって妙な嫌な気分になったのち、かわいそうに思うと同時に、偶然に生死を左右される生き物の寂しさを感じた。

五　本文中に繰り返し現れる「寂しい」という心境が表す具体的内容を、次の場面ごとに整理してみよう。

1　寂しい考えだった。(八九・4)
2　寂しかった。(九〇・15)
3　自分は寂しい嫌な気持ちになった。(九三・3)
4　自分は寂しい気持ちになって(九六・15)

解答例
1　山の手線に跳ね飛ばされた事故で、一つ間違えば、今ごろは青山墓地の土の下で青い冷たい堅い顔をして、顔の傷も背中の傷もそのままで、祖父や母の死骸と並んで、あお向けになって寝ているところだったのではないかという想像。
2　三日ほどそのままになっている蜂の死骸。
3　死を前にして死から逃れようと必死にもがくねずみの姿。
4　事故に遭っても偶然死ななかった自分が、偶然いもりを殺してしまったこと。

活動の手引き

一　作者は大正二年(一九一三年)に電車事故に遭い、実際に城崎温泉で療養している。『城の崎にて』が発表されたのは大正六年であるが、当時の経験を、大正三年に『いのち』という草稿にまとめている。両者を読み比べ、相互の違いから考え

たことを、文章にまとめて発表し合おう。

考え方　ウェブ資料に『いのち』本文があるので、まずはそれを読もう。『城の崎にて』に書かれていて『いのち』に書かれていないこと、『いのち』に書かれていて『城の崎にて』に書かれていないことを整理する。『いのち』は「自分」の事故と人の生死が中心となっていること、『城の崎にて』は「自分」の事故の詳しい状況や、子供の事故のことは書かれておらず、三つの小動物の死が並べられていることなどから、その理由を考えてまとめよう。

言葉の手引き

一　次のかたかなを漢字に改めよう。

1　背中の傷がチメイショウになった。
2　三週間ガマンする。
3　羽をテイネイに調える。
4　死後のセイジャクに親しみを持つ。

解答　1　致命傷　2　我慢　3　丁寧　4　静寂

二　次の言葉を使って短文を作ろう。

1　いかにも（九〇・12）
2　なおかつ（九四・7）
3　もとより（九六・11）

解答例　1　妹はいかにもうれしそうな顔で笑っていた。
2　目覚まし時計をセットした。なおかつ、携帯電話のアラームもセットした。
3　本好きはもとより、本を読まない人でも楽しめる小説。

三　本文は改行の少ない文章が特徴となっている。次の文章を、指定した数の段落に分けてみよう。

1　蜂の死骸が流され……しかたのないことだ。（九二・1〜九四・10）【三つの段落】
2　だんだんと薄暗く……自分を誘っていった。（九五・6〜九七・8）【二つの段落】

解答例　1　第一段落「蜂の死骸が」（九二・1）〜「泳いでいった。」（九三・1）
第二段落「自分はねずみの最期を」（九三・1）〜「続けなければならない。」（九三・7）
第三段落「今自分にあのねずみの」（九三・7）〜「しかたのないことだ。」（九四・10）
2　第一段落「だんだんと」（九五・6）〜「いもりは偶然に死んだ。」（九六・15）
第二段落「自分は寂しい」（九六・15）〜「自分を誘っていった。」（九七・8）

四　「自分は脊椎カリエスになるだけは助かった。」（九七・9）とあるが、「自分は脊椎カリエスにならずに助かった。」とせず、あえて「だけは」と表現した意図を考えてみよう。

解答例　死に至る脊椎カリエスにならずに済んだことを強調する。

空き缶

林《はやし》 京子《きょうこ》

教科書P.100〜115

●学習のねらい

現在と過去とが交錯する文章展開を把握し、各場面における登場人物たちの思いを読み取る。

●主　題

昭和二十年にN高女に在籍した五人の女性が、三十年後、翌年に廃校になる母校に集まるという設定で、それぞれの立場から八月九日の原爆の意味が語られる。また、「私」はその場に来られなかったきぬ子が、女学校で同じクラスだったことに気づかされ、彼女の持つ被爆の意味の深さを再認識する。被爆すること、あるいは被爆しなかったことが生きるうえでどのようにその後の人生に影を刻んでいくのか、という主題が具体的に描かれている。

●段　落

本文は、一行空きによって、六つの段落に分けられる。

一　教P100・上1〜P103・上5　廃校になる校舎で
二　教P103・上7〜P106・下4　講堂で―追悼会と弁論大会
三　教P106・下6〜P108・下14　大木・西田・原・野田のこと
四　教P108・下16〜P109・下11　きぬ子のこと
五　教P109・下13〜P111・上7　きぬ子と「私」(回想)
六　教P111・上9〜P114・下11　教室で―きぬ子と空き缶

段落ごとの大意と語句の解説

第一段落　教100ページ1行〜103ページ上5行

三十年前にN高女を卒業した五人が、廃校になる校舎に集まる。当時の教師の口まねなどをしながら思い出話をするうちに、私は、原爆投下後の校舎には、窓ガラスが爆風で飛ばされて一枚もなかったことを思い出す。五人は、懐かしみながら校舎に入っていく。

教100ページ

下2**職員室《しょくいんしつ》に聞《き》こえるよ**　今は職員室には誰もいないはずなので、女学校時代の習慣から思わず口にした言葉であろう。

下6**かつての私《わたし》たちの母校《ぼこう》は、来年《らいねん》いっぱいで廃校《はいこう》になってしまう**「私」たちは、廃校になる前に母校訪問を計画したのである。

下12**枝《えだ》ぶり**　木の枝の出ている様子。枝の姿。

教101ページ

上4**城壁《じょうへき》のように突《つ》っ立《た》った校舎《こうしゃ》は、……物音《ものおと》一《ひと》つ立《た》てずに静《しず》まっている**　廃墟《はいきょ》のような建物の姿が表現されている。

下1**甚《はなは》だしく校舎《こうしゃ》の美観《びかん》を損《そこ》なう**　校舎のきれいな姿をひどく傷つ

ける。

「美観を損なう」＝美しい眺めを台無しにする。

下3**終戦直後《しゅうせんちょくご》の殺伐《さつばつ》とした時代《じだい》**　終戦直後のゆとりのないぎすぎすした時代。

「殺伐」＝すさんでいて、潤いや温かみの感じられない様子。

下8**一階《いっかい》、二階《にかい》と、壁面《へきめん》で階《かい》を追《お》いながら、私《わたし》は目《め》を空《そら》に移《うつ》していく**　いった「私」が校舎を眺めながら、少しずつ目線を上げていく様子を表している。映像表現のカメラの動きを思わせる表現である。

下14**そして、各階《かくかい》の窓《まど》のことごとくに、ガラスが……そのことが私《わたし》には奇妙《きみょう》に見《み》えた**　原爆投下後から「私」が卒業するまでは、「この校舎には窓ガラスが一枚もなかった」(教102ページ上5行)ので、きれいにガラスが入った窓に違和感を覚えたのである。

教102ページ

上7**サメの歯《は》のようにとがったガラス片《へん》**　ガラスが激しく吹き飛ばされ、窓枠にガラス片が少しだけ残っている様子を表している。爆風のものすごさを伝える比喩表現。

上12**それも鉄《てつ》の窓枠《まどわく》が、正常《せいじょう》な箇所《かしょ》だけである**　ここから、鉄の窓枠も原爆の熱風で溶けたり、曲がったりしたことがわかる。

上15**矯正《きょうせい》した**　正常な状態に直した。

下8**取《と》ってつけた新《あたら》しさが浮《う》き上《あ》がっていた**　周りと調和しない新しさが目立っていた。

「取《と》ってつける」＝わざとらしく、不自然な様子を表す表現。

下16**「へえ、……講堂《こうどう》ば見《み》ておきたか。」と大木《おおき》が言《い》った**　次の文に「私も、あと一度、講堂を見ておきたい」とあることからも、「私」たちには講堂への特別な思い入れがあることがわかる。講堂は追悼式の行われた場所である。

第二段落　教103ページ上7行〜106ページ下4行

一脚の長椅子以外には何もない講堂で、追悼会のことを思い出す。それは、終戦の年の十月に行われた、原爆で死亡した生徒や先生たちの追悼会である。原と大木はこの講堂に重態の体を横たえた思い出もある。原は、悲しゅうなる、とつぶやく。その言葉は各人の胸によみがえった思いを言い表していたが、被爆していない西田だけは、講堂を見て弁論大会を思い出していた。西田も大木も、クラス代表として優勝を競ったのだった。

教103ページ

上8**それぞれが、その場《ば》にくぎづけになって、立《た》ちすくんだ**　原爆投下当時の出来事や思いがよみがえってきて、それぞれが、その場で立ったまま動けなくなった。衝撃の度合いが伝わる表現。

「くぎづけになる」＝その場から動けなくなる。

上16**乾《かわ》いた雑巾《ぞうきん》が一《ひと》つ、捨《す》ててあった**　捨てられた雑巾が、何もない講堂の寂寥《せきりょう》感(ものさびしい感じ)を深めている。

下2**色合《いろあ》いも、……当時《とうじ》のままである**　天井の色合いとシャンデリアだけが当時のままで、昔の名残をとどめている。

下5**悲《かな》しゅうなる、と原《はら》がつぶやいた**　講堂で行われた追悼会を思い起こし、心情をもらした言葉。「悲しゅうなる、……あの日の思いを、率直に言い表していた」(教104ページ上17行)ともある。

下6**追悼会《ついとうかい》――と私《わたし》もつぶやいた。大木《おおき》と野田《のだ》が、無言《むごん》でうなずい**

た　西田を除いて、被爆している四人にとって、原爆で死亡した生徒や先生たちの追悼会は強く印象に残っているのである。

下12 **私《わたし》が無言《むごん》の祈《いの》りをささげたのは**　四行前の「黙禱《もくとう》」（同ページ下8行）を受けた表現。

下14 **浦上《うらかみ》**　長崎ではこの地域に原爆が投下され、爆心地となった。

教104ページ

上4 **軍需工場《ぐんじゅこうじょう》**　軍隊で使われる武器や弾薬を生産・支給する施設。

上6 **和紙《わし》に、毛筆《もうひつ》で書《か》かれた生徒《せいと》たちの氏名《しめい》**　原爆によって亡くなり、追悼される生徒たちの氏名。

上6 **胡粉《ごふん》の壁《かべ》の端《はし》から端《はし》まで、四《し》、五段《ごだん》に分《わ》けて貼《は》ってあった**　亡くなった人数の多さが視覚的に伝わってくる表現である。

上11 **生《い》き残《のこ》った生徒《せいと》たちの間《あいだ》から、どよめきが起《お》こる**　悲鳴や、驚き、哀悼の意を示す声が「どよめき」と表現されている。

上12 **私《わたし》たちは気抜《きぬ》けした者《もの》のように肩《かた》を落《お》として**　私たちは気が抜けた人のように力なくうなだれて。悲しみの深さがわかる表現。

「肩《かた》を落《お》とす」＝がっかりしてうなだれる。

上16 **涙《なみだ》はおえつに変《か》わって、生徒《せいと》が座《すわ》っている中央《ちゅうおう》に向《む》かって寄《よ》せてくる**　父母たちの悲しみが生き残った生徒たちには、押し寄せる波のように感じられた、ということ。

「おえつ」＝息を詰まらせ、むせぶように泣くこと。

下5 **弱《よわ》いのよ**　西田は自分が被爆しておらず、人生に重大な影響を及ぼす体験を共有していないことで、いろいろな場面で他の四人との間に疎外感を抱いている。

下9 **生《は》え抜《ぬ》き**　そこに初めから所属している者。

下12 **同《おな》じ転校生《てんこうせい》でも西田《にしだ》と私《わたし》とでは、また微妙《びみょう》な差《さ》があった**　私は八月九日の動員中に被爆しているが、西田は十月に転校してきたので被爆していないという違いがあることを表している。

教105ページ

上3 **そんげんことのあるもんね**　そんなことがあるものですか。

1　「心情的《しんじょうてき》にそうありたい」とは、どういうことか。

答　被爆したという共通点による心の結びつきを共に感じたいということ。

上13 **わたしは、そうじゃないもの**　講堂の入り口に立った瞬間に、自分以外の者の脳裏に浮かんだのは追悼会のことだが、自分の場合は弁論大会だったという違いが生じたことを言っている。

下3 **うわあ恥《は》ずかしかあ**　大木は、弁論大会のときに自分が弁論したことの内容を思い出したのである。

教106ページ

上10 **言《い》い当《あ》てて、いまだに産《う》む作業《さぎょう》を知《し》らず**　まさに今の自分を言い当てることになってしまい、独身で子供がいないということ。

上11 **おどけて言《い》った**　自分のことを言うのに照れて、冗談めかして言ったということ。

下3 **首《くび》をくくるまねをした**　紐《ひも》で首をくくって死ぬまねをしたということ。死ぬよりほかにない状況を表している。

下3 **大木《おおき》が表情《ひょうじょう》を曇《くも》らせて**　大木が暗い表情をして。

「表情《ひょうじょう》を曇《くも》らせる」＝不安や悲しみから表情を暗くする。

第三段落　教106ページ下6行～108ページ下14行

独身で中学校の教師を続けている大木は、離島に赴任になることを心配している。大木には被爆時にガラス片が刺さった経験もあり、原爆症が出た場合、長崎市の原爆病院に入院したいと考えているためである。同じ被爆者である私には、その気持ちは理解できた。東京で服飾デザイナーとして活躍している西田は、被爆していないこともあるが、生き方に前向きなところがある。原は被爆以後、悪性貧血に悩まされて、大木に比べても病弱に見える。五人の中で平穏な結婚生活を続けているのは、野田だけである。今日来られなかったきぬ子は、背中のガラスを抜くために明日入院するという。

教106ページ

下7 **離島《りとう》を多《おお》く持《も》つ長崎県《ながさきけん》**　長崎県は日本全国で最も離島が多い。

下7 **懸案《けんあん》**　問題とされながら解決されずにいる事柄。

教107ページ

2　「**不発弾《ふはつだん》を抱《だ》いているようなもの」とは、どういうことか。**

答　大木に、いつ原爆症が出てもおかしくない状況であること。「不発弾」は、もともとの意味は発射や爆発をしなかった弾丸のことで、爆発する可能性がある。ここでは、それを比喩的に用いている。

上12 **なんらかの病気《びょうき》にかかったら、原爆症《げんばくしょう》を考慮《こうりょ》しながら治療《ちりょう》が受《う》けられる、原爆病院《げんばくびょういん》に入院《にゅういん》したい**　被爆者が常に原爆症についての不安を抱えながら暮らしているということがわかる。

下2 **仮《かり》に受《う》け入れられるならば、……関連《かんれん》を持《も》っているだろう**　被爆の前歴が仮に赴任拒否の理由として受け入れられるならば、長崎県の教師たちはその条件にみな当てはまってしまうということ。

下5 **大木《おおき》が躊躇《ちゅうちょ》する気持《きも》ち**　大木が、できることなら離島に赴任したくないと思う気持ち。

「躊躇する」＝あれこれ迷ってためらう。

下6 **同《おな》じ被爆者《ひばくしゃ》である私《わたし》には理解《りかい》できた**　被爆者どうしの心理的な近さが表現されている。

下8 **予定《よてい》が組《く》まれたら進《すす》まなきゃならない、それが生《い》きるってことじゃない**　西田の前向きな生き方・考え方が表されている言葉である。

下15 **夫《おっと》の死《し》によって、野田《のだ》のように首《くび》をくくる心配《しんぱい》はない**　西田は野田と違って手に職を持っているので、夫を亡くしても経済的には心配ないということ。

教108ページ

上3 **虎視眈眈《こしたんたん》**　じっと好機をねらっている様子。

上6 **大木《おおき》さんと同《おな》じよ**　独身であるということを言っている。

上7 **原《はら》はいかにも病弱《びょうじゃく》に見《み》える**　直後に、「被爆以後、悪性貧血に悩まされ」（同ページ上9行）と説明されている。

上12 **両親《りょうしん》の庇護《ひご》を受《う》けて生活《せいかつ》をしていた**　両親に守られながら生活していた。

「庇護」＝かばい守ること。

上17 **死別《しべつ》、離婚《りこん》**　死別は西田、離婚は「私」のことである。

下3 **うちたちは原爆《げんばく》にこだわりすぎるとやろうか**　自分たちの原爆に対するこだわり方について自問自答している。

下4**大木《おおき》がひっそりと言《い》った**　静かに問いかけていることから、思いの深さが感じられる。

下6**頓狂《とんきょう》な**　急に周りの様子に合わない、調子が外れた言動をする様子。

下12**原爆症《げんばくしょう》ね？　と原《はら》が眉《まゆ》を寄《よ》せた**　原は、きぬ子を心配して「原爆症なの？」と聞いたのである。

「眉《まゆ》を寄《よ》せる」＝不安な表情をする。不快感を表すこともある。

下13**背中《せなか》のガラスば抜《ぬ》きなっとさ、と言《い》った**　大木のこの言葉を受けて、次の段落できぬ子とガラス片のことが語られる。

第四段落　教108ページ下16行～109ページ下11行

きぬ子は島原で小学校の教師をしている。最近になって、体育の授業中に背中にガラス片の痛みを感じた。レントゲンで診てもらい、切開してみると、ガラス片が出てきた。それで、他のガラス片を取り出すために、明日入院することになったのである。きぬ子は在学中に弁論大会に出ていて、そのときは被爆のせいで坊主頭だった。

教108ページ

下17**ガラス片《へん》の痛《いた》みを知《し》ったのは、体育《たいいく》の授業中《じゅぎょうちゅう》である**　被爆してから三十年もたち、初めて痛みに気づいたのである。

下18**活発《かっぱつ》なきぬ子《こ》**　一人の身寄りもないきぬ子だが、性格は明るいことがわかる。

教109ページ

上2**明滅《めいめつ》するイルミネーションのような、軽《かろ》やかな痛《いた》み**　重さを感じさせない痛みの表現だが、すぐあとに「今度は、とがった痛みがした」（同ページ上5行）とやや強い痛みが表現されている。

上15**きぬ子《こ》さんって、よく覚《おぼ》えていないけれど弁論大会《べんろんたいかい》に、いっしょに出《で》た人《ひと》じゃない**　ここからも、西田の中では弁論大会のことが強く記憶に残っていることがわかる。

下10**天涯孤独《てんがいこどく》**　身寄りが一人もいないこと。

第五段落　教109ページ下13行～111ページ上7行

私は昨年十年ぶりにきぬ子に会った。きぬ子は八月九日、精密機械工場で被爆し、いっしょにいた恩師のT先生は即死した。閃光《せんこう》に額を打たれたT先生がその瞬間にきぬ子に向かって叫んだ言葉が聞き取れず、きぬ子はそのことに長年悩み続けた。このごろではT先生の死に疑念さえ抱くようになった。きぬ子は私といっしょにT先生の墓参りに行き、T先生の死を確かめ、「忘れてしまうてもよかよねえ」と言う。そのとき樫《かし》の木のこぶをたたいたきぬ子は、ガラス片の痛みを手のひらに感じた。

教109ページ

下15**つき合《あ》いが始《はじ》まったようである**　記憶が不確かであることの表現。

教110ページ

上7**混血児《こんけつじ》**　人種の違う両親の間に生まれた子供。

上9**兵器工場《へいきこうじょう》に動員《どういん》された生徒《せいと》について出向《しゅっこう》していた**　戦争遂行のために兵器工場に駆り出されていた生徒について行き、そちらで勤務していたということ。

「動員」＝ある目的のために、たくさんの人や物を集めること。

「出向」＝籍をもとのままにして、ほかの役所や会社に勤務すること。

上17**閃光《せんこう》に額《ひたい》を打《う》たれて、光《ひかり》の中《なか》に溶《と》けて見《み》えなくなった瞬時《しゅんじ》**　T先生が被爆した瞬間の描写。原爆の閃光のすさまじさがわかる表現。

下4**開《ひら》いた唇《くちびる》の形《かたち》を……貼《は》りついてしまった**　T先生の開いた唇の形がそのままきぬ子の脳裏に焼きついてしまったということ。

下8**聞《き》き取《と》れなかった言葉《ことば》は、きぬ子《こ》の心《こころ》の負担《ふたん》になって**　きぬ子が、生き残った者の責任として、T先生の最後の言葉について長い間考え続けてきたことがわかる。

下18**もう、死《し》になった人《ひと》のことは忘《わす》れてしもうてもよかよねえ**　きぬ子は、「私」に同意を求める形で、自分の気持ちを後押ししてほしいと思っているのである。

教111ページ

上5**不思議《ふしぎ》に思《おも》って私《わたし》はきいた**　この場面は昨年の十月のことなので、きぬ子のガラス片のことを「私」はまだ知らないのである。

上7**抑揚《よくよう》のないきぬ子《こ》の言葉《ことば》**　声の調子にめりはりのない、平板なきぬ子の言葉。ここからも、きぬ子の人生に被爆が影を落としていることがわかる。

「抑揚」＝声の調子の変化。

第六段落　教111ページ上9行～114ページ下11行

　教室に移動して記憶をたどるうちに、大木から、空き缶に両親の骨を入れて毎日持ってきていたのがきぬ子だったときかされ、私はきぬ子と同じクラスだったことに気づく。私は覚えている。書道の時間に、机の上の空き缶について教師にきかれた少女は、中身は父さんと母さんの骨だと答えた。すると教師は教壇の机の中央に空き缶を置き、みなで黙禱をささげた。あの時の少女はきぬ子だったのだ。

　私の中で、今になって空き缶事件と昨年会ったきぬ子の様子との記憶がつながる。きぬ子の背中から出てくるであろう三十年前のガラス片に、私は思いを馳《は》せる。

教111ページ

3　**「人間《にんげん》の体《からだ》は、ようできとるね。」とは、どういうことか。**

答　被爆したときに体に突き刺さったガラス片が、長い年月の間に真綿のような脂肪に包みこまれて塊の状態になっていたという、人体の不思議な作用のこと。

上15**私《わたし》たちは講堂《こうどう》を出《で》た**　第二段落から続いていた講堂の場面から教室へ移動する。第五段落は、「私」ときぬ子が会った昨年十月の話である。

教112ページ

上2**これはわたしのクラスよ**　西田のこの発言は、あとに、「西田と私は、……同じクラスになったことはない」（同ページ上10行）、「角の教室は、やはり私のクラスのように思えた」（同ページ下12行）とあることから、西田の記憶違いであることがわかる。

教113ページ

上4**あの少女《しょうじょ》が、きぬ子《こ》だったのか**　ここから、現在のきぬ子には結びついていなかったが、「私」がきぬ子についての記憶を持ち続けていたことがわかる。

上7炎《ほのお》でただれた　原爆の炎で焼かれたと想像できる。
「ただれる」＝炎症などで皮膚や肉が破れたり崩れたりする。ここでは、缶の表面が炎の熱でざらざらになっている様子を表す。

上11両手《りょうて》で抱《だ》き上《あ》げるように、空《あ》き缶《かん》を取《と》り出《だ》す　ここから、きぬ子にとって、この空き缶がかけがえのない大切なものだということがわかる。「空き缶を取り扱う指先が、いかにもいとしそうに見えて」（同ページ下1行）も同様。

上15被爆後《ひばくご》、私《わたし》たちはあからさまに話《はな》さないことが多《おお》くなっていたので、気《き》にかかりながら、誰《だれ》も尋《たず》ねなかった　被爆によってみなそれぞれ苦しみや悲しみを抱えていたので、互いに気を遣っており、空き缶のことが気になっていても、そのことについて誰もきかなかったということ。
「あからさまに」＝包み隠さないで。おおっぴらに。
「気《き》にかかる」＝心にかかって離れず、心配である。

下5半紙《はんし》と硯《すずり》と教科書《きょうかしょ》で、机《つくえ》の上《うえ》はいっぱいになっている　空き缶がいかにも物理的によけいなものに思える状況である。

教114ページ

上1ご両親《りょうしん》の冥福《めいふく》をお祈《いの》りして、黙禱《もくとう》をささげよう　何も説明しなくても、教師にも事情がわかるのである。

上4ご両親《りょうしん》は、君《きみ》の帰《かえ》りを家《いえ》で待《ま》っててくださるよ、そのほうがいい　きぬ子に対する思いやりを含んだ教師の判断である。

上6空《あ》き缶事件《かんじけん》は、……心《こころ》の痛《いた》みになって残《のこ》っていた　空き缶事件が、少女時代の「私」にとって、いかに強烈な印象として残っているかがわかる表現。
「錐《きり》を刺し込んだような」＝かなり強い痛みを表す直喩表現である。

上10焼《や》けた家《いえ》の跡《あと》に立《た》って、……薄暗《うすぐら》い教室《きょうしつ》の中《なか》に浮《う》かび上《あ》がった　自分の知っているきぬ子と思い出の中の少女とが結びついたことで、「私」は一つのイメージを心の内に描き出している。教室というかつてと同じ場所にいることが持つ、記憶を呼び起こす力をも示している表現。

下6背中《せなか》のガラスは、すでに痛《いた》み始《はじ》めていたのかもしれない　痛みをこらえることが、被爆に関わることのいっさいを封印することになっていたのかもしれない、と推測している。

下8きぬ子《こ》の背中《せなか》から、……どんな光《ひかり》を放《はな》つのだろうか　この表現は、きぬ子の被爆後の人生を象徴するかのように描かれており、さまざまに思いを馳せさせる効果を持った深みのある表現である。

手引き

学習の手引き

一　**本文全体は、一行空きによって六つの段落に分かれている。各段落で書かれている内容を整理し、それらがどのようにつながって本文が展開しているか、説明してみよう。**

考え方　「段落」を参照し、書かれている内容を把握する。

解答例 現在の学校を見て、場所ごとにまつわる思い出が想起される展開。被爆やそれにまつわる出来事は、N高女の思い出の中でも強く記憶に残るものであり、それが現在の生活や人生に影響を与えていることを示す。

二 六人の登場人物について

1 八月九日から現在までの境遇を、それぞれ整理しよう。

2 次の発言にこめられた思いを、それぞれ説明してみよう。

①原爆の話になると、弱いのよ。(一〇四・下4)

②生き残って三十年、ただ生きてきただけのごたる気のする。(一〇八・下2)

③うちたちは原爆にこだわりすぎるとやろうか(一〇八・下3)

④もう、死になった人のことは忘れてしもうてもよかよねえ(一一〇・下18)

⑤あの少女が、きぬ子だったのか。(一一三・上4)

3 小説の中心に置かれている登場人物は誰か、理由も含めて指摘してみよう。

解答例 1 ・「私」…昭和二十年の三月に、N高女に転入。八月九日、動員中に被爆。現在は東京で暮らしている。夫とは離婚。

・西田…昭和二十年十月、N高女に転入。被爆はしていない。半年前に夫と死別。現在は東京で服飾デザイナーをしている。

・大木…浦上の兵器工場で被爆。背中や腕にガラス片が刺さる。東京の女子大を卒業後、長崎県で中学校の教師となる。原爆症の再発を危惧し、離島赴任に不安を感じている。数年前に両親と死別。独身。

・原…浦上の兵器工場で被爆。被爆以後、悪性貧血に悩まされる。両親は健在で、その庇護を受けて生活している。独身。

・野田…被爆したが、現在は長崎県で平穏な結婚生活を送っている。

・きぬ子…精密機械工場で被爆。いっしょにいたT先生は即死。両親も原爆で死亡。被爆後、髪の毛が抜けて坊主頭になる。学校に両親の骨を入れた空き缶を毎日持ってきていた。現在は島原で小学校の教師をしている。被爆時に刺さった背中のガラスを抜くために、明日原爆病院に入院する。

2 ①被爆という人生に重大な影響を及ぼす体験を共有していないので、いろいろな場面で他の同級生との間に疎外感を抱いてしまう。

②原爆で死んでいった人たちのことを考えると悲しくなるが、生き残った自分も、被爆後は悪性貧血に悩まされて、両親を頼って暮らしており、生きている手応えをこれといって持てない。

③被爆したことを理由に、いつ起きるかわからない原爆症の症状におびえたり、生き残った自分を意識したりと、被爆したことを生活の中心においてしまっているが、もっと被爆の影響なく過ごすこともできたのではないだろうか。

④T先生の最後の言葉を理解しようとし、なんとか死者の思いに寄り添おうと思い続けてきたが、T先生が本当に死んだのかどうかもわからなくなってしまい、先生のことについてどのように判断すればいいのかもわからない。先生の死を確認することで自分の気持ちに区切りをつけ、背負ってきた心の荷を下ろしたい。

⑤空き缶に両親の骨を入れていた少女ときぬ子が同一人物と気づき

驚いた。空き缶の少女がきぬ子だとわかると、きぬ子の当時や現在の悲しみが思われ、被爆で刺さったガラス片を取るために入院するという状況や、T先生の墓参りで「死になった人のことは忘れてしもうてもよかよねえ」と言ったこともさらに重みを持って響いてくる。

3　両親の骨を入れた空き缶を学校に持って来ていた、きぬ子。「空き缶」は題名にもなり、原爆がもたらした悲惨さの象徴にもなっている。

活動の手引き

一　本文全体の構成を、次の項目に従って、一覧表に整理してみよう。

・時間・場所・話題・発言または描写・心情

考え方　学校を訪れている現在、被爆時、追悼会、空き缶事件、T先生の墓参りと、現在といくつかの過去が交錯している。場面が変わる箇所に注意してまとめよう。

言葉の手引き

一　次のかたかなを漢字に改めよう。

1　歯並びをキョウセイする。
　　行事への参加をキョウセイする。

2　故人をツイトウする。
　　反乱軍をツイトウする。

3　恒久の平和をキネンする。
　　受賞のキネンに花束を贈る。

4　人質をカイホウする。
　　扉をカイホウする。

5　春の人事イドウが発令される。
　　家具をイドウする。

解答　1　矯正／強制　2　追悼／追討　3　祈念／記念
4　解放／開放　5　異動／移動

二　次の語の意味を調べ、それぞれを使って短文を作ろう。

1　取ってつける（一〇二・下8）
2　生え抜き（一〇四・下9）
3　足をすくう（一〇八・上3）
4　虎視眈々（一〇八・上3）

解答例　1　不自然な様子。「妹は取ってつけたように笑った。」
2　初めからその場に所属し、今もそのままでいること。「生え抜きの社員が社長になる。」
3　相手のすきをつき、失敗させる。「油断すると足をすくわれる。」
4　好機をじっとねらっている様子。「虎視眈々と反撃のチャンスをねらっている。」

三　会話の部分で、方言と共通語が使い分けられている効果を説明してみよう。

解答例　「私」と西田の会話は共通語、大木、原、野田、きぬ子の会話は方言なので、「私」と西田が他の四人より、原爆の落とされた長崎という土地との距離があることを感じさせる。

伝統と文化

人形浄瑠璃文楽《ぶんらく》―三業《さんぎょう》一体の技

教科書P.118〜121

学習のねらい

わが国の伝統芸能に関する文章を読んで、扱われている題材や内容、表現の技法などについて興味を広げる。

要旨

日本の伝統芸能である人形浄瑠璃文楽は、一体の人形を三人が操る。その「人形」と、せりふや情景描写などを語る「太夫《たゆう》」、物語の進行を支える「三味線」の三業が一体となった芸術である。過去を題材とした演目でも、運命の悲劇や、登場人物の心情などは、現代の私たちが見ても胸に訴えるものがある。

段落

文楽の説明と演目の内容の二つの段落に分けられる。

一 教P118・上1〜P118・下17 文楽は三業一体の技

二 教P119・上1〜P121・上20 『菅原伝授手習鑑《すがわらでんじゅてならいかがみ》』の紹介

手引き

活動の手引き

一 「人形」「太夫」「三味線」の三業について、興味を持ったことを調べて発表し合おう。

考え方 ウェブ資料を参考に、「人形」「太夫」「三味線」のそれぞれについて興味を持ったことを調べてみよう。画像や動画を参考にすると、より深い理解につながる。

二 松王丸《まつおうまる》は「梅は飛び桜は枯るる世の中に何とて松のつれなかるらん」（一二〇・下8）という歌を口にしている。この歌の背景にある、菅原道真《みちざね》の左遷にまつわる「飛梅《とびうめ》伝説」について調べ、その内容を発表し合おう。

考え方 インターネットや菅原道真に関する本などで調べてみよう。「東風《こち》吹かば匂ひおこせよ梅の花あるじなしとて春なわすれそ」という歌が伝説の元になっている。

祭りの笛

三浦哲郎《みうらてつお》

教科書P.122～123

●学習のねらい

わが国の伝統行事について書かれた文章を読んで、内容を効果的に伝えるための筆者の工夫を理解する。

●要旨

筆者は子供のころに、祭りで他の町内の人たちが出す山車《だし》をうらやましく見ていた。今でも山車に乗って笛を吹いてみたいと思うが、もう諦めるほかない。しかし、祭りの笛の音《ね》は、自分にとって郷愁の象徴となっており、聞けば泣けるほど思い入れのあるものだ。

●段落

「活動の手引き」参照

手引き

活動の手引き

一　大きく三つの段落に分けた本文の内容をそれぞれ整理し、文章の展開や描写のしかたなどにどのような工夫があるか、分析してみよう。

考え方　それぞれの段落のつながりから、文章の展開の工夫を考える。また、段落ごとに表現の違いはないか、印象に残る描写はないか考えながら読み、描写のしかたの工夫を捉える。

解答例　段落ごとの本文の内容…1祭りの笛への憧れ。2祭りの笛への憧れの理由。3祭りの笛は郷愁の象徴。

文章の展開…現在(笛への憧れ)→過去(憧れの理由)→現在(現在の笛への思い)と展開している。3で、筆者がどんな思いで1にある笛への憧れを書いていたかがわかるようになっている。

描写のしかた…2には固有名詞が多く、具体的に描くことで、子供の頃にどれだけ熱心に山車を見ていたかを印象づけている。

言語活動　「祭り」をテーマに随筆を書く

教科書P.124

● ①自分が強く心を動かされたり、何か行動を起こすきっかけとなったりした「祭り」を思い出して書く内容を決める。

②「祭りの笛」同様に時間軸を変えて場面を設定するのもよい。書き出しは読者を引きつけるように会話や擬音など工夫する。

③文体を工夫したり、比喩や体言止め、同じ語句の繰り返し、倒置などの表現技法を使ったりして書いてみよう。

古文入門

古文の学習

教科書P.126～127

■古典の価値

1　私たちの生活や文化にもさまざまな形で浸透している。

〈例〉・「かぐや姫」の話は『竹取物語《たけとり》』がもとになっている。
・「歌がるた」で知られる「小倉百人一首《おぐらひゃくにんいっしゅ》」は、『新古今《しんこきん》和歌集』の歌人藤原定家《ふじわらのさだいえ》が選んだものである。
・『源氏《げんじ》物語』は現代語訳としても多く出版され、漫画やアニメにもなって親しまれている。
・芥川龍之介《あくたがわりゅうのすけ》の小説『羅生門《らしょうもん》』(『今昔《こんじゃく》物語集』)、『地《じ》獄変《ごくへん》』(『宇治拾遺《うじしゅうい》物語』)のように、古典の作品に題材をとって書かれたものもある。

●現代においても古典は魅力あるものとして受け継がれ、新たな文化を創造する源になっている。

●現代に生きる一人一人が古典の継承者である。

2　古典には、それらが書かれた時代特有の感じ方や考え方、生活の姿が描かれている。

〈例〉・『竹取物語』に見られる人知を超えた世界への憧れ。
・『伊勢《いせ》物語』に見られる貴族社会の女性観。
・『徒然草《つれづれぐさ》』や『平家《へいけ》物語』に見られる仏教的な無常観。
・『奥《おく》の細道《ほそみち》』に見られる人生観。

3　人の心情や思索などには、時代を超えて変わらないものがあることに気づかされる。

〈例〉・「児《ちご》のそら寝」に描かれている「児」の心の動き。
・『枕草子《まくらのそうし》』に描かれている季節の感じ方。
・『土佐《とさ》日記』に描かれているわが子への深い愛情。
・『万葉集《まんようしゅう》』『古今和歌集』『新古今和歌集』に歌われている男女の愛情、子へのいつくしみ、望郷の思い。

●古典を読むことによって、ものの見方や考え方を養い、自分自身を見つめ直す手がかりを得られる。

■古典の文章(古文)と現代文

・仮名遣いや用いられる語・文法などが異なる。
・古文の独特の調子や美しい表現そのものが、すでに一つの文化。
・過去から現代へとつないできた言葉について学ぶことは、未来に向けて豊かな言語文化を創っていくためにも重要。
・声に出して読み、古典を味わってみよう。

児《ちご》のそら寝

〔宇《う》治《ぢ》拾《しふ》遺《ゐ》物語〕

教科書P.128〜129

【大意】 1 教128ページ1〜5行

昔、比叡山《ひえいざん》に一人の児がいた。僧たちがぼたもちを作ろうと言うのを聞いて、寝たふりをして楽しみに待っていた。

【品詞分解／現代語訳】

今　は（係助）　昔、　比叡の山　に（格助）　児　あり（ラ変・用）　けり。（助動・過・終）　僧たち、　宵　の（格助）　つれづれ

今では昔の話となったが、比叡山の延暦寺に児(が)いた。僧たち(が)、宵の所在なさに、

に、（格助）　「いざ、（感）　かいもちひ　せ（サ変・未）　む。」（助動・意・終）　と（格助）　言ひ（四・用）　ける（助動・過・体）　を、（格助）　こ（代）　の（格助）　児、

「さあ、ぼたもち(を)作ろう。」と言った(の)を、この児(は)、

心寄せ　に（格助）　聞き（四・用）　けり。（助動・過・終）　さりとて、（接）　し出ださ（四・未）　む（助動・婉・体）　を（格助）　待ち（四・用）　て（接助）　寝（下二・未）

期待して聞いた。そうかといって、作り上げる(の)を待って寝ない(の)も、

ざら（助動・打・未）　む（助動・婉・体）　も、（係助）　わろかり（ク・用）　な（助動・強・未）　む（助動・推・終）　と（格助）　思ひ（四・用）　て、（接助）

よくないにちがいないと思って、

片方　に（格助）　寄り（四・用）　て、（接助）　寝（下二・用）　たる（助動・存・体）　よし　にて、（格助）　出で来る（カ変・体）　を（格助）　待ち（四・用）　ける（助動・過・体）

片隅に寄って、寝ているふりで、でき上がる(の)を待ったところ、

に、（接助）　すでに（副）　し出だし（四・用）　たる（助動・完・体）　さま　にて、（格助）　ひしめき合ひ（四・用）　たり。（助動・存・終）

はやくも作り上げた様子で、騒ぎ合っている。

【大意】 2 教128ページ6行〜129ページ6行

やがて僧たちが声をかけてくれたが、一度で起きるのも体裁が悪いと思い、次の声を待っていた。しかし、二度めの声はかからず、僧たちはぼたもちを食べ始める。しかたなく、だいぶ時間がたったあとで「はい。」と返事をして、僧たちに大笑いされた。

語句の解説 1

教128ページ

1 **ありけり** いたということだ。「けり」は、過去のことを物語の形式で表すときの用法。伝聞の意を含む。

1 **宵《よい》のつれづれ** 「宵」は、夜に入ってから夜中に至るまでの間。「つれづれ」＝することもなく退屈なこと。

2 **心《こころ》寄《よ》せに** 期待して。楽しみにして。

2 **さりとて** 「さり」は「さあり」が変化した形。「さ」は「心寄せに聞きけり」をさす。

3 **わろかりなむ《ン》** 「な」は、完了の助動詞「ぬ」の未然形で、ここでは強意を表す。

4 **よし** そぶり。

5 **ひしめき合《ア》ひ《イ》たり** 「ひしめく」は、集まって騒ぎたてる。

語句の解説 2

教128ページ

6 **さだめて** 動詞「さだむ」の連用形に接続助詞「て」の付いた形。きっと。必ず。

【品詞分解／現代語訳】

（代） 格助 副 四・未 助動・意・終 助動・推・終 格助 上一・用 助動・存・体
こ の 児、さだめて おどろかさ むず らむ と、待ちゐ たる
この児（が）、きっと起こそうとするだろうと、待ち続けていると、

接助 格助 四・用 補丁・四・未 助動・意・終 四・未 助動・尊・用 補尊・四・命 格助
に、僧 の、「もの申し さぶらは む。おどろか せ たまへ。」と
僧が、「もしもし。お目覚めなさいませ。」と言

四・体 格助 シク・終 格助 係助 四・已 接助 副 格助 下二・未 助動・仮・体
言ふ を、うれし と は 思へ ども、ただ 一度 に いらへ む
う（の）を、うれしいとは思うけれども、ただ一度で返事するとしたらそれも、

係助 四・用 助動・過・体 係助 格助 係助 係助（係） 四・体（結） 格助 副 四・未 助動・受・用
も、待ち ける か と も ぞ 思ふ とて、いま 一声 呼ば れ
待っていたのかと思うといけないと（思って）、もう一声呼ばれて返事しようと、

接助 下二・未 助動・意・終 格助 サ変・用 接助 下二・用 助動・存・体 格助 感 副
て いらへ む と、念じ て 寝 たる ほど に、「や、な
我慢して寝ているうちに、「これ、お起

四・用 補謙・四・用 終助 ク・体 係助 四・用 補尊・四・用 助動・完・用
起こし たてまつり そ。をさなき 人 は、寝入り たまひ に
こし申し上げるな。幼い人は、寝込んでしまわれたよ。」

助動・詠・終 格助 四・体 格助 サ変・用 助動・過・已 接助 感 シク・終 格助 四・用
けり。」と 言ふ 声 の し けれ ば、あな、わびし と 思ひ
と言う声がしたので、ああ、情けないと思って、

接助 副 四・命 終助 格助 格助 四・已 接助 副 副
て、いま 一度 起こせ かし と、思ひ寝 に 聞け ば、ひしひしと、ただ
もう一度起こしてくれよと、思いながら横になって聞くと、むしゃむしゃと、ただひ

四・用 格助 四・体 格助 サ変・用 助動・過・已 接助 ク・用 接助 格助
食ひ に 食ふ 音 の し けれ ば、ずちなく て、無期 の のち
たすら食べに食べる音がしたので、しかたなくて、ずっと後に（なって）、

格助 感 格助 下二・用 助動・完・用 助動・過・已 接助 四・体
に、「えい。」と いらへ たり けれ ば、僧たち 笑ふ こと
「はい。」と返事をしてしまったので、僧たち（は）笑うこと（が）際限な

ク・終
限りなし。
い（ことだった）。

---

6 **おどろかさむ《ン》ずらむ《ン》**　「おどろかす」は他動詞で「目を覚まさせる・起こす」の意。「むず」は、推量・意志の助動詞の終止形。推量の助動詞「む」に格助詞「と」が付き、さらにサ変動詞「す」が付いた「むとす」がつまった形。

6 **もの申《もう》しさぶらは《ワ》む《ン》**　「お話し申し上げたいのですが」という言葉が、呼びかけの言葉として通用するようになった。丁寧な呼びかけ。

教129ページ

1 **待《ま》ちけるかともぞ思《おも》ふ《ウ》**　「も」は係助詞。「ぞ」も係助詞で、「思ふ」がその結びの連体形。この「もぞ」は、望ましくないことを危惧する場合に使われる。

2 **や、な起《お》こしたてまつりそ**　「や」は呼びかけ。「な……そ」は禁止を表す。

3 **あな、わびし**　「あな」は感動を表す言葉。

4 **ひしひしと**　ある動作を盛んにする様子の形容。

5 **ずちなくて**　どうしようもなくて。「ずちなし」は「術《ずち》無《な》し」と書く。

学習の手引き

一　発音と表記の一致しない仮名、意味やはたらきのわからない言葉に注意して、本文を音読してみよう。

考え方　発音と表記の一致しない仮名とは歴史的仮名遣いのことである。(「む」「ゐ」「を」などは省略した。)

・かいもちひ《イ》(二六・2)　・言ひ《イ》ける(二六・2)
・思ひ《イ》(二六・3など)　・ひしめき合ひ《イ》たり(二六・5)
・さぶらは《ワ》む(二六・7)　・おどろかせたまへ《エ》(二六・7)
・言ふ《ウ》(二六・7など)　・思へ《エ》ども(二六・7)
・いらへ《エ》む(二九・1など)　・思ふ《ウ》(二九・1)
・寝入りたまひ《イ》にけり(二九・3)　・食ひ《イ》に食ふ《ウ》音(二九・4)
・笑ふ《ウ》(二九・6)

意味やはたらきのわからない語は「語句の解説」を参考にしよう。

二　僧たちはなぜ笑ったのか、考えたことを発表し合おう。

考え方　文章末の「無期《むご》ののちに、『えい。』といらへたりければ」(二九・5)が、直接的な理由を表している。

そこに至るまでの流れを考えてみよう。児は、ぼたもちが食べたいのに、僧が起こしてくれたとき返事をしなかった。そして、寝たふりをしたまま、もう一度起こしてくれるのを待っていた。ところが、僧たちは起こさずに、自分たちだけでぼたもちを食べ始めた。そこで児は、我慢できなくなって、ずれたタイミングで、「えい。(＝はい。)」と返事をし、それがおもしろくて笑ったのである。

活動の手引き

一　話のおもしろさがわかるように工夫して内容を文章にまとめ、発表し合おう。

考え方　この話のおもしろさは、ぼたもちができたら起こしてくれるだろうと期待しながらも、待っていたと思われたくなくて寝たふりをし続け、ぼたもちを食べ損ねそうになった「児」の、最後に取った行動のおかしさにある。「児」の耳に聞こえる僧たちの言葉と、それに対する「児」の思いとに注意してまとめよう。

言葉の手引き

一　次の語の意味を調べよう。

1　おどろく〈おどろかせたまへ〉(二六・7)
2　念ず〈念じて〉(二九・2)　3　わびし(二九・3)

解答例　1　目を覚ます。　2　我慢する
3　情けない。つらい。

二　現代語の「おどろく」「念じる」「わびしい」の意味と、一の古語の意味との違いを説明しよう。

解答例　・「おどろく」…現代語は「びっくりする」意で用いられることが多い。もとは「はっと気がつく・目を覚ます」という意味。
・「念じる」…現代語では「強く願う」こと。もともと神仏に祈願する意で、古語では「堪え忍ぶ・我慢する」意でも用いられる。
・「わびしい」…現代語は「心細い・寂しい」意。古語では物事がうまくいかず苦しむ気持ちを表し「情けない・つらい」などと訳す。

古文を読むために　1

教科書P.130〜131

1 歴史的仮名遣い

現代文で使われる仮名遣いを**現代仮名遣い**といい、古文で使われる仮名遣いを**歴史的仮名遣い**という。歴史的仮名遣いは、平安時代の仮名遣いをもとにし、現代仮名遣いとは次のような違いがある。

1 「ゐ・ゑ・を」は「イ・エ・オ」と読む。
〈例〉くれなゐ（紅）→クレナイ　すゑ（末）→スエ
をかし→オカシ

2 語中・語尾の「は・ひ・ふ・へ・ほ」の多くは、「ワ・イ・ウ・エ・オ」と読む。
〈例〉あはれ→アワレ　かひなし→カイナシ
かよふ→カヨウ　ゆくへ（行方）→ユクエ
とほし（遠し）→トオシ

3 「ぢ・づ」は「ジ・ズ」と読む。
〈例〉ぢごく（地獄）→ジゴク　みづ（水）→ミズ

4 助動詞「む」や助詞「なむ」などの「む」は「ン」と読む。
〈例〉おどろかさむずらむ→オドロカサンズラン

5 「くわ・ぐわ」は「カ・ガ」と読む。
〈例〉くわんゐ（官位）→カンイ　いんぐわ（因果）→インガ

6 母音が重なる場合は長音で読む。（「フ」も「ウ」と同じ）
・「アウ・アフ（au）」は「オー（ô）」と読む。
〈例〉まうす（申す）→モース　あふぎ（扇）→オーギ
・「イウ・イフ（iu）」は「ユー（yû）」と読む。
〈例〉やさしう→ヤサシュー　いふ（言ふ）→ユー
・「エウ・エフ（eu）」は「ヨー（yô）」と読む。
〈例〉せうそく（消息）→ショーソク　けふ（今日）→キョー
・「オウ・オフ（ou）」は「オー（ô）」と読む。
〈例〉そうづ（僧都）→ソーズ　きのふ（昨日）→キノー

2 古文の仮名

古文の仮名には、現代仮名遣いでは使われない、ワ行の「ゐ《イ》（ヰ）」「ゑ《エ》（ヱ）」がある。古文で用いられる四十七文字の仮名をすべて用いて作られた「いろは歌」で確認しよう。

いろはにほへと	色は匂へ《エ》ど	花は美しく咲くが
ちりぬるを	散りぬるを	（いつかは）散ってしまう
わかよたれそ	我が世たれぞ	人の世も（同じで）誰が
つねならむ	常ならむ《ン》	永遠でいられようか
うゐのおくやま	有為の奥山	この世のいっさいの煩悩を
けふこえて	今日越えて	今日こそ乗り越えて
あさきゆめみし	浅き夢見じ	はかない夢は見るまい
ゑひもせす	酔ひ《イ》もせず	（何かに）酔ったりせずに

3 古語と現代語

古文で使われている言葉を古語（**文語**）、現在使われている言葉を現代語（**口語**）という。言葉は時代とともに変化していくことを理解して、次のような言葉に注意して読もう。

1 現代では使われなくなった言葉

〈例〉・比叡《ひえ》の山に児《ちご》ありけり。　けり→「…た」。過去を表す助動詞。

・一度にいらへむも、　いらふ→「答える」の意の動詞。

・あな、わびしと思ひて、　あな→「ああ」にあたる感動詞。

・ずちなくて、　ずちなし→「しかたがない」。形容詞。

2 現代とは意味が異なる言葉

〈例〉・おどろかせたまへ。

おどろく→〈古語〉「はっと気がつく・目を覚ます」

〈現代語〉「驚く・びっくりする」

・雨など降るも、をかし。

をかし→〈古語〉「趣がある・風情がある」

〈現代語〉「おかしい・こっけいだ」

・めでたく作れり。

めでたし→〈古語〉「すばらしい・りっぱだ」

〈現代語〉「祝うに値する」「お人よしだ」

＊現代語では「をかし」は「おかしい」、「めでたし」は「めでたい」と語形も変化している。

4 口語訳の留意点

古文は、現代文と比べると言葉の省略が多い。とくに次の点に留意して、言葉を補って読むようにする。

1 助詞の省略

〈例〉・この児（は）、心寄せに聞きけり。

・出《い》で来る（の）を待ちけるに、

2 主語の省略

〈例〉・（僧たちは）すでにし出だしたるさまにて、

・（児が）待ちけるかともぞ（僧たちが）思ふとて、

3 目的語の省略

〈例〉や、（児を）な起こしたてまつりそ。

5 古語辞典の引き方

【古語辞典を引くときの留意点】

1 歴史的仮名遣いで引く。（○「をさなし」×「おさなし」）

2 活用語は終止形に直して引く。形容動詞は語幹が見出しになっていることが多い。

〈動詞〉　念じて→念ず

〈形容詞〉　わびしと思ひて→わびし

〈形容動詞〉　つれづれなるままに→つれづれ（「つれづれなる」は形容動詞「つれづれなり」の連体形。古語辞典には語幹「つれづれ」で出ていることが多い。）

3 文脈に合った意味を選ぶ。

絵仏師良秀《りやうしう》

〔宇治拾遺物語〕

教科書P.132～133

【大意】1　教132ページ1～4行

絵仏師良秀の家が隣家からの出火で類焼した。その火事のとき、良秀は自分の家が焼け、家の中に妻子が取り残されているというのに、ただ家の向かい側に立っていた。

【品詞分解／現代語訳】

これ　も　今　は　昔、絵仏師良秀　と　いふ　あり　けり。家　の　隣
（代）　係助　係助　格助　四・体　ラ変・用　助動・過・終　格助
これも今では昔の話となったが、絵仏師良秀という者がいたということだ。家の隣から出火し

より　火　出で来　て、風　おしおほひ　て　せめ　けれ　ば、逃げ出で
格助　カ変・用　接助　四・用　接助　下二・用　助動・過・已　接助　下二・用
て、風が覆いかぶさって(火が)迫ってきたので、逃げ出して、

て、大路　へ　出で　に　けり。人　の　描か　する　仏　も
接助　格助　下二・用　助動・完・用　助動・過・終　格助　四・未　助動・使・体　係助
大通りへ出てしまった。(家の中には)人が(注文して)描かせていた仏様も

おはし　けり。また、衣　着　ぬ　妻子　など　も、さながら　内　に
サ変・用　助動・過・終　接　上一・未　助動・打・体　副助　係助　副　格助
いらっしゃった。また、着物も着ない妻や子供なども、そのまま家の中にいた。

あり　けり。それ　も　知ら　ず、ただ　逃げ出で　たる　を
ラ変・用　助動・過・終　（代）　係助　四・未　助動・打・用　副　下二・用　助動・完・体　格助
(良秀は)そんなことにも構わず、ただ逃げ出したのをよいことにして、

こと　に　し　て、向かひ　の　つら　に　立て　り。
格助　サ変・用　接助　格助　格助　四・已　助動・完・終
(家の)向かい側に立っていた。

【大意】2　教132ページ5行～133ページ6行

良秀はただ火炎の燃え上がるのを見ているだけで、ときには笑いさえもらしていた。不審に思った見舞いの人が尋ねると、良秀はこの火事によって不動明王の火炎の描き方が納得できたことを喜んでいるのだった。

語句の解説 1

教132ページ

2 おしおほ《オ》ひ《イ》て　「おし」は強意の接頭語。「おほふ」は「上にかぶさる」の意。

2 人《ひと》の描《か》かする仏《ほとけ》　「する」は、使役の助動詞「す」の連体形。したがって、「人が(注文して)描かせていた(仏画の)仏」の意。

3 おは《ワ》しけり　「おはす」は「あり」の尊敬語で、「いらっしゃる・おいでになる」の意。

3 衣《きぬ》着《き》ぬ　「ぬ」は打消の助動詞「ず」の連体形。したがって「着物も着ない」の意。

3 さながら　そのまま。そっくり。

4 向《む》かひ《イ》のつら　向かい側。反対側。

語句の解説 2

教132ページ

6 あさましきこと　驚くこと。あきれたこと。「あさまし」＝意外なことに驚く状態。

7 来《き》とぶらひ《イ》けれど　(火事の)見舞いにやっ

【品詞分解／現代語訳】

上一・已 接助 副 (代) 格助 格助 四・用 接助 四・用 助動・過・体 副助
見れ ば、すでに わ が 家 に 移り て、煙・炎 くゆり ける まで、
見ると、(火は)もう自分の家に燃え移って、煙や炎がくすぶり出したころまで、

副 格助 格助 四・用 接助 下二・用 助動・過・已 接助
おほかた、向かひ の つら に 立ち て、眺め けれ ば、
(良秀は)ほとんど向かい側に立って、眺めていたところ、

シク・体 格助 四・用 助動・過・已 接助 四・未 助動・打・終
「あさましき こと。」とて、人ども 来とぶらひ けれ ど、さわが ず。
「大変なことでしたね。」と、人々が見舞いに来たが、(ちっとも)騒がない。

副 格助 四・用 助動・過・已 接助 格助 四・用 接助 格助 下二・体
「いかに。」と 人 言ひ けれ ば、向かひ に 立ち て、家 の 焼くる
「どうしたのですか。」と人々が言ったところ、(良秀は)向かい側に立って、家の焼けるのを見て、

格助 上一・用 接助 四・用 接助 副 四・用 助動・過・終 感 連
を 見 て、うちうなづき て、時々 笑ひ けり。「あはれ、しつる
軽くうなずき、ときどき笑った。「ああ、大変なも

終助 係助 ク・用 四・用 助動・詠・体 終助 格助 四・体
せうとく かな。年ごろ は わろく 描き ける もの かな。」と 言ふ
うけものをしたことよ。(今までは)長年、下手に描いてきたのだなあ。」と(良秀が)言うときに、

格助 四・用 格助 カ変・用 助動・完・体 (代) 係助 副 副
とき に、とぶらひ に 来 たる 者ども、「こ は いかに、かくて
見舞いに来た人たちが、「これはいったい、どうして、このように立っていらっしゃるのですか。

係助 四・用 補尊・四・已 助動・存・体 終助 シク・体 終助 格助 四・用
は 立ち たまへ る ぞ。あさましき こと かな。もの の つき
あきれはてたことですよ。怪しげな霊がとりつきな

補尊・四・已 助動・完・体 係助 格助 四・用 助動・過・已 接助 副 格助
たまへ る か。」と 言ひ けれ ば、「なんでふ もの の
さったか。」と言うと、「どうして怪しげな霊がとりつくは

四・終 助動・推・体 終助 副 格助 格助 シク・用 四・用 助動・詠・体
つく べき ぞ。年ごろ、不動尊 の 火炎 を あしく 描き ける
ずがあろうか。(これまで)長年、不動明王の火炎を下手に描いてきたのだなあ。

助動・断・終 上一・已 接助 副(音) 係助(係) 下二・用 助動・詠・已(結) 格助 下二・用 助動・完・体
なり。今 見れ ば、かう こそ 燃え けれ と、心得 つる
今見ると、(火炎は)このように燃えるものだったよと、納得がいった。

て来たが。「来とぶらふ」は「来」+「とぶらふ」の複合動詞。

8 **うちうなづ《ズ》きて** うなずいて。「うち」は接頭語で、「ちょっと・軽く」などの意を添える。

8 **あは《ワ》れ** ああ。しみじみとした深い感動を覚えたときに発する語。

8 **しつるせう《ショウ》とくかな** 「せうとくしつるかな」の倒置表現。「しつる」は連体詞でサ変動詞「し」+完了の助動詞「つる」から出来たもの。「せうとく」は「所得」または「抄徳」であると考えられる。

9 **わろく** 「わろし」は、ふつうよりは劣る様子を表す。ここでは、「よくない」「下手だ」という意。

10 **とぶらひ《イ》** 動詞「とぶらふ」の連用形。①訪れる・尋ねる ②見舞う ③世話をするなどの意味があるが、ここでは②の意。

10 **こはいかに** これはどうしたことだ。

10 **立《た》ちたまへ《エ》るぞ** 「ぞ」は、係助詞の文末用法とする説もある。

教133ページ

2 **年《とし》ごろ** 長い年月。数年来。名詞とする説もある。

なり〔助動・断・終〕。これ〔(代)〕こそ〔係助〕せうとく よ〔終助〕。こ〔(代)〕の〔格助〕道 を〔格助〕立て〔下二・用〕て〔接助〕世 に〔格助〕あら〔ラ変・未〕
これこそもうけものだ。この(仏画の)道を専門として世に生きていくには、

む〔助動・仮・体〕に〔格助〕は〔係助〕、仏 だに〔副助〕よく〔ク・用〕描き〔四・用〕たてまつら〔補謙・四・未〕ば〔接助〕、百千 の〔格助〕家 も〔係助〕
仏様さえ上手にお描き申し上げたなら、百軒、千軒の家だってきっ

出で来〔カ変・用〕な〔助動・強・未〕む〔助動・推・終〕。わたうたち〔(代)〕こそ〔係助(係)〕、させる〔連〕能 も〔係助〕おはせ〔サ変・未〕ね〔助動・打・已〕
と建てられるだろう。おまえさんたちは、これといった才能もお持ちでないので、

ば〔接助〕、もの を〔格助〕も〔係助〕惜しみ〔四・用〕たまへ〔補尊・四・已(結)〕。」と〔格助〕言ひ〔四・用〕て〔接助〕、あざ笑ひ〔四・用〕て〔接助〕こそ〔係助(係)〕
持ち物でも惜しんで大切になさるのだ。」と言って、あざ笑って立っていた。

立て〔四・已〕り〔助動・存・用〕けれ〔助動・過・已(結)〕。

【大 意】 3 教133ページ7行

その後、良秀の描く不動尊の仏画はよじり不動といわれ、人々にもてはやされた。

【品詞分解/現代語訳】

そ〔(代)〕の〔格助〕のち に〔助動・断・用〕や〔係助〕、良秀 が〔格助〕よぢり不動 とて〔格助〕、今 に〔格助〕人々
そののちのことであろうか、良秀のよじり不動といって、今でも人々がもては

めで合へ〔四・已〕り〔助動・存・終〕。
やしている。

2 **あしく** 「あし」は、「わろし」に比べて本質的に悪い様子を表す。ここでは、「悪い」「下手だ」という意。

3 **かう《コ》こそ燃《も》えけれ** このように燃えるものだ。「かう」は「かく」のウ音便。

3 **心《こころ》得《え》つる** 納得がいった。動詞「心得《こころう》」の連用形に、完了の助動詞「つ」の連体形が付いたもの。

4 **仏《ほとけ》だに** 仏様さえ。「だに」は、後に仮定の表現が続く場合は最小限の限定を表す。「せめて……だけでも」の意。

5 **ものをも惜《お》しみたまへ《エ》** 「たまへ」は「こそ」を受けて已然形。命令形とする説もある。その場合、「持ち物でも惜しんで大切にしなさい。」の意になる。

語句の解説 3

教133ページ

7 **そののちにや** そののちのことであろうか。「や」の下には「あらむ」が省略されている。

7 **めで合《あ》へ《エ》り** もてはやしている。ほめ合っている。「めで合ふ」は「めづ」(愛する・賞美する・ほめる)+「合ふ」。

学習の手引き

一 文節ごとに区切りながら本文を音読してみよう。

考え方 文節とは、文を不自然にならない程度に区切った最小の単位をいう。一つの文節には一つの自立語が含まれる。冒頭文の例を示す。（／は文節の区切り）

〈例〉これも／今は／昔、／絵仏師良秀と／いふ／ありけり。

二 良秀の特異な言動を抜き出し、それらはどのような考えに基づくものか、説明してみよう。

考え方 良秀の行動を描いている部分と、人々の問いに対して答えている言葉に着目する。

解答例 〈特異な言動〉

・「それも知らず、ただ逃げ出でたるをことにして、向かひのつらに立てり。」（一三・4）

・「すでにわが家に移りて、煙《けぶり》・炎くゆりけるまで……眺めければ、」（一三・5）

・「家の焼くるを見て、……時々笑ひけり。」（一三・8）

・「（「こはいかに……」という人々の問いに対して）なんでふもののつくべきぞ。……今見れば、かうこそ燃えけれと、心得つるなり。これこそせうとくよ。」（一三・1）

〈良秀の考え〉

自分の家が燃えているのは、「不動尊の火炎」をどのように描けばよいのかを知る絶好の機会であり、家よりも上手に仏画を描くことのほうがはるかに価値があるという考え。

活動の手引き

一 最後の一文がある場合とない場合とで、話の印象はどのように違ってくるか、自分の考えを発表し合おう。

考え方 「最後の一文」（＝「そののちにや、……。」）は、良秀の不動の絵を高く評価している言葉であることに注意する。

解答例 最後の一文がなければ、一般的な常識から外れた、高慢で変わった人物の話で終わってしまうが、最後の一文があることによって、すぐれた芸術を生み出すことの、常識では捉えきれないすごみを感じさせる話になっている。

言葉の手引き

一 次の語の意味を調べよう。

1 あさまし〈あさましきこと〉（一三・6）
2 とぶらふ〈来とぶらひけれど〉（一三・7）
3 わろし〈わろく〉（一三・9）　4 あし〈あしく〉（一三・2）
5 めづ〈めで合へり〉（一三・7）

解答例 1 驚き、あきれるばかりだ。　2 見舞う
3 よくない。下手だ。　4 悪い。下手だ。
5 愛する。ほめたたえる。

二 本文から一文を選び、単語に分けてみよう。

「品詞分解」参照。

古文を読むために　2

教科書P.134～135

1 品詞の種類

品詞は、文語の場合も口語と同じ十種類に分けられる。

①　動詞　動作・存在を表す活用のある自立語。〈例〉言ふ
②　形容詞　性質・状態を表す活用のある自立語。〈例〉わびし
③　形容動詞　性質・状態を表す活用のある自立語。〈例〉優《いう》なり
④　名詞　物の名や数を表す活用のない自立語。〈例〉家・人
⑤　副詞　主に用言を修飾する活用のない自立語。〈例〉ただ
⑥　連体詞　体言を修飾する活用のない自立語。〈例〉させる
⑦　接続詞　言葉や文を接続する活用のない自立語。〈例〉さて
⑧　感動詞　感動・応答を表す活用のない自立語。〈例〉あはれ
⑨　助動詞　他の語に付いて意味を添える活用のある付属語。
⑩　助詞　各語に付いて関係や意味を添える活用のない付属語。

【自立語と付属語】

・自立語…単独で文節を作る。　＝右の①～⑧
・付属語…自立語に付いて文節を作る。　＝右の⑨・⑩

【体言と用言】

・体言…活用のない自立語で、単独で主語になる。　＝名詞
・用言…活用のある自立語で、単独で述語になる。
＝動詞・形容詞・形容動詞

2 活用と活用形

用言には**語幹**と**活用語尾**があり、活用語尾は六つの形に変化する。

〈例〉

基本形	語幹	未然形 ーズ	連用形 ーテ・タリ	終止形 ー。	連体形 ートキ	已然形 ーバ・ドモ	命令形 ー。
言ふ	言	は	ひ	ふ	ふ	へ	へ

3 仮定条件と確定条件

接続助詞「ば」が付く条件句には、次の二種類がある。

①　未然形＋「ば」…仮定条件（モシ…ナラ・タラ）を表す。
〈例〉よく描きたてまつらば（＝上手にお描き申し上げた**なら**）
②　已然形＋「ば」…確定条件（…ノデ・カラ・ト）を表す。
〈例〉（火出で来て）せめければ（＝（火が）迫ってきた**ので**）

4 係り結びの法則

係助詞と呼応して、文末が次のように変化するきまり。

係助詞	結びの活用形	
ぞ・なむ（強意）	→連体形	〈例〉光る竹なむ一筋ありける。
や・か（疑問・反語）	→連体形	〈例〉いかでかいますする。
こそ（強意）	→已然形	〈例〉あざ笑ひてこそ立てりけれ。

なよ竹のかぐや姫

〔竹取《たけとり》物語〕

教科書P.136～137

【大意】　1　教136ページ1～7行

昔、竹取の翁《おきな》という者がいた。名をさかきの造《みやつこ》といい、根もとの光る竹の中から、かわいらしい、小さな姫を見つけ出して連れ帰り、妻の嫗《おうな》に預けて育てさせた。

【品詞分解／現代語訳】

今 は[係助] 昔、 竹取の翁 と[格助] いふ[四・体] 者 あり[ラ変・用] けり[助動・過・終]。 野山 に[格助] まじり[四・用] て[接助]

今では昔の話となったが、竹取の翁という者がいたということだ。野山に分け入って竹を取っては、

竹 を[格助] 取り[四・用] つつ[接助]、 よろづ の[格助] こと に[格助] 使ひ[四・用] けり[助動・過・終]。 名 を[格助] ば[係助]、

(その竹を)種々の(道具を作る)ことに使用していた。(その翁の)名を、

さかきの造 と[格助] なむ[係助(係)] いひ[四・用] ける[助動・過・体(結)]。 そ[(代)] の[格助] 竹 の[格助] 中 に[格助]、 もと 光る[四・体]

さかきの造といったそうだ。(ある日、)その竹の中に根もとの光る竹

竹 なむ[係助(係)] 一筋 あり[ラ変・用] ける[助動・過・体(結)]。 あやしがり[四・用] て[接助] 寄り[四・用] て[接助] 見る[上一・体] に[接助]、

が一本あった。不思議に思って近寄って見ると、

筒 の[格助] 中 光り[四・用] たり[助動・存・終]。 それ[(代)] を[格助] 見れ[上一・已] ば[接助]、 三寸 ばかり[副助] なる[助動・断・体] 人、

筒の中が光っている。それを(よく)見ると、三寸ほどの人が、

いと[副] うつくしう[シク・用(音)] て[接助] ゐ[上一・用] たり[助動・存・終]。 翁 言ふ[四・体] やう、 「わ[(代)] が[格助] 朝ごと

たいそうかわいらしい様子で座っている。(それを見て)翁が言うには、「私が毎朝毎晩いつも見て

夕ごと に[格助] 見る[上一・体] 竹 の[格助] 中 に[格助] おはする[サ変・体] にて[格助]、 知り[四・用] ぬ[助動・完・終]。 子 に[格助]

いる竹の中に(あなたが)おいでになるのでわかった。(これは)

なり[四・用] たまふ[補尊・四・終] べき[助動・当・体] 人 な[助動・断・体(音)] めり[助動・定・終]。」 とて[格助]、 手 に[格助] うち入れ[下二・用]

当然わが子におなりになるはずの方であるようだ。」と言って、手のひらに入れて

語句の解説　1

教136ページ

1 **よろづ《ズ》のこと**　「よろづ」は多いこと。ここでは、「さまざまなたくさんのものを作ること」の意。

3 **一筋《ひとすじ》**　竹は一筋・二筋と数える。

3 **あやしがりて**　形容詞「あやし」に、接尾語「がる」が付いて、動詞となったもの。「あやし」＝奇妙だ。不思議だ。疑わしい。

4 **うつくしう《シュウ》て**　「うつくしう」は、形容詞「うつくしく」のウ音便。「うつくし」＝かわいい。愛らしい。

4 **ゐ《イ》たり**　「ゐ」は、上一段動詞の連用形で、座るという動作を表す語。

4 **翁《おきな》言ふ《イウ》やう《ヨウ》、……**　「言ふやう」は「言うことには」の意。言った言葉を次に引用するときに用いる。「……」の部分は、翁が自分の職業と縁のある竹の中から見つけたことで、その子が自分の子になる宿縁を持っていると直感し、その子を育ててあげなくてはならないと思ったことを表している。

接助　格助　四・用　接助　カ変・用　助動・完・終　格助　格助　下二・用　接助　四・未
て、家へ持ちて来ぬ。妻の嫗に預けて養は
家へ持って来た。（そして、）翁の妻である嫗に預けて育てさせる。

助動・使・終　シク・体　ク・終　副　ク・已　接助　格助　下二・用
す。うつくしきこと限りなし。いとをさなければ、籠に入れ
そのかわいらしいことはこのうえもない。たいそう小さいので、籠に入れて育てる。

接助　四・終
て養ふ。

【大意】2　教136ページ8〜10行

その後、翁は竹の中から次々と黄金《こがね》を得て富み栄えた。

【品詞分解／現代語訳】

格助　四・体　接助　（代）　格助　格助　下二・用　接助　格助
竹取の翁、竹を取るに、この子を見つけてのちに竹
竹取の翁が竹を取るのに、この子を見つけてからのちに竹を取ると、

四・体　接助　格助　下二・用　接助　格助　ラ変・体　格助　下二・体
取るに、節を隔ててよごとに黄金ある竹を見つくる
節を隔てて竹の節と節との間ごとに黄金の入っている竹を見つけることがたび重なった。

四・用　助動・完・終　接　副　ナリ・用　四・終
こと重なりぬ。かくて、翁やうやう豊かになりゆく。
こうして、翁はだんだん富み栄えていく。

【大意】3　教136ページ11行〜137ページ4行

姫はすぐに成長したので、盛大な成人式をあげた。姫はこのうえなく美しかった。

【品詞分解／現代語訳】

（代）　格助　四・体　格助　副　ナリ・用　四・終　副助
この児、養ふほどに、すくすくと大きになりまさる。三月ばかり
この子は、養育するうちに、すくすくと大きくなっていく。三か月ほどになる

格助　四・体　格助　ク・体　助動・断・体　格助　四・用　助動・完・已　接助
になるほどに、よきほどなる人になりぬれば、髪上げ
ころに、人並みの背丈の人になったので、髪上げの

副助　サ変・用　接助　下二・未　助動・使・用　下二・終　格助　格助　係助
などさうして、髪上げさせ、裳着す。帳の内よりも
儀式などあれこれ手配して、大人の髪に結い上げさせ、裳を着せる。垂れ絹の中から外へ出さないで、

語句の解説 2

教136ページ

8 **竹《たけ》を取《と》るに**　すぐあとで「のちに竹取るに」と繰り返している。文字で書かれる以前、口で伝えられた伝承様式のなごりと考えられる。

9 **やう《ヨ》やう《ヨ》**　「やうやく」が変化したもの。しだいしだいに。だんだんと。

語句の解説 3

教136ページ

11 **なりまさる**　しだいに……になっていく。ますます……になっていく。

教137ページ

1 **よきほどなる人《ひと》**　背丈が普通の大人と同じ程度の人。「ほど」は、身分・人柄・年齢・大きさ・時間などの程度を意味する言葉。ここでは「大きさ」の程度を表す。

四・未 助動・打・用 四・終 (代) 格助 格助 ナリ・体 格助
出ださ ず、 いつき養ふ。 こ の 児 の かたち、 けうらなる こと 世 に
大切に育てる。 この子の容貌の気品があって美しいことは(この)世にないほどで、

ク・用 格助 係助 ク・体 ク・用 四・用 助動・存・終 シク・用
なく、 屋 の 内 は 暗き 所 なく 光 満ち たり。 翁 心地 あしく、
家の中は暗い所もなく光り輝いている。 翁は気分が悪く、

シク・体 係助 (代) 格助 格助 上一・已 接助 シク・体 係助 四・用 助動・完・終
苦しき とき も、 こ の 子 を 見れ ば、 苦しき こと も やみ ぬ。
苦しいときでも、 この子を見ると、 苦しみもおさまった。

シク・体 係助 四・用 助動・過・終
腹立たしき こと も 慰み けり。
腹立たしいことも(この子を見ると)気が紛れた。

【大 意】 4 教137ページ5～7行

翁は姫をなよ竹のかぐや姫と名づけた。

【品詞分解／現代語訳】

格助 四・体 シク・用 四・用 助動・完・終 ナリ(語幹) 格助 格助
翁、 竹 を 取る こと 久しく なり ぬ。 勢ひ 猛 の 者 に
翁は、(黄金の入った)竹を取ることが長い間続いた。 (そして)勢力のある富豪になってしまった。

四・用 助動・完・用 助動・過・終 (代) 格助 副 ナリ・用 四・用 助動・完・已 接助
なり に けり。 こ の 子 いと 大きに なり ぬれ ば、
この子がたいそう大きくなったので、

格助 格助 格助 四・用 接助 下二・未 助動・使・終
名 を、 三室戸斎部 の 秋田 を 呼び て つけ さす。 秋田、
名前を 三室戸斎部の秋田を呼んでつけさせる。 秋田は、

格助 下二・用 助動・完・終
なよ竹のかぐや姫 と つけ つ。
(この子を)なよ竹のかぐや姫と名づけた。

1 **裳《も》着《き》す** 翁が主語なので、「着す」は他動詞。裳を着せる。

2 **いつき養《やしなう》ふ** 「いつく」は本来神に仕える意。神に仕えるような気持ちで大切に養い育てる。

2 **けう《キョウ》らなる** 「きよら(清ら)なり」が「きょうらなり」と発音され、「けうらなり」と表記されるようになったものと思われる。

3 **世《よ》になく** 世間で肩を並べる者もなく。

語句の解説 4

教137ページ

6 **なよ竹《たけ》のかぐや姫《ひめ》** 「なよ竹」は「しなやかな竹」の意で、ここでは姫の美しさを形容した言葉。「かぐや姫」とは、光り輝くほど美しい姫という意味でつけられた名前。

学習の手引き

一　かぐや姫が地上の人と異なっている点を、本文に即して整理してみよう。

考え方　かぐや姫の特異な様子を描いている部分を、本文から順に抜き出してみよう。

・「もと光る竹なむ……いとうつくしうてゐたり。」（一三六・3）
・「いとをさなければ、籠《こ》に入れて養ふ。」（一三六・7）
・「三月《みつき》ばかりになるほどに、……裳着す。」（一三六・11）
・「この児《ちご》のかたち、……光満ちたり。」（一三七・2）

解答例　・光る竹の中にいて、三寸ほどの大きさだった。
・あまりに小さかったので、籠に入れて育てられた。
・三か月ほどで普通の人の大きさになり、成人した。
・この世にない美しさで、明るく光り輝いていた。

二　かぐや姫に対する翁の心情を、本文に即して説明してみよう。

考え方　翁の心情がわかる部分を、心情を表す言葉や行動に注意して、本文から順に抜き出してみよう。

・「あやしがりて寄りて見るに、……いとうつくしうてゐたり。」（一三六・3）
・「『……子になりたまふべき人なめり。』とて、手にうち入れて、」（一三六・5）
・「帳《ちやう》の内よりも出ださず、いつき養ふ。」（一三七・2）
・「翁心地あしく、苦しきときも、……腹立たしきことも慰みけり。」（一三七・3）
・「名を、三室戸斎部《みむろといんべ》の秋田《あきた》を呼びてつけさす。」（一三七・6）

解答例　翁は、光る竹の中にかわいい子が座っているのに驚き、わが子になるべき運命の人だと思い、家に連れ帰って妻とともに大切に育てた。どんなに苦しいことや腹立たしいことがあっても、この子を見ると心が慰められた。名も、三室戸斎部の秋田を呼んでつけさせるほど、尊く大切なものとしていつくしんだ。

活動の手引き

一　『竹取物語』やかぐや姫について知っていることを発表し、ほかの人の発表を聞いて初めて知ったことと合わせて、話の内容をまとめてみよう。

考え方　これまで読んだり聞いたりして知っていることを思い出してみよう。特に有名なのは、次の場面である。

・誕生＝かぐや姫は竹から生まれ、竹取の翁に育てられた。
・求婚＝成人後、五人の貴公子が求婚に来たが、かぐや姫は貴公子たちに難題を出して求婚をすべて断った（五つの話から成る）。
・昇天＝八月十五日の夜、月の都から迎えが来て、かぐや姫は天に昇ってしまった。そのとき、不老不死の薬を帝《みかど》に贈った。

言葉の手引き

一　次の語の意味を調べよう。

1　うつくし〈うつくしうて〉（一三六・4）
2　おはす〈おはするにて〉（一三六・5）

3 やうやう（一三六・9） 4 かたち（一三七・2）
5 けうらなり〈けうらなること〉（一三七・2）

解答例 1 かわいい。かわいらしい。
2 いらっしゃる。おいでになる。 3 だんだん 4 容貌
5 気品があって美しい。

二 次の傍線部の動詞の活用形を答えよう。

1 使ひけり。（一三六・2） 2 見れば、（一三六・4）
3 嫗《おうな》に預けて（一三六・6） 4 出ださず、（一三七・2）

解答 1 連用形 2 已然形 3 連用形 4 未然形

言語活動 古典から受け継がれる話の由来を調べる

教科書P.138〜139

活動の手引き

一 「浦島太郎《うらしまたろう》」「一寸法師《いっすんぼうし》」も、「かぐや姫」の物語と同じように古典がもととなっている。それぞれの由来を調べ、わかったことを発表し合おう。

考え方 まずは今に伝わる話の内容を思い出し、次に百科事典や文学事典などでその由来を調べてみよう。

解答例 ・「浦島太郎」は、亀を助けた恩返しに竜宮に招かれ、玉手箱をもらって帰ってくると、地上では三百年の時が流れていて、玉手箱を開くと太郎はたちまち白髪の翁になってしまったという話である。

流布したのは室町時代に編まれた『御伽草子《おとぎぞうし》』によるが、原型はもっと古く、奈良時代の『万葉集《まんようしゅう》』には「浦島子《うらのしまこ》」の名で長歌や歌によまれている。そこでは亀は登場せず、浦島子は釣りに出たまま帰らない。実は海神の娘と結婚して常世国《とこよのくに》（地上とは異なる異郷）に至り、不老不死の命を得るが、故郷の父母に会いに戻り、渡された箱を開けてしまうという話になっている。

・「一寸法師」は、老夫婦が住吉《すみよし》の神に祈って生まれた小さな子が、都へ上って鬼退治をし、打出《うちで》の小槌《こづち》で大きくなり、助けた姫と結婚するという話である。

これもやはり『御伽草子』に由来するとともに、原型はもっと古く、奈良時代に作られた『古事記《こじき》』や『日本書紀《にほんしょき》』に登場する「少名毘古那（すくなびこな）」という小さな神がモデルであると言われている。少名毘古那は、大国主（おおくにぬし）とともに国造りに参加した後、常世国に渡ったとされる神である。

浦島太郎と一寸法師は、ともに常世国と縁のある人物で、「異界との交流の物語」という意味では、天上と海彼《かいひ》（海のかなた）との違いはあっても、「かぐや姫」の物語と通じ合うところがある。

歌物語

●**歌物語とは**

『伊勢《いせ》物語』と『大和《やまと》物語』は、ともに「歌物語」というジャンルに分類される。「歌物語」とは、和歌を中心にした物語のことで、和歌にまつわる出来事を語り、クライマックスで歌がよまれる。

『伊勢物語』は、平安時代中期に成立した歌物語。在原業平《ありわらのなりひら》と思われる男を主人公とし、業平の歌を中心に、その一代記という体裁で語られている。各段は「昔、男ありけり。」などで始まり、恋の世界に生きた男の心情を、叙情的に描いているところに特色がある。

『大和物語』は、平安時代中期、『伊勢物語』の影響を受けて成立した歌物語。宮中での話や民間伝承なども取り入れられている。

芥《あくた》川《がは》〔伊勢《いせ》物語〕

教科書P.142～143

【大　意】 教142ページ1～10行

求婚し続けてきた女をやっとのことで盗んで逃げた男が、途中荒れはてた蔵に女を押し入れて雷雨を避けているうちに、女は鬼に食われてしまった。男は地団駄を踏んでくやしがったがどうにもならない。

【品詞分解／現代語訳】

昔、男 あり（ラ変・用）**けり**（助動・過・終）**。**

昔、男がいた。

女 の（格助）**え**（副）**得**（下二・終）**まじかり**（助動・打推・用）**ける**（助動・過・体）**を、**（格助）**年 を**（格助）**経**（下二・用）**て**（接助）**よばひわたり**（四・用）**ける**（助動・過・体）**を、**（接助）

容易に手に入りそうもなかった女を、幾年もの間、求婚し続けてきたが、

からうじて（副）**盗み出で**（下二・用）**て、**（接助）**いと**（副）**暗き**（ク・体）**に**（格助）**来**（カ変・用）**けり**（助動・過・終）**。**

やっとのことで（その女を）盗み出して、たいそう暗い晩に逃げて来た。

芥川 と（格助）**いふ**（四・体）**河 を**（格助）**率**（上一・用）**て**（接助）**行き**（四・用）**けれ**（助動・過・已）**ば、**（接助）

芥川という川（のほとり）を（女を）連れて（逃げて）行くと、

草 の（格助）**上 に**（格助）**置き**（四・用）**たり**（助動・存・用）**ける**（助動・過・体）**露 を、**（格助）

（その女が）草の上におりている露を（見て）、

語句の解説

教142ページ

1 **え得《う》まじかりけるを**　「え……まじ」は、不可能の打消推量を表して、「……できないだろう」と訳す。「まじ」は、活用語の終止形（ラ変型は連体形）に接続。「得」は、ア行下二段活用で終止形は「う」である。

1 **よばひ《ィ》わたりけるを**　「よばひわたり」は複合動詞「よばひわたる」の連用形。「わたる」＝他の動詞に付いて、動作の継続して行われることを表す。

2 **盗《ぬす》み出《い》でて**　「盗み出で」は複合動詞「盗み出づ」の連用形。

（代）　係助　（代）　終助　格助　係助（係）　格助　四・用　助動・過・体（結）　ク・用
「かれ は 何 ぞ。」と なむ 男 に 問ひ ける。行く先 多く、夜
「あれは何ですか。」と男に尋ねた。行く先は（まだ）遠いし、

係助　下二・用　助動・完・用　助動・過・已　接助　ラ変・体　格助　係助　四・未　接助
も 更け に けれ ば、鬼 ある 所 と も 知ら で、神
夜も更けてしまったので、鬼の住んでいる所とも知らないで、雷

副助　副　シク・用（音）　四・用　係助　ク・用（音）　四・用　助動・過・已　接助　ナリ・体
さへ いと いみじう 鳴り、雨 も いたう 降り けれ ば、あばらなる
までもたいそうひどく鳴り、雨も激しく降ったので、荒れ果てた

格助　格助　係助　格助　下二・用　接助　格助　四・用　接助
蔵 に、女 を ば 奥 に 押し入れ て、男、弓・胡簶 を 負ひ て
蔵に、女を奥のほうに押し入れて、男は弓とやなぐいとを背負って戸口に座る。

格助　ラ変・終　副　係助　下二・未　終助　格助　四・用　接助　上一・用　助動・存・用
戸口 に をり。はや 夜 も 明け なむ と 思ひ つつ ゐ たり
（男は）早く夜が明けてほしいと思いながら（そこに）座っていたところが、

助動・過・体　接助　副　格助　四・用　助動・完・用　助動・過・終　感　格助
ける に、鬼、はや 一口 に 食ひ て けり。「あなや。」と
鬼は早くも（女を）一口に食べてしまった。（女は）「ああっ。」と

四・用　助動・過・已　接助　四・体　格助　副　四・未　助動・打・用　助動・過・終
言ひ けれ ど、神 鳴る さわぎ に、え 聞か ざり けり。
悲鳴をあげたけれども、雷の鳴る音のために（かき消されて、男はその悲鳴を）聞くことができなかった。

副　係助　四・体　接助　上一・已　接助　上一・用　接助　カ変・未　助動・過・体
やうやう 夜 も 明けゆく に、見れ ば、率 て 来 し
しだいに夜も明けてゆくので、（男は蔵の中に入って奥を）見たが、連れて来た女はいない。

係助　ク・終　格助　サ変・用　接助　四・已　接助　ク・終
女 も なし。1 足ずり を し て 泣け ども、かひなし。
（男は）地団駄を踏んで泣いたけれども、どうにもならない。（そこで男はこんな歌をよんだ。）

係助　（代）　終助　格助　格助　四・用　助動・過・体　格助　下二・用　接助
白玉 か 何 ぞ と 人 の 問ひ し とき 露 と 答へ て
（露を見て、あれは）真珠ですか、何なのですかと、あの人が尋ねたときに、「あれは露です。」と答えて、（その

下二・用　助動・強・未　助動・反仮・体　接助
消え な まし ものを
露のように、私は）消えてしまえばよかったのに。（そうすればこんな悲しい思いはしなかったはずだ。）

---

2 **率《ゐ》て行《い》きければ**　連れて行ったところが。「率る」＝引き連れる。連れて行く。

3 **かれは何《なん》ぞ**　「かれ」は遠称の指示代名詞。

4 **いみじう《ジュウ》**　「いみじく」のウ音便。5行目の「いたう」も同様に「いたく」のウ音便。

7 **え聞《き》かざりけり**　「え……ざり（打消）」で不可能を表す。

1 「足ずりをして泣けども」とは、どのような様子か。

答　地団駄を踏む様子。（正確には、倒れた状態で足と足をこすり合わせる様子をいう。）

9 **泣《な》けども**　泣いたけれども。「ども」は逆接の確定条件を表す接続助詞。

10 **消《き》えなましものを**　この反実仮想の「まし」は、実現不可能な希望を表し、「……だったらよかったのに」と訳す。「な」は、完了（強意）の助動詞「ぬ」の未然形。

学習の手引き

一　本文の記述から女についてどのようなことがわかるか、考えを出し合ってみよう。また、女を連れて行くときの男の状況や心理状態を、想像も交えて説明してみよう。

考え方　次の表現に着目して考えてみよう。

・女＝「え得まじかりける」（一四二・1）、「草の上に置きたりける露を、『かれは何ぞ。』となむ男に問ひける」（一四二・3）

・男＝「からうじて盗み出でて」（一四二・2）、「夜も更けにければ、鬼ある所とも知らで、神さへいといみじう鳴り、雨もいたう降りければ」（一四二・4）

解答例　・女＝身分が高く、邸《やしき》の中で大事に育てられて、外の世界のことを何も知らない（露を知らない）ような女性。

・男＝好きな人をやっと連れ出したのに、辺りはすっかり暗くなり、雷が鳴り雨まで降り出したので、心細く恐ろしく思っている。

二　「白玉か」の歌を解釈し、この歌から読み取れる男の心情を、本文全体の内容をふまえて説明してみよう。

考え方　芥川のほとりでの出来事と合わせて考える。

解答例　・歌の解釈＝あれは真珠ですか、何なのですかと、あの人が尋ねたときに、「あれは露です。」と答えて、（その露のように、私は）消えてしまえばよかったのに。（そうすればこんな悲しい思いはしなかったはずだ。）

・男の心情＝男は、大事な女を鬼に食われてしまった悲しみと後悔とで、死んでしまいたい気持ちになり、芥川のほとりで女が露が何であるのかを尋ねたとき、その露のように、自分も消えてしまっていればよかったと嘆いている。

活動の手引き

一　下段に掲げた『伊勢物語絵巻』の絵は、後代の解釈に基づいて描かれたものである。本文と比較して気づいたことを発表し合おう。

考え方　絵巻では出来事が右から左へと時間を追って描かれていることに注意して、本文との違いを探す。

解答例　出来事の流れは同じだが、本文では、女は、蔵の中で鬼に食われてしまうのに対し、絵巻では、女は、外に連れ出されている。（本文の後に、女は、実際には探しに来た家の者に奪い返されたという記述が続くが、これは後代の加筆といわれている。）

言葉の手引き

一　次の語の意味を調べよう。

1　よばふ（一四二・1）　2　率る（一四二・2）
3　神（一四二・4）　4　いみじ（一四二・4）
5　いたし（一四二・5）　6　かひなし（一四二・9）

解答例　1　言い寄る　2　連れて行く。　3　雷
4　程度がはなはだしい。　5　程度がはなはだしい。
6　効きめがない。無駄だ。

二　次の傍線部の動詞の活用形と活用の種類を調べ、活用表を作ろう。

1　草の上に置きたりける露を、（一四二・3）
2　男に問ひける。（一四二・3）
3　夜も更けにければ、（一四二・4）
4　見れば、率て来し女もなし。（一四二・8）

解答　〈活用形と活用の種類〉
1　連用形・カ行四段活用
2　連用形・ハ行四段活用
3　連用形・カ行下二段活用
4　（見れ）已然形・マ行上一段活用
　（率）連用形・ワ行上一段活用

〈活用表〉

基本形	語幹	行	未然形	連用形	終止形	連体形	已然形	命令形
置く	お	カ行	か	き	く	く	け	け
問ふ	と	ハ行	は	ひ	ふ	ふ	へ	へ
更く	ふ	カ行	け	け	く	くる	くれ	けよ
見る	（み）	マ行	み	み	みる	みる	みれ	みよ
率る	（ゐ）	ワ行	ゐ	ゐ	ゐる	ゐる	ゐれ	ゐよ

東《あづま》下り

〔伊勢物語〕

教科書P.144～146

【大　意】　1　教144ページ1～3行

昔、京を捨てて、友人の一人二人と住みよい場所を探して東国に下った男がいた。

【品詞分解／現代語訳】

昔、男　あり（ラ変・用）　けり（助動・過・終）。
昔、男がいた。

その（代）　の（格助）　男、身　を（格助）　えうなき（ク・体）　もの　に（格助）　思ひなし（四・用）　て（接助）、京　に（格助）　は（係助）　あら（ラ変・未）　じ（助動・打意・終）、
その男は、自分の身を何の役にも立たないものと思い込んで、都には住むまい、

東　の（格助）　方　に（格助）　住む（四・終）　べき（助動・適・体）　国　求め（下二・用）　に（格助）　とて（格助）　行き（四・用）　けり（助動・過・終）。
東国の方に住むのによい国を見つけようと出かけて行った。

もとより（副）　友　と（格助）　する（サ変・体）　人、ひとり　ふたり　して（格助）　行き（四・用）　けり（助動・過・終）。
以前から友としている人、一人二人といっしょに行った。

道　知れ（四・已）　る（助動・存・体）　人　も（係助）　なく（ク・用）　て（接助）、惑ひ行き（四・用）　けり（助動・過・終）。
道を知っている人もなくて、迷いながら行った。

語句の解説　1

教144ページ

1　**思《おも》ひ《ィ》なして**　「思ひなし」は複合動詞「思ひなす」の連用形。「思ふ」＋「なす」。

1　**京《きょう》にはあらじ**　都には住むまい。「じ」は打消の意志を表す助動詞の終止形。

2　**東《あずま》の方《かた》**　近江《おうみ》の国（滋賀県）と山城《やましろ》の国（京都府）との境に置かれた逢坂《おうさか》の関《せき》から東の国々。

2　**ひとりふたりして**　「して」は動作をする人数を表す格助詞。

【大意】 2 教144ページ4〜10行

三河《みかわ》の国の八橋《やつはし》という所で、「かきつばた」をよみ込んだ和歌を作ったところ、都恋しさにみんな涙を流した。

【品詞分解／現代語訳】

三河の国 八橋 と〔格助〕 いふ〔四・体〕 所 に〔格助〕 至り〔四・用〕 ぬ。〔助動・完・終〕 そこ〔(代)〕 を〔格助〕

(そのうちに)三河の国の八橋という所に着いた。そこを八橋と

八橋 と〔格助〕 いひ〔四・用〕 ける〔助動・過・体〕 は、〔係助〕 水 行く〔四・体〕 河 の〔格助〕 蜘蛛手 なれ〔助動・断・已〕 ば、〔接助〕

言ったのは、川の流れがクモの足のように八方に分かれているので、

橋 を〔格助〕 八つ 渡せ〔四・已〕 る〔助動・存・体〕 に〔格助〕 より〔四・用〕 て〔接助〕 なむ、〔係助(係)〕 八橋 と〔格助〕 いひ〔四・用〕 ける。〔助動・過・体(結)〕

橋を八つ渡してあることにちなんで、八橋といった(のであった)。

そ〔(代)〕 の〔格助〕 沢 の〔格助〕 ほとり の〔格助〕 木 の〔格助〕 陰 に〔格助〕 下りゐ〔上一・用〕 て、〔接助〕 1 乾飯 食ひ〔四・用〕 けり。〔助動・過・終〕

その沢のほとりの木の陰に(馬から)下りて腰を下ろして、乾飯を食べた。

そ〔(代)〕 の〔格助〕 沢 に〔格助〕 かきつばた いと〔副〕 おもしろく〔ク・用〕 咲き〔四・用〕 たり。〔助動・存・終〕 それ〔(代)〕 を〔格助〕

その沢にかきつばたがたいそう美しく咲いている。それを見て、

見〔上一・用〕 て、〔接助〕 ある〔連〕 人 の〔格助〕 いはく、〔(連語)〕 「かきつばた と〔格助〕 いふ〔四・体〕 五文字 を〔格助〕 句

ある人が言うには、「かきつばたという五文字を和歌の各句の頭に置いて、

の〔格助〕 上 に〔格助〕 据ゑ〔下二・用〕 て、〔接助〕 旅 の〔格助〕 心 を〔格助〕 よめ。」〔四・命〕 と〔格助〕 言ひ〔四・用〕 けれ〔助動・過・已〕 ば、〔接助〕

旅情をよみなさい。」と言ったので、

よめ〔四・已〕 る。〔助動・完・体〕

その男がよんだ(歌)。

唐衣〔(枕)〕 き〔上一・用〕 つつ〔接助〕 なれ〔下二・用〕 に〔助動・完・用〕 し〔助動・過・体〕 つま し〔副助〕 あれ〔ラ変・已〕 ば〔接助〕 はるばる〔副〕

唐衣が何度も着ているうちに身になじんでくるように長年馴れ親しんできた妻が(都に)いるので、こんなに遠く

き〔カ変・用〕 ぬる〔助動・完・体〕 旅 を〔格助〕 し〔副助〕 ぞ〔係助(係)〕 思ふ〔四・体(結)〕

までやって来た旅をしみじみと悲しく思うことだよ。

語句の解説 2

教144ページ

5 **橋《はし》を八つ渡《わた》せるによりてなむ《ン》、八橋《やつはし》といひ《イ》ける** 「なむ」は強意の係助詞。「ける」は過去の助動詞「けり」の連体形で「なむ」の結び。

6 **乾飯《かれいい》** 乾燥させて携帯用とした飯。「ほしひ」「ほしいひ」「かれひ」などともいう。

1 **「乾飯」は、この後の叙述でどのような役割を果たしているか。**

答 涙でふやけてしまったとすることで、「男」と友人たちの望郷の念の強さを表す役割。

6 「おもしろし」＝趣がある。美しい。

7 **いはく《ワ》** 動詞「いふ」の未然形に接尾語「く」の付いたもの。このように「く」を付けて活用語を体言化させる表現形式を「ク語法」という。

10 **みな人《ひと》** 旅をともにしている人はみな。

10 **ほとびにけり** (乾飯が涙にぬれて)ふやけてしまった。「ほとぶ」＝ふやける。「潤《ほと》ぶ」と書く。

格助 四・已 助動・完・用 助動・過・已 接助 格助 格助 四・用 接助
と よめ り けれ ば、みな人、乾飯 の 上 に 涙 落とし て、
とよんだので、誰もみな、乾飯の上に涙を落として、

上二・用 助動・完・用 助動・過・終
ほとび に けり。
(乾飯は)水分を含んでふやけてしまった。

【大意】 3 教144ページ11行〜145ページ5行

駿河《するが》の国の宇津《うつ》の山で見知った人に会ったので、都にいる人への手紙をことづけ、和歌をよんだ。富士の山を見て和歌をよんだ。

【品詞分解／現代語訳】

四・用 接助 格助 四・用 助動・完・終 格助 四・用 接助 (代)
行き行き て、駿河の国 に 至り ぬ。 宇津の山 に 至り て、わ
さらに進んで行って、駿河の国に着いた。宇津の山まで来て、自分

格助 四・未 助動・意・終 格助 サ変・体 係助 副 ク・用(音) ク・体 格助
が 入ら む と する 道 は、いと 暗う 細き に、蔦・楓
が分け入ろうとする道は、たいへん暗く細いうえに、つたやかえでが茂り、

係助 四・用 ク・用 ナリ・体 格助 上一・体 格助 四・体 接助
は 茂り、もの心細く、すずろなる め を 見る こと と 思ふ に、修行者
何となく心細く、思いがけないつらい目にあうことよと思っていると、修行僧に

四・用 助動・完・終 ラ変・体 係助 副 係助(係) サ変・体(結) 格助 四・体 格助
会ひ たり。「かかる 道 は、いかで か いまする。」 と 言ふ を
出会った。「こんな道を、どうしていらっしゃるのですか。」と言うのを見ると、

上一・已 接助 上一・用 助動・過・体 助動・断・用 助動・詠・終 格助 (代) 格助 格助
見れ ば、見 し 人 なり けり。 京 に、そ の 人 の
見知った人であったよ。都にいる誰それという人のもとにと思っ

格助 格助 四・用 接助 下二・終
御もと に とて、文 書き て つく。
て、手紙を書いてことづける。

助動・在・体 格助 格助 係助 格助 係助 格助
駿河 なる 宇津の山べ の うつつ に も 夢 に も 人 に
駿河にある宇津の山の「うつ」という名のように、うつつ(現実)にもあなたと会えないし、夢の中でも会わない

四・未 助動・打・体 助動・断・用 助動・詠・終
あは ぬ なり けり
ことだよ。

語句の解説 3

教144ページ

11 **行《ゆ》き行《ゆ》きて** 「行き行き」は、四段動詞「行く」の連用形を重ねた語。「行き、また行き」の意。

12 **暗《くろ》う** 形容詞「暗し」の連用形「暗く」のウ音便。

12 **もの心細《こころぼそ》く** 「もの」は接頭語。

12 **「すずろなり」**＝思いがけない。

13 **いまする** サ変動詞「います」の連体形。「います」＝いらっしゃる。

14 **見《み》し人《ひと》** 顔見知りの人。

14 **その人《ひと》** 「唐衣」の歌にある「つま」をさす。

14 **つく** 託する。ことづける。四段活用もある。

教145ページ

1 **うつつ** 現実《うつつ》。「夢」の反対。当時は、人を強く思うと相手の夢に現れると考えられていた。

富士の山 を〔格助〕 見れ〔上一・已〕 ば、〔接助〕 五月 の〔格助〕 つごもり に、〔格助〕 雪 いと〔副〕 白う〔ク・用(音)〕
富士の山を見ると、 五月の末なのに、 雪がたいそう白く

降れ〔四・已〕 り。〔助動・存・終〕
降り積もっている。

時 知ら〔四・未〕 ぬ〔助動・打・体〕 山 は〔係助〕 富士の嶺 いつ〔(代)〕 とて〔格助〕 か〔係助(係)〕 鹿の子まだら に〔格助〕
季節もわきまえない山は富士の山だ。今をいつだと思って、鹿の子まだらの模様のように雪が降り積もっている

雪 の〔格助〕 降る〔四・終〕 らむ〔助動・原推・体(結)〕
のだろうか。

そ〔(代)〕 の〔格助〕 山 は、〔係助〕 ここ〔2 (代)〕 に〔格助〕 たとへ〔下二・未〕 ば、〔接助〕 比叡の山 を〔格助〕 二十 ばかり〔副助〕
その山は、 都でたとえると、 比叡山を二十ほど積み上げたよう(な高さ)で

重ね上げ〔下二・用〕 たら〔助動・完・未〕 む〔助動・婉・体〕 ほど して、〔接助〕 なり は〔係助〕 塩尻 の〔格助〕 やうに〔助動・比・用〕 なむ〔係助(係)〕
あって、 形は塩尻のようであった。

あり〔ラ変・用〕 ける。〔助動・過・体(結)〕

【大　意】 4 教145ページ6行～146ページ7行

武蔵《むさし》の国と下総《しもうさ》の国の間にある大河のほとりで舟に乗ろうとした一行は、都では見かけない鳥を見た。名を聞くと「都鳥」だというので一首よんだ。

【品詞分解／現代語訳】

なほ〔副〕 行き行き〔四・用〕 て、〔接助〕 武蔵の国 と〔格助〕 下つ総の国 と〔格助〕 の〔格助〕 中 に、〔格助〕 いと〔副〕
なおも進んで行って、 武蔵の国と下総の国との間に、 たいそ

大きなる〔ナリ・体〕 河 あり。〔ラ変・終〕 それ〔(代)〕 を〔格助〕 すみだ河 と〔格助〕 いふ。〔四・終〕 そ〔(代)〕 の〔格助〕 河 の〔格助〕 ほとり
う大きな川がある(所に出た)。 それを隅田川という。 その川のほとりに(一行が)集まって

に〔格助〕 群れゐ〔上一・用〕 て、〔接助〕 思ひやれ〔四・已〕 ば、〔接助〕 限りなく〔ク・用〕 遠く〔ク・用〕 も〔係助〕 来〔カ変・用〕 に〔助動・完・用〕 ける〔助動・詠・体〕
腰を下ろして、 (旅に出てからのことを)振り返ってみると、 果てしなく遠くまでやって来たものだなあと互

2 **つごもり** 月末。「つきごもり」の略で、「ついたち」の対となる語。

2 **白《しろ》う** 形容詞「白く」のウ音便。

3 **時知《ときし》らぬ** 季節を知らない。

3 **降《ふ》るらむ《ン》** 「らむ」は「どうして……のだろう」という原因推量を表す。

2 「ここ」とは、どこをさすか。

答 都。(作者は都にいる読者を念頭において物語を書いているのである。作者が、実際に、京にいるかどうかについては諸説ある。)

4 **重《かさ》ね上《あ》げたらむ《ン》** 「重ね上げ」は複合語「重ね上ぐ」の連用形。「重ぬ」＋「上ぐ」。

語句の解説 4

教145ページ

7 **群《む》れゐ《イ》て** みなでいっしょに座って。「群れゐ」は複合動詞「群れゐる」の連用形。

8 **来《き》にけるかな** 「かな」は詠嘆の意の終助詞。

8 **わび合《あ》へる《エ》** 「わび合へ」は複合動詞「わび合ふ」の已然形。「わぶ」＝心細く思って嘆く。

8 **日《ひ》も暮《く》れぬ** この「ぬ」は「きっとそうな

終助　格助　四・已　助動・存・体　接助　副　格助　四・命　係助　下二・用
かなとわび合へるに、渡し守、「はや舟に乗れ。日も暮れ
いに嘆き合っていると、　船頭が、　「早く舟に乗れ。　日も暮れてしまう。」

助動・強・終　格助　四・体　接助　四・用　接助　四・未　助動・意・終　格助　サ変・体　接助
ぬ。」と言ふに、乗りて渡らむとするに、
と言うので、　(舟に)乗って渡ろうとするが、

シク・用　接助　格助　四・体　ク・体　助動・断・用　副助　ラ変・未　助動・打・終
みな人ものわびしくて、京に思ふ人なきにしもあらず。
一行はなんとなく悲しく思われて、　(それは)都に恋しく思う人がいないわけではない(からである)。

連　副助　3 ク・体　格助　格助　格助　ク・体　格助　助動・断・体
さる折しも、白き鳥の嘴と脚と赤き、鴫の大きさなる、
ちょうどそのとき、　白い鳥でくちばしと脚とが赤い、　鴫の大きさの鳥が、

格助　格助　四・用　接助　格助　四・終　格助　係助　下二・未　助動・打・体
水の上に遊びつつ、魚を食ふ。京には見えぬ鳥
水の上で遊びながら　魚を食べている。　都では見かけない鳥なので、

助動・断・已　接助　四・未　助動・打・終　格助　四・用　助動・過・已　接助　(代)
なれば、みな人見知らず。渡し守に問ひければ、「これ
誰も(鳥の名を)知らない。　船頭に聞くと、　「これ

係助　格助　四・体　格助　四・用　接助
なむ都鳥。」と言ふを聞きて、
が、都鳥だ。」と言うのを聞いて、

格助　副助　四・未　接助　感　四・未　助動・意・終　(代)　格助　四・体
名にし負はばいざこと問はむ都鳥わが思ふ人
(都という言葉を)名として持っているのなら、さあ尋ねてみよう、都鳥よ。私が恋しく思っている人は無事でい

係助　ラ変・終　係助　ク・終　係助　格助
はありやなしやと
るかどうかと。

格助　四・已　助動・完・用　助動・過・已　接助　四・用　接助　四・用　助動・完・用　助動・過・終
とよめりければ、舟こぞりて泣きにけり。
とよんだので、　舟の中の人はみんな泣いてしまった。

る」という意味の確述の用法。「暮れてしまった」という意味ではない。

教146ページ

1 京《きょう》に思《おも》ふ《ウ》人《ひと》なきにしもあらず　「なき……ず」は二重打消。

答 3

「白き鳥の……魚《いを》を食ふ。」の文は、どのような構造になっているか。

「白き鳥の嘴《はし》と脚と赤き、鴫《しぎ》の大きさなる」が主部、以下は述部。「白き鳥の」の「の」は同格を表し、「大きさなる」の下に「鳥」が省略されている。

6 名《な》にし負《お》は《ワ》ば　そのように都という語を名に持っているのなら、の意。

6 わが思《おも》ふ《ウ》人《ひと》　教科書一四四ページ14行目の「その人」をさす。

7 舟《ふね》こぞりて　舟に乗っている人は残らずみんな。

「こぞる」＝残らず集まる。

学習の手引き

一　男は、どこでどのような事物に触発されて歌をよんでいるか、本文に沿って整理してみよう。

考え方　歌をよんだ場所と事情は、歌の前の部分に書かれている。それぞれのまとまりをとらえ、場面の様子を読み取ろう。

・「三河の国八橋と……『かきつばたといふ五文字《いつもじ》を句の上《かみ》に据ゑ

て、旅の心をよめ。』と言ひければ、よめる。」(一〇四・4〜8)

・「行き行きて、駿河の国に至りぬ。宇津の山に至りて、……京に、その人の御もとにとて、文書きてつく。」(一〇四・11〜14)

・「富士の山を見れば、……雪いと白う降れり。」(一〇五・2)

・「なほ行き行きて、武蔵の国と下《しも》つ総《ふさ》の国との中に、……『これなむ都鳥。』と言ふを聞きて、」(一〇五・6〜一〇六・5)

解答例 ・「唐衣」の歌＝三河の国、八橋の川のほとりで、かきつばたが咲いているのを見てよんだ。

・「駿河なる」の歌＝駿河の国、宇津の山道で、知っている修行僧に会い、都にいる人への手紙を託そうとしてよんだ。

・「時知らぬ」の歌＝駿河の国で、富士山に雪が積もっているのを見てよんだ。

・「名にし負はば」の歌＝武蔵の国と下総の国の間を流れる隅田川のほとりで、白い鳥が「都鳥」という名であることを聞いてよんだ。

二 **四首の歌をそれぞれ解釈し、そこから読み取れる共通する思いを説明してみよう。**

考え方 それぞれの歌によみこまれた心情を表す言葉に着目する。「つましあれば・はるばるきぬる」／「うつつにも夢にも人にあはぬ」／「いつとてか」／「わが思ふ人はありやなしやと」

解答例 ・歌の解釈＝「現代語訳」参照。

・共通する思い＝都から遠く離れて、見知らぬ土地を旅してゆくことの心細さや、都に残してきた人々への思慕・望郷の思い。

活動の手引き

一 **『伊勢物語』は、男が旅に出た理由を想像させるように章段が配列されている。配列を調べ、わかったことを報告しよう。**

考え方 図書館などで『伊勢物語』の第九段「東下り」までの章段の内容を調べてみよう。

解答例 〈配列〉

・第一段…「初冠《うひかうぶり》(成人)」して、奈良の里に狩りに出かけたとき、そこに住む女性と恋をした。

・第二段…都が京都に移った頃、西の京に住む女性と恋をした。

・第三〜五段…後に「二条の后《きさき》」となる高貴な女性に恋をし、人目を忍んで通っていたが家人に気づかれ会えなくなった。

・第六段…「芥川」(教科書一四二ページ)

・第七・八段…京都に住みづらくなって、東の方へ向かった。(伊《い》勢《せ》・尾張《おわり》、信濃《しなの》を行く。)(ただし、配列は諸説あり)

〈わかったこと〉男はもともと奔放な人だったが、高貴な女性に恋をし、その人を盗み出すことに失敗して、京都に住みづらくなったことが、旅に出た理由として想像できる。

二 **男が歌をよんだ場所について、現代にどのように伝承されているか、資料を用いて調べてみよう。**

考え方 愛知県の「八橋かきつばた園」。業平一行の八橋の伝承を伝える。静岡県の「宇《う》津《つ》ノ《の》谷《や》峠」。業平一行の山越えの伝承を伝える。東京都の「業平橋《なりひらばし》」、「言問橋《ことといばし》」。これらに注目してみよう。

言葉の手引き

一 **次の語の意味を調べよう。**

「語句の解説」参照。

二 次の傍線部の動詞の活用形と活用の種類を調べ、活用表を作ろう。

1 昔、男ありけり。(一四一・1)
2 わが入らむとする道は、(一四一・11)
3 遠くも来にけるかなと(一四五・8)

解答 〈活用形と活用の種類〉 1 連用形・ラ行変格活用
2 連体形・サ行変格活用 3 連用形・カ行変格活用

〈活用表〉

基本形	語幹	行	未然形	連用形	終止形	連体形	已然形	命令形
あり	あ	ラ行	ら	り	り	る	れ	れ
す	(す)	サ行	せ	し	す	する	すれ	せよ
来《く》	(く)	カ行	こ	き	く	くる	くれ	こ(こよ)

筒《つ》井《ゐ》筒《づつ》 〈伊勢物語〉

教科書P.147〜149

【大意】 1 教147ページ1〜12行

井戸の周りで背比べなどをして遊んでいた幼なじみの男女が、成長してからは恥ずかしがって会わずにいたけれど、お互いに結婚しようと心に決めていた。ある日、男が女に歌を送り、女が返歌して、とうとう望みどおり結婚した。

【品詞分解／現代語訳】

昔、田舎わたらひ し(サ変・用) **ける**(助動・過・体) **人 の**(格助) **子ども、井 の**(格助) **もと に**(格助) **出で**(下二・用)

昔、田舎で暮らしを立てていた人の子供たちが、井戸の周りに出て遊んでいたが、

て(接助) **遊び**(四・用) **ける**(助動・過・体) **を、**(接助) **大人 に**(格助) **なり**(四・用) **に**(助動・完・用) **けれ**(助動・過・已) **ば、**(接助) **男 も**(係助)

大人になったので、男も女も

女 も(係助) **恥ぢかはし**(四・用) **て**(接助) **あり**(ラ変・用) **けれ**(助動・過・已) **ど、**(接助) **男 は**(係助) **こ**(代) **の**(格助) **女 を**(格助) **こそ**(係助(係))

互いに恥ずかしがっていたけれど、男はこの女をぜひ妻にと思った。

得(下二・未) **め**(助動・意・已(結)) **と**(格助) **思ふ。**(四・終) **女 は**(係助) **こ**(代) **の**(格助) **男 を**(格助) **と**(格助) **思ひ**(四・用) **つつ、**(接助) **親 の**(格助)

女はこの男を(夫にしたい)と思いながら(過ごしていて)、親が(ほかの

語句の解説 1

教147ページ

1 **田舎《いなか》わたらひ《イ》しける人《ひと》** 「わたらひ」は「渡世・生業」という意味。地方暮らしの役人の生活という解釈と、田舎回りの行商人の生活とする解釈がある。

3 **恥《は》ぢ《ジ》かは《ワ》して** 「恥ぢかはし」は複合動詞「恥ぢかはす」の連用形。

4 **この女《おんな》をこそ得《え》め** 「こそ(強意の係助詞)……め(意志の助動詞「む」の已然形)」で、係り結び。

5 **この男《おとこ》を** あとに「こそ得め」を補って訳す。

下二・已 接助 四・未 接助 係助(係) ラ変・用 助動・過・体(結) 接 (代) 格助 格助
あはすれ ども、聞か で なむ あり ける。 さて、 こ の 隣 の 男
男と)結婚させようとするけれども、聞き入れないでいた。 そして、 この隣に住む男の所から、
格助 格助 副 係助
の もと より、かく なむ、
次のように、(歌をよんできた。)

格助 下二・用 助動・過・体 (代) 格助 上二・用 助動・完・用 助動・過定・終
筒井筒 井筒 に かけ し まろ が 丈 過ぎ に けらし
(幼いときに)筒のように丸く掘り下げた井戸の、井戸囲いと高さを比べ合った私の背丈も、(今では)井筒の高さ
終助 上一・未 助動・打・体 格助
な 妹 見 ざる ま に
を越してしまったにちがいないよ。あなたに(久しく)会わない間に。

女、返し、
女の(これに対する)返歌は、

カ変・未 助動・過・体 係助 上二・用 助動・完・終 助動・断・未
くらべこ し 振り分け髪 も 肩 過ぎ ぬ 君 なら
(あなたと)長さを比べ合ってきた私の振り分け髪も(今では)、肩より長くなりました。(この髪を)あなたでなく
助動・打・用 接助 (代) 係助(係) 下二・終 助動・推・体(結)
ず して たれ か 上ぐ べき
て誰が髪上げしてくれましょうか(、いや、あなた以外にはいません)。

副助 四・用 接助 副 格助 助動・比・用 四・用 助動・完・用 助動・過・終
など 言ひ言ひ て、つひに 本意 の ごとく あひ に けり。
などと互いに歌をよみ交わして、(そのうち)とうとうかねての望みどおり(二人は)結婚してしまった。

【大 意】 2 教147ページ13行～148ページ6行

数年ののちに女の親が亡くなって、生活のよるべがなくなると、男には河内《こうち》の国で通う女ができてしまった。それでももとの女は男を送り出し、慕い続けていたので、男はいとおしく思って河内の女の所へは行かなくなった。

【品詞分解／現代語訳】

接 下二・体 格助 ク・用 ク・用 四・体 格助
さて、 年ごろ 経る ほど に、 女、親 なく、 頼り なく なる まま に、
そして、 数年たって、 女は、親が死んで、 (生活の)よりどころがなくなるに従って、

8 **かくなむ《ン》** あとに「言ひおこせたる」を補って訳す。このような歌が届いた。

9 **けらしな** 「けらし」は、「ける＋らし」が変化したもの。過去の助動詞「ける」＋推定の助動詞「らし」。

9 **妹《いも》** 男が女を親しんで呼ぶ語。あなた。

11 **たれか上《あ》ぐべき** 「か」は反語を表す係助詞。「べき」は推量の意の助動詞「べし」の連体形で、「か」の結び。

12 **本意《ほい》** 本来の望み。

12 **あひ《イ》にけり** 「あひ」は四段動詞「あふ」の連用形。
「あふ」＝結婚する。

語句の解説 2

教147ページ

13 **頼《たよ》りなくなる** 「頼り」は、四段動詞「頼る」の連用形が名詞化したもの。
「頼りなし」＝生活のよりどころがない。

13 **もろともに** いっしょに。「あらむやは」にかかる。

14 「言ふかひなし」＝みじめでふがいない。

副 ク・用 接助 ラ変・未 助動・推・終 係助 格助
もろともに言ふかひなくてあらむやはとて、河内の国
(男は、)いっしょに暮らして貧乏な状態でいられようかと思って、河内の国の

格助 四・体 カ変・用 助動・完・用 助動・過・終 ラ変・用 助動・過・已
高安の郡に、行き通ふ所出で来にけり。さりけれ
高安の郡に、通って行く所ができてしまった。そんなことになったけ

接助 (代) 格助 格助 シク・終 格助 四・已 助動・存・体 係助 ク・用 接助
ど、このもとの女、あしと思へるけしきもなくて、
れど、このもとの女は、(男の行動を)つらいと思う様子もなく、

四・用 助動・過・已 接助 1 ラ変・用 接助 ラ変・体 助動・断・用 係助(係) ラ変・未
出だしやりければ、男、異心ありてかかるにやあら
(男を河内の国へ)行かせてやったので、男は(このもとの女が)ほかに思う男でもあってこうなのであろうかと、

助動・推・体(結) 格助 四・用 接助 格助 格助 上一・用 接助 格助
むと、思ひ疑ひて、前栽の中に隠れゐて、河内へ
(女を)疑わしく思って、庭の植え込みの中に隠れていて、河内へ行った

ナ変・体 格助 上一・已 接助 (代) 格助 副 ク・用(音) サ変・用 接助
いぬる顔にて見れば、この女、いとよう化粧じて、
ふりをして見ていると、この女は、たいへん美しく化粧して、

下二・用 接助
うちながめて、
もの思いに沈んで外を見つめて、

四・已 接助 連 格助 係助(係) (代) 格助 下二・終
風吹けば沖つ白波たつた山夜半にや君がひとり越ゆ
風が吹くと沖の白波が立つという、その「たつ」ではないが、竜田山を真夜中に、あなたは一人で、今、越えて

助動・現推・体(結)
らむ
いるのでしょうか。

格助 四・用 助動・過・体 格助 四・用 接助 ク・用 シク・終 格助 四・用 接助
とよみけるを聞きて、限りなくかなしと思ひて、河内
と歌をよんだのを(男は)聞いて、このうえもなく(女を)いとおしいと思い、河内へ

格助 係助 四・未 助動・打・用 四・用 助動・完・用 助動・過・終
へも行かずなりにけり。
も行かなくなってしまった。

【大意】 3 教148ページ7行~149ページ6行

男はごくたまに河内の女の所へ行ったが、女は気を許して奥ゆかしさをなくしたので、

教148ページ

1 **もとの女《おんな》** 妻をさす。

1 **あし** 悪い。つらい。

1 **けしき** 態度。様子。

1 「異心《ことごころ》」とは、誰のどのような心をさすか。

答 「(もとの)女」の、他の男に対する恋心(浮気心)。

3 **いとよう** 「よう」は形容詞「よし」の連用形「よく」のウ音便。

3 「化粧ず」=化粧をする。

3 「うちながむ」=もの思いに沈んでぼんやり見る。

5 **風《かぜ》吹《ふ》けば沖《おき》つ白波《しらなみ》** 後に続く「たつ」を導き出す序詞。「沖つ」の「つ」は、上代の格助詞で「の」の意。

6 **かなし** かわいい。いとおしい。

語句の解説 3

教148ページ

いやになって行かなくなった。すると女は男を思う歌をよんでよこしたが、男はもうその女の所へは行かなかった。

【品詞分解／現代語訳】

副 (代) 格助 格助 カ変・用 接助 上一・已 接助 係助(係) ク・用
まれまれ か の 高安 に 来 て 見れ ば、初め こそ 心にくく
ごくたまに(この男は)例の高安(の女の所)に来て見ると、(女は)初めのころは奥ゆかしく取

係助 四・用 助動・過・已(結) 係助 下二・用 接助 副 四・用 接助
も つくり けれ、今 は うちとけ て、手づから いひがひ 取り て、
りつくろっていたけれども、今では気を許して、自分の手でしゃもじを取って、

格助 格助 四・用 助動・過・体 格助 上一・用 接助 四・用 接助
笥子 の うつはもの に 盛り ける を 見 て、心憂がり て
(ご飯を)器に盛ったのを見て、いや気がさして行か

四・未 助動・打・用 四・用 助動・完・用 助動・過・終 ラ変・用 助動・過・已 接助 (代) 格助
行か ず なり に けり。さり けれ ば、か の
なくなってしまった。そうなったので、その(高安の)

格助 格助 四・用 接助
女、大和 の 方 を 見やり て、
女は、大和の方を見やって、

格助 上一・用 接助 間助 ラ変・未 助動・意・終 副 四・用
君 が あたり 見 つつ を をら む 生駒山 雲 な 隠し
あなたの(いらっしゃる)辺りを眺めながら暮らしましょう。生駒山を、雲よ隠さないでおくれ。たとえ雨は降っ

終助 係助 四・終 接助
そ 雨 は 降る とも
ても。

格助 四・用 接助 四・体 接助 副 カ変・未 助動・意・終 格助
と 言ひ て 見出だす に、からうじて、大和人、「来 む。」と
と歌をよんで外の方を眺めていると、やっとのことで、大和の男が、「(あなたのところへ)行くつもり

四・已 助動・完・終 四・用 接助 四・体 接助 副 上二・用 助動・完・已 接助
言へ り。喜び て 待つ に、たびたび 過ぎ ぬれ ば、
だ。」と言ってきた。(女は)喜んで待っているが、(使いをよこす)たびごとに(そのまま来ないで)過ぎてしまうので、

(代) カ変・未 助動・意・終 格助 四・用 助動・過・体 格助 上二・用 助動・完・已
君 来 む と 言ひ し 夜ごと に 過ぎ ぬれ
あなたが来ると言ってきた夜ごとに、(おいでもなくむなしく)過ぎ去ってしまうので、(私はもうあなたのいらっ

7「心にくし」＝奥ゆかしい。

7**つくりけれ** 「けれ」は上の「こそ」の結びで、ここで文は終止するが、意味の上から逆接で下に続く。

8**手《て》づ《ズ》から** 自分の手で。

教149ページ

1**心憂《こころう》がりて** 「心憂」は形容詞「心憂し」の語幹、「がる」は接尾語で、「……と思う」の意。「心憂がる」＝いやだと思う。

1**さりければ** 「さり」は「さあり」の略。「心憂がりて行かずなりにけり」をさしている。

2**雲《くも》な隠《かく》しそ** 「な……そ」で禁止を表す。

3**からう《ロ》じて** 副詞「辛《から》くして」が変化したもの。「言へり」にかかっている。

3**来《こ》む** 本来なら「行かむ」とあるべきところ。「(男はあなたの所へ)行くよ」という意味。

5「頼む」＝あてにする。

6「住む」＝女のもとに通って暮らす。

ば	頼ま	ぬ	ものの	恋ひ	つつ	ぞ	経る
接助	四・未	助動・打・体	接助	上二・用	接助	係助(係)	下二・体(結)

しゃるのを)あてにしてはおりませんが、それでもやはりあなたを恋い慕いながら日々を送っています。

と	言ひ	けれ	ど、	男	住ま	ず	なり	に	けり。
格助	四・用	助動・過・已	接助		四・未	助動・打・用	四・用	助動・完・用	助動・過・終

と歌によんだけれども、男は(その女の所には)通って行かなくなってしまった。

学習の手引き

一 本文中に現れる、人物を表す表現をすべて書き出し、同一人物は一つにまとめて、人物関係を整理しよう。

解答例 ①田舎わたらひしける人の子ども(一四七・1)・男(一四七・3など)・この男(一四七・5)・この隣の男(一四七・7)・まろ(一四七・9)・君(一四七・11など)・大和人(一四九・3)＝主人公の男

②田舎わたらひしける人の子ども(一四七・1)・女(一四七・3など)・この女(一四七・4など)・妹(一四七・9)・もとの女(一四八・1)＝男のもとの妻

③(河内の国高安《たかやす》の郡《こおり》の)行き通ふ所(一四七・14)・かの女(一四九・1)＝男の新しい妻

④田舎わたらひしける人(一四七・1)・親(一四七・6など)＝①と②の親

二 「筒井筒」と「くらべこし」の歌を解釈し、この二つの歌が「本意」(一四七・12)とどのように結びつくのか、説明してみよう。

考え方 二首は、幼なじみの男女が交わし合った求婚の歌である。

解答例 ・歌の解釈＝「現代語訳」参照。

・「本意」との関係＝「筒井筒…」の歌は、自分が成長したことを告げて、女に結婚したい気持ちを伝えている。「くらべこし…」の歌も、自分の成長を告げて、男と結婚したい気持ちを返している。互いの結婚したい気持ちが、ここでの「本意」である。

三 「風吹けば」の歌を解釈し、この歌と女(もとの女)の態度とが、男の気持ちを動かした理由を説明してみよう。

考え方 男が河内の女のもとに出かけた後の、もとの女の様子はどのように表現されているか、「風吹けば…」の歌には、もとの女のどのような気持ちが表現されているかを考えてみよう。

解答例 ・歌の解釈＝「現代語訳」参照。

・気持ちを動かした理由＝もとの女は、男が新しい女のもとへ出かけるとき、とがめる様子も見せず、身だしなみを整えて男を送り出した。さらに女の歌からは、風の吹く夜に一人で山道をゆく男の身を案じる気持ちが伝わった。それを知って、男はもとの女をいとおしく思い、心を動かされたのである。

四 もとの女と河内の女とを比較して、『伊勢物語』という作品が理想とした美意識について、考えたことを発表し合おう。

考え方 河内の女に対する男の評価は、「まれまれかの高安に来て見れば、……心憂がりて行かずなりにけり。」(一四八・7〜一四九・1)に書かれている。それによれば、女は初めのうちは奥ゆかしくしていたが、慣れてくると気を許して、たしなみのない振る舞いをするようになったので男はいやになった。自制心とたしなみのあることを美徳とし、気がゆるんでたしなみをなくす女にはいや気がさす、という点に、『伊勢物語』の理想とする当時の美意識が表れている。

活動の手引き

一　この話が男女の婚姻関係を題材としていることをふまえ、当時の結婚の形態について調べたことを発表し合おう。

考え方　当時の結婚形態を示す内容は、本文中にも含まれている。「さて、年ごろ経《ふ》るほどに、……もろともに言ふかひなくてあらむやは」（一四七・13）とあるように、当時の結婚は、女のもとに男が通う「通い婚」という形態で、生活は女の親に頼っていた。平安時代の他の物語や百科事典などでも、結婚形態について調べてみよう。

言葉の手引き

一　次の語の意味を調べよう。

「語句の解説」参照。

二　次の傍線部の形容詞の活用表を作ろう。

1　あしと思へるけしきもなくて、（一四八・1）
2　限りなくかなしと思ひて、（一四八・6）

解答例

基本形	語幹	未然形	連用形	終止形	連体形	已然形	命令形
あし	あ	しく しから	しく しかり	し	しき しかる	しけれ	しかれ
なし	な	く から	く かり	し	き かる	けれ	かれ
限りなし	限りな	く から	く かり	し	き かる	けれ	かれ
かなし	かな	しく しから	しく しかり	し	しき しかる	しけれ	しかれ

あづさ弓

〔伊勢物語〕

教科書P.150～151

【大　意】　教150ページ1～14行

男が、三年ぶりに田舎の女のもとを訪ねると、女は他の人と結婚しようとしていた。帰って行く男の後を女は追ったが、途中で倒れ伏し、歌を残して死んでしまった。

【品詞分解／現代語訳】

語句の解説

教150ページ

1 **宮仕《みやづか》へ《ェ》**　宮中に仕えること。

1　「宮仕へしに」の後に、どのような言葉が省略されているか。

昔、男、片田舎に住みけり。男、「宮仕へしに。」とて、

格助　四・用　助動・過・終　1　サ変・用　格助　格助

昔、男が、ひなびた田舎に住んでいた。男は、「宮仕えをしに（都へ上ろう）。」と思って、

別れ惜しみて行きけるままに、三年来ざりければ、

四・用　接助　四・用　助動・過・体　格助　カ変・未　助動・打・用　助動・過・已　接助

別れを惜しんで出かけたままで、三年の間（女のもとに）帰って来なかったので、

待ちわびたりけるに、いとねんごろに言ひける人に、

上二・用　助動・完・用　助動・過・体　格助　副　ナリ・用　四・用　助動・過・体　格助

（女が）待ちくたびれていたときに、たいそう真心をこめて（結婚しようと）言ってきた人に、

「今宵あはむ。」と契りたりけるに、この男来

四・未　助動・意・終　格助　四・用　助動・完・用　助動・過・体　格助　（代）　格助　カ変・用

「今晩結婚しましょう。」と約束していた（ちょうどその）ときに、この（三年前に去った）男が帰って来たのだった。

たりけり。「この戸開けたまへ。」とたたきけれど、

助動・完・用　助動・過・終　（代）　格助　下二・用　補尊・四・命　格助　四・用　助動・過・已　接助

（男は）「この戸をお開けください。」と（言って、戸を）たたいたけれども、

開けで、歌をなむよみて出だしたりける。

下二・未　接助　格助　係助（係）　四・用　接助　四・用　助動・完・用　助動・過・体（結）

（女は）開けないで、歌をよんで（男に）差し出したのだった。

あらたまの年の三年を待ちわびてただ今宵こそ

（枕）　格助　格助　上二・用　接助　副　係助（係）

新枕すれ

サ変・已（結）

三年もの間（あなたを）待ちくたびれて（私は）ちょうど今夜、（別の人と）初めての共寝をするのですよ。

と言ひ出だしたりければ、

格助　四・用　助動・完・用　助動・過・已　接助

とよんで（外にいる男に）差し出したところ、（男から返歌があった。）

あづさ弓ま弓槻弓年を経てわがせし

格助　下二・用　接助　（代）　格助　サ変・未　助動・過・体

がごとうるはしみせよ

格助　助動・比（語幹）　サ変・命

（それなら）長年の間私が（あなたに）したように、（あなたはその人を）心をこめていつくしみなさい。

と言ひて、いなむとしければ、女、

格助　四・用　接助　ナ変・未　助動・意・終　格助　サ変・用　助動・過・已　接助

と（男は返歌を）よんで、立ち去ろうとしたので、女が

答

「都へ上らむ」「都へ参らむ」など「都へ行こう」「都へ行くつもりだ」という意味の、男の意志を表す言葉が省略されている。

1 **行《ゆ》きけるままに** 「まま」は、「…したまま」の意を表す形式名詞。行ったまま帰ってこないという意を含んでいる。

2 **待《ま》ちわびたりけるに** 「待ちわぶ」は、「待つ」と「わぶ」の複合動詞。

2 **いとねんごろに言《い》ひける人《ひと》** 男がいなくなった後、女に結婚しようと言ってきた新しい男をさす。

3 **あはむ《ワン》** 「あふ」は、男女の間では、結婚するという意味を表す。

「ねんごろなり」＝心のこもった様子。

4 **開《あ》けで** 「で」は打消の意味を表す接続助詞。用言の未然形に付き、「……ないで」と訳す。

5 **あらたまの** 「年」「月」「日」「春」などを導き出す枕詞。訳さなくてよい。

6 **言《い》ひ出《い》だし** 「言ふ」と「出だす」の複合動詞。家の内から外に向かって言う。

7 **あづ《ズ》さ弓《ゆみ》ま弓《ゆみ》槻弓《つきゆみ》** この歌は「槻弓」の「槻」に「月」を掛けて「年」を導き出す

(枕)　四・已　接助　四・未　助動・打・已　接助　格助　係助　格助
あづさ弓　引け　ど　引か　ね　ど　昔　より　心　は　君　に
(あなたが私の気持ちを)引いても引かなくても、昔から(私の)心はあなたに寄り添って(あなたを愛して)いたの

四・用　助動・完・用　助動・過・体　接助
寄り　に　し　ものを
に(去っていかれるとは悲しい)。

格助　四・用　助動・過・已　接助　四・用　助動・完・用　助動・過・終　副　シク・用
と　言ひ　けれ　ど、　男　帰り　に　けり。　女、　いと　悲しく
と(また)よんだけれど、男は帰ってしまった。女は、とても悲しくて、

接助　格助　四・用　接助　四・已　接助　副　四・未　接助　格助　ラ変・体
て、　しり　に　立ち　て　追ひ行け　ど、　え　追ひつか　で、　清水　の　ある
(男の)後について追いかけて行ったけれど、追いつくことができなくて、清水のわいている所で倒

格助　四・用　助動・完・用　助動・過・終　(代)　助動・在・用　助動・過・体　格助
所　に　伏し　に　けり。　そこ　なり　ける　岩　に、　指
れ伏してしまった。(ちょうど)そこにあった岩に、指から吹き出す血で(女は歌を)

格助　格助　下二・用　助動・過・体
の　血　して　書きつけ　ける。
書きつけた。

四・未　接助　下二・用　助動・完・体　格助　下二・用　(代)　格助　係助
相思は　で　離れ　ぬる　人　を　とどめかね　わ　が　身　は　今
私は思っているのに、私のことは思ってくれないで離れてしまった人を引き留めることができなくて、私の身は

係助(係)　下二・用　助動・強・終　助動・定・体(結)
ぞ　消え果て　ぬ　める
今こそ死んでしまうようです。

格助　四・用　接助　(代)　格助　ナリ・用　四・用　助動・完・用　助動・過・終
と　書き　て、　そこ　に　いたづらに　なり　に　けり。
と書いて、(女は)そこで死んでしまった。

序詞とするなど、「東下《あずまくだ》り」の「かきつばた」の歌と同様、技巧を凝らした歌になっている。

7 **わがせしがごと**　「わ」は「我」で、よみ手である男をさす。「ごと」は比況の助動詞「ごとし」の語幹で「～がごと(し)」と用い、「……のようだ」と訳す。

7 **うるは《ワ》しみせよ**　「うるはしみす」は「親しみ愛する・愛しいつくしむ」の意。

8 **いなむ《ン》と**　「いな」は、ナ行変格活用の動詞「往《い》ぬ・去《い》ぬ」の未然形。「行く」「去る」という意味。

11 **え追《お》ひ《イ》つかで**　「え」は「え～打消」の形で用いられる呼応の副詞で、不可能を表し、「……できない」と訳す。「で」は打消の意味を表す接続助詞。

13 **とどめかね**　「とどむ」に「かぬ」が付いた複合語。「～かぬ」は不可能の意を添える接尾語で「……できない」と訳す。

14 **いたづ《ズ》らになりにけり**　「いたづらになる」は慣用的な表現で、「空《むな》しくなる(＝死ぬ)」ことを意味する。「いたづらなり」＝空しい様子。

学習の手引き

一　「この戸開けたまへ。」(一五〇・3)という男の言葉以下、男と女のやりとりは三首の歌によって進んでいる。二首目と三首目の歌は、それぞれ前の歌のどの言葉を受けてよまれているか、指摘してみよう。

考え方　和歌の贈答では、相手の使った言葉の一部を使って返すことが多い。同じ言葉や類似の構文がないか、調べてみよう。

解答例　・二首目＝一首目の「あらたまの」(枕詞)から導き出された「年」を受けて、「あづさ弓ま弓槻弓」(序詞)から「年」を導き出している。

・三首目＝二首目の「あづさ弓」を受け、また「ま弓槻弓」という対の形を受けて、「あづさ弓」から「引けど引かねど」という対の形で応じている。

二　女のよんだ三首の歌を解釈し、それぞれ女のどのような気持ちが表れているか、説明してみよう。

考え方　女の歌は一・三首目と四首目。気持ちを表す言葉に注意して、男に対する女の気持ちを想像してみよう。

解答例　・一首目＝「待ちわびて」とあるように、男の帰りを待っていたのに帰って来なかったから、というやりきれない気持ちが表れている。

・三首目＝「心は君に寄りにしものを」とあるように、男を愛していたのに、という切ない気持ちが表れている。

・四首目＝直前の一文の「指《および》の血して書きつけける」からも、女の深い絶望が読み取れる。歌には「とどめかね」とあるように、男を引き止めることができなかった「わが身」を無念に思う気持ちが表れている。

活動の手引き

一　「男帰りにけり。」(一五〇・10)について、Aさんは「男はさっさと帰って行った。」と思い、Bさんは「男は泣く泣く帰って行った。」と思ったという。これらの想像も参考に、自分はこの話をどのように読み取ったか、話の展開をまとめ、発表し合おう。

考え方　男は女が新しい男と結婚すると知って、二首目では「わがせしがごとうるはしみせよ」と、新しい人を大事にするように言っている。ここにこめられた男の気持ちをどう思うかで、男の行動を、冷たく感じるか、愛情深く感じるかが違ってくる。この後の女の深い悲しみの理由(＝男に大事にされ、自分も本当は愛していたのに、別の人と結婚しようとして、男を去らせてしまったこと)も合わせて考えてみるとよい。

言葉の手引き

一　次の語の意味を調べよう。

1　片田舎(一五〇・1)　2　宮仕へ(一五〇・1)

3　ねんごろなり(一五〇・2)　4　しり(一五〇・10)

5　離《か》る(一五〇・13)　6　いたづらなり(一五〇・14)

解答例　1　都から離れたへんぴな所。　2　宮中に仕えること。

3　心のこもった様子。　4　後ろのほう。あと。
5　離れる。遠ざかる。　6　空しい様子。

二　次の傍線部の形容動詞の活用表を作ろう。

1　いとねんごろに言ひける人に（一五〇・2）
2　そこにいたづらになりにけり。（一五〇・14）

解答例

基本形	語幹	未然形	連用形	終止形	連体形	已然形	命令形
ねんごろなり	ねんごろ	なら	なり／に	なり	なる	なれ	（なれ）
いたづらなり	いたづら	なら	なり／に	なり	なる	なれ	（なれ）

三　次の傍線部の係助詞の結びの語を抜き出そう。

1　歌をなむよみて出だしたりける。（一五〇・4）
2　ただ今宵こそ新枕すれ（一五〇・5）
3　わが身は今ぞ消え果てぬめる（一五〇・13）

解答　1　ける　2　すれ　3　める

言語活動　読み比べる・大和《やまと》物語―沖つ白波

教科書P.152〜154

【大　意】　1　教152ページ1〜5行

昔、大和の国に男と女が住んでいた。長年愛し合っていたが、女が貧しくなってしまったので、しかたなく男は別の裕福な女を妻にしてしまった。

【品詞分解／現代語訳】

昔、　大和の国　葛城の郡　に（格助）　**住む**（四・体）　**男・女　あり**（ラ変・用）　**けり**（助動・過・終）。　**こ**（代）　**の**（格助）　**女、**

昔、大和の国、葛城の郡に住む男と女がいた。この女は、

顔かたち　いと（副）　**きよらなり**（ナリ・終）。　**年ごろ　思ひかはし**（四・用）　**て**（接助）　**住む**（四・体）　**に**（接助）、　**こ**（代）　**の**（格助）　**女、**

顔かたちがとても美しかった。長年の間愛し合って住んでいたが、この女が、

語句の解説　1

教152ページ

1 **きよらなり**　「気品があって美しいさま」の意の形容動詞。

2 **年《とし》ごろ**　①長年の間　②年かっこう　の意味がある。ここでは①の意。

2 **思《おも》ひ《イ》かは《ワ》し**　複合動詞「思ひかはす」の連用形。互いに心を通わせる。愛し合う。

いと　わろく　なり　に　けれ　ば、　思ひわづらひ　て、　限りなく
副　ク・用　四・用　助動・完・用　助動・過・已　接助　四・用　接助　ク・用
たいへん貧しくなってしまったので、（男は）思い悩んで、このうえなく（女のことを）

思ひ　ながら、　妻　を　まうけ　て　けり。　こ　の　今　の　妻　は、
四・用　接助　格助　下二・用　助動・完・用　助動・過・終　（代）　格助　格助　係助
愛しながらも、ほかに妻を作ってしまった。この今の妻は、

富み　たる　女　に　なむ　あり　ける。　ことに　思は　ね　ど、
四・用　助動・存・体　助動・断・用　係助（係）　ラ変・用　助動・過・体（結）　ナリ・用　四・未　助動・打・已　接助
裕福な女だった。特別に愛しているのではないけれど、

行け　ば　いみじう　いたはり、　身　の　装束　も　いと　きよらに　せ
四・已　接助　シク・用（音）　四・用　格助　係助　副　ナリ・用　サ変・未
（男が）行くとたいそう親切に世話をして、身につける衣服も、とてもきれいに（召し使いに）整えさせた。

させ　けり。
助動・使・用　助動・過・終

【大　意】　2　教152ページ6～11行

もとの女は、男がほかの女のもとへ行ってもねたんでいる様子を見せないので、男は、ほかに男を通わせているのだろうかと心の中で思った。

【品詞分解／現代語訳】

かく　にぎははしき　所　に　ならひ　て、　来　たれ　ば、　こ　の
副　シク・体　格助　四・用　接助　カ変・用　助動・完・已　接助　（代）　格助
このように裕福な所に通い慣れて、（もとの女の所へ）帰って来ると、この女は、

女、　いと　わろげに　て　ゐ　て、　かく　ほか　に　ありけ　ど、　さらに
副　ナリ・用　接助　上一・用　接助　副　格助　四・已　接助　副
とても貧しい様子でいて、このようにほかの女のもとに出歩いても、少しもね

妬げに　も　見え　ず　など　あれ　ば、　いと　あはれ　と　思ひ
ナリ・用　係助　下二・未　助動・打・用　副助　ラ変・已　接助　副　ナリ（語幹）　格助　四・用
たんでいるふうにも見えずなどしたので、（男は）とてもかわいそうだと思った。

けり。　心地　に　は、　限りなく　妬く　心憂く　思ふ　を、　忍ぶる　に
助動・過・終　格助　係助　ク・用　ク・用　ク・用　四・体　格助　上二・体　助動・断・用
（女は）心の中では、このうえなくねたましくつらく思うのを、じっと我慢しているの

なむ　あり　ける。　とどまり　な　む　と　思ふ　夜　も、
係助（係）　ラ変・用　助動・過・体（結）　四・用　助動・強・未　助動・意・終　格助　四・体　係助
だった。こちらに泊まろうと思う夜も、

語句の解説 2

2 **いとわろくなりにければ**　「わろし」には、「よくない」のほかに「貧しい」の意がある。

2 **思《おも》ひ《イ》わづ《ズ》らひ《イ》て**　あれこれ考え悩んで。

3 **限《かぎ》りなく思《おも》ひ《イ》ながら**　女のことをこのうえなく愛しながら。

4 **ことに思《おも》は《ワ》ねど**　特別に愛しているのではないけれども。

4 **いみじう《ジュウ》**　形容詞「いみじ」の連用形「いみじく」のウ音便。

教152ページ

6 **ならひ《イ》て**　この女のところに通い慣れて。「ならふ」＝慣れる。

7 **ほかにありけど**　ほかの女のもとに出歩いても。「ありけ」は「ありく」の已然形。

8 **心地《ここち》には**　心の中では。「心地」＝気持ち。気分。

9 **いね**　行きなさい。ナ変動詞「いぬ」の命令形。

10 **異《こと》わざする**　「異わざ」は「ほかのこと」の意。ここでは、ほかに男を通わせることをさす。

10 **さるわざせずは**　そういうことをしないな

副　ナ変・命　格助　四・用　助動・過・已　接助　(代)　格助　副　サ変・体　格助　四・未
なほ「いね。」と言ひけれ ば、わ が かく ありき する を 妬ま
やはり「お行きなさい。」と言ったので、自分がこうしてよその女のもとへ通っているのをねたまない

接助　サ変・体　助動・断・用　係助(係)　ラ変・未　助動・推・体(結)　連　サ変・未　助動・打・用
で、異わざ する に や あら む、さる わざ せ ず
で、ほかに男を通わせているのだろうか、そういうことをしないなら、(私を)

係助　上二・体　係助　ラ変・用　助動・強・未　助動・推・終　副助　格助　格助
は 恨むる こと も あり な む など、心 の うち に
恨むこともきっとあるはずだなどと、(男は)心の中で思った。

四・用　助動・過・終
思ひ けり。

【大　意】　3　教152ページ12行〜153ページ5行

男は、出かけると見せかけて女の様子を探った。女は夜《よ》が更けるまで寝ないでもの思いにふけり、男の身を案じる歌をよんだ。

【品詞分解／現代語訳】

接　下二・用　接助　四・終　格助　下二・用　接助　格助　格助　下二・用　接助
さて、出で て 行く と 見え て、前栽 の 中 に 隠れ て、
そこで、(男は)出て行くと見せかけて、庭の植え込みの中に隠れて、

係助(係)　カ変・体(結)　格助　上一・已　接助　格助　上一・用　接助　格助　副　シク・用(音)
男 や 来る と 見れ ば、端 に 出でゐ て、月 の いと いみじう
男が来るのだろうかと見ていると、(女は)縁側に出て座って、月がとてもすばらしくきれいなと

ク・体　格助　四・用　副助　サ変・用　接助　ラ変・終　下二・体　副助
おもしろき に、頭 かいけづり など し て をり。夜 更くる まで
きに、髪を櫛でとかしたりしている。夜が更けるまで寝ないで、

下二・未　助動・打・用　副　ク・用(音)　四・用　接助　下二・用　助動・過・已　接助
寝 ず、いと いたう うち嘆き て ながめ けれ ば、人
とてもひどく嘆いてもの思いにふけっていたので、(男は)人

四・体　助動・断・体(音)　助動・定・終　格助　上一・体　接助　四・体　格助　助動・在・用
待つ な めり と 見る に、使ふ 人 の 前 なり
を待っているようだと見ていると、前にいる召し使いに言った(こと)。

助動・過・体　格助　四・用　助動・過・体
ける に 言ひ ける。

らば。「さるわざ」は「ほかの男と浮気をすること」をさす。係助詞「は」を、「ば」と同じ仮定条件を表す接続助詞と見て、助動詞「ず」を未然形とする説もある。

語句の解説　3

教152ページ

12 **男《おとこ》や来《く》る**　「や」は疑問の係助詞で、「来る」はその結びで連体形。……か。

13 **かいけづり**　「かきけづり」が変化したもの。髪をとかすのは、身だしなみを整えることの典型的な行為だった。

教153ページ

1 **うち嘆《なげ》きて**　「うち」は強意の接頭語。

1 **人《ひと》待《ま》つなめり**　人を待っているようだ。「なめり」は「なるめり」の撥《はつ》音便「なんめり」の撥音「ん」の表記されない形。

2 **使《つか》ふ《ウ》人《ひと》の前《まえ》なりける**　召し使いで、前にいる者。「の」は同格を表す格助詞。

4 **わがうへ《エ》**　私の身の上。「うへ」＝ここでは、身の上の意。

四・已 接助 連 格助 係助(係) (代) 格助 下二・終
風 吹け ば 沖つ 白波 たつた山 夜半 に や 君 が ひとり 越ゆ
風が吹くと沖の白波が立つという、その竜田山を真夜中に、あなたは一人で、今、越えているのでしょうか。
助動・現推・体(結)
らむ

格助 四・用 助動・過・已 接助 (代) 格助 格助 四・体 助動・断・用 助動・詠・終 格助
と よみ けれ ば、わ が うへ を 思ふ なり けり と
と歌をよんだので、自分の身の上を心配しているのであったなあと思うと、

四・体 接助 副 シク・用(音) 四・用 助動・完・終 (代) 格助 格助 格助 係助
思ふ に、いと かなしう なり ぬ。こ の 今 の 妻 の 家 は、
とてもいとおしくなった。この今の妻の家は、

下二・用 接助 四・体 格助 係助(係) ラ変・用 助動・過・体(結)
竜田山 越え て 行く 道 に なむ あり ける。
竜田山を越えて行く道筋にあったのだった。

【大意】 4 教153ページ6〜11行

なおも見ていると、女が胸の上に置いた水が熱湯になって沸き立った。男はいとおしくなって走り寄り、女のそばを離れなくなった。

【品詞分解／現代語訳】

接 副 上一・用 ラ変・用 助動・過・已 接助 (代) 格助 四・用
かくて、なほ 見 をり けれ ば、こ の 女、うち泣き
こうして、なおも見ていたところ、この女は、泣いて

接助 四・用 接助 格助 格助 下二・用 接助 格助 係助(係) 下二・用 助動・存・用
て 伏し て、金椀 に 水 を 入れ て、胸 に なむ 据ゑ たり
横たわり、金属製の椀に水を入れて、胸の上に置いていた。

助動・過・体(結) シク・終 副 サ変・体 助動・断・用 係助(係) ラ変・未 助動・推・体(結) 格助
ける。あやし、いかに する に か あら む とて、
不思議だ、どうするのであろうと思って、

副 上一・終 接 (代) 格助 格助 四・用 助動・完・已 接助 下二・用
なほ 見る。されば、こ の 水、熱湯 に たぎり ぬれ ば、湯 ふて
なおも見ている。するとこの水が、熱湯になって沸き立ってしまったので、湯を捨てた。

助動・完・終 副 格助 下二・終 上一・体 接助 副 シク・用 接助 下二・用 接助
つ。また 水 を 入る。見る に いと かなしく て、走り出で て、
また水を入れる。見ているととてもいとおしくなって、走り出して、

4 **かなしうなりぬ** いとおしく思われた。「かなし」＝「愛《シュウ》し」と書き、①いとおしい ②(風景に)心ひかれる などの意味があるが、ここでは①の意。

語句の解説 4

教153ページ

6 **見《み》を《オ》りければ** 見ていたところ。「をり」＝動作や状態の継続を表す補助動詞。ずっと……している。

6 **うち泣《な》きて** 「うち」は強意の接頭語。

7 **あやし** ①不思議だ ②変だ ③不都合だ などの意味がある。ここでは①の意。

8 **湯《ゆ》ふてつ** 湯を捨てた。水を取りかえて、胸にたぎる炎を冷ましているのである。

10 **かき抱《いだ》きて** 「かき」は強意・強調の気持ちを表す接頭語。

10 **ほかへもさらに行《い》かで** よそへも全く行かず。「ほか」は新しい女のもとをさす。「さ

「いかなる 心地し たまへ ば、かく は し たまふ ぞ。」と 言ひ
（ナリ・体／サ変・用／補尊・四・已／接助／副／係助／サ変・用／補尊・四・体／終助／格助／四・用）
「いったいどんな気持ちがなさって、こんなことをされるのだ。」と言って、

て、かき抱き て なむ 寝 に ける。かくて、ほか へ も
（接助／四・用／接助／係助(係)／下二・用／助動・完・用／助動・過・体(結)／接／格助／係助）
ひしと抱きかかえて(そのまま)寝てしまった。こうして、よそへも

さらに 行か で、つと ゐ に けり。
（副／四・未／接助／副／上一・用／助動・完・用／助動・過・終）
全く行かずに、(この女のそばを)じっと離れずにいた。

【大　意】　5　教153ページ12行～154ページ1行

月日がたって、男は例の女がつらく思っているだろうと思って、行ってみた。のぞいてみると、粗末な着物を着て、自分で飯を盛りつけている。男はひどいと思って、二度と行かなくなった。

【品詞分解／現代語訳】

かくて、月日 多く 経 て 思ひやる やう、つれなき 顔 なれ
（接／ク・用／下二・用／接助／四・体／ク・体／助動・断・已）
こうして、月日が多くたってから思いやることには、なにげない顔をしていても、

ど、女 の 思ふ こと いと いみじき こと なり ける を、かく
（接助／格助／四・体／副／シク・体／助動・断・用／助動・過・体／接助／副）
女が心の中で思うことは大変なものだったのだから、このよ

行か ぬ を いかに 思ふ らむ と、思ひ出で て、ありし
（四・未／助動・打・体／格助／副／四・終／助動・現推・体／格助／下二・用／接助／連）
うに訪ねて行かないのをどんなに(つらく)思っているだろうと思い出して、例の女

女 の がり 行き たり けり。久しく 行か ざり けれ
（格助／四・用／助動・完・用／助動・過・終／シク・用／四・未／助動・打・用／助動・過・已）
(今の妻)のもとへ行ってしまった。長い間行かなかったので、

ば、つつましく て 立て り けり。さて、垣間め ば、我 に
（接助／シク・用／接助／四・已／助動・存・用／助動・過・終／接／四・已／接助／(代)／格助）
(男は)気がひけて門前に立っていた。そして、垣根の隙間からのぞき見ると、(か

は よく て 見え しか ど、いと あやしき さま なる 衣
（係助／ク・用／接助／下二・用／助動・過・已／接助／副／シク・体／助動・断・体）
つて)自分にはよく見せていたが、(今はくつろいで)とても粗末な感じの着物を着て、

らに」は、下に打消の語を伴って「全く・少しも」の意を表す。

語句の解説　5

教153ページ

12 **思《おも》ひ《イ》やるやう《ヨ》**　「やう」は「思ふ」「言ふ」「あり」などの連体形に付いて、「……ことには」の意。思いやることには。

12 **つれなき顔《かお》**　「つれなし」は、ここでは、「平気なさまをしている」の意。

12 **女《おんな》の思《おも》ふ《ウ》こと**　女の心の中の思い。この「女」は、もとの妻。前段の内容をさしている。

14 **がり**　……ところへ。……もとへ。

15 **我《われ》にはよくて見《み》えしかど**　自分と会うときにはきちんと身づくろいして見せていたのだが。「見ゆ」は、ここでは「人に見られるように行動する・見せる」の意。

16 **大櫛《おおぐし》を面櫛《つらぐし》にさしかけてを《オ》り**　下品でだらしない姿の形容。

16 **手《て》づ《ズ》から飯盛《いいも》りを《オ》りけり**　自分の手で飯を

格助　上一・用　接助　格助　格助　下二・用　接助　ラ変・用　副
を 着 て、 大櫛 を 面櫛 に さしかけ て をり、 手づから 飯
大きな櫛を額髪につきさしていて、自分の手で飯を盛り

四・用　ラ変・用　助動・過・終　副　シク・終　格助　四・用　接助　カ変・用　助動・完・用　助動・過・体
盛り をり けり。 いと いみじ と 思ひ て、 来 に ける
つけていた。まったくひどいと思って、（もとの女の所へ）帰って来たきり、

格助　四・未　助動・打・用　四・用　助動・完・用　助動・過・終　（代）　格助　係助
まま に、 行か ず なり に けり。 こ の 男 は 王
（二度と）行かなくなってしまった。この男は皇族の血を引く者だったと

助動・断・用　助動・過・終
なり けり。
いうことだ。

盛りつけていた。給仕は召し使いにさせるのが当時の貴族の常識で、自分でするのははしたない行為とされていた。

16 **いみじと思《おも》ひ《イ》て**　「いみじ」は、程度のはなはだしいことを表し、よい意味にも悪い意味にも使う。ここでは「ひどい」という悪い意味。

活動の手引き

一　**この話は、『伊勢物語』「筒井筒」の段の後半（一四七・13～終わり）とほぼ同じであるが、細部には違いがある。**

1　**「金椀《かなまり》に水を入れて、……寝にける。」（一五三・6～10）は、『伊勢物語』にはない叙述である。この叙述の特徴を説明してみよう。**

2　**1のような、『大和物語』にはあって『伊勢物語』にない叙述を、ほかにも指摘してみよう。**

解答例　1　・胸に置いた金椀の中の水が沸騰するというのは、現実にはありえないことである。このような非現実的な表現は『大和物語』の特徴だといえる。

・「走り出でて、……寝にける。」のように、行動・心情があからさまに、過剰に説明されている。

2　・この今の妻は、富みたる女になむありける。（一五二・3～4）

・心地には、限りなく妬く心憂く思ふを、忍ぶるになむありける。（一五二・8）

・この今の妻の家は、……行く道になむありける。（一五三・4～5）

・久しく行かざりければ、つつましくて立てりけり。（一五三・14～15）

・いとあやしきさまなる衣《きぬ》を着て、大櫛を面櫛にさしかけてをり、（一五三・15～16）

・この男は王《おほきみ》なりけり。（一五四・1）

二　**この話と『伊勢物語』「筒井筒」とを読み比べて、読後感にどのような違いがあるか、感じたことを発表し合おう。**

考え方　まず、最初に感じたことを書き出してみよう。その際、その感じがどこからくるかを考えてみよう。次に、女の描き方はどのように違っているか、暮らしぶり（経済事情）や、人物の気持ちはどう描かれているかなどにポイントをしぼるとよい。

解答例　読み比べてみると、『伊勢物語』のほうが描写が簡潔で、洗練された印象を受ける。『大和物語』は、出来事を具体的に説明的に書いているが、描写があからさまで誇張が多く、余韻に欠ける。

たとえば、『伊勢物語』では、「もとの女」の様子は、振る舞いに優しさがあることや、両親が亡くなったことなど、間接的、暗示的に描かれているが、『大和物語』では、「顔かたちいときよらなり（顔かたちがとても美しかった）」や「いとわろくなりにければ（たいへん貧しくなってしまったので）」というように、容貌・経済状態がはっきり言葉で説明されている。さらに『大和物語』には、一で見たように、「もとの女」の激しい嫉妬や苦しみの感情が誇張して描かれ、「今の妻」の様子も「いとあやしきさまなる衣を着て、大櫛を面櫛にさしかけて」というように、露骨な表現で描いている。

こうした描き方の違いから、『伊勢物語』＝優美で余韻のある世界、『大和物語』＝具体的で容赦のない世界、という印象を受けるのではないかと思われる。

三 二つの話のどちらにより魅力を感じたか、『伊勢物語』派と『大和物語』派とに分かれ、理由もあげて意見を述べ合おう。

考え方 二で考えた「違い」を、二つの作品のもつ世界観の違いとしてとらえ、自分はどちらに魅力を感じるか考えてみる。

同じように男女の情愛の世界を描いていても、『伊勢物語』には、たしなみや優美さを求める貴族社会の美意識が働いており、『大和物語』には、それだけにとらわれない、人間を見つめるリアルな目が働いている。誇張や強調はおかしみも誘う。優美な「歌物語の世界」と、庶民的な「説話の世界」という対比も可能だろう。自分はどちらを支持するか、理由もあわせて考えよう。

古文を読むために 3

教科書P.156～158

1 五十音図

五十音図に配列されたア・イ・ウ・エ・オの母音と、カ行・サ行・タ行……ワ行の子音の並びは、日本語の音節の仕組みを表にしたもので、用言の活用を考える際の基本となる。おおよそは口語の五十音図と同じだが、ヤ行とワ行に、口語では使わないもの（太字の文字）があるので、注意したい。ヤ行とワ行のみ示す。

	ア段（a）	イ段（i）	ウ段（u）	エ段（e）	オ段（o）
・ヤ行…	や・ヤ	い・イ	ゆ・ユ	え・エ	よ・ヨ
・ワ行…	わ・ワ	**ゐ・ヰ**	う・ウ	**ゑ・ヱ**	を・ヲ

〈ヤ行・ワ行の動詞の例〉

＊「老《お》ゆ」はヤ行の上二段動詞で、「老い（ず）」のように活用する。

＊「植《う》う」はワ行の下二段動詞で、「植ゑ（ず）」のように活用する。

2 動詞の活用

■活用の種類の見分け方

・四段活用……「ず」を付けると語尾がア音になる。〈例〉行かず

「o」以外の四段で活用する。

・上二段活用…「ず」と付けると語尾がイ音になる。〈例〉過ぎず

「u」を中心に上の二段（i・u）で活用する。

・下二段活用…「ず」を付けると語尾がエ音になる。〈例〉受けず
「u」を中心に下の二段（u・e）で活用する。
・上一段活用…数が限られている。「u」を中心に上の一段（i）で活用する。
＊「ひ・い・き・に・み・ゐ（る）」と覚えるとよい。
「干《ひ》る・射《い》る〔鋳る〕・着《き》る・似《に》る〔煮る〕・見《み》る・居《ゐ》る〔率る〕」
・下一段活用…「蹴る」の一語のみ。
「u」を中心に下の一段（e）で活用する。
・カ行変格活用（カ変）…「来《く》」の一語。ただし、「出《い》で来」などの複合語も含まれる。
・サ行変格活用（サ変）…「す」「おはす」のほか、「体言＋す」の形で複合語を作る。〈例〉念ず・ものす
・ナ行変格活用（ナ変）…「死ぬ」「往《い》ぬ・去《い》ぬ」の二語。
助動詞の「ぬ」も同じ活用をする。
・ラ行変格活用（ラ変）…「あり」「をり」「侍《はべ》り」「いまそかり」の四語。終止形が「i」段になる。
＊下二段動詞の次の語は語幹と語尾の区別がないので注意しよう。
・「得《う》」…「え／え／う／うる／うれ／えよ」（ア行下二段活用）
・「経《ふ》」…「へ／へ／ふ／ふる／ふれ／へよ」（ハ行下二段活用）
・「寝《ぬ》」…「ね／ね／ぬ／ぬる／ぬれ／ねよ」（ナ行下二段活用）

3 形容詞の活用

形容詞の活用には、**ク活用**と**シク活用**の二種類がある。

■**形容詞の活用の種類の見分け方**
・動詞「なる」をつけてみる。
〈例〉「若し」＋「なる」→「若く・なる」→ク活用
「美し」＋「なる」→「美しく・なる」→シク活用

4 形容動詞の活用

形容動詞の活用には、**ナリ活用**と**タリ活用**の二種類がある。
＊連用形に「に」「と」があることに注意する。「清らになる」「堂々として」のように、下の用言にかかる形で用いられる。

5 用言の音便

言葉のつながりで音韻が変化することを「音便」という。音便には次の四種類がある。
1 イ音便…イ音に変化する。〈例〉「書きて」→「書いて」
2 ウ音便…ウ音に変化する。〈例〉「白く」→「白う」
3 撥《はつ》音便…ン音に変化する。〈例〉「読みて」→「読んで」
4 促《そく》音便…ッ音に変化する。
〈例〉「知らざりしかば」→「知らざつしかば」

6 補助動詞

他の語に付いて、状態（…ている・…である）や、敬意（尊敬・謙譲・丁寧）を添える補助的な働きをする動詞を「補助動詞」という。

〈例〉・いかにするにかあらむ（一五三・7）
・求めはべるなり。（一六四・3）

随筆（一）

●随筆とは

「随筆」とは、自分の見聞・体験・感想などを、特定の形式にとらわれず、思うままに自由な形式で書きつづった文章である。平安時代から多くの作品が生まれ、特に『枕草子《まくらのそうし》』『徒然草《つれづれぐさ》』『方丈記《ほうじょうき》』は三大随筆と呼ばれている。

『枕草子』は、清少納言《せいしょうなごん》によって平安時代中期に書かれた。宮中での見聞、四季の情趣、人生観などが、鋭い観察眼、才気あふれる筆致で描かれている。

春は、あけぼの

〔枕《まくらの》草《そう》子《し》〕

教科書P. 160～161

【大　意】 教160ページ1行～161ページ5行

春夏秋冬の四季の風情を、それぞれにふさわしい時刻や景物とともに描いている。

【品詞分解／現代語訳】

春　は、　あけぼの。　やうやう　白く　なりゆく、　山ぎは　少し　明かり　て、

（は＝係助　やうやう＝副　白く＝ク・用　なりゆく＝四・体　少し＝副　明かり＝四・用　て＝接助）

春は、夜明け方（が趣深い）。だんだん白んでゆく、山に接して見える空のあたりが少し明るくなって、

紫だち　たる　雲　の　細く　たなびき　たる。

（紫だち＝四・用　たる＝助動・存・体　の＝格助　細く＝ク・用　たなびき＝四・用　たる＝助動・存・体）

紫がかった雲が細くたなびいている（のが趣深い）。

夏　は、　夜。　月　の　ころ　は　さらなり、　闇　も　なほ、　蛍　の　多く
（は＝係助　の＝格助　は＝係助　さらなり＝ナリ・用　も＝係助　なほ＝副　の＝格助　多く＝ク・用）
夏は、夜（が趣深い）。月の（明るい）ころは言うまでもないし、 1 （月のない）闇夜もやはり、蛍がたくさん

飛びちがひ　たる。　また、　ただ　一つ　二つ　など、　ほのかに　うち光り　て
（飛びちがひ＝四・用　たる＝助動・存・体　また＝接　ただ＝副　など＝副助　ほのかに＝ナリ・用　うち光り＝四・用　て＝接助）
飛びかっている（のは趣深い）。また、（蛍が）ただ一匹二匹くらい、かすかに光って（飛んで）ゆくのも趣深い。

行く　も、　をかし。　雨　など　降る　も、　をかし。

（行く＝四・体　も＝係助　をかし＝シク・終　など＝副助　降る＝四・体　も＝係助　をかし＝シク・終）

雨などが降るのも趣深い。

語句の解説

教160ページ

1 春《はる》は、あけぼの　「あけぼの」の後に「をかし」などの言葉が省略されている。

2 たなびきたる　連体形「たる」の後に「をかし」などの言葉が省略されている。

1　何に対して「闇も」と言っているのか。

答　「月のころ」に対して。

3 飛《と》びちがひ《イ》たる　「飛びちがふ」は、「飛ぶ」と「ちがふ」の複合動詞。「飛びかう」の意。

4 うち光《ひか》りて　「うち」は接頭語。ここでは、

秋は、夕暮れ。夕日のさして山の端いと近うなりたるに、烏の寝どころへ行くとて、三つ四つ、二つ三つなど、飛び急ぐさへ、あはれなり。まいて雁などの連ねたるが、いと小さく見ゆるは、いとをかし。日入り果てて、風の音、虫の音など、はた言ふべきにあらず。

秋は、夕方(が趣深い)。夕日(の光)がさしこんで、空に接して見える山の部分が(夕日と)たいそう近くなっている(ころ)に、烏が寝ぐらへ帰ろうとして、三羽四羽、二羽三羽と(連れ立って)、急いで飛んでゆく(の)までも、しみじみと趣深い。まして雁などで列をつくって飛んでゆくのが、たいそう小さく見えるのは、たいそう趣深い。夕日がすっかり沈んでしまって、風の音や、虫の音など(が聞こえてくるの)もまた言うまでもない(ほどすばらしい)。

冬は、つとめて。雪の降りたるは、言ふべきにもあらず。霜のいと白きも、また、さらでもいと寒きに、火など急ぎおこして、炭持て渡るも、いとつきづきし。昼になりて、ぬるくゆるびもていけば、火桶の火も白き灰がちになりて、わろし。

冬は、早朝(が趣深い)。雪が降っているのは、言うまでもない。(雪でなくとも)霜がたいそう白く降りているのも、また、そうではなくても、たいそう寒い早朝に、火などを急いでおこして、(焼けた)炭を持って(女房たちが廊下を)渡ってゆくのも、(寒い冬の早朝に)たいそう似合っている。昼になって、寒さがゆるんで暖かくなっていくと、火鉢の火も白い灰ばかりになって、よくない。

ちょっとしたまたたきの意を添えている。

8 **飛《と》び急《いそ》ぐさへ《エ》** 「さへ」は、添加の意を表し、「……までも」と訳す。

8 **あはれ《ワ》なり** しみじみと心ひかれる。「をかし」が対象を理知的にとらえた感動であるのに対し、「あはれなり」は、情緒的に感情移入した感動を表す。

9 **雁《かり》などの連《つら》ねたるが** この「の」は同格を表し、「……で」と訳す。「連ねたる」の後に「雁」が省略されていることに注意。

10 **入《い》り果《は》てて** 「果つ」は動詞の連用形に付いて「すっかり……する」という意味を添える。

教161ページ

1 **言《い》ふ《ウ》べきにあらず** 慣用的な表現。ここは、「言うまでもなく(すばらしい)」という意味。

3 **さらでも** 「さら」は、「さ(副詞)+あり(動詞)」からできたラ変動詞「さり」の未然形。「で」は打消を表す。

2 **「わろし」と判断した理由は何か。**

答 寒い冬の季節感に合わないから。

学習の手引き

一 日本の四季を評価するのに、どのような観点からどのような景物を取り上げているか、まとめてみよう。

考え方 「春は、あけぼの」「夏は、夜」「秋は、夕暮れ」「冬は、つとめて」というように、本文ではまず、一日のうちでよいと思う時間帯を取り上げ、それを冒頭にはっきりと示している。次に、その時間帯に応じて、季節ごとに、よいと思う景物を取り上げている。

解答例 ・春＝「明け方」の景物という観点から、夜明けの空や、紫がかったたなびく雲を取り上げている。

・夏＝「夜」の景物という観点から、月夜、闇夜、雨の夜を、また闇夜にはかすかに光る蛍を取り上げている。

・秋＝「夕暮れ」の景物という観点から、夕日が山に沈むころの空、その空を飛ぶ烏《からす》や雁、夕日が沈んだあとの風の音や虫の音《ね》といった、聴覚にうったえる世界を取り上げている。時間の推移にしたがって、登場する生物が異なることに注目している。

・冬＝「早朝」の景物という観点から、まず、雪や霜、寒さなどの気象を取り上げている。次に、家の中の人間の様子に目を移し、炭火と灰がちになってゆく火鉢を対比的に取り上げている。

活動の手引き

一 『枕草子』には、「冬は、いみじう寒き。夏は、世に知らず暑き。」（第百十三段）という短い章段がある。

1 作者の興味の中心がどこにあるか、説明してみよう。

2 「春は、あけぼの」の記述の中から、似たような感性がうかがえる箇所を指摘してみよう。

1 **考え方** この章段は、「冬は、たいそう寒いの（がよい）。夏は、経験したことがないほど暑いの（がよい）。」という意味である。冬も夏も、その季節「らしさ」を極端な形で求めている。

解答例 それぞれの季節を、中途半端な形ではなく、つきつめた状態において味わいたいという点に、作者の興味の中心がある。

2 **考え方** 「春は、あけぼの」では、どの季節についても、それぞれの季節らしさが追求されているが、その考え方を端的に表現しているのは、「冬は、つとめて」の部分である。ここに注目して、百十三段に相通ずる表現を探してみよう。

解答例 寒い朝に炭火をおこして運んで行く様子を「つきづきし」と言い、昼になって寒さがゆるみ、炭火が白い灰になってしまうのを「わろし」と言っている箇所。

言葉の手引き

一 次の語の意味を調べよう。

1 さらなり（一六〇・3）　2 まいて（一六〇・9）
3 はた（一六一・1）　4 さり（一六一・3）
5 つきづきし（一六一・3）　6 わろし（一六一・5）

解答例 1 言うまでもない。　2 まして
3 ……もまた。そのうえまた。　4 そうである。
5 似合っている。　6 よくない。

二 次の語の意味の違いを説明しよう。

1 「あけぼの」（一六〇・1）と「つとめて」（一六一・2）
2 「をかし」（一六〇・5）と「あはれなり」（一六〇・8）

解答例 1・「あけぼの」＝夜がほのぼのと明けようとする夜明けのころ。
・「つとめて」＝「早朝」の意で、夜はすでに明けている。

2・「をかし」＝「趣がある」「風情がある」が中心で、ほかに「面白い」「かわいい」「こっけいだ」などの意でも用いられる。
・「あはれなり」＝「しみじみとした趣がある」という意味が中心で、「寂しい」「気の毒だ」などの意でも用いられる。
「をかし」のほうが対象を理知的にとらえた感動、「あはれなり」のほうが感情移入した主観的な感動を表す。

はしたなきもの

〔枕草子〕 教科書P.162

【大　意】 教162ページ1〜6行

どっちつかずで間が悪いと思うこと、あれこれ。

【品詞分解／現代語訳】

はしたなき[ク・体] もの、こと人《ひと》 を[格助] 呼ぶ[四・体] に、[格助] 我《われ》[(代)] ぞ[終助] と[格助] さし出で[下二・用] たる。[助動・完・体]
どっちつかずで間が悪いものは、別の人を呼んでいるときに、私だと(思って)顔を出した(こと)。

もの など[副助] 取らする[下二・体] 折 は、[係助] いとど。[副]
何かを受け取らせるときはいっそう(間が悪い)。

おのづから[副] 人 の[格助] 上 など[副助] うち言ひ[四・用] そしり[四・用] たる[助動・完・体] に、[接助] をさなき[ク・体] 子ども の[格助] 聞き取り[四・用] て、[接助] そ[(代)] の[格助] 人 の[格助] ある[ラ変・体] に[格助] 言ひ出で[下二・用] たる。[助動・完・体]
たまたま人のうわさ話などをちょっと言い出して悪口を言ったところ、幼い子供が(それを)聞いていて、その人がいるときに言い出してしまった(のは間が悪い)。

あはれなる[ナリ・体] こと など、[副助] 人 の[格助] 言ひ出で、[下二・用] うち泣き[四・用] など[副助] する[サ変・体] に、[格助] げに[副] いと[副] あはれなり[ナリ・終] など[副助] 聞き[四・用]
気の毒なことなどを、人が言い出して、ちょっと泣いたりするときに、本当にとても気の毒だなどと(思って)聞くものの、

語句の解説

教162ページ

1「はしたなし」＝「端がない」から、中途半端で間が悪い様子を表す。

1こと人《ひと》 「こと」は「異」と書き、「別の・他の」という意味を表す。

1我《われ》ぞ 「ぞ」は念押しの終助詞。係助詞の文末用法とする説もある。

1 「いとど」という表現には、どのような心理が表されているか。

答 普通のときよりも、いっそうきまりが悪くて恥ずかしい。

2・4うち言ひ《ィ》・うち泣《な》き 「うち」は接頭語。ここでは、「ふと」「ちょっと」の意。

ながら、涙 の つと 出で来 ぬ、 いと はしたなし。 泣き顔 つくり、

（接助／格助／副／カ変・未／助動・打・体／副／ク・終／四・用）

涙がさっと出てこないのは、たいそう間が悪い。泣き顔を(わざと)つくって、

けしき 異に なせ ど、 いと かひなし。 めでたき こと を 見聞く に は、

（ナリ・用／四・已／接助／副／ク・終／ク・体／格助／四・体／格助／係助）

悲しげな様子をするけれども、まったくかいがない。(一方で)すばらしいことを見たり聞いたりするときには、

まづ ただ 出で来 に ぞ 出で来る。

（副／副／カ変・用／格助／係助(係)／カ変・体(結)）

真っ先にただもうむやみに(涙が)あふれ出てくる(のも間が悪い)。

5 **出で来ぬ**《いこ》　下に「のは」を補って訳せるので「ぬ」は連体形。したがって、打消の「ず」なので、「来」は未然形で「こ」と読む。

6 **出で来にぞ出で来る**《いきいく》　「〜に〜」の形で同じ動詞を二つ重ねて、意味を強める慣用表現。〈例〉泣きに泣く→ひどく泣く

学習の手引き

一　「はしたなきもの」としてあげられている例を整理し、それぞれどのような状況を述べたものか説明してみよう。

考え方　「さし出でたる。」「いとど。」「言ひ出でたる。」など、後に言葉が省略されている部分に注目して、内容を書き出してみよう。話題が大きく三つに分けられることに注意するとよい。

解答例　〈あげられている例〉①「はしたなきもの、……さし出でたる。」(一六二・1)　②「ものなど取らする折は、いとど。」(一六二・2)　④「あはれなることなど、……いとはしたなし。」(一六二・3)　⑤「めでたきことを……出で来る。」(一六二・6)

〈状況〉・自分が呼ばれたと勘違いして返事をしたり、ましてそれが何かを渡そうとしているときのことであったりする場合。(①・②)／・人のうわさ話をするのを子供が聞いていて、その人がいるときに、それを言ってしまったりする場合。(③)／・気の毒な人の話を聞いて涙が出なかったり、逆に、すばらしいことを聞いて涙がむやみに出たりする場合。(④・⑤)

活動の手引き

一　「はしたなきもの」としてあげられている例を自分たちの身に置き換え、現代人の感覚ではどのように感じるか、話し合おう。

考え方　学習の手引き 一 でまとめた①〜⑤の状況に即して、自分に思い当たることがないかどうか考えてみよう。①・②のような場合、それほど体裁が悪くて恥ずかしいとまでは思わないかもしれない。③のような場合は、現代でもきまりの悪い思いをするのではないか。現代人として、人の感じ方の変化を探ってみるとよい。

言葉の手引き

一　次の語の意味を調べよう。

1　はしたなし(一六二・1)　　2　いとど(一六二・2)
3　おのづから(一六二・2)　　4　そしる(一六二・2)
5　つと(一六二・5)　　6　めでたし(一六二・6)

解答例　1　中途半端で間が悪い。　2　いっそう
3　たまたま。自然に。　4　悪口を言う。

5　さっと。すばやく。　6　すばらしい

二　現代語の「はしたない」と、古語の「はしたなし」との意味の違いを説明しよう。

解答例

・現代語の「はしたない」＝慎みがなく、礼儀に外れるなど、よくない振る舞いの意味で使われる。
・古語の「はしたなし」＝「中途半端」を本義とし、「間が悪い」「体裁が悪い」などの意味でも使われる。

九月《ながつき》ばかり

〔枕草子〕

教科書P.163

【大　意】　1　教163ページ1～6行

九月頃の、雨が降りやんだ朝の庭の情景は、草木の露、雨滴が蜘蛛の巣にかかって玉をつないだように見える様子、水滴が落ちて枝がはね上がる様子など、すべてに趣《おもむき》がある。

【品詞分解／現代語訳】

九月 ばかり、 夜一夜 降り明かし つる 雨 の、 今朝 は やみ て、
副助／四・用／助動・完・体／格助／係助／四・用／接助
(陰暦)九月のころ、一晩じゅう降り続けた雨が、今朝はやんで、

朝日 いと けざやかに さし出で たる に、 前栽 の 露 は こぼる
副／ナリ・用／下二・用／助動・完・体／格助／格助／係助／下二・終
朝日がたいそうあざやかにさし込んだときに、庭の草木の露はこぼれるほどに濡れかかっ

ばかり 濡れかかり たる も、 いと をかし。 透垣 の 羅文、 軒 の 上
副助／四・用／助動・存・体／係助／副／シク・終／格助／格助
ている様子も、たいそう趣がある。垣根に掛け渡した組み木の飾りや、軒の上

など は、 かい たる 蜘蛛 の 巣 の こほれ 残り たる に、 雨
副助／係助／四・用(音)／助動・存・体／格助／格助／下二・用／四・用／助動・存・体／格助
などには、張り渡してある蜘蛛の巣が破れて架かっているところに、雨滴

の かかり たる が、 白き 玉 を 貫き たる やうなる こそ、
格助／四・用／助動・存・体／格助／ク・体／格助／四・用／助動・存・体／助動・比・体／係助(係)
のかかっているのが、白い玉を(蜘蛛の糸で)さし通しているようであるのは(本当に)

いみじう あはれに をかしけれ。 少し 日 たけ ぬれ ば、 1 萩 など の
シク・用(音)／ナリ・用／シク・已(結)／副／下二・用／助動・完・已／接助／副助／格助
とてもしみじみとして趣深く感じられる。少し日が高くなると、萩(の枝)などで

語句の解説 1

教163ページ

1 **九月《ながつき》**　陰暦の九月は「長月」とも書き、「ながつき」と読む。季節は晩秋にあたる。

1 **雨《あめ》の**　この「の」は主格を表し、「雨が」と訳す。「蜘蛛の巣の」(一六三・3)、「雨のかかりたる」(一六三・3)、「露の落つる」(一六三・5)の「の」も同じ。

5 **日《ひ》たけぬれば**　「たく」は、日や月が高くなる、という意味。ここは日が高くなることで、時間の推移を表している。

5 **重《おも》げなる**　「げ」は形容詞の語幹に付いて、「……の様子である」という意味を添える接尾語。「……げなり」で形容動詞になる。

1　「萩などのいと重げなる」とは、どのような状態か。

副　ナリ・体　格助　格助　上二・体　接助　四・用　接助　係助
いと　重げなる　に、　露　の　落つる　に、　枝　うち動き　て、　人　も　手
とても重そうであるのに、　水滴が落ちると、　(萩の)枝がちょっと動いて、　人も手を

下二・未　助動・打・体　接助　副　格助　四・用　助動・完・体　係助　シク・用(音)
触れ　ぬ　に、　ふと　上ざま　へ　上がり　たる　も、　いみじう
触れないのに、　急に上の方へはね上がったのも、　とても

シク・終
をかし。
趣がある。

【大　意】　2　教163ページ7〜8行

自分のおもしろく思うことを、人は思わないだろうと思われるのが、またおもしろい。

【品詞分解／現代語訳】

格助　四・用　助動・完・体　格助　格助　格助　係助　副　シク・未
と　言ひ　たる　ことども　の、　人　の　心　に　は　つゆ　をかしから
と(私が)言ったことなどは、　他の人の心には少しもおもしろくあるまいと(私が心の中で)

助動・打推・終　格助　四・体　係助(係)　副　シク・已(結)
じ　と　思ふ　こそ、　また　をかしけれ。
思うのが、　またおもしろく感じられる。

答　雨滴がびっしり付いて、枝が重そうに垂れている状態。

6 ふと上《かみ》ざまへ　「ふと」は、「急に」「突然」という意味を表す副詞。水滴が落ちて、垂れていた枝がはね上がったのである。

語句の解説 2

教163ページ

7 言《い》ひ《イ》たる　主語は作者。随筆や日記では、主語のない動作は作者であることが多い。

7 つゆを《オ》かしからじ　「つゆ」は後の「じ」と呼応して、「少しも……ない」「全く……ない」という意味を表す。

学習の手引き

一　作者の興味の中心が何にあるかを読み取り、どのような点を「をかし」と評しているのか説明してみよう。

考え方　「をかし」という言葉を手がかりに抜き出してみよう。

解答例　〈「をかし」と評しているもの〉①雨がやんで朝日のさし込む庭の草木が露に濡れている様子。②蜘蛛の巣に雨滴がかかって、玉をつないでいるように見える様子。③日が高くなって、萩の枝についた雨滴がこぼれ落ちると、萩の枝がはね上がる様子。④自分が趣があると思うことを、人はそう思わないだろうと思うこと。

〈興味の中心にあるもの〉・雨に濡れた庭の景物が、日の光を浴びて見せるさまざまな表情。(①〜③)／・自分と他の人との感じ方の違い。(④)

活動の手引き

一　「雨のかかりたるが、白き玉を貫きたるやうなる」(一六三・3)情景にふさわしい蜘蛛の巣の写真を探して、発表し合おう。

考え方　図書館の写真集や教科書のウェブ資料で探してみよう。

言葉の手引き

一　次の語の意味を調べよう。

1　けざやかなり(一六三・1)　2　こほる(一六三・3)

3　たく（一六三・5）　　4　ふと（一六三・6）

解答例　1　あざやかである。

2　こわれる。破れる。（漢字では「毀る」と書き、下二段活用。「氷る・凍る」意の「こほる」は四段活用。）　3　（日が）高くなる。

4　急に。突然。

二　「つゆ」（一六三・7）に二つの意味が掛けられていることを説明してみよう。

解答例　「少しも……ない」という意味の副詞「つゆ」の中に、はかないものの象徴として用いられる「露」の意が掛けられている。

中納言参りたまひて

〔枕草子〕

教科書P.164～165

【大　意】　1　教164ページ1～7行

中納言藤原隆家《たかいえ》が、作者の仕える中宮定子《ちゅうぐうていし》を訪ねた折、定子に献上する扇の骨のことを自慢なさったが、作者がそれに当意即妙に答えたところ、中納言は感心なさった。

【品詞分解／現代語訳】

中納言　参り　たまひ　て、　御扇　奉らせ　たまふ　に、「隆家　こそ
四・用　補尊・四・用　接助　下二・用　補尊・四・体　格助　係助（係）
中納言（＝隆家）が参上なさって、（中宮に）御扇を献上するときに、「隆家はすばらしい

いみじき　骨　は　得　て　はべれ。　それ　を　張ら　せ
シク・体　係助　下二・用　接助　補丁・ラ変・已（結）　（代）　格助　四・未　助動・使・用
（扇の）骨を手に入れてございます。それ（に紙）を張らせて

て　参らせ　む　と　する　に、　おぼろけ　の　紙　は　え　張る
接助　下二・未　助動・意・終　格助　サ変・体　接助　ナリ（語幹）　格助　係助　副　四・終
差し上げようと思うのですが、並一通りの紙を張ることもできないだろうから、

まじけれ　ば、　求め　はべる　なり。」と　申し　たまふ。「いかやうに　か
助動・打推・已　接助　下二・用　補丁・ラ変・体　助動・断・終　格助　四・用　補尊・四・終　ナリ・用　係助（係）
（すばらしい紙を）探しております。」と（中宮に）申し上げなさる。「どのような（骨である）のか。」

ある。」　と　問ひ　きこえ　させ　たまへ　ば、「すべて　いみじう
ラ変・体（結）　格助　四・用　補謙・下二・未　助動・尊・用　補尊・四・已　接助　副　シク・用（音）
と（中宮が、隆家に）お尋ね申し上げなさると、（隆家が）「何もかもすばらしゅう

はべり。『さらに　まだ　見　ぬ　骨　の　さま　なり。』　と　なむ
補丁・ラ変・終　副　副　上一・未　助動・打・体　格助　助動・断・終　格助　係助（係）
ございます。『まったく今までに見たことのない骨の様子だ。』と人々は申しま

語句の解説 1

教164ページ

1 **参《まゐ》りたまひ《イ》て**　敬語の使い方で人物関係を把握する。「参る」は高貴な人（ここでは中宮）のもとへ参上する意。「たまふ」は参上する人（隆家）への敬意を表す。

1 **奉《たてまつ》らせたまふ《ウ》**　「奉らす」で一語の謙譲語。「奉らせ」を「奉ら」＋「せ」の二語ととる説もある。その場合、「せ」を尊敬の助動詞として、「せ」「たまふ」を二重敬語とすると、中納言に対する敬語としてはやや大げさである。さらに、「せ」を使役ととる説もある。

1　「張らせて」とは、何に何を「張る」のか。

す。

人々 申す［四・体(結)］。まことに［副］ かばかり［副］ の［格助］ は［係助］ 見え［下二・未］ ざり［助動・打・用］ つ［助動・完・終］。」と［格助］

本当にこれほどの(すばらしい骨)は見たことがない。」と(隆家が)

言高く［ク・用］ のたまへ［四・已］ ば［接助］、「さて［接］は、扇 の［格助］ に［助動・断・用］ は［係助］ あら［ラ変・未］ で［接助］、海月 の［格助］

声高におっしゃるので、「それでは、扇の(骨)ではなくて、海月の(骨)らしい。」

な［助動・断・体(音)］ なり［助動・定・終］。」と［格助］ 聞こゆれ［下二・已］ ば［接助］、「これ［(代)］ は［係助］ 隆家 が［格助］ 言 に［格助］ し［サ変・用］

と(私が隆家に)申し上げると、「この言葉(＝海月の骨)は、隆家の言葉にしてしまお

て［助動・強・未］ む［助動・意・終］。」とて［格助］、笑ひ［四・用］ たまふ［補尊・四・終］。

う。」と(隆家は)言って、お笑いになる。

【大　意】 2 教164ページ8～10行

自慢話のようではあるが、周りの人が言うので入れておくしかない。

【品詞分解／現代語訳】

かやう［ナリ(語幹)］ の［格助］ こと こそ［係助］ は［係助］、かたはらいたき［ク・体］ こと の［格助］ うち に［格助］ 入れ［下二・用］

このようなことは、(そばで聞いている人には)苦々しく感じられることの中に入れてしまうべきだろうけれど、

つ［助動・強・終］ べけれ［助動・当・已］ ど［接助］、「一つ な［副］ 落とし［四・用］ そ［終助］。」と［格助］ 言へ［四・已］ ば［接助］、いかが［副］

(周りの人々が)「一つも書き落とすな。」と言うので、どうしようか

は［係助］ せ［サ変・未］ む［助動・意・体］。

(、どうしようもない)。

答　扇の「骨」に「紙」を張る。

2 え張《は》るまじければ　「え」は下に打消の語を伴い、「……できない」という不可能の意を表す。

2　「求めはべる」とは、何を「求め」ているのか。

答　すばらしい骨に合う、すばらしい紙。

6 聞《き》こゆれば　「聞こゆ」は、「申し上げる」の意の謙譲語。

語句の解説 2

教164ページ

10 言《い》へ《ェ》ば　ここは尊敬語がないので、主語は作者と同等の身分の人と考えられる。

学習の手引き

一　第一段落の会話の話し手と、次の傍線部の動作の受け手とを押さえ、誰が誰に何を話しているのかを把握しよう。

1 御扇奉らせたまふに、(一六四・1)
2 参らせむとするに、(一六四・2)
3 申したまふ。(一六四・3)
4 問ひきこえさせたまへば、(一六四・3)
5 聞こゆれば、(一六四・6)

考え方　第一段落の登場人物は、中納言隆家、中宮定子、作者の三人。敬語の使い方に注意して、場面をとらえよう。

解答例 〈第一段落の会話の話し手〉
・「隆家こそいみじき骨は……求めはべるなり。」＝中納言隆家
・「いかやうにかある。」＝中宮定子
・「すべていみじう……かばかりのは見えざりつ。」＝中納言隆家
・「さては、扇のには……海月《くらげ》のななり。」＝作者
・「これは隆家が言《こと》にしてむ。」＝中納言隆家

〈傍線部の動作の受け手〉
1 御扇奉らせたまふに、(一六四・1)＝中宮定子(に献上する)
2 参らせむとするに、(一六四・2)＝中宮定子(に差し上げる)
3 申したまふ。(一六四・3)＝中宮定子(に申し上げる)
4 問ひきこえさせたまへば、(一六四・3)＝中納言隆家(に尋ねる)
5 聞こゆれば、(一六四・6)＝中納言隆家(に申し上げる)

〈誰が誰に何を話しているのか〉
・「隆家こそ……」＝中納言隆家が、中宮定子に、すばらしい扇の骨を手に入れたことを話している。
・「いかやうにか……」＝中宮定子が、中納言隆家に、「どんな骨なのか」と尋ねている。
・「すべていみじう……」＝中納言隆家が、中宮定子に、「これまでに見たことのない骨だと皆が言う」と答えている。
・「さては、扇の……」＝作者が、中納言隆家に、「見たことがない骨なら海月の骨でしょう」と言っている。
・「これは隆家が……」＝中納言隆家が、作者に、「その言葉は私の言葉にしよう」と言っている。

二 **「扇のにはあらで、海月のななり。」(一六四・6)という発言が意味するところを、文意に沿って説明してみよう。**

考え方 会話文冒頭の「さては」は、直前の内容を受けて後に続かせる働きをする順接の接続詞で、「それでは」と訳す。したがって、この発言が、直前の隆家の会話文の内容を受けていることに注意して考えてみよう。

解答例 直前の隆家の会話文では、「さらにまだ見ぬ骨のさまなり」「まことにかばかりのは見えざりつ」と、自分が手に入れた扇の骨のすばらしさを自慢している。それを受けて作者は、「見たことがない骨なら海月の骨でしょう」と返している。海月には骨がないので誰も見たことがないことから作者が思いついた、当意即妙の返答なのである。

活動の手引き

一 **「一つな落としそ。」(一六四・9)とは、誰が、誰に、どのようなことを求めているのかを考え、末尾の一文を書きつけた作者の心情を読み取ろう。**

考え方 第二段落の内容は、『枕草子』の執筆意図を、後に回想して書き加えたものと言われている。冒頭の「かやうのこと」が、直接的には第一段落後半の、作者と隆家のやりとりを受けていることに注意して、一文を書きつけた作者の思いを読み取ろう。

解答例 ・誰が、誰に、どのようなことを＝人々(『枕草子』の読者)が、作者に、あったことを一つも漏らさず書くことを求めている。
・作者の意図＝中宮定子の前で、自分の言った言葉が中納言隆家に感心されたことは作者にとってやはり誇らしいことだったので、

自分の自慢話にもなるので気は引けるが、やはり書いておきたいという心情から、「人々が言うから」という口実を設けて書き足したと考えられる。

言葉の手引き

一 次の語の意味を調べよう。

1 参る(一六四・1) 2 奉らす(一六四・1)
3 いみじ(一六四・1) 4 参らす(一六四・2)
5 おぼろけなり(一六四・2) 6 さらに(一六四・4)
7 のたまふ(一六四・5) 8 さては(一六四・5)
9 かたはらいたし(一六四・8) 10 いかが(一六四・10)

解答例 1 参上する 2 献上する 3 すばらしい
4 差し上げる。献上する。 5 並一通りである。
6 まったく(…ない) 7 おっしゃる 8 それでは
9 苦々しい。聞き苦しい。 10 どのように……か。

二 次の傍線部の助動詞の意味と活用形を答えよう。

1 それを張らせて参らせむとするに、(一六四・2)
2 え張るまじければ、(一六四・2)
3 求めはべるなり。(一六四・3)
4 扇のにはあらで、(一六四・6)
5 海月のななり。(一六四・6)
6 入れつべけれど、(一六四・9)

解答例 1 (せ)使役・連用形/(む)意志・終止形
2 打消推量・已然形 3 断定・終止形
4 断定・連用形 5 推定・終止形
6 (つ)強意・終止形/(べけれ)当然・已然形

古文を読むために 4

教科書P.166~169

●助動詞とは、活用のある付属語で、自立語に付いてさまざまな意味を添える語である。

1 過去

〈意味〉■「き」 直接経験した過去(…タ)
接続 活用語の連用形。(カ変・サ変は未然形にも付く)
■「けり」 伝聞過去(…タ・…タソウダ)/詠嘆(…ナア)
接続 活用語の連用形。

〈例〉心は君に寄りにしものを/昔、男ありけり。

2 完了

〈意味〉■「つ」「ぬ」 完了(…タ・…テシマッタ)/確述(強意)(キット…スル・…テシマウ)
接続 活用語の連用形。
■「たり」「り」 存続(…テイル・…テアル)/完了(…タ・…テシマッタ)

接続　「たり」は活用語の連用形、「り」はサ変動詞の未然形・四段動詞の已然《いぜん》形。（命令形という説もある）

〈例〉降り明かしつる雨の、／はや舟に乗れ。日も暮れぬ。
蛍の多く飛びちがひたる。／雪いと白う降れり。

3 断定

〈意味〉■「なり」　断定（…ダ・…デアル）／存在（…ニアル）
接続　体言、活用語の連体形、副詞、助詞。
■「たり」　断定（…ダ・…デアル）
接続　体言

〈例〉京には見えぬ鳥なれば、／異心《ことごころ》ありてかかるにやあらむ

4 打消

〈意味〉■「ず」　打消（…ナイ）
接続　活用語の未然形。

〈例〉言ふべきにもあらず。／さらにまだ見ぬ骨のさまなり。

5 推量

〈意味〉■「む〈ん〉」「むず〈んず〉」　推量（…ダロウ）／意志（…ウ・…ヨウ）／適当・勧誘（…ノガヨイ・…タラドウダ）／仮定（…トシタラ）／婉曲《えんきょく》（…ヨウナ）
接続　活用語の未然形。
■「べし」　推量（…ダロウ）／意志（…ウ・…ヨウ）／適当（…ノガヨイ）／当然・義務（…ハズダ）／強い勧誘・命令（…ベキダ・…セヨ）／可能（…デキル）
接続　活用語の終止形。（ラ変型は連体形）

〈例〉百千の家も出で来なむ。／この女をこそ得めと思ふ。
この戒め、万事にわたるべし。／いかにもなるべかりつるが、

6 現在推量・過去推量

〈意味〉■「らむ〈らん〉」　現在推量（今ゴロハ…テイルダロウ）／現在の原因推量（…ノダロウ）
接続　活用語の終止形。（ラ変型は連体形）
■「けむ〈けん〉」　過去推量（…タダロウ）／過去の原因推量（…タノダロウ）
接続　活用語の連用形。

〈例〉いかに思ふらむ／恨みを負ふつもりにやありけむ、

7 推定

〈意味〉■「らし」　推定（…ラシイ・…ニチガイナイ）
接続　活用語の終止形。（ラ変型は連体形）
■「めり」　推定（…ヨウニ見エル・…ヨウダ）
接続　活用語の終止形。（ラ変型は連体形）
■「なり」　推定（…ヨウダ・…ラシイ）／伝聞（…ソウダ）
接続　活用語の終止形。（ラ変型は連体形）
・「らし」は客観的根拠のある推定、「めり」は視覚的推定、「なり」は聴覚的推定を表す。

〈例〉春過ぎて夏きたるらし／竜田川もみぢ乱れて流るめり
鶉《うづら》鳴くなり／男もすなる日記《にき》といふものを、

8 打消推量

〈意味〉■「じ」　打消推量（…ナイダロウ）／打消意志（…マイ）
接続　活用語の未然形。
■「まじ」　打消推量（…ナイダロウ）／打消意志（…ナイツ

モリダ・…マイ）

接続 活用語の終止形。（ラ変型は連体形）

〈例〉つゆをかしからじと思ふ／かたきの手にはかかるまじ

9 反実仮想

〈意味〉■「まし」 反実仮想（モシ〜ダッタラ…ダロウニ）／実現不可能な希望（…ダッタラヨカッタノニ）

接続 活用語の未然形。

〈例〉鏡に色・形あらましかば、うつらざらまし。

10 自発・可能・受身・尊敬

〈意味〉■「る」「らる」 自発（自然ニ…レル・自然ニ…ラレル）／可能（…コトガデキル）／受身（…レル・…ラレル）／尊敬（オ…ニナル）

接続 「る」は四段・ナ変・ラ変の未然形、「らる」は四段・ナ変・ラ変以外の未然形。

・自発の用法は、知覚動詞とともに用いられることが多い。

〈例〉人知れずうち泣かれぬ。／恐ろしくて、寝《い》も寝《ね》られず。／ものに襲はるる心地して、／いづれの舟にか乗らるべき。

11 使役・尊敬

〈意味〉■「す」「さす」「しむ」 使役（…セル・…サセル）／尊敬（オ…ニナル）

接続 「す」は四段・ナ変・ラ変の未然形、「さす」は四段・ナ変・ラ変以外の未然形、「しむ」は用言の未然形。

＊「す」「さす」は和文体に、「しむ」は漢文体に多く用いられる。また、「す」「さす」「しむ」が尊敬の意に用いられるときは、多くの場合、他の尊敬の意の語とともに使用される。

〈例〉人に聞かすな。／名を、三室戸《みむろと》斎部《いんべ》の秋田を呼びてつけさす。／問ひきこえさせたまへば、

12 願望

〈意味〉■「まほし」「たし」 願望（…タイ・…テホシイ）

接続 「まほし」は動詞・助動詞（す・さす・ぬ）の未然形、「たし」は動詞・助動詞（る・らる・す・さす）の連用形。

〈例〉行かまほしき所／家にありたき木は、松・桜。

13 比況

〈意味〉■「ごとし」「やうなり」 比況（…ヨウダ）

接続 「ごとし」は体言、活用語の連体形、格助詞（が・の）など。「やうなり」は活用語の連体形、格助詞（が・の）など。

〈例〉かくのごとし。／塩尻《しほじり》のやうになむありける。

日記

●日記とは

「日記」とは、日々の出来事や感想などを記録した文章である。とくに「日記文学」というと、文学史上では平安時代から鎌倉時代を中心として、仮名で書かれたものをさすことが多い。その多くは女性の手で書かれ、『蜻蛉《かげろう》日記』『紫式部《むらさきしきぶ》日記』などが有名である。『土佐《とさ》日記』は、紀貫之《きのつらゆき》によって平安時代前期に書かれた。作者が土佐守《とさのかみ》の任を終えて高知から京都に帰り着くまでの五十五日間の旅の記録。女性に仮託《かたく》して書かれており、日本初の日記文学である。『蜻蛉日記』は、平安時代中期の日記。作者は藤原道綱母《ふじわらのみちつなのはは》。藤原兼家《かねいえ》との結婚から二十一年間のことが書かれている。『紫式部日記』は、平安時代中期の日記。作者は『源氏《げんじ》物語』の作者、紫式部。宮仕えの見聞・感想が中心となっている。

門出

〔土佐《と》日記《さ》〕

教科書P.172〜174

【大　意】　1　教172ページ1〜7行

男の人も書くという日記というものを、女の自分も書いてみることにする。十二月二十一日夜に門出をする。ある人が国守の任期を終えて、新しい国守との引き継ぎも終わり、乗船場に移動して、大騒ぎのうちに夜も更けた。

【品詞分解／現代語訳】

男　も（係助）　す（サ変・終）　なる（助動・伝・体）　日記　と（格助）　いふ（四・体）　もの　を、（格助）　女　も（係助）　し（サ変・用）　て（接助）　み（上一・未）　む（助動・意・終）　とて、（格助）　する（サ変・体）　なり。（助動・断・終）

男も書くとか聞いている日記というものを、女の私も書いてみようと思って、書きつけるのである。

それ（代）　の（格助）　年　の（格助）　十二月　の（格助）　二十日余り一日　の（格助）　日　の（格助）　戌の時　に、（格助）　門出す。（サ変・終）

某年の十二月二十一日の午後八時ごろに、出発する。

そ（代）　の（格助）　よし、　いささかに（ナリ・用）　もの　に（格助）

そのときのことを、少しばかりものに書き記す。

語句の解説　1

教172ページ

1 **男《おとこ》もすなる日記《にき》**　「すなる」は、「……するとか聞いている」の意。当時、「日記」は男性貴族の手による公的な記録や私的な備忘録であって、漢字漢文体で書かれるのが一般的であった。

2 **十二月《しわす》の二十日《はつか》余《あま》り一日《ひとひ》の日《ひ》**　十二月に入って二十日を越すこと一日の意で、十二月二十一日。

2 **戌《いぬ》の時《とき》**　一日を十二等分して、十二支をあてた呼び方。今の午後八時を中心とする二

書きつく［下二・終］。

ある［連］ 人、 県 の［格助］ 四年 五年 果て［下二・用］ て［接助］、 例 の［格助］ ことども みな［副］ し終へ［下二・用］
ある人が、国守として地方に勤務する任期の四、五年を終えて、国守交替のときのきまりの事務引き継ぎを

て［接助］、 解由 など［副助］ 取り［四・用］ て［接助］、 住む［四・体］ 館 より［格助］ 出で［下二・用］ て［接助］、 船 に［格助］ 乗る［四・終］
すっかり済ませて、任務完了の文書などを受け取って、住んでいた官舎から出て、船に乗るはずの所へ行

べき［助動・当・体］ 所 へ［格助］ わたる［四・終］。 かれこれ［(代)］、 知る［四・体］ 知ら［四・未］ ぬ［助動・打・体］、 送りす［サ変・終］。 年ごろ
く。 あの人この人、知っている人、知らない人などが(みな)見送ってくれる。

よく［ク・用］ くらべ［下二・用］ つる［助動・完・体］ 人々 なむ［係助］、 別れがたく［ク・用］ 思ひ［四・用］ て［接助］、 日 しきりに［副］
長年、ずっと親しく交際してきた人々が、別れがたく思って、一日中あれこれと世

とかく［副］ し［サ変・用］ つつ［接助］、 ののしる［四・体］ うち に［格助］ 夜 更け［下二・用］ ぬ［助動・完・終］。
話を続けて、大騒ぎしているうちに夜が更けてしまった。

【大意】 2 教172ページ8行～173ページ12行

翌日、船旅の前途の平穏を祈る。藤原のときざねや親密でもなかった八木《やぎ》のやすのりという人が送別に来てくれたが、この人たちの訪問で人情の厚薄ということを思い知らされた。国分寺の僧官も送別に来てくれた。

【品詞分解／現代語訳】

二十二日 に［格助］、 和泉の国 まで［副助］ と［格助］、 平らかに［ナリ・用］ 願 立つ［下二・終］。 藤原のときざね、
二十二日に、和泉の国まで無事であるように神仏に祈願する。藤原のときざねが、

1 船路 なれ［助動・断・已］ ど［接助］ 馬のはなむけ す［サ変・終］。 上・中・下、 酔ひ飽き［四・用］ て［接助］、 いと［副］
船旅ではあるが、馬のはなむけ(餞別)をする。身分の上・中・下を問わず、誰もが十分酔っぱらっ

あやしく［シク・用］、 潮海 の［格助］ ほとり にて［格助］ あざれ合へ［四・已］ り［助動・存・終］。
て、まことに不思議なことに、(塩辛い)海のほとりで、ふざけ合っている。

時間にあたる。旅立ちや旅からの帰宅は、人目を避けるなどの理由で、暗い時分が選ばれたという。

4 **ある人《ひと》** 実際には作者の紀貫之のことであるが、女性を装って書いた日記なので、わざとぼかした表現にしている。

6 **よくくらべつる人々《ひとびと》** 「くらぶ」は、①比較する ②優劣を競う ③打ち解けて親しく付き合う の意味があるが、ここでは③の意味。

7 **ののしる** 大騒ぎする。現代語と違い、古語では悪い意味とは限らない。

語句の解説 2

教172ページ

1 **「船路なれど馬のはなむけす。」は、どのような効果をねらった表現か。**

答 船旅だから馬に乗る必要はないが、「馬のはなむけ(＝餞別《せんべつ》)」という語を用いてしゃれの効果をねらった表現。

9 **馬《むま》のはなむけ** ここでは、旅人の無事を祈って宴を催したり餞別を贈ったりすること。

9 **いとあやしく** 「あやし」は、ここでは「不思議だ・珍しい」の意。

教173ページ

二十三日。八木のやすのり と いふ 人 あり。この 人、国 に
格助 四・体 ラ変・終 (代) 格助 格助
二十三日。八木のやすのりという人がいる。この人は、国司の役所

必ず しも 言ひ使ふ 者 に も あら ざ なり。これ ぞ、
副 副助 四・体 助動・断・用 係助 ラ変・未 助動・打・体(音) 助動・伝・終 (代) 係助(係)
で必ずしも召し使っている者でもないそうだ。(それなのに)この

たたはしき やうに て 馬のはなむけ し たる。守柄 に
シク・体 助動・様・用 接助 サ変・用 助動・完・体(結) 助動・断・用
人は、いかめしく立派な様子で餞別をしてくれた。(それも)国守の人柄

や あら む、国人 の 心 の 常 と して、今 は とて
係助(係) ラ変・未 助動・推・体(結) 格助 格助 助動・断・用 接助 係助 格助
(がよいため)であろうか、任国の人の心の常としては、今は(もう用はない)

見え ざ なる を、心ある 者 は、恥ぢ ず に
下二・未 助動・打・体(音) 助動・伝・体 接助 ラ変・体 係助 上二・未 助動・打・用 格助
と言って顔など出さないそうだが、情の厚い者は、周りの目を気にせずにやって

なむ 来 ける。これ は、物 に より て ほむる に しも
係助(係) カ変・用 助動・詠・体(結) (代) 係助 格助 四・用 接助 下二・体 助動・断・用 副助
来ることだよ。これは、餞別の品物をもらったからほめているわけではない。

あら ず。
ラ変・未 助動・打・終

二十四日。講師、馬のはなむけ し に 出で ませ り。あり と
サ変・用 格助 下二・用 補尊・四・已 助動・完・終 ラ変・用 格助
二十四日。国分寺の僧官が餞別をしにお出ましになった。その場に居合

ある 上・下、童 まで 酔ひしれ て、一文字 を だに 知ら ぬ 者、
ラ変・体 副助 下二・用 接助 格助 副助 四・未 助動・打・体
わせた人々は、身分の上下を問わず、子供までが酔っぱらって、一という文字さえ知らない者が、

し が 足 は 十文字 に 踏み て ぞ 遊ぶ。
(代) 格助 係助 格助 四・用 接助 係助(係) 四・体(結)
その足は「十」の文字に(千鳥足を)踏んで遊んでいる。

【大 意】 3 教173ページ13行～174ページ6行

新しい国守の館に招かれて翌日までもてなしを受け、漢詩を朗詠したり、和歌の応答をしたりして別れを惜しんだ。

語句の解説 3

2 **言《い》ひ《イ》使《つか》ふ《ウ》者《もの》にもあらざなり** 「言ひ使ふ者」は、仕事を言いつけて使う者、召し使う者。「あらざなり」は、「あらざるなり」の「る」が「ん」と撥《はつ》音便化し、表記されない形。「なり」は、作者を(仕事に詳しくないはずの)女性に仮託していることから、役所の人ではないそうだ、という伝聞表現にしたと考えられる。

4 **守柄《かみがら》にやあらむ《ン》** 「守柄」は、国守の人柄や人望などをさす。

6 **見《み》えざなる** ここも、撥音無表記。「見えざんなる」→「見えざなる」。

10 **出《い》でませり** 「ませ」は、尊敬の補助動詞「ます」の已然形。

12 **しが足《あし》** 「し」「が」については諸説あるが、ここでは、代名詞「し」＋連体修飾格を作る格助詞「が」ととる。

12 **十文字《じゅうもんじ》に踏《ふ》みてぞ遊《あそ》ぶ** おぼつかない足取り、いわゆる千鳥足になっている。

教173ページ

14 **呼《よ》ばれて至《いた》りて** 新任の国守(の使い)が呼びにきたので、呼ばれて行って。

【品詞分解／現代語訳】

二十五日。守の館より、呼びに文持て来たなり。

（格助 格助 四・用 格助 カ変・用 助動・完・体(音) 助動・伝・終）

二十五日。(新任の)国守の屋敷から、(前の国守を)招くために手紙を持ってきたそうだ。

呼ばれて至りて、日一日、夜一夜、とかく遊ぶやうにて明けにけり。

（四・未 助動・受・用 接助 四・用 接助 副 四・体 助動・状・用 接助 下二・用 助動・完・用 助動・過・終）

(前の国守は)招かれて(屋敷へ)行って、一日中、夜通し、あれこれと詩歌管弦の遊びをする状態で夜が明けてしまった。

二十六日。なほ守の館にて、饗応し、ののしりて、郎等までに物かづけたり。

（副 格助 格助 サ変・用 四・用 接助 副助 格助 下二・用 助動・完・終）

二十六日。依然として(新任の)国守の屋敷では、(前の国守を)もてなし、大騒ぎをして、従者にまで贈り物を与えた。

唐詩、声あげて言ひけり。

（下二・用 接助 四・用 助動・過・終）

漢詩を、高らかによみ合った。

2 和歌、主も客人も、こと人も言ひ合へりけり。

（係助 係助 係助 四・已 助動・存・用 助動・過・終）

和歌は、主人も招かれた人も、他の人々もよみ合っていた。

唐詩はこれにえ書かず。

（係助 (代) 格助 副 四・未 助動・打・終）

(そのときよんだ)漢詩は、(女の私は)ここに書くことができない。

和歌、主の守のよめりける、

（格助 格助 四・已 助動・完・用 助動・過・体）

和歌は、主人(＝新任の国守)がよんだ(歌)、

都出でて君に会はむと来しものを来しかひもなく別れぬるかな

（下二・用 接助 格助 四・未 助動・意・終 格助 カ変・未 助動・過・体 接助 カ変・未 助動・過・体 係助 ク・用 下二・用 助動・強・体 終助）

都を出て、あなた(＝前の国守)に会おうとして(ここへ)やってきたのに、来たかいもなくもう別れ別れになってしまうことだよ。

となむありければ、帰る前の守のよめりける、

（格助 係助 ラ変・用 助動・過・已 接助 四・体 格助 格助 四・已 助動・完・用 助動・過・体）

とよんだので、帰ろうとしている前の国守がよんだ(歌)、

白妙の波路を遠く行き交ひて我に似べきは

（(枕) 格助 ク・用 四・用 接助 (代) 格助 上一・用 助動・当・体 係助）

船路をはるばると(私と入れ違いに)やって来て私と似(て無事に任期を終えて帰京す)るはず(の人)は、

---

15 **遊《あそ》ぶやうに《ヨ》て** 「遊ぶ」は、詩歌管弦の遊びをいう。「やうに」は、ここは比況・例示ではなく、様子・状態を表す。

教174ページ

1 **饗応《あるじ》し、ののしりて、……物《もの》かづ《ズ》けたり** 主語は、新任の国守。

2 「主《あるじ》」「客人《まらうど》」は、それぞれ誰をさすか。

答 「主」は、新任の国守。「客人」は、前の国守(具体的には貫之)。

3 **唐詩《からうた》はこれにえ書《か》かず** 漢詩は男がよむものとされていたので、「女の私には書くことができない」と、装って言っているのである。

4 **来《こ》しかひ《イ》もなく** 新旧の交代を、さも行き違いを惜しむかのようによんだ挨拶の歌。

6 **似《に》べきは** いずれあなた(新任の国守)も「我」と同じようになる(任期を終えて帰れる)、という意味。「べし」に上一段動詞の連用形(または未然形)がつくのは古い形。平安時代以前の和歌によく見られる。

6 **たれならなくに** 「～ならなくに」は「……ではないのに」と訳す慣用的な表現。活用語に「く」をつけて名詞化するク語法で、

たれ(代) **ならなくに**(連語)
あなた以外の誰でもないのだなあ。

ここでは、打消の助動詞「ず」の古い形の未然形「な」に「く」を付けている。「曰《い》はく」などもこれにあたる。

学習の手引き

一 第一・第二段落から、事実をぼかして書いた箇所を抜き出し、どのような要素がぼかされているか、説明してみよう。

考え方 冒頭文にあるように作者が自分を女性に仮託して書いていることや、伝聞の「なり」が使われているという点に注目しよう。

解答例 ・ぼかして書いた箇所＝①「男もすなる日記といふもの」(一七二・1)②「ある人」(一七二・4)③「それの年」(一七二・1)、「ものに」(一七二・2)、「例のことども」(一七二・4)、「船に乗るべき所」(一七二・5)、「かれこれ、知る知らぬ」(一七二・5)、「とかくしつつ」(一七二・6)

・ぼかされている要素＝①筆者の性別。②日記の主人公である前の国守が、紀貫之自身であること。③日付、行動や地名、登場人物の身分・地位など。(①②は作者が女性であり、出来事の直接的な当事者ではないことを示すための故意のぼかしと考えられる。)

二 本文には、四人から受けた餞別の様子が書かれている。記事の内容をふまえ、その時々の作者の思いを、想像も交えて説明してみよう。

解答例 ①藤原のときざね…二十二日、船旅の無事を祈ったときに、海のほとりで餞別をしてくれた。身分の上下を問わず酒を飲んでふざけ合い、作者も楽しんでいる。

②八木のやすのり…二十三日、役所の人でなく帰京すれば用はなくなるのに、立派な餞別をしてくれ、その誠実な人柄を偲《しの》んでいる。

③講師《こうじ》(国分寺の高僧)…二十四日、餞別をしにわざわざ出かけて来てくれた。皆で宴会を楽しむとともに、子供にもわかる尊い話をしてくれたのか、「一文字をだに知らぬ者……遊ぶ」という表現に、作者の講師へのありがたいと思う気持ちが表れている。

④新任の国守…二十五日から二十六日にかけて屋敷に招かれ、夜通しもてなしを受けた。漢詩をよみ合ったり、和歌の贈答をしたりして互いに別れを惜しんだ。

活動の手引き

一 「戌の時」(一七二・2)のような、十二支を用いた時刻の漢字表記と読み方を調べ、それぞれが示す時刻とともに暗記しよう。

考え方 次の時刻を中心に、前後約二時間の幅を持つ。

解答

子《ね》…午前零時頃	丑《うし》…午前二時頃	寅《とら》…午前四時頃
卯《う》…午前六時頃	辰《たつ》…午前八時頃	巳《み》…午前十時頃
午《うま》…正午頃	未《ひつじ》…午後二時頃	申《さる》…午後四時頃
酉《とり》…午後六時頃	戌《いぬ》…午後八時頃	亥《い》…午後十時頃

二 作者紀貫之の事績を調べ、「唐詩はこれにえ書かず。」(一七四・3)と記した意図として考えられることを、発表し合おう。

考え方 『古今《こきん》和歌集』の撰者《せんじゃ》であり、「仮名序《かなじょ》」と呼ばれる序文の作者。「漢詩」に対して「和歌」の興隆に力を尽くし、漢字（男文字）に対する仮名文字（女文字）の推進者として、後の物語文学の発展にも大きく貢献した。

唐詩（漢詩）は男性がよみ合うものであったが、『土佐日記』は、書き手を女性に見せかけているので、「男性の世界である漢詩はわからないので、ここに書けない。」と記したのである。「女性が書いた」という立場を一貫させる意図がある。

言葉の手引き

一 次の語の意味を調べよう。

1 よし（一七二・2）　2 くらぶ（一七二・6）
3 とかく（一七二・6）　4 ののしる（一七二・7）
5 あやし（一七二・9）　6 たたはし（一七三・3）
7 饗応す（一七四・1）　8 かづく（一七四・1）

解答例 1 事情。いきさつ。　2 親しく交際する。
3 あれこれ　4 大騒ぎする。　5 不思議だ。珍しい。
6 いかめしく立派である。　7 もてなす　8 与える

二 次の傍線部の助動詞を文法的に説明しよう。

1 男もすなる日記といふものを、女も……するなり。（一七二・1）
2 言ひ使ふ者にもあらざなり。（一七三・2）
3 今はとて見えざなるを、（一七三・5）

解答例 1 （なる）伝聞の助動詞「なり」の連体形／（なり）断定の助動詞「なり」の終止形　2 伝聞の助動詞「なり」の終止形
3 伝聞の助動詞「なり」の連体形

亡　児　〔土佐日記〕

教科書P.175

【大　意】 教175ページ1～7行

大津から浦戸《うらど》に向かう途中、都で生まれ任地で亡くなった女の子のことを思い出し、つらく恋しい思いがする。

【品詞分解／現代語訳】

二十七日。大津 より（格助） 浦戸 を（格助） さし（四・用） て（接助） 漕ぎ出づ（下二・終）。 かく（副） ある（ラ変・体） うち に（格助）、
二十七日。大津から浦戸を目ざして漕ぎ出す。京に帰る一行の中で、

京 にて（格助） 生まれ（下二・用） たり（助動・完・用） し（助動・過・体） 女子、 国 にて（格助） にはかに（ナリ・用） 失せ（下二・用） に（助動・完・用）
京で生まれた女の子が、任国で急に亡くなったので、

語句の解説

教175ページ

1 さして　目ざして。向かって。
2 国《くに》　任国。
2 失《う》せにしかば　死んでしまったので。「しかば」は、過去の助動詞「き」の已然形＋「ば」なので確定条件を表していて、「……ので・……から」と訳す。

助動・過・已　接助　格助　格助　上一・已　接助
しか　ば、　このごろ　の　出で立ちいそぎ　を　見れ　ど、　何ごと
近ごろの出発の準備を見ても、　言葉も出

係助　四・未　助動・打・用　格助　四・体　接助　格助　ク・体　副助　係助(係)　四・用
も　言は　ず、　京　へ　帰る　に　女子　の　なき　のみ　ぞ、　悲しび
ない(くらいにつらく)、　(ようやく)京へ帰るときに娘のいないことだけが、　悲しく(娘

上二・体(結)　1ラ変・体　係助　副　下二・未　助動・打・終　(代)　格助　格助　1連　格助
恋ふる。　ある　人々　も　え　堪へ　ず。　こ　の　間　に、　ある　人　の
が)恋しい思いがする。　そこにいる人々も(悲しみに)堪えられない。　そこで、　ある人が書いて出し

四・用　接助　四・已　助動・完・体
書き　て　出だせ　る　歌、
た歌は、

格助　格助　四・体　接助　格助　シク・体　係助　四・未　助動・打・体　格助
都　へ　と　思ふ　を　もの　の　悲しき　は　帰ら　ぬ　人　の
いよいよ懐かしい都へ帰れるのだと思うのに、　何か悲しい気分になるのは、　死んでしまっていっしょに帰れない

ラ変・已　接助　助動・断・用　助動・詠・終
あれ　ば　なり　けり
人(娘)がいるからであったよ。

接　連　格助　係助
また、　ある　とき　に　は、
また、　あるときには(こんな歌もよんだ)、

1ラ変・体　格助　下二・用　接助　副　ク・体　格助　(代)　格助　四・体
ある　もの　と　忘れ　つつ　なほ　なき　人　を　いづら　と　問ふ
まだ生きているのだと、　死んだことを(たびたび)忘れてしまっては、　やはりもういない人のことを、　(つい)どこ

係助(係)　シク・用　助動・詠・体(結)
ぞ　悲しかり　ける
にいるのかと問いかけてしまうのが、　実に悲しいことだよ。

「失す」＝①見えなくなる　②死ぬ　の二つの意味があるが、ここでは②の意。

2 **出《い》で立《た》ちいそぎ**　「いそぎ」は「準備・したく」の意。出発の準備。

3 **何《なに》ごとも言《い》は《ワ》ず**　何も言葉が出ないくらいにつらくて。本来なら、待ち望んでいた帰京の準備は心が浮き浮きするもののはずなのに、亡き娘のことを思うと悲しみでいっぱいになる、ということをいったもの。

3 **女子《おんなご》のなきのみぞ**　「のみ」は「……だけ・……ばかり」の意味を添え、その付いた語句を取り立てて限定、強調する。「ぞ」は強意の係助詞。「娘の死んだことだけが(本当にもう)」という意味になる。

答　**1**

「ある人々」「ある人」「あるもの」の「ある」の意味は、それぞれ何か。

「ある人々」の「ある」(動詞)…その場にいる。「ある人」の「ある」(連体詞)…特定の人ではなく誰か。「あるもの」の「ある」(動詞)…生きている。

4 **え堪《た》へ《エ》ず**　堪えられない。「え」は呼応の副詞。打消表現と呼応して不可能を表す。

4 **この間《あいだ》に**　そこで。ところで。

7 **いづ《ズ》ら**　どこ。

学習の手引き

一 **本文中からは、相反する二つの思いを読み取ることができる。何と何か、簡潔に答えよう。**

考え方 「都へと」の歌に注目しよう。「都へと思ふを」の部分から出発に浮き立つ様子が伝わる一方、「ものの悲しきは」以降からは「娘が死んでしまって一緒に都に帰れない」という相反する思いが伝わってくる。

解答例 出発の準備などで浮き立つ思いと、都で生まれ土佐で亡くなった娘と一緒に帰れない、という悲しみに沈む思い。

二 **『土佐日記』を和文で書き記した目的の一つは何であったと思われるか、本文をもとにして考えてみよう。**

考え方 土佐の国で亡くした「亡児」への思いと女性に仮託して和文で書かれていることとを関連づけて考えてみよう。当時日記は男が漢文で書く公的な記録という性質をもっていたが、『土佐日記』には、亡くなった女児への思いという、極めて私的な悲しみがつづられている。そうした悲しみを記すには、日本語の音を使って思うことをそのまま書くことのできる仮名文字の文がふさわしかった。そのためには、女性を装う必要があったと考えられる。

解答例 亡くした女児への思いを心のままにつづるため。

活動の手引き

一 **京に帰り着くまでに、「亡児」の記事が数回表れる。何に触発されて亡児を追想しているか、『土佐日記』の原典で調べよう。**

考え方 図書館などで『土佐日記』の原典を調べてみよう。

解答例 一月十一日、「羽根」という地名を入れて女の子が歌をよんだことから、亡くなった娘を思い出す。／二月四日、風がないので船を泊めた海岸で見た、美しい貝に触発されて、女児のことを思い出す。／二月五日、住吉《すみよし》の辺りを漕《こ》いで行くとき、住の江に生えているという「忘れ草」に触発されて歌をよむ。／二月九日、川を上って都へ近づくにつれ、土佐で生まれた子を抱く人々の姿を見て、悲しみがこみあげる。／二月十六日、帰京。家の庭に小松が生えているのを見て亡くなった女児を思い出す（教科書一七六ページ「帰京」参照）。

言葉の手引き

一 **次の語の意味を調べよう。**

1 にはかなり（一七五・2）　2 いそぎ（一七五・2）
3 なほ（一七五・7）　4 いづら（一七五・7）

解答例 1 急である。突然である。　2 準備　3 やはり　4 どこ

二 **次の傍線部の助詞の意味を答えよう。**

1 都へと思ふをものの悲しきは（一七五・5）
2 帰らぬ人のあればなりけり（一七五・5）
3 あるものと忘れつつなほなき人を（一七五・7）

解答例 1 逆接の確定条件　2 順接の確定条件　3 反復

帰京 〔土佐日記〕

教科書P.176～177

【大意】 1 教176ページ1～6行

ようやく夜中になってたどり着いたわが家は、月明かりで見るとうわさに聞いた以上に荒れ果てていた。がっかりはするけれど、預かってくれた隣家にお礼はしようと思う。

【品詞分解／現代語訳】

京 に（格助） 入り立ち（四・用） て（接助） うれし（シク・終）。 家 に（格助） 至り（四・用） て（接助）、 門 に（格助） 入る（四・体） に（接助）、 月
京に入ってうれしい。 家に着いて、 門に入ると、 月が

明けれ（ク・已） ば（接助）、 いと（副） よく（ク・用） ありさま 見ゆ（下二・終）。 聞き（四・用） し（助動・過・体） より（格助） も（係助） まし（四・用）
明るいので、 たいそうよく様子が見える。 うわさに聞いていた以上に、

て（接助）、 言ふかひなく（ク・用） ぞ（係助（係）） こほれ破れ（下二・用） たる（助動・存・体（結））。 家 に（格助） 預け（下二・用） たり（助動・存・用）
話にならないほど壊れいたんでいる。 家だけでなく、 預けておいた留守番

つる（助動・完・体） 人 の（格助） 心 も（係助）、 荒れ（下二・用） たる（助動・存・体） なり（助動・断・用） けり（助動・詠・終）。 「中垣 こそ（係助（係））
の人の心も、 すさんでいるのだったよ。 「仕切りの垣根はあ

あれ（ラ変・已（結））、 一つ家 の（格助） やうなれ（助動・比・已） ば（接助）、 望み（四・用） て（接助） 預かれ（四・已） る（助動・完・体） なり（助動・断・終）。」
るけれども、 一つ屋敷みたいなものだから、 （先方から）希望して預かったのである。」

「さるは（接）、 たよりごと に（格助）、 もの も（係助） 絶えず（副） 得（下二・未） させ（助動・使・用） たり（助動・完・終）。」 「今宵、
「それでも、 ついでのあるたびに、 お礼の品もいつもあげていたのだ。」 「今夜（も

かかる（ラ変・体） こと。」 と（格助）、 声高に（ナリ・用） もの [1] も（係助） 言は（四・未） せ（助動・使・未） ず（助動・打・終）。 いと（副） は（係助）
どってみると）、こんなありさまだ。」と（人々は口々に言うが）、 大声で（不平を）言わせることはしない。 たいそう薄情

つらく（ク・用） 見ゆれ（下二・已） ど（接助）、 こころざし は（係助） せ（サ変・未） む（助動・意・終） と（格助） す（サ変・終）。
に思われるが、 お礼はしようと思う。

語句の解説 1

教176ページ

1 京《きょう》に入《い》り立《た》ちて　京の町中に入って。「入り立つ」は「立ち入る・入り込む」の意。

1 明《あ》ければ　「已然形＋ば」で原因を表す。

2 言《い》ふ《ウ》かひ《イ》なくぞこほ《オ》れ破《やぶ》れたる　「言ふかひなし」は、①言葉で表しきれない　②どうしようもない　の意。ここでは①。「こほる」は現代語の「壊れる」。「ぞ……たる」は係り結びである。

3 中垣《なかがき》こそあれ　「こそ～（已然形）、……」は、「～だけれども、……」という逆接の表現になる。

4 さるは　そうはいっても。逆接の接続詞で、「さあるは」の変化した形。

1　「ものも言はせず」は、誰が、誰に、どのようなことを言わせないのか。

答　主人である自分（作者）が、従者たちに、隣家の悪口や抗議の言葉を言わせない。

6 こころざし　ここでは「お礼」の意。

【大　意】　2　教176ページ7行〜177ページ3行

荒れ果てた庭も、小松が育ち始めている。出迎えの子供の様子を見るにつけても、土佐で亡くなった女児のことを思い出し、自分の心をわかってくれる人とひそかに歌を交わした。土佐での出来事には忘れがたいことが多いが、書き尽くすことができない。とにかく、こんなものは早く破ってしまおう。

【品詞分解／現代語訳】

さて〈接〉、池めい〈四・用(音)〉て〈接助〉くぼまり〈四・用〉、水つけ〈四・已〉る〈助動・存・体〉所あり〈ラ変・終〉。ほとり に〈格助〉松
さて、池みたいにくぼんで、水のたまっている所がある。まわりに松もあった。

も〈係助〉あり〈ラ変・用〉き〈助動・過・終〉。五年六年 の〈格助〉うち に〈格助〉、千年 や〈係助(係)〉過ぎ〈上二・用〉に〈助動・完・用〉
五、六年のうちに、千年が過ぎてしまったのだろうか、

けむ〈助動・過推・体(結)〉、かたへ は〈係助〉なくなり〈四・用〉に〈助動・完・用〉けり〈助動・詠・終〉。今〈副〉生ひ〈上二・用〉たる〈助動・完・体〉ぞ〈係助(係)〉
半分はなくなっていたよ。新しく生えたのが交じっている。

混じれ〈四・已〉る〈助動・存・体(結)〉。おほかた の〈格助〉、みな〈副〉荒れ〈下二・用〉に〈助動・完・用〉たれ〈助動・存・已〉ば〈接助〉、
だいたいが、すっかり荒れてしまっているので、

「あはれ。」〈感〉と〈格助〉ぞ〈係助(係)〉人々 言ふ〈四・体(結)〉。思ひ出で〈下二・未〉ぬ〈助動・打・体〉こと なく〈ク・用〉、思ひ恋しき〈シク・体〉が〈格助〉
「あれ、まあ(ひどいね)。」と人々が言う。思い出さないことは何一つなく、恋しい思いの中でも、

うち に〈格助〉、こ〈(代)〉の〈格助〉家 にて〈格助〉生まれ〈下二・用〉し〈助動・過・体〉女子 の〈格助〉、もろともに〈副〉帰ら〈四・未〉
この家で生まれた女の子が、いっしょに帰らないので、

ね〈助動・打・已〉ば〈接助〉、いかが〈副〉は〈係助〉悲しき〈シク・体〉。船人 も〈係助〉みな〈副〉、子 たかり〈四・用〉て〈接助〉ののしる〈四・終〉。
どんなに悲しいことか。同じ船で帰京した人々もみんな、子供が寄ってたかって大騒ぎして

かかる〈ラ変・体〉うち に〈格助〉、なほ〈副〉悲しき〈シク・体〉に〈格助〉堪へ〈下二・未〉ず〈助動・打・用〉して〈接助〉、ひそかに〈ナリ・用〉
いる。こうしている中で、やはり悲しさに堪えられずに、ひっそりと気

心 知れ〈四・已〉る〈助動・存・体〉人 と〈格助〉言へ〈四・已〉り〈助動・完・用〉ける〈助動・過・体〉歌、
持ちの通じ合っている人とよみ合った歌、

語句の解説　2

教176ページ

7 **池《いけ》めいて**　「めいて」は「めき（「めく」の連用形）て」のイ音便。「めく」は、名詞・形容詞の語幹や副詞に付いて、「……らしく見える」の意を作る接尾語。

8 **千年《ちとせ》や過《す》ぎにけむ《ン》**　「や」は疑問の係助詞。千年も過ぎてしまったのだろうか。寿命千年といわれる松が、五、六年のうちに半分ほどなくなっているのを見て、皮肉をこめて言ったのである。

8 **混《ま》じれる**　「る」は「ぞ」の結び。

9 **あはれ《ワ》**　あれ、まあ。感動詞だが、ここでは、あまりにひどくて二の句が継げない気持ちを表す。

11 **いかがは**　どんなにか。疑問表現の形で、程度が甚だしいことを表す。

11 **ののしる**　大声で騒ぐ。古語では「人を非難する」の意味で使われることは少ない。

12 **ひそかに**　「言へりける」にかかる。喜び合っている人々に遠慮しているのである。

12 **心知《こころし》れる人《ひと》**　気持ちの通じ合う人。ここでは、作者紀貫之の妻をさしている。

下二・用 助動・過・体 係助 四・未 助動・打・体 接助 (代) 格助 格助 [2] 格助
生まれ し も 帰ら ぬ ものを わ が 宿 に 小松 の
ここで生まれたあの子も帰って来ないのに、わが家の庭に小松が生えているのを見ると、子供が思い出されて悲しいことだ。

ラ変・体 格助 上一・体 格助
ある を 見る が 悲しさ

格助 係助(係) 四・已 助動・完・体(結) 副 四・未 助動・打・用 係助(係) ラ変・未 助動・推・体(結) 副
と ぞ 言へ る。 なほ 飽か ず や あら む、 また
とよんだ。 やはりまだ言い足りないのであろうか、 また

副 係助
かく なむ、
このようにも、(よんだ。)

上一・用 助動・過・体 格助 格助 格助 上一・未 助動・反仮・未 接助 ク・用
見 し 人 の 松 の 千年 に 見 ましか ば 遠く
亡くなったあの子が、千年もの齢を保つ松のように(ずっと生き長らえて)見ることができたなら、遠い(土佐での)

シク・体 サ変・未 助動・反仮・終 係助
悲しき 別れ せ まし や
悲しい別れをするようなことがあっただろうか(、いや、そんなことはなかっただろうに)。

ク・用 シク・体 ク・已 接助 副 四・未 助動・打・終
忘れがたく、 くちをしき こと 多かれ ど、 え 尽くさ ず。
忘れられず、 残念なことが多いのだけれど、 全部書き尽くすことはできない。

(連語) ク・用 四・用 助動・強・未 助動・意・終
とまれかうまれ、 とく 破り て む。
まあともかく、 (こんなものは)早く破いてしまおう。

答 2 **「小松」は、先にどのように書かれていたか。**
(千年過ぎたかのように、半分はなくなった松の中に)「今生《お》ひたる」のが生え交じっていると書かれている。

14 **なほ《オ》飽《あ》かずやあらむ《ン》** それでもまだ言い足りないのであろうか。「や」は疑問の係助詞で、結びは「む」。「飽く」＝満足する。満ち足りる。

14 **またかくなむ《ン》** 「なむ」の下に、結びとしての「よめる(歌)」などが省略されている。

教177ページ

1 **見《み》ましかば遠《とお》く悲《かな》しき別《わか》れせましや** 「〜ましかば……まし」は、「もし〜だったら……だろうに」と事実に反したことを仮想してその結果を推量する意を表す。

2 **とまれかうまれ《コ》** ともかく。「ともあれかくもあれ」がつづまって「とまれかくまれ」となり、「かく」がウ音便化したもの。

2 **とく破《や》りてむ《ン》** 「とく」は、形容詞「とし(疾し)」の連用形。早く破り捨ててしまおうと言っているのはこの日記のこと。作者の謙遜の気持ちを表したものと思われる。

学習の手引き

一 本文の前半(一七六・6まで)と後半は、記事の重点に違いがある。その違いを、心情を表す形容詞をあげて説明してみよう。

考え方 前半は帰ったときの家のありさまにあきれている様子、後半は庭の松の木に目を向け、死んだ娘を思い出したことが描かれている。

解答例 ・心情を表す形容詞＝〈前半〉「うれし」(一七六・1)、「つらく」(一七六・5)〈後半〉「悲しき」(一七六・11など)、「忘れがたく」(一七七・2)、「くちをしき」(一七七・2)

・重点の違い＝〈前半〉帰京した喜びが冷め、荒れ果てた家や庭にあきれる心情に重点がある。〈後半〉この家で生まれ任地で亡くなった娘をしのぶ、悲しみの心情に重点がある。

二 後半の記事で庭の松に言及しているが、二首の歌の「松」は記事とどのように関わっているか、説明してみよう。

考え方 一首目の「小松」は、直接的には文中の「今生ひたるぞ混じれる」(一七六・8)を、二首目の「松の千年」は、「五年《いつとせ》六年《むとせ》のうちに、千年や過ぎにけむ」(一七六・7)を受けている。

解答例 ・一首目＝「小松」という言葉から「子」を想起させ、幼くして亡くなった娘のことを思い出している。

・二首目＝「千年」の齢《よわい》を保つはずの松がわが家では五、六年のうちに半分なくなっている、本来の松にあやかって娘が生きていたらどんなによかったか、と思う親の心情へ進む形になっている。

活動の手引き

一 末尾の二文は、作品冒頭で記された執筆意図(一七二・1)とどのように照応しているか、意見を述べ合おう。

考え方 文末の「え尽くさず」「とく破りてむ」とは、不十分で恥ずかしいものだ、という謙遜の気持ちを表現したものといえる。しかし、「破ってしまおう」というのは本気ではなく、女性に仮託して書いていることとの一貫性を保つ立場から、遠慮がちに表現したものと思われる。

言葉の手引き

一 次の語の意味を調べよう。

1 こほる(一七六・2)　2 つらし(一七六・5)
3 こころざし(一七六・6)　4 とし(一七七・2)

解答例 1 壊れる　2 薄情だ。不人情でいやだ。
3 お礼　4 早い

二 次の傍線部を文法的に説明しよう。

1 千年や過ぎにけむ、(一七六・8)
2 みな荒れにたれば、(一七六・9)
3 心知れる人と言へりける歌、(一七六・12)

解答例 1 完了の助動詞「ぬ」の連用形＋過去推量の助動詞「けむ」の連体形(「や」の結び)
2 完了の助動詞「ぬ」の連用形＋存続の助動詞「たり」の已然形
3 完了の助動詞「り」の連用形＋過去の助動詞「けり」の連体形

古文を読むために　5

教科書P.179～180

●助詞とは、活用のない付属語で、自立語に付いて文節と文節の関係を示したり特定の意味を添えたりする語である。

1 格助詞…主に体言・連体形に付いて、その語が文の成分としてどんなはたらきをするかを示す。

① **主格** 「が」「の」〈例〉雪の降りたるは、（…ガ）
② **連体修飾格** 「が」「の」〈例〉良秀がよぢり不動とて、（…ノ）
③ **連用修飾格** 「へ」「を」「に」「と」「にて」「して」「より」「から」〈例〉片田舎に住みけり。（…ニ）
④ **同格** 「が」「の」〈例〉白き鳥の嘴《はし》と脚と赤き、（…デ）
⑤ **準体格** 「が」「の」〈例〉唐のはさらなり。（…ノモノ）

2 接続助詞…活用語に付いて、上の文節を下の文節に続ける。

・**順接仮定条件** 「ば」（未然形＋ば）（モシ…ナラ）
・**順接確定条件** 「ば」（已然形＋ば）（…ノデ）
＊「ば」が付く条件句については「古文を読むために　2」参照。
・**逆接仮定条件** 「と」「とも」（タトエ…テモ）
・**逆接確定条件** 「ど」「ども」「ものを」「ものの」「ものから」「ものゆゑ」「て」「が」「に」「を」「ながら」
・**単純接続** 「て」「して」「が」「に」「を」「で」「つつ」「ながら」
＊未然形＋「で」は打消を表す。〈例〉え追ひつかで（…ナイデ）

3 副助詞…さまざまな語に付いて、特定の意味を添える。

「だに」 ①類推（軽いものを示して、重いものを類推させる）〈例〉蛍ばかりの光だになし。（…サエ）　②最小限の限定〈例〉香をだに残せ（セメテ…ダケデモ）
「すら」 ①類推〈例〉言《こと》問はぬ木すら（…サエ）
「さへ」 ①添加〈例〉飛び急ぐさへ（…マデモ）
「のみ」 ①限定（…ダケ）　②強意
「ばかり」 ①限定（…ダケ）　②およその程度（…ホド・…クライ）
「まで」 ①限界（…マデ）　②程度（…ホド・…クライ）
「など」 ①例示　②引用　③婉曲
「し」「しも」 ①強意　②部分否定（必ズシモ…ナイ）

4 係助詞 「は」「も」「ぞ」「なむ」「や」「か」「こそ」
＊「係り結び」については、「古文を読むために　2」参照。

5 終助詞…文末にあって、さまざまな意味を添える。

① **禁止** 「な」「そ」〈例〉な起こしたてまつりそ（…ナ）
② **願望** 「ばや」未然形に付いて自己の願望を表す。（…タイ）
「なむ」未然形に付いて他への願望を表す。（…テホシイ）
「しが」「てしが・てしがな」「にしが・にしがな」
③ **詠嘆** 「な」「か・かな」「は」「よ」
④ **念押し** 「かし」「ぞ」

6 間投助詞…文中や文末にあって、語調を整えたり、詠嘆などの意を添えたりする。「や・を」

随筆（二）

●思索的な随筆

『徒然草《つれづれぐさ》』は、鎌倉時代の随筆。作者は兼好《けんこう》法師で、内容は無常観に根ざした人生観、宗教観、人間観、自然観照など多岐にわたっている。ほとんどが短文だが、含蓄のある名文として現在まで親しまれている。

『方丈記《ほうじょうき》』は、鎌倉時代初期の随筆。作者は鴨長明《かものちょうめい》。仏教的無常観を背景に、大火や地震などを例にして、人生の無常が語られている。簡潔で流麗な名文として、古来知られている。

序段 〔徒然草《つれづれぐさ》〕 教科書P.182

【大意】 教182ページ

『徒然草』を書くに至る動機、心境、態度などについて述べている。

【品詞分解／現代語訳】

つれづれなる（ナリ・体） まま に（格助）、日暮らし（副） 硯 に（格助） 向かひ（四・用） て（接助）、心 に（格助） うつりゆく（四・体）

これといってすることがないのにまかせて、一日中硯（のある机）に向かい、心に浮かんでは消えていく

よしなしごと を（格助）、そこはかとなく（ク・用） 書きつくれ（下二・已） ば（接助）、あやしう（シク・用（音）） こそ（係助（係））

とりとめもないことを、これといった順序次第もなく書きつけていくと、（自分ながら）変に心がたか

ものぐるほしけれ（シク・已（結））。

ぶってくることだ。

語句の解説 教182ページ

うつりゆく 「うつる」を「移る」ととれば「次々に（浮かんだり消えたりして）移っていく」となるが、「映る」ととって「（心に）映っては消えていく」とする説もある。

ある人、弓射ることを習ふに 〔徒然草〕 教科書P.182～183

【大意】 1 教182ページ1行～183ページ3行

弓の練習で、二本の矢を持って的に向かった人に対して、師が、初心の人は二本の矢を持ってはならない、二本目の矢を頼らず、一本の矢でしとめようと思いなさいと忠告した。

語句の解説 1 教182ページ

1 **たばさみて** 「たばさむ」は「わきにはさ

【品詞分解/現代語訳】

ある(連) 人、弓 射る(上一・体) こと を(格助) 習ふ(四・体) に(格助)、諸矢 を(格助) たばさみ(四・用) て(接助) 的 に(格助)

ある人が、弓を射ることを習うときに、二本(で一対)の矢を手にはさみ持って的に向かった。

向かふ。(四・終) 師 の(格助) いはく(連語)、「初心 の(格助) 人、二つ の(格助) 矢 を(格助) 持つ(四・体) こと

(すると、弓の)先生が言うには、「習い始めの人は、二本の矢を持ってはならない。

なかれ。(ク・命) のち の(格助) 矢 を(格助) 頼み(四・用) て(接助)、初め の(格助) 矢 に(格助) なほざり(ナリ(語幹)) の(格助) 心

(二本持つと)二本目の矢を当てにして、最初の矢をおろそかにする気持ちが生じる。

あり。(ラ変・終) 毎度(副) ただ(副) のち の(格助) 矢 なく(ク・用)、こ(代) の(格助) 一矢 に(格助) 定む(下二・終) べし(助動・意・終) と(格助)

射るたびごとに、二本目の矢を考えずに、この一本の矢で(勝負を)決めようと思え。」と言う。

思へ。(四・命)」と(格助) 言ふ。(四・終) わづかに(ナリ・用) 二つ の(格助) 矢、師 の(格助) 前 にて(格助) 一つ を(格助)

たった二本の矢で、(しかも)先生の前で、その一本をおろそかに

おろかに(ナリ・用) せ(サ変・未) ん(助動・意・終) と(格助) 思は(四・未) ん(助動・推・終) や。(係助) 懈怠 の(格助) 心、自ら(副)

しようなどと(誰が)思うだろうか(、いや、誰も思わないだろう)。(しかし、まだ一本あると)なまけ

知ら(四・未) ず(助動・打・終) と(格助) いへ(四・已) ども(接助)、師 これ([1]代) を(格助) 知る。(四・終) こ(代) の(格助) 戒め、万事

おこたる心は、自分では気づかなくとも、先生にはこれがわかる。この(弓を射る場合の)戒めは、(弓

に(格助) わたる(四・終) べし。(助動・推・終)

を射るときばかりでなく)すべての場合に通じるであろう。

【大 意】 2 教183ページ4〜9行

人は自分のなまけおこたる気持ちに気づきはしない。道を学ぶ人はみな、現在の一瞬一瞬に全力を尽くさなくてはならない。

【品詞分解/現代語訳】

道 を(格助) 学する(サ変・体) 人、夕べ に(格助) は(係助) 朝 あら(ラ変・未) ん(助動・婉・体) こと を(格助) 思ひ(四・用)、

仏道を修行する人は、夕方には翌朝があるということを思い、

む」「指の間にはさむ」の意味だが、ここでは「手の指ではさみ持って」の意。

5 この一矢《ひとや》に定《さだ》むべし 最初に取り上げた一本の矢で決めよう。

6 わづ《ズ》かに二《ふた》つの矢《や》 下に「なり」が省略されている。

6 一《ひと》つをおろかにせんと思《おも》は《ワ》んや 師の最初の「初めの矢になほざりの心あり。」という言葉に対して解説している。

教183ページ

1 「これ」は何をさすか。

答 懈怠《けだい》の心。

語句の解説 2

教183ページ

4 道《みち》を学《がく》する人《ひと》 「道」は、仏道。いろいろな学問や芸術の道という説もある。

4 夕《ゆう》べには朝《あした》あらんことを思《おも》ひ《イ》、朝《あした》には夕《ゆう》べあらんことを思《おも》ひ《イ》て 「あとの機会を頼みにして、初めの学習がおろそかになりが

朝 に〔格助〕 は〔係助〕 夕べ あら〔ラ変・未〕 ん〔助動・婉・体〕 こと を〔格助〕 思ひ〔四・用〕 て、〔接助〕 重ねて〔副〕 ねんごろに〔ナリ・用〕
朝には夕方があるということを思って、(そのときになって)もう一度

修せ〔サ変・未〕 ん〔助動・婉・体〕 こと を〔格助〕 期す。〔サ変・終〕 いはんや〔副〕 一刹那 の〔格助〕 うち に〔格助〕 おいて、〔(連語)〕
丁寧に修行するような心づもりをしている。(一日という時間でも、このようなのだから)まして(矢を射るという)一瞬のうちに、

懈怠 の〔格助〕 心 ある〔ラ変・体〕 こと を〔格助〕 知ら〔四・未〕 ん〔助動・推・終〕 や。〔係助〕 なんぞ、〔副〕 ただ今 の〔格助〕
なまけおこたる心のあることを、(その本人自身)気づこうか、(いや、気づきはしない)。なんと、

一念 に〔格助〕 おいて、〔(連語)〕 ただちに〔副〕 する〔サ変・体〕 こと の〔格助〕 はなはだ〔副〕 かたき。〔ク・体〕
今のこの瞬間において、(集中しきって)ただちに実行することのひどく難しいことよ。

ちである」という意味で、「今やらずに、後回しにする」の意ではない。

6 **修《しゅ》せんことを期す**　修行の心づもりでいる。「期す」＝「期《ご》す」と読む。①心に準備する　②期待する　③覚悟する　などの意味がある。ここでは①の意。

学習の手引き

一　序段の一文は、執筆の理由・対象・記述態度を述べている。該当する部分をそれぞれ抜き出そう。

考え方　句末の助詞「に」「を」「ば」のはたらきに注意するとよい。

解答例　・理由＝つれづれなるままに
・対象＝心にうつりゆくよしなしごと
・記述態度＝日暮らし硯に向かひて／そこはかとなく

二　「弓射ることを習ふ」場合の二本の矢の戒めを、「道を学する」場合に当てはめて説明してみよう。

考え方　「二本の矢の戒め」とは、あとの矢を当てにせず、ただ一本の矢で決めなければならないということである。これを「道を学する人」に当てはめると、あとの矢を当てにする心とは、あとできちんと行えばよいと思って、今現在の修行をいい加減に行う心である。

解答例　今すぐ丁寧に行うべき仏道修行を、どうなるかわからない未来を当てにしていい加減に行い、有限の時間をむだにしてしまってはならないという戒め。

活動の手引き

一　「懈怠の心」はどのようなときに生じるだろうか、現代の生活において探し、発表し合おう。

考え方　「懈怠の心」とは、自分でも気づかないうちに、一瞬のうちに、自分の心にしのびこんでくる油断する心のことである。自分の生活を振り返り、たとえば、テスト前に集中して勉強しようと思っているのに、好きなテレビ番組を見たあとで真剣にやろうなどと思い、ずるずると過ごしてしまう、などの例が考えられるかもしれない。

言葉の手引き

一　次の語の意味を調べよう。

1　頼む（一八二・3）　2　なほざりなり（一八二・4）
3　おろかなり（一八三・1）　4　ねんごろなり（一八三・6）

解答例 1 当てにする。 2 おろそかである。
3 おろそかである。 4 丁寧である。

二 「おろかにせんと思はんや。」(一八三・1)の傍線部「ん」の意味を、それぞれ答えよう。

考え方 「せん」は、「弓を射る人」が心の中でそう思っている(「……しよう」)。「思はん」は、第三者が推し量っている(「……だろう」)。

解答例 ・「おろかにせん」の「ん」=意志の助動詞
・「思はんや」の「ん」=推量の助動詞

丹波《たんば》に出雲《いづも》といふ所あり

〔徒然草〕

教科書P.184～185

【大　意】 教184ページ1行～185ページ3行

聖海上人《しょうかいしょうにん》が丹波の国の出雲にある神社に出かけたとき、獅子《しし》と狛犬《こまいぬ》の姿に、これは珍しい、何かわけがあるのだろうと感動の涙を流したが、それは子供のいたずらだった。

【品詞分解／現代語訳】

丹波 に(格助) 出雲 と(格助) いふ(四・体) 所 あり(ラ変・終)。
丹波の国に出雲という所がある。

大社 を(格助) 移し(四・用) て(接助)、めでたく(ク・用) 作れ(四・已) り(助動・存・終)。
出雲大社の神霊を迎えて、立派に作ってある。

しだのなにがし と(格助) か(係助) や(間助) 領る(四・体) 所 なれ(助動・断・已) ば(接助)、秋 の(格助) ころ、
しだのなんとかいう人の領有している所なので、秋のころに聖海上人、

聖海上人、そ(代) の(格助) ほか も(係助)、人 あまた(副) 誘ひ([1] 四・用) て(接助)、「いざ(感) たまへ(補尊・四・命)、出雲 拝み(四・用)
そのほかの人たちも大勢誘って、「さあ、行きましょう、出雲のお社の参

に(格助)。かいもちひ 召さ(四・未) せ(助動・使・未) ん(助動・意・終)。」とて(格助)、具し(サ変・用) もて行き(四・用) たる(助動・完・体)
拝に。ぼたもちをごちそうしましょう。」と言って、連れて行ったところ、

に(接助)、おのおの 拝み(四・用) て(接助)、ゆゆしく(シク・用) 信 おこし(四・用) たり(助動・完・終)。御前 なる(助動・在・体) 獅子・
おのおのが拝んで、非常に信仰心を起こした。社殿の御前にある(魔よけの)獅

狛犬、背き(四・用) て(接助)、後ろさま に(格助) 立ち(四・用) たり(助動・存・用) けれ(助動・過・已) ば(接助)、上人 いみじく(シク・用)
子・狛犬が、背中を向け合って後ろ向きに立っていたので、聖海上人は非常に感動

語句の解説 教184ページ

1**めでたく** 形容詞「めでたし」の連用形。「めでたし」=すばらしい。立派だ。みごとだ。美しい。

2**とかや** といったか。

1 「誘ひて」の主語は誰か。

答 しだのなにがし

3**いざたまへ《ェ》** さあ、行きましょう。さあ、いらっしゃい。「たまへ」は尊敬の補助動詞「たまふ」の命令形で、上に「ものす」などが省略された形。「いざたまへ」で、複合の感動詞とする説もある。

3**召《め》させん** 「食ふ・飲む」の尊敬語「召す」

サ変・用　接助　感　ク(語幹)　間助　(代)　格助　格助　副　シク・終
感じ て、「あな めでた や。この 獅子 の 立ちやう、いと めづらし。
して、「ああ、なんとすばらしいことよ。この獅子の立ち方は、たいそう珍しい。

ク・体　ラ変・未　助動・推・終　格助　四・用　接助　感　ナリ(語幹)　格助
深き ゆゑ あら ん。」と 涙ぐみ て、「いかに、殿ばら、殊勝 の
深いわけがあるのだろう。」と涙ぐんで、「もし、皆様方、このありがたい

係助　下二・未　助動・打・終　係助　ナリ・終　格助　四・已　接助
こと は 御覧じとがめ ず や。むげなり。」と 言へ ば、おのおの
ことをご覧になって気になりませんか。(気にならないとは)あまりにひどすぎます。」と言ったので、それぞれが

四・用　接助　副　格助　ナリ・用　助動・詠・終　格助　格助
あやしみ て、「まことに 他 に 異なり けり。都 の つと に
不思議がって、「ほんとうにほかと違っているなあ。都へのみやげ話に話そう。」

四・未　助動・意・終　副助　四・体　接助　副　四・用　接助　シク・用
語ら ん。」など 言ふ に、上人 なほ ゆかしがり て、おとなしく
などと言うので、上人はいっそう知りたがって、年配でいかにも

四・用　助動・強・終　助動・推・体　サ変・用　助動・存・体　格助　四・用　接助
もの 知り ぬ べき 顔 し たる 神官 を 呼び て、
ものをわきまえていそうな顔をしている神官を呼んで、

(代)　格助　格助　格助　下二・未　助動・尊・用　副　ラ変・体
「この 御社 の 獅子 の 立て られ やう、さだめて ならひ ある こと
「この御社の獅子の立てられ方は、さだめし、いわれがあることでございましょ

助動・断・用　補丁・ラ変・未　助動・推・終　副　四・未　終助　格助　四・未　助動・尊・用
に はべら ん。ちと 承ら ばや。」と 言は れ
う。ちょっと聞かせていただきたい。」とおっしゃったところ、

助動・過・已　接助　(代)　格助　助動・断・用　補丁・四・終　ク・体　格助
けれ ば、「その こと に 候ふ。さがなき 童べども の
「そのことでございます。いたずらな子供たちがいたしましたこ

四・用　助動・過・体　ナリ・用　補丁・四・体　助動・断・終　格助　四・用　接助
つかまつり ける、奇怪に 候ふ こと なり。」とて、さし寄り て、
とで、けしからぬことでございます。」と言って、近寄って、

四・用　接助　ナ変・用　助動・過・已　接助　格助　ナリ・用　四・用　助動・完・用
据ゑ直し て いに けれ ば、上人 の 感涙 いたづらに なり に
(獅子・狛犬を正しい位置に)据え直して立ち去ったので、上人の感動の涙は(何のために流したかわからず)むだになっ

助動・過・終
けり。
てしまった。

に使役の助動詞「す」、さらに意志の助動詞「ん」を続けた語。「かいもちひ召させん」は当時、田舎の料理をごちそうするときの慣用句だった。

3 **具《ぐ》しもて行《ゆ》きたるに**　連れて行ったところ。「もて」は「もちて」の転で、動詞について意味を強めたり語調を整えたりする。「具す」＝連れて行く。いっしょに行く。

6 **いかに**　感動詞で、相手に「おい」「これこれ」と呼びかけるときに使う。

6 **殿《との》ばら**　殿たち。皆様方。身分の高い男性の敬称で、「ばら」は複数を示す接尾語。

9 **異《こと》なりけり**　違っていたなあ。「けり」は過去とともに詠嘆の意味を含んでいる。

11 **ゆかしがりて**　見たがって。知りたがって。

11 **おとなしく**　大人らしい。ものをわきまえている。

14 **ならひ《ィ》**　①学ぶこと　②物事のいわれ　などの意味があるが、ここでは②の意。

教185ページ

1 **承《うけたまわ》らばや**　承りたい。おうかがいしたい。「ばや」＝自己の願望を表す終助詞。

1 **つかまつりける**　「つかまつる」は、「行ふ・作る・為《す》」などの謙譲語。

学習の手引き

一 聖海上人の心がたかぶっていくさまを、表現に即して三つの場面に整理しよう。

考え方 上人の言動に着目して、①個人的に感じ入ったことを書いている場面、②人々に同意を求めている場面、③神官に確認している場面、の三つに分けて考えてみよう。

解答例 ①「御前《おまへ》なる……と涙ぐみて、」(一八四・4〜6)→涙ぐむほど感動している。／②「『いかに、……』など言ふに、」(一八四・6〜10)→感動を人々に押しつけている。／③「上人なほゆかしがりて、……と言はれければ、」(一八四・10〜一八五・1)→由緒を知りたくて、神官に尋ねるほどになっている。

二 聖海上人と、神官も含むその他の人たちとの対比に着目して、この話をおもしろく仕立てようとする作者の工夫を説明してみよう。

考え方 他の人々や神官の反応の描かれ方に注意する。

解答例 上人の言葉が「むげなり」(一八四・8)、「さだめて……はべらん」(一八四・14)など強い調子であるのに対し、人々の反応は「都のつとに……」(一八四・10)と物珍しさを感じている程度に描かれている。また、神官は「さがなき童《わらは》べどもの」と、ばつが悪そうに説明し、あっさりと獅子・狛犬を据え直している。このような調子の違いが、上人の期待と事実との落差を強調する効果を上げている。

活動の手引き

一 この話を教訓として受け取った場合、「上人の感涙いたづらになりにけり。」の後にどのような一文を加えたらよいだろうか。各自で感じ取ったことを現代語で書き、発表し合おう。

考え方 「なにごとも独断に陥ると、真実を見誤りやすい。」「早合点せず、常に確かめることが重要だ。」など、短い文にまとめてみよう。

言葉の手引き

一 次の語の意味を調べよう。

1 めでたし(一八四・1)　2 領《し》る(一八四・2)
3 ゆゆし(一八四・4)　4 むげなり(一八四・8)
5 ゆかしがる(一八四・11)　6 おとなし(一八四・11)
7 さがなし(一八五・1)　8 いたづらなり(一八五・3)

解答例 1 立派だ。すばらしい。　2 領有する
3 程度がはなはだしい。　4 ひどい。最低だ。
5 知りたがる　6 ものをわきまえている。
7 いたずらだ。やんちゃである。　8 むだだ

二 「この獅子の立ちやう、いとめづらし。深きゆゑあらん。」(一八四・5)と、「この御社《みやしろ》の獅子の立てられやう、さだめてならひあることにはべらん。」(一八四・13)とを比較し、表現上の違いを具体的に説明しよう。

考え方 前者は上人が誰にともなく言った言葉で、後者は上人が神官に対して言った言葉であることに注目する。

解答例 前者には敬語が使われていないが、後者には「御社」(尊敬の接頭語)、「らる」(尊敬の助動詞)、「はべり」(丁寧の補助動詞)といった敬語が使われ、社や神官への敬意を表している。

花は盛りに

〔徒然草〕 教科書P.186〜187

【大意】 1 教186ページ1〜7行

花や月はその盛りだけでなく、むしろ花が散り、月が傾くところに深い趣がある。雨で見えない月を恋い慕うのも、今にも咲きそうだったり、もうしおれてしまった花を見るのも、趣の深いものである。

【品詞分解／現代語訳】

花は盛りに、月はくまなきをのみ見るものかは。雨に

（桜の）花はその盛りのさまだけを、月は曇りのないのだけを見るものであろうか（、いや、そうではない）。雨に向か

向かひて月を恋ひ、垂れこめて春の行方知らぬも、

って（見えない）月を恋い慕い、簾や帳を垂らした室内に引きこもって春が暮れてゆくのを知らないでいる

なほあはれに情け深し。咲きぬべきほどの梢、

のも、やはりしみじみとして情趣が深いものだ。（桜を見るにも）今にも咲きそうなころの梢とか、

散りしをれたる庭などこそ見どころ多けれ。歌の詞書にも、

花が散ってしおれた（花びらが点々とある）庭などこそ、見る価値が高いのである。和歌の詞書にも、

「花見にまかれりけるに、早く散り過ぎにけれ

「花を見に参りましたのに、すでに散ってしまっていたので。」とも、

ば。」とも、「さはることありて、まからで。」なども書ける

「都合の悪いことがあって、（花を見に）参りませんで。」などとも書いてあるのは、

は、「花を見て。」と言へるに劣れることかは。

「花を見て。」と言ったのに劣っていることだろうか（、いや、劣ってはいない）。

花の散り、月の傾くを慕ふならひはさることなれど、

花が散り、月が沈んだ後になって恋しく思う慣例はもっともなことであるが、

語句の解説 1

教186ページ

1 **見る《み》ものかは** 「かは」は反語を表す。

2 **咲き《さ》ぬべきほどの** 「ぬ」は強意の助動詞。完了の助動詞「ぬ」「つ」は、「ぬべし」「つべし」の形で用いられると強意となる。

3 **散り《ち》しを《オ》れたる庭《にわ》などこそ** 「散りしをる」は「（花が）散ってしおれる」の意。

3 **まかれりけるに** 「まかる」は元来「貴い所からいやしい所へ行く」という意味であるが、ここはただ「行く」という自分の行為をへりくだるだけの意に用いている。

4 **早く《はや》** 形容詞の連用形が副詞化したもの。

4 **散り《ち》過ぎ《す》にければ** 歌の詞書《ことばがき》だから、あとに「よめる歌。」を補って解する。「さはることありて、まからで」「花を見て」の場合も同様に「よめる歌。」を補う。

4 **まからで** 参らないで。「で」は接続助詞で、用言の未然形に接続して、「……ないで」という打消の意になる。

6 **さることなれど** もっともなことであるが。

副 ナリ・体 係助(係) (代) 格助 (代) 格助 四・用 助動・完・用
ことに かたくななる 人 ぞ、「こ の 枝、か の 枝、散り に
とくにものの情趣を解さない人は、「この枝も、あの枝も、(花が)散ってしまっ

助動・過・終 係助 ク・終 副助 係助 四・終 助動・婉・体(結)
けり。今 は 見どころ なし。」 など は 言ふ める。
た。今は(もう)見る価値がない。」などと言うようだ。

【大　意】　2　教186ページ8行～187ページ1行

どんなことも、初めと終わりこそが趣深いものである。恋愛もつらさや嘆き、寂しさ、しみじみとした追憶などに、本当の情趣があるのである。月も、満月で曇りなく照っているのよりも、木々の梢《こずえ》の隙間から見える月や、木の間からもれる月の光などのほうがしみじみとした趣がある。

【品詞分解／現代語訳】

格助 係助 係助(係) シク・已(結) 格助
よろづ の こと も、初め 終はり こそ をかしけれ。男・女 の 情け
(花や月に限らず)どんなことも、(その真っ盛りよりも)初めと終わりこそ趣が深いものである。男女の恋愛も、

係助 副 上一・体 格助 係助 四・体 係助 四・未 接助 四・用 助動・完・用
も、ひとへに あひ見る を ば 言ふ もの かは。あは で やみ に
ただひたすら会って契りを結ぶのだけを(よいと)いうのであろうか(、いや、そうではない)。(ついに恋人と)

助動・過・体 格助 四・用 ナリ・体 格助 四・用 ク・体 格助
し 憂さ を 思ひ、あだなる 契り を かこち、長き 夜 を ひとり
結婚せずに終わってしまったつらさを思い、かりそめの約束に終わったことを嘆き、長い夜を独り寂しく明かし、

四・用 ク・体 格助 四・用 格助 格助 格助 四・体 係助(係)
明かし、遠き 雲居 を 思ひやり、浅茅 が 宿 に 昔 を しのぶ こそ、
はるか遠くに去った人を思いやり、茅が茂る荒れた家で昔(の恋人のこと)をしみじみと思うことこ

四・終 格助 係助 四・未 助動・推・已(結) 格助 ク・体 格助 格助
色 好む と は 言は め。望月 の くまなき を 千里 の ほか
そ、(ほんとうに)恋の情趣がわかっていると言えよう。(月にしても同じことで)満月で曇りなく照っているのをはるか

副助 下二・用 助動・存・体 格助 係助 ク・用 四・用 接助 下二・用 助動・完・体 格助
まで 眺め たる より も、暁 近く なり て 待ち出で たる が、
彼方まで眺めているのよりも、明け方近くになって待ちこがれた(月がやっと出てきた)のが、

副 ク・用(音) 四・用 助動・存・体 助動・比・用 接助 ク・体 格助 格助 格助 下二・用
いと 心深う、青み たる やうに て、深き 山 の 杉 の 梢 に 見え
たいそう趣深く、青みを帯びているようで、深い山の杉の梢の間に見えている(様子)、

「さる」は、副詞「さ」＋ラ変動詞「あり」の連体形「ある」＝「さある」がつまった連体詞。

語句の解説　2

教186ページ

8 **初《はじ》め終《お》はりこそをかし《オ》けれ**　「をかし」は、ここでは「趣がある」の意。

8 **男《おとこ》・女《おんな》の情《なさ》け**　男女間の恋愛。

9 **あひ見《イ》るをば**　「あひ見《み》る」は「打ち解けて会う・契りを結ぶ」の意。

9 **言《い》ふ《ウ》ものかは**　「かは」は反語を表す。

9 **憂《う》さを思《おも》ひ《イ》**　この「思ひ」は連用形で、並列するためのもの。以下、並列の部分を示すと、

あはでやみにし憂さを思ひ
あだなる契りをかこち
長き夜をひとり明かし
遠《あさ》き雲居を思ひやり
浅茅《あさぢ》が宿に昔をしのぶ
} こそ

11 **色好《いろこの》むとは言《い》は《ワ》め**　「色好む」は現代ではよい意味には使われないが、古文では恋の情趣を解するという優雅な意味で使われる。

11 **望月《もちづき》**　十五夜の月。満月。「もち」は「満

たる、木の間の影、うちしぐれたるむら雲隠れのほど、
助動・存・体／格助／格助／下二・用／助動・存・体／格助
木の間からもれる月の光や、さっとしぐれを降らせている一群の雲に隠れる(月の)様子は、

またなくあはれなり。椎柴・白樫などの、濡れたるやうなる葉の
ク・用／ナリ・終／副助／格助／下二・用／助動・存・体／助動・比・体／格助
このうえもなくしみじみとした趣である。椎の木・白樫などの、濡れているような(つやつやした)葉の

上にきらめきたるこそ、身にしみて、心あらん友
格助／四・用／助動・存・体／係助(係)／格助／四・用／接助／ラ変・未／助動・婉・体
上に(月の光が)きらめいているのは、心にしみわたって、情趣を解する友が(そばに)いたら

もがなと、都恋しうおぼゆれ。
終助／格助／シク・用(音)／下二・已(結)
なあと、都が恋しく思われる。

【大　意】3　教187ページ2〜3行

月や花を見るには、目そのもので見るのではなく、心でその情趣を味わうべきである。

【品詞分解／現代語訳】

すべて、月・花をば、さのみ目にて見るものかは。春は家
副／格助／係助／副／副助／格助／上一・体／係助／係助
いったい、月や花を、そんなふうに目でばかり見るものであろうか(、いや、そうではない)。春は

を立ち去らでも、月の夜は閨の内ながらも思へる
格助／四・未／接助／係助／格助／係助／格助／格助／係助／四・已／助動・存・体
(花を見るために)家から出かけなくても、(秋の)月の夜は寝室の中にいるままでも(月や花のことを心の中で)思っている

こそ、いとたのもしう、をかしけれ。
係助(係)／副／シク・用(音)／シク・已(結)
ことこそ、たいそう想像に期待がふくらみ、趣が深いものである。

ち」の転じたもの。

1 「待ち出でたる」の後に省略された語は何か。

答 月。

12 いと心深う《こころぶこ》　この「心」は、情趣の意。
13 木《こ》の間《ま》の影《かげ》　木の間からもれる月の光。「影」は、月光。
13 またなくあは《ワ》れなり　ここの主格は「月」である。

語句の解説 3

教187ページ
2 すべて　いったい。だいたい。
2 さのみ　副詞「さ」＋副助詞「のみ」で、「そうばかり・そうむやみに」の意。
3 閨《ねや》の内《うち》ながらも　寝室の中にいるままでも。「ながら」はそのままの状態で、の意を表す接尾語。
3 たのもしう《シュウ》　「たのもしう」は、「たのもし」の連用形「たのもしく」のウ音便。

学習の手引き

一 本文は、一文目の主張を起点として、連想によって文章が展開している。次の図式の空欄に、本文中の語句を埋めよう。

考え方 本文は大きく三つの段落から成っている。図式には、その三段落のそれぞれの冒頭の一文が引用されている。まずはそれを手がかりに、第一段落と第二段落のまとまりをとらえよう。

解答例

●花は盛りに、月はくまなきをのみ見るものかは。〈第一段落冒頭〉

●↔［咲きぬべきほどの梢、散りしをれたる庭など］こそ、見どころ多けれ。

●←よろづのことも、初め終はりこそをかしけれ。〈第二段落冒頭〉

●←男女の恋愛：×［ひとへにあひ見る］↔○　5例

●月：×望月のくまなき↔○［暁近くなりて待ち出でたる］

←深き山の杉の梢に見えたる、木の間の影

［くまなき］からの連想：［うちしぐれたるむら雲隠れのほど］

［雨］からの連想：濡れたるやうなる葉の上にきらめきたる

↔●すべて、月・花をば、さのみ目にて見るものかは。〈第三段落冒頭〉

活動の手引き

一　この章段には続きがあり、さらに連想が続いて、結末は一文目とは無関係の話に落着する。『徒然草』の原典を読んで、この後の話の内容を互いに確認し合おう。

考え方　教科書に掲載されている章段の続きは、次のようになっている。（段落番号は出典本により異なる）

・第三段落の続き＝「さのみ目にて見るものかは。」からの連想で、「よき人（＝教養人）」はあからさまにおもしろがったりしないが、「片田舎の人（＝無教養な庶民）」はしつこく花を見つめて大騒ぎすると述べる。

・第四段落＝その「片田舎の人」が、「賀茂祭《かものまつり》」を見る態度に連想が移り、先を争って祭りの行列を見るのをおかしなことだと否定している。

・第五段落＝さらに「祭りを見る」とはどういうことかに話が移り、その醍醐味《だいごみ》は祭りの行列だけではなく、始まる前や終わった後の「大路（＝大通り）」の風情を楽しむことにあるとする。

・第六段落＝次に「大路」を行き交う人々の消息に移り、どの人も、人は皆死ぬ存在であり、静かな山奥にも無常は必ずやってくるとして、全体の最後を次の一文で締めくくる。

「その死に臨めること、軍《いくさ》の陣に進めるに同じ（人が死に直面していることは、武士が戦場に進み出ているのと同じである）。」

「花・月・賀茂祭」などの王朝の美にあこがれながらも、戦乱の多い中世に生きた作者にとっては、最後は「無常」（＝死）というものの認識に至らざるをえない、という構成になっている。

言葉の手引き

一　次の語の意味を調べよう。

1　くまなし（一八六・1）　2　さること（一八六・6）
3　かたくなり（一八六・6）　4　よろづ（一八六・8）
5　影（一八六・13）　6　心あり（一八七・1）

解答例　1　曇りがない。　2　もっともなこと。
3　ものの情趣を解さない。　4　すべてのこと。万事。

5 (月の)光　6 情趣を解する。

二 次の傍線部の助詞の意味を答えよう。

1 月はくまなきをのみ見るものかは。(一八六・1)

2 花見にまかれりけるに、(一八六・3)

3 心あらん友もがなと、(一八七・1)

4 さのみ目にて見るものかは。(一八七・2)

解答例 1 (のみ)限定／(かは)反語　2 (一つ目の「に」)目的／(二つ目の「に」)逆接の確定条件　3 願望　4 手段

九《なが》月《つき》二十日のころ 〔徒然草〕

教科書P.188〜189

【大　意】 1 教188ページ1〜4行

九月二十日のころに、ある人に誘われて夜じゅう月を見て歩いたことがあった。ある家に入ると、荒れている庭に、香《こう》の匂いがしんみりと香っていて、主人の暮らしぶりにしみじみと心を打たれた。

【品詞分解／現代語訳】

九月二十日 の［格助］ **ころ、ある**［連］ **人 に**［格助］ **誘は**［四・未］ **れ**［助動・受・用］ **たてまつり**［補謙・四・用］ **て、**［接助］

九月二十日のころ、ある人にお誘いいただいて、

明くる［下二・体］ **まで**［副助］ **月 見ありく**［四・体］ **こと はべり**［ラ変・用］ **し**［助動・過・体］ **に、**［接助］ **おぼし出づる**［下二・体］ **所**

夜の明けるまで月を見て歩き回ることがございましたが、(その方は途中で)ふとお思

あり［ラ変・用］ **て、**［接助］ **案内せ**［サ変・未］ **させ**［助動・使・用］ **て**［接助］ **入り**［四・用］ **たまひ**［補尊・四・用］ **ぬ。**［助動・完・終］ **荒れ**［下二・用］

い出しになる所があって、(供の者に)取りつがせて(その家に)お入りになった。荒れて

たる［助動・存・体］ **庭 の**［格助］ **露 しげき**［ク・体］ **に、**［格助］ **わざと**［副］ **なら**［助動・断・未］ **ぬ**［助動・打・体］ **にほひ、**

いる庭が(草の)露でいっぱいであるところに、わざわざ準備したとは思えない香の香りが、

しめやかに［ナリ・用］ **うちかをり**［四・用］ **て、**［接助］ **しのび**［四・用］ **たる**［助動・存・体］ **けはひ、いと**［副］ **ものあはれなり。**［ナリ・終］

しんみりと香って、(この家の主人が)ひっそりと暮らしている様子が、いかにもしみじみと心を打つ。

語句の解説 1

教188ページ

1 **誘《さそ》は《ワ》れたてまつりて** 「たてまつる」は謙譲の補助動詞。お誘いいただいて。

1 **月見《つきみ》ありくことはべりしに** 「ありく」は、目的もなく歩き回ること。目的があって歩くことは「あゆむ」という。

2 **おぼし出《い》づ《ズ》る所《ところ》** 「おぼし出づ」は、「思ひ出づ」の尊敬語。「ふとお思い出しになる所」の意。

3 **露《つゆ》しげきに** 「しげし」は、「多い・たくさんある」の意。

3 **しめやかにうちかを《オ》りて** 「しめやか」は、「しっとりしている・しとやかである」の意。「うちかをる」の「うち」は接頭語。

【大意】 2 教188ページ5〜14行

誘ってくださった方が出ていらっしゃったあとも、私は辺りの優雅な様子を見ていたが、この家の主人は私に気づかず、しばらく月を見ていた。このような優雅な振る舞いは、平素の心がけによるものであろう。

【品詞分解/現代語訳】

ク・体／格助／下二・用／補尊・四・用／助動・完・已／接助／副／格助／ナリ・用
よき ほど にて 出で たまひ ぬれ ど、なほ 事ざま の 優に
(その方は)ほどよい時間で出ていらっしゃったが、(私は)やはり、住む人の様子が優雅に

下二・用／接助／格助／格助／副／上一・用／助動・存・体／接助／格助
おぼえ て、物 の かくれ より しばし 見ゐ たる に、妻戸 を
思われて、物の陰からしばらく様子を見ていたところが、(この家の主人

副／副／下二・用／接助／上一・体／助動・断・終／副／四・未
いま 少し 押し開け て、月 見る けしき なり。やがて かけこもら
は)出入り口の開き戸をもう少し開けて、月を見る様子である。もし(客を送り出して)すぐに

助動・反仮・未／接助／シク・未／助動・反仮・終／副助／上一・体／ラ変・終／格助／係助
ましか ば、くちをしから まし。あと まで 見る 人 あり と は、
妻戸の掛け金を掛けて(部屋に)引きこもったなら、(どんなに)物足りなかっただろうに。(この主人は、客の帰った)あと

副／係助(係)／四・未／助動・推・体(結)／1ナリ(語幹)／格助／係助／副／格助
いかで か 知ら ん。かやう の こと は、ただ 朝夕 の
まで見ている人があるとは、どうして知っていようか(、いや、知っているはずがない)。このような(優雅な)振る舞い

格助／四・終／助動・推・終／(代)／格助／ク・用／下二・用／助動・完・用
心づかひ に よる べし。その 人、ほどなく 失せ に
は、まったく平素の心がけによるものだろう。その人は、その後まもなく亡くなってしまったと聞きましたよ。

助動・過・終／格助／四・用／補丁・ラ変・用／助動・過・体
けり と 聞き はべり し。

語句の解説 2

教188ページ

5 **よきほどにて** 「よき」は、ここでは、「適当な」の意。「ほど」には、①(……の)うち ②(……の)ころ・時分 ③時間・月日 ④距離 ⑤広さ・長さ など、いろいろな意味がある。ここでは②の意。「しばらくして」「ほどよい時間で」の意。

6 **事《こと》ざま** 事の様子。人物の様子。

9 **やがて** すぐに。そのまま。

10 **くちを《お》しからまし** 物足りなかったであろうに。「くちをし」は、期待が外れてがっかりする心情を表す。

11 **いかでか知《し》らん** 「か」は反語。どうして知ることがあろうか、知りはしない。

1 「かやうのこと」は何をさすか。

答 常日ごろから香をたいたり、客を送り出したあと月を見るような(優雅な)振る舞い。

14 **聞《き》きはべりし** 過去の助動詞「き」を連体形の「し」としたのは、余韻や余情を含んだ言い方にするため。

学習の手引き

一　「ある人」はどのような素性の人と想像できるか。本文中の手がかりを具体的に指摘しながら、説明してみよう。

考え方　敬語の使い方や、作者を庭に待たせていることから考える。

解答例　「誘はれたてまつりて」の「たてまつり」は謙譲語、「入りたまひぬ」の「たまひ」は尊敬語。どちらも「ある人」への敬意を示す敬語表現で、作者を庭に待たせていることからも、作者にとって目上の人と想像できる。

二　「その人」(一八八・13)のどのような振る舞いに、作者は感銘を受けたのか、説明してみよう。

考え方　作者が見た「その人」の振る舞いは、「妻戸をいま少し押し開けて、月見るけしきなり」である。それに対する作者の感想は、「やがてかけこもらましかば、」から後の部分に書かれている。

解答例　好きな香をたいている様子や、客を送り出したあと、戸の隙間から月を見ていた、という風雅の心を持ち合わせた振る舞いに「その人」の普段からの心づかいを感じて感銘を受けた。

活動の手引き

一　「九月二十日のころ」の「月」という設定が、この文章を読むうえで重要な要素となっている。「二十日のころ」の月の別名を調べ、その語を手がかりとしてわかったことを報告し合おう。

考え方　陰暦二十日の月は、別名を「宵闇月《よいやみづき》」といい、午後十時ごろ東の空に昇る。遅い時間に昇り明け方まで空にかかっている月である。また、陰暦九月《ながつき》は暦のうえでは晩秋に当たり、晴れた夜は空気が澄んで月の光が美しい。作者が誘われて出かけた時刻を考えると、辺りの静けさも伝わってくる。十五日(満月)の盛りを過ぎた月であるので、地上は満月の夜より暗いことにも注意しよう。

言葉の手引き

一　次の語の意味を調べよう。

1　案内《あない》す(一八八・2)　2　しめやかなり(一八八・3)
3　優なり(一八八・6)　4　やがて(一八八・9)
5　くちをし(一八八・10)　6　失す(一八八・13)

解答例　1　取りつぐ　2　しんみりとした様子だ。
3　優雅である。　4　すぐに　5　物足りない
6　亡くなる

二　「けはひ」(一八八・4)と「けしき」(一八八・8)の意味の違いを調べよう。

解答例　・「けはひ」＝肌で感じたり、匂ったり、耳に聞こえたりする雰囲気や様子。／・「けしき」＝目に見える様子。

三　「やがてかけこもらましかば、くちをしからまし。」(一八八・9)を、助動詞「まし」に注意して口語訳しよう。

考え方　「まし」は「〜ましかば…まし」の形で「もし〜だったら…だろうに」という反実仮想の意味を表す。

解答例　(もし)すぐに掛け金を掛けて(部屋に)引きこもったなら、(どんなに)物足りなかっただろうに。

古文を読むために 6

教科書P. 190〜191

●敬語とは、話し手(書き手)が、ある人の動作・状態に敬意を表す場合に用いる言葉で、尊敬表現・謙譲表現・丁寧表現がある。

1 尊敬表現(為手《して》尊敬)

話し手(書き手)から、動作をする人(為手)に対する敬意を表す。

〈主な尊敬語〉

・のたまふ(オッシャル)〈例〉(中納言が)言《こと》高くのたまへば、
・おはす(イラッシャル)〈例〉(かぐや姫が)竹の中におはする
・おぼす(オ思イニナル)〈例〉(かぐや姫が)あはれと思しけり
・います(イラッシャル)　・御覧ず(御覧ニナル)

2 謙譲表現(受け手尊敬)

話し手(書き手)から、動作を受ける人に対する敬意を表す。

〈主な謙譲語〉

・申す(申シ上ゲル)　〈例〉(中納言に)申す
・聞こゆ(申シ上ゲル)〈例〉(中納言に)聞こゆれば
・参る(伺ウ・参上スル)　〈例〉(中宮の御前に)参りたまひて
・承る(オ聞キスル)　・つかうまつる(イタス)

3 丁寧表現

話し手(書き手)から、聞き手(読み手)に対する敬意を表す。

丁寧語は「侍《はべ》り・候《さぶら》《さうら》ふ」の二語のみ。

・侍り(…マス・ゴザイマス)〈例〉(中納言が中宮に)「すべていみじうはべり。……」と言《こと》高くのたまへば、

＊丁寧語は会話文の中で用いられることが多い。ここでは、語り手である中納言から聞き手である中宮への敬意を表す。

4 二方面に対する敬語

謙譲語と尊敬語の両方を用いて、動作を受ける人と動作をする人に対する敬意を同時に表す。

〈例〉「……求めはべるなり。」と(中納言が中宮に)申したまふ。

＊謙譲語「申し」は、書き手(作者)から中宮への敬意、尊敬語「たまふ」は、書き手(作者)から中納言への敬意を表す。

5 最高敬語(二重敬語)

天皇・皇后など、最高位の人にのみ用いられる場合が多い。

〈例〉……と(中宮が)問ひきこえさせたまへば、

6 絶対敬語

特定の階級の人に対してのみ用いられる敬語。

・奏《そう》す…天皇・上皇・法皇に。　・啓《けい》す…皇后・皇太子に。

軍記物語

●軍記物語とは

「軍記物語」とは、合戦を主題として、その時代や人物を描いた叙事詩的な文学作品。主に鎌倉・室町時代に作られた。『保元《ほうげん》物語』『平治《へいじ》物語』『平家《へいけ》物語』『太平記《たいへいき》』などが有名である。

『保元物語』は、鎌倉時代初期の軍記物語。作者は未詳。保元の乱のてん末を、鎮西八郎為朝《ちんぜいはちろうためとも》の活躍を中心にして描いている。和漢混交文体で書かれている。

『平治物語』は、鎌倉時代初期の軍記物語。作者は未詳だが、『保元物語』と同じ作者とも考えられている。和漢混交文体により、平治の乱のてん末を、源平《げんぺい》両武門の戦闘を中心に描いている。

『平家物語』は、鎌倉時代前期の軍記物語。作者は信濃前司行長《しなののぜんじゆきなが》ともいうが未詳。仏教の無常観を基調として、平家一門の栄華と没落・滅亡を描いている。平曲として琵琶法師によって語られた。

『太平記』は、南北朝の動乱を描いた軍記物語。室町時代に成立。作者は未詳だが、小島法師《こじまほうし》が関わったと思われる。華麗な和漢混交文体で、さまざまな人物を描いている。

祇《ぎ》園《をん》精《しやう》舎《じや》

〔平家《へいけ》物語〕

教科書P.194～195

【大　意】　1　教194ページ1～3行

祇園精舎の鐘の音や娑羅双樹《しゃらそうじゅ》の花の色は、この世が無常であり、栄華におごっている者も、勇猛な者も永続することはないことを象徴している。どんな人もこの道理の前では同じである。

【品詞分解／現代語訳】

祇園精舎	
の	格助
鐘	
の	格助
声、	
諸行無常	
の	格助
響き	
あり。	ラ変・終

祇園精舎の鐘の音には、万物は流転して常住しない、という響きがある。

娑羅双樹	
の	格助
花	
の	格助
色、	
盛者必衰	
の	格助
理	
を	格助
あらはす。	四・終

娑羅双樹の花の色は、盛んな者は必ず衰える、という道理を表している。

おごれ	四・已
る	助動・存・体
人	
も	係助
久しから	シク・未
ず、	助動・打・終

（この鐘の音や花の色が示すように）おごりたかぶっている人

語句の解説 1

教194ページ

1 **祇園精舎の鐘の声**《ぎおんしょうじゃのかねのこえ》　病僧の入る祇園精舎の「無常堂」の鐘は、僧が死ぬとき、「諸行無常……」と自然に鳴り、病僧は苦悩を忘れて往生したという。

1　「春の夜の夢」は、どのようなことのたとえか。

答　短く、はかないこと。

副　格助　格助　格助　助動・比・終　ク・体　係助　副
ただ春の夜の夢のごとし。猛き者もつひに
も長くは続かない、(それは)まさに(短い)春の夜の夢のようである。勢いの盛んな者も結局は滅びてしまう、

係助　上二・用　助動・強・終　副　格助　格助　格助　シク・終
は滅びぬ、ひとへに風の前の塵に同じ。
(それは)まったく(すぐに吹き飛ばされてしまうはかない)風の前の塵と同じである。

【大意】 2　教194ページ4～10行

中国や日本の歴史を調べてみても、おごりたかぶった者たちは、みな滅び去ってしまっている。最近では平清盛《たいらのきよもり》もその一人であるが、その方のありさまは表現のしようがない。

【品詞分解/現代語訳】

ク・用　格助　四・已　接助　格助　格助　格助
遠く異朝をとぶらへば、秦の趙高、漢の王莽、梁の朱异、
遠く外国(の例)を尋ね求めてみると、秦の趙高、漢の王莽、梁の朱异、唐の禄山、

格助　(代)　係助　格助　格助　係助　四・未　助動・打・用
唐の禄山、これらはみな、旧主先皇の政にも従はず、
これらの者は皆、もとの主君や帝王の政治にも従わないで、

格助　下二・用　格助　係助　下二・未　助動・打・用　格助　下二・未　助動・婉・体
楽しみをきはめ、諫めをも思ひ入れず、天下の乱れん
楽しみを尽くし、他人の忠告をもよく考え聞くことをせず、世の中が乱れるということを悟らないで、

格助　四・未　助動・打・用　接助　格助　下二・体　格助　四・未　助動・打・用(音)
ことを悟らずして、民間の愁ふるところを知らざつ
人民が嘆き悲しむところを知らなかったので、

助動・過・已　接助　シク・未　助動・打・用　接助　サ変・用　助動・完・用　助動・過・体
しかば、久しからずして、亡じにし者ども
長続きしないで、滅びてしまった者たちである。

助動・断・終　ク・用　格助　四・体　接助　格助　格助　格助
なり。近く本朝をうかがふに、承平の将門、天慶の純友、
近くわが国(の例)を尋ねてみると、承平の将門、天慶の純友、康和の義親、平治の信頼、

格助　格助　(代)　係助　四・已　助動・存・体　係助　ク・体
康和の義親、平治の信頼、これらはおごれる心も猛きこと
これらの者は、おごりたかぶっている心も、勢いが盛んなことも、

係助　ナリ・用　係助　ラ変・用　助動・過・已　接助　ク・用　係助
も、みなとりどりにこそありしかども、ま近くは、六波羅の入道
皆それぞれにあったけれども、最近では、六波羅の入道前太政

2 **猛《たけ》き者《もの》**　勢いの盛んな者。勇ましく猛々しい者。

3 **滅《ほろ》びぬ**　「ぬ」は、強意の助動詞。「きっと…する」という確述の用法。

語句の解説 2

教194ページ

4 **遠《とお》く異朝《いちょう》をとぶらへ《エ》ば**　「近く本朝をうかがふに」と対。ここでの「異朝」は中国。

5 **旧主先皇《きゅうしゅせんこう》**　もと仕えていた主君や皇帝。

5 **諫《いさ》めをも思《おも》ひ《イ》入《い》れず**　諫言《かんげん》にも深く心をとめようとせず。

6 **民間《みんかん》**　世の人々。民衆。

6 **知《し》らざつ《ッ》しかば**　「知らざりしかば」がもとの形。「ざつ」は「ざり」の促音便。

7 **亡《ぼう》じにし**　滅んでしまった。

7 **本朝《ほんちょう》**　日本のこと。

9 **とりどりにこそありしかども**　「とりどりに」は、ナリ活用形容動詞「とりどりなり」の連用形。「こそ」(強意の係助詞)は「しか」と係り結びになるべきところであるが、ここは助詞「ども」に接続するために已然形になっているのであり、結びとしては流れている。

10 **心《こころ》も言葉《ことば》も及《およ》ばれね**　心で想像することも、

前太政大臣　平朝臣清盛公　と［格助］　申し［四・用］　し［助動・過・体］　人　の［格助］　ありさま、　伝へ承る［四・体］

大臣平朝臣清盛公と申した人のありさまは、伝え聞き申し

こそ［係助(係)］、　心　も［係助］　言葉　も［係助］　及ば［四・未］　れ［助動・可・未］　ね［助動・打・已(結)］。

上げるにつけ、心(で想像すること)も、言葉(で表すこと)もできない(ほどきわだったものである)。

【大　意】　3　教195ページ1～6行

清盛公の先祖を尋ねてみると、桓武《かんむ》天皇の第五の皇子から出ていて、讃岐守正盛《さぬきのかみまさもり》の孫《まご》であり、刑部卿忠盛朝臣《ぎょうぶきょうただもりのあそん》の長男である。正盛までの六代は国司の長官だったが、殿上の間への昇殿は許されなかった。

【品詞分解／現代語訳】

そ［(代)］　の［格助］　先祖　を［格助］　尋ぬれ［下二・已］　ば［接助］、　桓武天皇　第五　の［格助］　皇子、　一品式部卿　葛原親王

清盛公の先祖を調べてみると、桓武天皇の第五の皇子、一品式部卿葛原親王の九代目の子孫、讃岐守正

九代　の［格助］　後胤、　讃岐守　正盛　が［格助］　孫、　刑部卿　忠盛朝臣　の［格助］　嫡男　なり［助動・断・終］。　か［(代)］

盛の孫、刑部卿忠盛朝臣の長男である。

の［格助］　親王　の［格助］　御子、　高視の王、　無官　無位　に［助動・断・用］　して［接助］　失せ［下二・用］　たまひ［補尊・四・用］

その(葛原)親王の御子、高視王は、無官無位でお亡くなりになった。

ぬ［助動・完・終］。　そ［(代)］　の［格助］　御子、　高望の王　の［格助］　時、　初めて［副］　平　の［格助］　姓　を［格助］　賜つ［四・用(音)］

その(高視王の)御子、高望王のとき、初めて平の姓を賜って、

て［接助］、　上総介　に［格助］　なり［四・用］　たまひ［補尊・四・用］　し［助動・過・体］　より［格助］、　たちまちに［副］　王氏　を［格助］

上総の国の国司の次官におなりになったときから、急に皇族を出て臣籍に名を連ねる。

出で［下二・用］　て［接助］　人臣　に［格助］　連なる［四・終］。　そ［(代)］　の［格助］　子　鎮守府　の［格助］　将軍　義茂、　のち　に［格助］

その(高望王の)子、鎮守府の将軍義茂は、のちに国香と

は［係助］　国香　と［格助］　改む［下二・終］。　国香　より［格助］　正盛　に［格助］　至る［四・体］　まで［副助］　六代　は［係助］、　諸国

名を改める。国香から正盛に至るまでの六代は、諸国の

言葉で表現することも及ばないほどきわだったありさまであった。「ね」は打消の助動詞「ず」の已然形で、「こそ」の結び。

語句の解説 3

教195ページ

1 式部卿《しきぶきょう》　律令制で、式部省の長官。平安時代以降、四品《しほん》以上の親王を任じた。

1 九代《くだい》の後胤《こういん》　「後胤」は「子孫」。親王の「九代目」の、そのまた孫、と皇室への近さを強調する書き方になっている。

2 刑部卿《ぎょうぶきょう》　刑部省の長官。正四位下相当の官。

4 王氏《おうし》を出《い》でて人臣《じんしん》に連《つら》なる　「王氏」とは、天皇より五世までの子孫でまだ姓を賜らぬ者をいう。皇族を離れて臣籍に名を連ねる。

5 鎮守府《ちんじゅふ》の将軍《しょうぐん》　「鎮守府」は古代、蝦夷《えぞ》を鎮圧するために陸奥《むつ》の国に置かれた官庁。将軍はその長官。

6 受領《ずりょう》たりしかども　受領(国司の長官)であったけれども。受領は「ずりょう」と読む。

6 殿上《てんじょう》　清涼殿《せいりょうでん》の「殿上の間」の略。殿上人の昇殿を許された所。

の〔格助〕 受領〔国司の長官であったけれども、〕 たり〔助動・断・用〕 しか〔助動・過・已〕 ども、〔接助〕 殿上〔殿上の間に昇殿することをまだ許されなかった。〕 の〔格助〕 仙籍 を〔格助〕 ば〔係助〕 いまだ〔副〕 許さ〔四・未〕 れ〔助動・受・未〕 ず。〔助動・打・終〕

学習の手引き

一　この文章で強調されている思想を、本文中から抜き出そう。

考え方　冒頭の段落に、特に強く表れている。冒頭の段落を、具体的な描写の部分と思想を表す部分に分けて考えてみよう。

〈具体的な描写〉　〈思想〉

・祇園精舎の鐘の声 → 諸行無常 の響き

・娑羅双樹の花の色 → 盛者《じやうしや》必衰 の理《ことわり》

（「盛者必衰」の具体例）←

　・おごれる人も久しからず→春の夜の夢のごとし　〈比喩〉

　・猛き者もつひには滅びぬ→風の前の塵《ちり》に同じ

「諸行無常」は仏教の用語で、この世のすべてのものは移り変わり、たえず流転して留まることがない、「盛者必衰」は盛んなものも必ず滅びるという思想である。

解答例　「諸行無常」と「盛者必衰」。

二　右の思想の背景を具体的に示し、ある人物を焦点化するために、本文はどのような構成をとっているか、分析しよう。

考え方　『平家物語』が生まれた時代背景を考えてみる。平安時代末期は貴族に替わって武士が台頭し、興亡を繰り返した時代である。

解答例　・思想の背景＝平安時代末期から鎌倉時代に至る動乱の時代で、武士の登場や興亡にともなって社会が荒廃し、無常を実感する出来事が多発した。

・ある人物（平清盛）の焦点化と本文の構成＝「おごれる者は必ず滅びる」という思想を引き出すため、「盛者」の典型的な例として「平清盛」に焦点を当てる、という構成になっている。

①第一段落…仏教的な「諸行無常」「盛者必衰」の思想が述べられる。

②第二段落…おごれる「盛者」の例として「遠い異朝（中国）」から「近い本朝（日本）」の例が挙げられ、最後に「平清盛」に焦点が絞られる。

③第三段落…清盛の先祖を尋ねるという形で平氏の系図が紹介され、その登場によって平氏が栄華を極めたことが述べられる。

言葉の手引き

一　次の語の意味を調べよう。

1　理（一九四・2）　2　ひとへに（一九四・3）

3　とぶらふ（一九四・4）　4　とりどり（一九四・9）

解答例　1　道理　2　まったく　3　尋ね求める

4　それぞれである。

木曽の最期 〔平家物語〕

教科書P.196～203

【大　意】 1 教196ページ5行～199ページ3行

木曽義仲《よしなか》は、三百余騎の軍勢を率いて、源範頼《みなもとののりより》・源義経《よしつね》の軍勢に最後の決戦を挑む。敵の大軍を打ち破って行くうちに、ついに主従五騎になってしまった。義仲は、ここまでともに戦ってきた巴《ともえ》に逃げ落ちて行くように説得した。巴は最後の戦をしてみせたあと、東国の方に落ちのびて行った。

【品詞分解／現代語訳】

木曽左馬頭、そ(代)の(格助)日の(格助)装束に(格助)は(係助)、赤地の(格助)錦の(格助)直垂に(格助)

木曽左馬頭義仲の、その日のよそおいは、赤地の錦の直垂に唐綾縅の鎧を着て、

唐綾縅の(格助)鎧着(上一・用)て(接助)、鍬形打つ(四・用(音))たる(助動・存・体)甲の(格助)緒締め(下二・用)、

鍬形の飾りを付けてある甲の緒を締め、

いかものづくりの(格助)大太刀はき(四・用)、石打ちの(格助)矢の(格助)、そ(代)の(格助)日の(格助)

いかめしい外装の大太刀を腰につけ、石打ちの矢で、その日の戦いに射て少し使い残っているのを、

いくさに(格助)射(上一・用)て(接助)少々(副)残つ(四・用(音))たる(助動・存・体)を(格助)、頭高に(ナリ・用)負ひなし(四・用)、

頭より高く突き出るように背負って、滋籐の弓を持ち、

滋籐の(格助)弓持つ(四・用(音))て(接助)、聞こゆる(連)木曽の(格助)鬼葦毛と(格助)いふ(四・体)馬の(格助)、

評判の木曽の鬼葦毛という馬で、

きはめて(副)太う(ク・用(音))たくましい(シク・体(音))に(格助)、黄覆輪の(格助)鞍置い(四・用(音))て(接助)ぞ(係助(係))乗つ(四・用(音))

たいそう太くてたくましい馬に、黄覆輪の鞍を置いて乗っていた。

たり(助動・存・用)ける(助動・過・体(結))。鐙ふんばり(四・用)立ち上がり(四・用)、大音声を(格助)あげ(下二・用)て(接助)

鐙をふんばって立ち上がり、大声を張り上げて名のったことには、

語句の解説 1

教196ページ

5 **装束《しょうぞく》** よそおい。服装。

8 **はき** 「はく」は「佩く」「帯く」と書いて、「腰につける」の意。

12 **聞《き》こゆる** 動詞「聞こゆ」の連体形からできた連体詞。評判の。名の高い。

13 **太《ふと》う** ク活用形容詞「太し」の連用形「太く」のウ音便。次の「たくましい」は「たくましき」のイ音便。

教197ページ

2 **大音声《だいおんじょう》** 大声。

4 **聞《き》きけんものを** 「ものを」は「…けれども」と逆接の確定条件を表す接続助詞。

4 **木曽《きそ》の冠者《かんじゃ》** 「冠者」は元服して冠をかぶることのできる若者のこと。りりしい若者といわれた義仲自身をさす。

6 **朝日《あさひ》の将軍《しょうぐん》** 義仲が院より賜った呼び名ともいわれている。

9 **をめいて** わめいて。大声で叫んで。

四・用 助動・過・体 係助　係助 四・用 助動・過推・体 接助 格助
名のり ける は、「昔 は 聞き けん ものを、木曽 の 冠者、今
「以前にはうわさに聞いていただろうが、木曽の冠者を、今は

係助 上一・終 助動・現推・終　格助　終助 間助
は 見る らん、左馬頭兼伊予守、朝日 の 将軍 源義仲 ぞ や。甲斐
(実際に)見ているだろう、(その当人である)左馬頭兼伊予守、朝日の将軍源義仲であるぞよ。(その

格助　格助 係助(係) 四・已(結) 副 ク・体(音) 終助　四・用(音) 接助
の 一条次郎 と こそ 聞け。互ひに よい かたき ぞ。義仲 討つ て
らは)甲斐の一条次郎と聞く。互いによい敵だ。義仲を討ち取って、

格助 下二・命 間助 格助 四・用(音) 接助 下二・終　副
兵衛佐 に 見せよ や。」とて、をめい て 駆く。一条次郎、「ただ今
頼朝に見せよ。」と言って、大声をあげて馬に乗って走る。一条次郎は、「ただ今、

四・体 係助 終助 四・終 終助 四・終 終助 四・命 間助
名のる は 大将軍 ぞ。あます な 者ども、もらす な 若党、討て や。」
名のるのは大将軍義仲だぞ。討ち残すな、者ども、一人も討ちもらすな、若党ども、討ち取れよ。」

格助 格助 格助 下二・用 接助 (代) 四・未(音) 助動・意・終 格助 係助(係)
とて、大勢 の 中 に 取りこめ て、我 討つ取ら ん と ぞ
と言って、大勢の中に(義仲を)取り囲んで、我こそ討ち取ろうとばかりに進んだ。

四・用 助動・過・体(結)　格助 格助
進み ける。木曽 三百余騎、六千余騎 が 中 を、縦様・横様・蜘蛛手・
木曽の三百余騎の軍勢は、(敵の)六千余騎の中を、縦に、横に、八方に、十文

格助 四・用(音) 接助 格助 副 下二・用 助動・完・已 接助
十文字 に 駆け割つ て、後ろ へ つつと 出で たれ ば、五十騎
字にかきわけるように走って、敵の後ろにつっと抜け出てみると、五十騎ほ

副助 格助 四・用 助動・完・用 助動・過・終 (代) 格助 四・用(音) 接助 1四・体
ばかり に なり に けり。そこ を 破つ て 行く ほど
どになってしまった。そこの敵を打ち破って行くうちに、

格助　格助 下二・用 助動・存・終 (代) 格助 係助 四・用(音) 接助
に、土肥次郎実平 二千余騎 で ささへ たり。それ を も 破つ て
土肥次郎実平が二千余騎の軍勢で待ち受けている。その軍勢も打ち破って行くうちに、

1四・体 格助 (代) 格助 係助 (代) 格助 係助
行く ほど に、あそこ で は 四、五百騎、ここ で は 二、三百騎、百四、
あそこでは四、五百騎、ここでは二、三百騎、また百四、五十騎、百騎ばかりの敵勢の中を、

副助 格助 格助 四・用 四・用 1四・体 格助
五十騎、百騎 ばかり が 中 を、駆け割り 駆け割り 行く ほど に、
駆け破り、駆け破りして行くうちに、

---

11 あますな　討ち余すな。義仲の軍勢を一人残さず討ち取れという意味。次の「もらすな」も同じ内容である。

12 若党《わかとう》　一条《いちじょうの》次郎《じろう》の若い従者たちをさす。

教198ページ

1 「行くほどに」の繰り返しは、どのような表現効果をあげているか。

答 戦闘が次から次へと展開され、その中をスピード感たっぷりに木曽の軍勢が駆け抜けて行く様子が表されている。緊迫感の中に悲壮感も漂う。

3 ささへ《エ》たり　(行く手をはばんで)待ち受けている。「ささふ」＝①持ちこたえる　②行く手をはばむ。ここでは②の意。

9 おのれは……しかるべからず　義仲には、巴に対する愛情と、武将としての名誉を守らなければという思いがある。

9 とうとう　「疾《と》く、疾く」のウ音便。「早く」の意。

2 「とうとう」は、どこにかかるか。

答 (いづちへも)行け(。)

格助　係助(係)　四・用　助動・完・用　助動・過・体(結)　格助　副助　係助
主従五騎にぞなりにける。五騎がうちまで巴は
主従(合わせて)五騎になってしまった。その五騎のうちまで巴は討たれなかった。

四・未　助動・受・未　助動・打・用　助動・過・終　(代)　係助　2 副
討たれざりけり。木曽殿、「おのれはとうとう、女
木曽殿は、(巴に)「お前は女なのだから、早くどこにでも行け。

助動・断・已　接助　(代)　格助　係助　四・命　(代)　係助　サ変・未　助動・意・終　格助
なれば、いづちへも行け。我は討ち死にせんと
自分は討ち死にしようと思うのだ。

四・体　助動・断・終　副　格助　四・未　接助　格助　サ変・未　助動・意・已　接助
思ふなり。もし人手にかからば自害をせんずれば、
もし人の手にかかるなら、(そのときは)自害するつもりだから、

格助　格助　格助　格助　サ変・未　助動・尊・用　助動・完・用　助動・過・終
木曽殿の最後のいくさに、女を具せられたりけり
木曽殿が最後のいくさに、女を連れておられたなどと言われるようなことも、

副助　四・未　助動・受・未　助動・婉・体　係助　ラ変・体　助動・当・未　助動・打・終　格助
なんど言はれんことも、しかるべからず。」と
あるべきでない。」とおっしゃったけれど、

四・用　助動・過・已　接助　副　上二・用　係助　四・未　助動・打・用　助動・過・体　接助
のたまひけれども、なほ落ちも行かざりけるが、
それでも(巴は)逃げ落ちて行かなかったが、

副　四・未　助動・受・用　補謙・四・用　接助　感　ク・未　助動・婉・体
あまりに言はれたてまつりて、「あつぱれ、よからうかたき
あまり(強く)言われ申して、「ああ、立派な敵がいればなあ。

終助　格助　サ変・用　接助　下二・用　補謙・四・未　助動・意・終　格助　下二・用
がな。最後のいくさして見せたてまつらん。」とて、控へ
最後のいくさをして(義仲に)お見せ申し上げよう。」と言って、馬を止

助動・存・体　格助　格助　下二・用　助動・存・体
たるところに、武蔵の国に聞こえたる大力、御田八郎師重、
めて待機しているところに、武蔵の国に有名な怪力の持ち主、御田八郎師重が、三

副助　格助　カ変・用　助動・完・終　(代)　格助　格助　四・用
三十騎ばかりで出で来たり。巴、その中へ駆け入り、御田八郎
十騎ほどの手勢で出て来た。巴はその中に駆け入って、御田八郎と馬

格助　下二・用　接助　副　四・用(音)　接助　四・用　(代)　格助　四・用(音)　助動・存・体
に押し並べて、むずと取つて引き落とし、わが乗つたる
を並べて、むずと取り組んで引き落とし、自分の乗っている馬の鞍の前輪に押さ

---

12 **なんど** 「なにと」が転化したもので、副助詞の「など」と使い方は同じ。

12 **しかる** 副詞「しか」+動詞「あり」からできたラ変動詞「しかり」の連体形。

14 **あつ《ツ》ぱれ** 感動詞「あはれ」を促音化して強めた言い方。

14 **よから《ロ》うかたきがな** 「う」は推量・婉曲の助動詞「む」の変化した形。「がな」は願望を表す終助詞。

14 **見《み》せたてまつらん** 「見せん」の謙譲語。(巴が)義仲にお見せしよう。

教199ページ

1 **鞍《くら》の前輪《まえわ》** 鞍の前方の山形に高くなった部分。後方の部分を「後輪(しづわ)」という。

2 **捨《す》ててんげり** 「捨ててけり」が撥音《はつおん》を伴って、続く「け」が濁ったもの。語調を強めた言い方。「語り物文学」の特徴である。

鞍　の　前輪　に　押しつけ　て、　ちつとも　はたらかさ　ず、　首　ねぢ切つ
格助　格助　下二・用　接助　副　四・未　助動・打・用　四・用(音)
えつけて、少しも身動きさせず、首をねじ切って捨

て　捨て　てん　げり。　そ　の　のち、　物具　脱ぎ捨て、　東国　の　方　へ
接助　下二・用　助動・完・用(音)　助動・過・終　(代)　格助　下二・用　格助　格助
ててしまった。そうしたあと、(巴は)鎧や甲など武具を脱ぎ捨て、東国の方へ逃

落ち　ぞ　行く。　手塚太郎　討ち死に　す。　手塚別当　落ち　に　けり。
上二・用　係助(係)　四・体(結)　サ変・終　上二・用　助動・完・用　助動・過・終
げて行く。手塚太郎は討ち死にする。手塚の別当は逃げて行ってしまった。

【大　意】　2　教199ページ4行～200ページ16行

ついに今井四郎《いまいのしろう》と義仲の主従二騎になってしまった。今井四郎は自分が敵を防ぐ間に松原で自害するよう勧めたが、義仲は同じ所で討ち死にすると言う。だが、今井四郎が武士は最期のときが大事だと必死に説得したので、義仲は松原の方へ駆けて行った。

【品詞分解／現代語訳】

今井四郎、木曽殿、主従　二騎　に　なつ　て、　のたまひ　ける　は、
格助　四・用(音)　接助　四・用　助動・過・体　係助
今井四郎と木曽殿と、(ついに)主従の二騎になって、(木曽殿が)おっしゃったことには、

3 「日ごろ　は　何　と　も　おぼえ　ぬ　鎧　が、　今日　は　重う　なつ
係助　(代)　格助　係助　下二・未　助動・打・体　格助　係助　ク・用(音)　四・用(音)
「ふだんは何とも感じない鎧が、今日は重く(感じられるように)なった

たる　ぞ　や。」　今井四郎　申し　ける　は、　「御身　も　いまだ　疲れ
助動・完・体　終助　間助　四・用　助動・過・体　係助　係助　副　下二・未
ぞ。」(その言葉に対して、)今井四郎が申したことには、「お体もまだお疲れになってはいら

させ　たまは　ず、　御馬　も　弱り　候は　ず。　何　に
助動・尊・用　補尊・四・未　助動・打・用　係助　四・用　補丁・四・未　助動・打・終　(代)　格助
っしゃいませんし、御馬も弱ってはおりません。どうして、一

よつ　て　か、　一領　の　御着背長　を　重う　は　おぼしめし　候ふ
四・用(音)　接助　係助(係)　格助　格助　ク・用(音)　係助　四・用　補丁・四・終
領の大鎧を重いとお思いになるのでございましょう。

べき。　それ　は、　御方　に　御勢　が　候は　ね　ば、　臆病　で　こそ
助動・推・体(結)　(代)　係助　格助　格助　四・未　助動・打・已　接助　格助　係助(係)
それは、味方に軍勢がございませんので、気落ちして、そのように

語句の解説　2

教199ページ

4 **今井四郎《いまいのしろう》**　今井兼平《かねひら》。木曽義仲の乳母《めのと》の子で、木曽四天王の一人といわれた。

3　「日ごろは……重うなつたるぞや」は、義仲のどのような気持ちから出た言葉か。

答　味方の軍勢もなく気落ちして、弱気になった気持ち。

8 **重《おも》うはおぼしめし候《そうろ》ふべき**　「おぼしめす」は「思ふ」の尊敬語。

9 **御勢《おんせい》が候《そうら》は《ワ》ねば**　尊敬の接頭語「御」は、兼平の義仲への尊敬の気持ちを表している。
「候ふ」＝ここは、丁寧の本動詞。

10 **さはおぼしめし候《そうら》へ《エ》**　「さ」は義仲の言葉「今日は重うなつたる」を受ける。

11 **一人《いちにん》候《そうろ》ふ《ウ》とも**　「とも」は逆接接続で、仮定条件。たとえ一人しかおりませんでも。

さ は おぼしめし 候へ。 兼平 一人 候ふ とも、余 の 武者 千騎 と
（副 係助 四・用 補丁・四・已(結) ／ 四・終 接助 格助）
お思いになるのでございます。この兼平、たった一人でおりましても、他の武者の千騎だとお思いく

おぼしめせ。 矢 七つ 八つ 候へ ば、しばらく 防き矢 つかまつら ん。

（四・命 ／ 四・已 接助 副 四・未 助動・意・終）

ださい。矢が七、八本ございますので、しばらくの間、防ぎ矢をいたしましょう。

あれ に 見え 候ふ、粟津の松原 と 申す、あ の 松 の 中
（(代) 格助 下二・用 補丁・四・体 格助 四・体 (代) 格助 格助）
あそこに見えます、粟津の松原と申す、あの松の中に入って御自害なさいま

で 御自害 候へ。」 とて、打つ て 行く ほど に、また 新手 の
（格助 補丁・四・命 格助 四・用(音) 接助 四・体 格助 副 格助）
せ。」と言って、馬にむち打って進むうちに、また別の武者が、

武者、五十騎 ばかり 出で来 たり。「君 は あ の 松原 へ 入ら せ
（副助 カ変・用 助動・完・終 係助 (代) 格助 格助 四・未 助動・尊・用）
五十騎ほど出て来た。「殿はあの松原へお入りください。

たまへ。 兼平 は こ の かたき 防き 候は ん。」 と 申し
（補尊・四・命 係助 (代) 格助 四・用 補丁・四・未 助動・意・終 格助 四・用）
兼平はこの敵を防ぎましょう。」と申したところ、

けれ ば、 木曽殿 のたまひ ける は、「義仲、都 にて いかに も
（助動・過・已 接助 四・用 助動・過・体 係助 格助 副 係助）
木曽殿がおっしゃったことには、「義仲は、都で最期を遂げるはずであったが、

なる べかり つる が、これ まで 逃れ来る は、なんぢ と 一所
（四・終 助動・当・用 助動・完・体 接助 (代) 副助 カ変・体 係助 (代) 格助）
ここまで逃れて来たのは、お前と同じ所で死のうと思

で 死な ん と 思ふ ため なり。 ところどころ で 討た れ
（格助 ナ変・未 助動・意・終 格助 四・体 助動・断・終 格助 四・未 助動・受・未）
うためである。別々の所で討たれるよりも、

ん より も、ひとところ で こそ 討ち死に を も せ め。」

（助動・婉・体 格助 係助 格助 係助(係) 格助 係助 サ変・未 助動・勧・已(結)）

同じ所で討ち死にしよう。」と言って、

とて、馬 の 鼻 を 並べ て 駆け ん と し たまへ
（格助 格助 格助 下二・用 接助 下二・未 助動・意・終 格助 サ変・用 補尊・四・已）
(兼平と)馬の鼻を並べて駆けようとなさるので、

ば、 今井四郎、馬 より 飛び下り、 主 の 馬 の 口 に 取りつい て
（接助 格助 上二・用 格助 格助 格助 四・用(音) 接助）
今井四郎は馬から飛び下り、主君の馬の口に取りすがって申し上げたことは、

「候ふ」は、丁寧の本動詞。

12 **矢《や》七《なな》つ八《や》つ候《そうら》へ《エ》ば** 「候ふ」は、丁寧の本動詞。

12 **つかまつらん** 「つかまつる」は、ここでは「射ん」「せん」などの謙譲語で、奉仕する相手を高める。

13 **申《もう》す** 「言ふ」の謙譲語。

14 **御自害《ごじがい》候《そうら》へ《エ》** 「御自害」は、「御」が上に付いて義仲への尊敬表現となる。「候へ」は「あれ」などの丁寧語。

14 **打《う》つ《ッ》て行《ゆ》くほどに** 「打つ」は馬にむち打つ意。馬を進ませて行くうちに。

教200ページ

3 **都《みやこ》にて** もうすでに都で戦って敗れているのである。

3 **いかにもなるべかりつるが** 「いかにもなる」は死ぬことの慣用表現。討ち死にするはずであったが。

4 **一所《いっしょ》で** 同じ場所で。これに対して「ところどころで」(二〇〇・5)は、「別々の場所で」の意。

6 **討《う》ち死《じ》にをもせめ** 「め」は勧誘の助動詞「む」の已然形。義仲が乳母子の兼平に対し、ともに討ち死にしよう、と誘っている。

四・用　助動・過・体　係助　係助　ナリ・体　四・已
申し　ける　は、「弓矢取り　は、年ごろ　日ごろ　いかなる　高名　候へ
「武士というものは、常日ごろ、どんなに武功がございましても、

接助　格助　サ変・用　助動・完・已　接助　ク・体　助動・断・用　接助　補丁・四・体
ども、最後　の　とき　不覚し　つれ　ば、長き　疵　に　て　候ふ
最後のときに失敗しますと、末代までの不名誉でございます。

助動・断・終　係助　下二・未　助動・尊・用　補尊・四・用　接助　補丁・四・終　四・体
なり。4 御身　は　疲れ　させ　たまひ　て　候ふ。続く　勢
お体はお疲れになっていらっしゃいます。(我々に)続く軍

係助　四・未　助動・打・終　格助　下二・未　助動・受・用　ク・体　格助
は　候は　ず。かたき　に　押し隔て　られ、言ふかひなき　人　の
勢はございません。敵に(ばらばらに)押し隔てられて、取るに足りない家来に組み落とさ

格助　四・未　助動・受・未　助動・尊・用　補尊・四・用　接助　四・未　助動・受・未　助動・尊・用
郎等　に　組み落とさ　れ　させ　たまひ　て、討た　れ　させ
れなさいまして、お討たれになったならば、

補尊・四・用　助動・強・未　接助　副　格助　下二・未　助動・尊・用　補尊・四・用
たまひ　な　ば、『さばかり　日本国　に　聞こえ　させ　たまひ
『あれほど、日本中に有名でいらっしゃった木曽殿を、

助動・完・体　格助　係助　(代)　格助　格助　四・用　補謙・四・用(音)　助動・完・体
つる　木曽殿　を　ば、それがし　が　郎等　の　討ち　たてまつ　たる。』
誰それの家来がお討ち申し上げた。』などと名のりを申し上げるようなことは、

副助　四・未　助動・婉・体　係助(係)　シク・用(音)　補丁・四・已(結)　副　(代)　格助
なんど　申さ　ん　こと　こそ、くちをしう　候へ。ただ　あ　の　松原
残念でございます。どうかあの松原へお入りく

格助　四・未　助動・尊・用　補尊・四・命　格助　四・用　助動・過・已　接助　接　格助
へ　入ら　せ　たまへ。」と　申し　けれ　ば、木曽、「さらば。」とて、
ださい。」と申し上げたので、木曽は、「それならば。」と言って、

格助　係助(係)　下二・用　補尊・四・体(結)
粟津の松原　へ　ぞ　駆け　たまふ。
粟津の松原へ向かって馬で駆けなさる。

【大　意】　3　教201ページ1〜13行

今井四郎はたった一騎で敵の中に駆け入り、大声で名のりをあげてから、矢を射、刀を抜いて多くの敵を殺傷した。矢が雨のように飛んできたが、鎧《よろい》がよいものなので傷も負わなかった。

10 **高名候《こうみょうそうら》へ《エ》ども**　「ども」は逆接の確定条件。武功がございましても。

4　**兼平はなぜ「御身は疲れさせたまひて候ふ」と、前と逆のことを言ったのか。**

答　義仲がこのまま自分(兼平)といっしょにいて雑兵に討たれると末代までの恥になるので、自分と離れて自害するよう義仲を説得するため。

12 **言《い》ふ《ウ》かひ《イ》なき**　つまらない。言うに値しない。「言ふかひなき」は「郎等(家来)」に係る。

14 **討《う》ちたてまつ《ツ》たる**　「たてまつりたる」が促音便「たてまつったる」となり、さらにつまったもの。

16 **「さらば。」とて**　「さあらば」の変化した形。「さらば」のあとに「行かん」「入らん」などが省略されている。

語句の解説 3

教201ページ

2 **聞《き》きつらん**　「つ」は強意、「らん」は現在推量の助動詞「らん」の終止形。「きっと

【品詞分解／現代語訳】

今井四郎 ただ 一騎、五十騎 ばかり が 中 へ 駆け入り、鐙 ふんばり
副　副助　格助　格助　四·用　四·用
今井四郎はたった一騎で、五十騎ばかりの敵の中へ駆け入って、鐙をふんばって立ち

立ち上がり、大音声 あげ て 名のり ける は、「日ごろ は 音 に
四·用　下二·用　接助　四·用　助動·過·体　係助　係助　格助
上がり、大声をあげて名のったことは、「日ごろは評判にきっと聞いてい

も 聞き つ らん、今 は 目 に も 見 たまへ。
係助　四·用　助動·強·終　助動·現推·終　係助　格助　係助　上一·用　補尊·四·命
るだろう、今は目でも見たまえ。

木曽殿 の 御乳母子、今井四郎兼平、生年 三十三 に まかりなる。さる 者
格助　格助　四·終　連
木曽殿の御乳母子、今井四郎兼平、年は三十三になり申す。そういう者が

あり と は、鎌倉殿 まで も 知ろしめさ れ たる らん
ラ変·終　格助　係助　副助　係助　四·未　助動·尊·用　助動·存·体　助動·現推·体
いることは、頼朝殿までもご存知でいらっしゃるだろうよ。

ぞ。兼平 討つ て 見参 に 入れよ。」とて、射残し たる 八筋 の
終助　四·用(音)　接助　格助　下二·命　格助　四·用　助動·存·体　格助
その兼平を討って(首を)御覧に入れよ。」と言って、射残している八本の矢を、

矢 を、さしつめ 引きつめ さんざんに 射る。死生 は 知ら ず、
格助　下二·用　下二·用　ナリ·用　上一·終　係助　四·未　助動·打·用
やつぎばやにつがえて次々と射る。生死のほどはわからないが、

やにはに かたき 八騎 射落とす。その のち 打ち物 抜い て、あれ に
副　四·終　(代)　格助　四·用(音)　接助　(代)　格助
たちまち敵八騎を射落とす。それから刀を抜いて、あちらに駆け、

馳せ合ひ、これ に 馳せ合ひ、切つ て まはる に、面 を 合はする
四·用　(代)　格助　四·用　四·用(音)　接助　四·体　接助　格助　下二·体
こちらに駆けして切り回るので、正面から立ち向かう者もい

者 ぞ なき。ぶんどり あまた し たり けり。ただ 「射とれ
係助(係)　ク·体(結)　副　サ変·用　助動·完·用　助動·過·終　副　四·命
ない。多くの敵を殺傷してしまった。(敵は)ただ「射殺せよ。」

や。」とて、中 に 取りこめ、雨 の 降る やうに 射 けれ
間助　格助　格助　下二·用　格助　四·体　助動·比·用　上一·用　助動·過·已
と言って、中に取り囲んで、雨が降るように射たけれど、

……ているだろう」の意。

3 **まかりなる** 「なる」の謙譲語。

4 **知《し》ろしめされたるらんぞ** 「知ろしめす」には、①(「知る」の尊敬語)知っていらっしゃる ②(「領《し》る」の尊敬語)お治めになる の意味があるが、ここでは①の意。

4 **見参《げんざん》に入《い》れよ** 「見参」は「面会」の謙譲語。

5 **さしつめ引《ひ》きつめ** 「さす」は矢をつがえること。「引く」は弓を引くこと。

7 **やには《ワ》に** その場で。たちどころに。

13 **手《て》も負《お》は《ワ》ず** 「手」には「傷」の意がある。

ども（接助）、鎧 よけれ（ク・已） ば（接助） 裏 かか（四・未） ず（助動・打・用）、あき間 を（格助） 射（上一・未） ね（助動・打・已） ば（接助）

鎧がよいものなので矢が鎧の裏まで通らず、（鎧の）隙間を射ないから傷も負わない。

手 も（係助） 負は（四・未） ず（助動・打・終）。

【大　意】　4　教201ページ14行〜202ページ16行

義仲はただ一騎で粟津《あわづ》の松原に駆けて行ったが、馬が深い水田にはまってしまった。身動きできずにいるところを、石田次郎為久《いしだのじろうためひさ》に顔面を射られ、ついに首を取られた。それを知った今井四郎は自ら首を貫いて死んだ。

【品詞分解／現代語訳】

木曽殿 は（係助） ただ（副） 一騎、粟津の松原 へ（格助） 駆け（下二・用） たまふ（補尊・四・体） が（接助）、

木曽殿はただ一騎で、粟津の松原へ駆け入りなさったが、

正月 二十一日、入相 ばかり（副助） の（格助） こと なる（助動・断・体） に（接助）、薄氷 は（係助） 張つ（四・用（音）） たり（助動・存・用）

正月二十一日の夕暮れ時であるうえに、薄氷が張っていた（し）、

けり（助動・過・終）、深田 あり（ラ変・終） と（格助） も（係助） 知ら（四・未） ず（助動・打・用） して（接助）、馬 を（格助） ざつと（副）

深い水田があるともわからず、馬をさっと乗り入れたので、

打ち入れ（下二・用） たれ（助動・完・已） ば（接助）、馬 の（格助） 頭 も（係助） 見え（下二・未） ざり（助動・打・用） けり（助動・過・終）。あふれ（四・已）

馬の頭も見えなかった。どんなに

ども（接助） あふれ（四・已） ども（接助）、打て（四・已） ども（接助） 打て（四・已） ども（接助）、はたらか（四・未） ず（助動・打・終）。今井 が（格助）

鐙で馬の腹をあおっても、どんなにむちをあてても、（馬は）動かない。今井の行方が

行方 の（格助） おぼつかなさ に（格助）、ふりあふぎ（四・用） たまへ（補尊・四・已） る（助動・完・体） 内甲 を（格助）、三浦

気がかりで、ふりあおぎなさった顔面を、三浦の

の（格助） 石田次郎為久、追つかかつ（四・用（音）） て（接助）、よつぴい（四・用（音）） て（接助）、ひやうふつと（副） 射る（上一・終）。痛手

石田次郎為久が追いついて、弓を引き絞って、びゅうっと射る。深い傷

語句の解説　4

教201ページ

15 **正月《しょうがつ》二十一日《にじゅういちにち》……張《は》つ《ッ》たりけり**　この部分は挿入句。「けり」は、終止形が中止法に用いられた形である。

15 **ことなるに**　「に」は添加の意味で、「……であるそのうえに」の意。

教202ページ

2 **あふ《オ》れどもあふ《オ》れども**　どんなにあおっても。「あふる」＝鐙《あぶみ》で馬の脇腹を蹴って急がせる。あおる。

5 **追《お》つ《ッ》かかつ《ッ》て、よつ《ッ》ぴいて**　「追ひかかりて」と「よくひきて」の音便形。「よくひく」は「ようひく」とウ音便になるのが普通であるが、軍記物の特性として、力強く発音するために促音になった。

6 **ひやう《ヨ》ふつ《ッ》と**　「ひやう」は矢の飛ぶ音。「ふつ」は的にあたる音の形容である。

9 **取《と》つ《ッ》てんげり**　「取りてんげり」が音と意

助動・断・已 接助 格助 格助 格助 下二・用 接助 四・用 補尊・四・已 助動・完・体
なれ ば、 真向 を 馬 の 頭 に あて て うつぶし たまへ る
であるから、 甲の正面を馬の首にあててうつ伏しなさったところに、

格助 格助 四・用(音) 接助 副 格助 格助
ところ に、 石田 が 郎等 二人 落ち合う て、 つひに 木曾殿 の 首 を
石田の家来が二人来合わせて、 ついに木曾殿の首を取ってしまった。

係助 四・用(音) 助動・完・用 助動・過・終 格助 格助 四・用 ク・用 下二・用
ば 取つ てん げり。 太刀 の 先 に 貫き、 高く さし上げ、
(首を)太刀の先にさし貫いて、 高く差し上げ、

格助 下二・用 接助 (代) 格助 格助 下二・未 助動・尊・用
大音声 を あげ て、「こ の 日ごろ 日本国 に 聞こえ させ
大声をあげて、 「つねづね日本国に評判でいらっしゃった木曾殿を、

補尊・四・用 助動・完・体 格助 係助 格助 格助 四・用
たまひ つる 木曾殿 を ば、 三浦 の 石田次郎為久 が 討ち
三浦の石田次郎為久が討ち申し上げたぞよ。」と名のった

補謙・四・用 助動・完・体 終助 間助 格助 四・用 助動・過・已 接助
たてまつり たる ぞ や。」 と 名のり けれ ば、 今井四郎、 いくさ
ので、 今井四郎は、 戦ってい

サ変・用 助動・過・体 接助 (代) 格助 四・用 係助 (代) 格助 四・未 助動・意・終
し ける が、 これ を 聞き、 5 「今 は、 たれ を かばは ん
たが、 これを聞いて、 「今は、 誰をかばおうとして戦う必要があろうか

格助 係助(係) 格助 係助 サ変・終 助動・当・体(結) (代) 格助 上一・用 補尊・四・命
とて か いくさ を も す べき。 これ を 見 たまへ、
(、いや、ない)。 これを見たまえ、

格助 格助 格助 格助 格助 サ変・体 格助
東国 の 殿ばら、 日本一 の 剛 の 者 の 自害する 手本。」 とて、 太刀
東国の方々よ、 日本一の勇猛の武士が自害する手本を。」と言って、 太刀の

格助 格助 格助 四・用 格助 ナリ・用 上二・用 四・用(音) 接助 係助(係)
の 先 を 口 に 含み、 馬 より さかさまに 飛び落ち、 貫かつ て ぞ
先を口に含んで、 馬から逆さまに飛び落ちて、 (刀が体を)突き通って死ん

下二・用 助動・完・用 助動・過・体(結) 副 係助(係) 格助 係助 ク・用 助動・過・已(結)
失せ に ける。 さて こそ 粟津 の いくさ は なかり けれ。
でしまった。 こうして、(木曾殿が討ち死にされたので)粟津の松原の戦いは終わったのだった。

味の強勢から転化したもの。「てんげり」については、本書169ページ参照。

5 「今は、……いくさをもすべき」という言葉から、兼平の奮戦の目的は何であったとうかがわれるか。

答 義仲に立派な自害をさせるために、敵を近づけさせないこと。

14 **殿《との》ばら** 「ばら」は複数を表す接尾語。複数の貴人や武士に対する敬称。皆様方。

15 **貫《つらぬ》かつ《ッ》て** 「貫かりて」の促音便。「貫かる」は、「ほかからの力によって貫く」の意。

15 **さてこそ** ①そうしてこそ ②まさにそういうわけで などの意味があるが、ここでは②の意。

学習の手引き

一 義仲が巴にかけた言葉（一九八・9〜13）について、言葉にしていない思いも想像して、せりふの形で書いてみよう。

考え方 義仲の言葉は、「女」の身でありながら戦ったことへのねぎらいや巴自身へのいたわりの言葉よりも、武士としての名誉に重点が置かれている。その部分を補ってせりふにしてみよう。

解答例 「これまで一緒によく戦ってくれた。お前を大事に思っているし、本当はいつまでも一緒にいたい。けれどもお前は女なのだから負け戦で死なせたくはない。それに戦に女を伴っていたと言われるのは、私の名誉にかかわる。だからここで別れて、自分の生きる道を行け。私は武将として恥ずかしくない死に方をする覚悟だ。」

二 義仲と兼平の言動から、武士の立場に基づく部分と、人間的な面が表れている部分とをそれぞれ指摘し、そこに表れた心情を読み解こう。

解答例 ・武士の立場に基づく部分＝「御身もいまだ……御自害候へ。」（一九九・6〜14）、「弓矢取りは、……入らせたまへ。」（二〇〇・9〜15）には、義仲に恥ずかしくない最期を遂げさせたいという兼平の思いが表れている。

・人間的な面＝「日ごろは……重うなつたるぞや。」（一九九・4〜5）、「義仲、……討ち死にをもせめ。」（二〇〇・2〜7）、「今井が……ふりあふぎたまへる」（二〇二・3〜5）には疲れ果てた率直な心情と、兼平に寄せる義仲の思いが表れている。

活動の手引き

一 語り物の特色が表れていると思う描写や表現を指摘し、なぜそう思ったのか、理由を説明してみよう。

考え方 音便の箇所に注目しよう。

解答例 〈特色が表れた描写や表現〉・「打ったる」（一九六・7）、「たてまつたる」（二〇〇・14）、「追つかかつて」（二〇二・5）、「よつぴいて」（二〇二・6）などの促音便

・「をめいて」（一九七・9）、「抜いて」（二〇一・8）などのイ音便

・「重う」（一九九・5）、「くちをしう」（二〇〇・15）などのウ音便

・「捨ててんげり」（一九九・2）などの撥音便

〈理由〉琵琶法師による語り物として広まったので、語りの調子がよくなるように音が変化したためと考えられる。

言葉の手引き

一 次の語の意味を調べよう。

1 聞こゆる（一九六・12）　2 かたき（一九七・8）

3 はたらく（一九九・2）　4 言ふかひなし（二〇〇・12）

5 さらば（二〇〇・16）　6 おぼつかなさ（二〇二・4）

解答例 1 評判である。　2 敵　3 動く。身動きする。

4 取るに足りない。　5 それならば　6 気がかり。心配。

二 「御身もいまだ疲れさせたまはず、……御自害候へ。」（一九九・6〜14）に使われている敬語をすべて抜き出し、文法的に説明しよう。

「品詞分解」「語句の解説」参照。

和歌・俳諧

●和歌・俳諧とは

「和歌」とは、漢詩に対する日本の歌のこと。長歌・短歌・旋頭《せどう》歌《か》・片歌《かたうた》などさまざまな形式があるが、平安時代以降はもっぱら短歌をさすようになった。

『万葉集《まんようしゅう》』は現存最古の和歌集。二十巻。現存の形に近いものを最後にまとめたのは大伴家持《おおとものやかもち》。成立は奈良時代の末ごろと考えられている。現実に即した感動を率直に表した歌が多い。

『古今《こきん》和歌集』は日本最初の勅撰《ちょくせん》和歌集。二十巻。醍醐《だいご》天皇の勅命により紀貫之《きのつらゆき》らが撰者を務めた。優美繊細で理知的な歌風。

『新古今和歌集』は、鎌倉時代にできた八番目の勅撰和歌集。二十巻。後鳥羽院《ごとばいん》の院宣によって源通具《みなもとのみちとも》・藤原定家《ふじわらのさだいえ》らが撰した。夢幻的で、耽美《たんび》的・ロマン的な傾向の歌が多い。

「俳諧《はいかい》」とは「俳諧連歌」の略で、室町末期から行われた滑稽《こっけい》を中心とする連歌をいったが、近世になって松永貞徳《まつながていとく》が独自なものとしてジャンルを確立した。元禄《げんろく》のころ、松尾芭蕉《まつおばしょう》が幽玄・閑寂を旨とする詩として完成させた。

『奥《おく》の細道《ほそみち》』は、江戸時代の俳諧紀行文で、作者は松尾芭蕉。一六八九年(元禄二)三月に江戸深川を出発し、門人曽良《そら》を連れて奥《おう》州《しゅう》・北陸の各地をめぐって、八月に大垣《おおがき》で筆を止めている。芭蕉の紀行文中、最も優れた作品といわれている。

『新花摘《しんはなつみ》』は、江戸時代後期の俳句俳文集で、作者は与謝蕪村《よさぶそん》。俳論をはじめ、見聞録や怪異談などを収めている。

『おらが春』は、江戸時代後期の俳句俳文集で、作者は小林一茶《こばやしいっさ》。一茶が五十七歳の年の見聞・感想などを日記体で記したもの。

万《まん》葉《えふ》集《しふ》

教科書P.206～208

【品詞分解／現代語訳】

岡本天皇 の(格助) 御製歌 一首　　舒明《じよめい》天皇

舒明天皇のお作りになった歌一首

夕され	ば	小倉の山	に	鳴く	鹿	は	今夜	は	鳴か	ず	寝ね	に	けらし	も
四・已	接助		格助	四・体		係助		係助	四・未	助動・打・終	下二・用	助動・完・用	助動・過定・終	終助

(いつも)夕方になると小倉の山で鳴く鹿が、今夜は鳴かない。寝てしまったらしいなあ。

語句の解説

教206ページ

2 **夕《ゆう》されば** 「さる」には、①進行する ②離れる ③(季節・時間を表す語に付いて)近づく などの意味があるが、ここでは③の意。

2 **寝《い》ねにけらしも** 「寝ね」の終止形は「寝ぬ」。寝てしまったらしい。「けらし」は、「ける」(過去の助動詞「けり」の連体形)＋「らし」(推定の助動詞)の「けるらし」が変化したもの。また、「けり」が形容詞的に活用したものともいわれる。

鑑賞

いつもは静かな夜の闇を破るように響いてくる鹿の鳴き声が、今夜は聞こえない。もう寝てしまったのだろうかと、鹿のことを思いやる作者の優しさが伝わってくる。(四句切れ)

【品詞分解／現代語訳】

額田王 の(格助) **歌**　　**額田王《ぬかたのおほきみ》**

額田王の歌

熟田津 に(格助) **船乗り せ**(サ変・未) **む**(助動・意・終) **と**(格助) **月 待て**(四・已) **ば**(接助) **潮 も**(係助) **かなひ**(四・用) **ぬ**(助動・完・終) **今 は**(係助) **漕ぎ出で**(下二・未) **な**(終助)

熟田津の港で、船に乗ろうと月の出を待っていると、(月も出たし)潮もよくなった。さあ、今こそ漕ぎ出そうよ。

語句の解説

4 **かなひ《イ》ぬ** 望みどおりになった。ここでは潮が満ちてきたことをさす。

4 **漕《こ》ぎ出《い》でな** 漕ぎ出そうよ。「な」は奈良時代特有の終助詞で、ここでは「……(よ)うよ」と他へのあつらえや勧誘を表す。

鑑賞

この歌は六六一年(斉明《さいめい》七)、唐・新羅《しらぎ》連合軍に敗れた百済《くだら》を救援するため、軍団が熟田津《にきたつ》から筑紫《つくし》へと出航するときによんだものといわれる。潮も満ち、月も出た。さあ、船出だ、という緊張感がみなぎり、「今は漕ぎ出でな」には、全船団の高揚した気分がうたわれている。この歌は、額田王が天皇に代わってうたったものだが、斉明天皇自身の作だという説もある。(四句切れ)

【品詞分解／現代語訳】

柿本朝臣人麻呂 が(格助) **羇旅 の**(格助) **歌**　　**柿本人麻呂《かきのもとのひとまろ》**

柿本朝臣人麻呂の旅の歌

天離る(枕) **鄙 の**(格助) **長道 ゆ**(格助) **恋ひ来れ**(カ変・已) **ば**(接助) **明石の門 より**(格助) **大和島 見ゆ**(下二・終)

遠い地方からの長い旅路を(故郷を)恋しく思いながらやって来ると、明石海峡から(故郷の)大和の国の山々が見えてくる。

語句の解説

6天離《あまざか》る 「鄙《ひな》」にかかる枕詞。「鄙」は都から離れた所。

6長道《ながち》ゆ 「ゆ」は、動作の経過する場所を表す格助詞。「を通って」の意の上代語。

6門《と》 潮の流れの出入りする狭い場所。海峡。

鑑賞

任地から都へ帰ってくる際によまれたもので、同じ旅の歌八首の最後に置かれている。作者は船で瀬戸内海を渡っている。そして船が明石《あかし》海峡にさしかかったとき、行く手に陸地が見えてきた。長い距離と時間を感じさせる故郷への旅の歌である。（句切れなし）

【品詞分解／現代語訳】

神亀元年 甲子 の(格助) 冬 十月五日、紀伊国 に(格助) 幸せ(四・已) る(助動・完・体) 時 に、(格助) 山部宿禰赤人 が(格助) 作る(四・体) 歌　山部赤人《やまべのあかひと》

神亀元年甲子の年の冬十月五日、紀伊国に天皇が行幸なさったときに、山部赤人が作る歌

若の浦 に(格助) 潮 満ち来れ(カ変・已) ば(接助) 潟 を(間助) 無み(ク(語幹)) 葦辺 を(格助) さし(四・用) て(接助) 鶴 鳴き渡る(四・終)

若の浦に潮が満ちてくると干潟がなくなるので、葦の生えた岸辺をさして、鶴が鳴きながら渡って行く。

語句の解説

9潟《かた》を無《な》み 潟が無いので。「無み」は、形容詞「無し」の語幹「な」に、原因・理由を表す接尾語「み」の付いたもの。

9鳴《な》き渡《わた》る 鳴きながら飛んで行く。

鑑賞

広々とした青海原と青い空を背景に、一群の白い鶴の群れが飛んで行く。鶴の動きを的確にとらえた点や、青と白の色の対比や鶴の鳴き声など、雄大鮮明な叙景歌である。（句切れなし）

【品詞分解／現代語訳】

子等 を(格助) 思ふ(四・体) 歌 一首　山上憶良《やまのうへのおくら》

子供たちを思って作った歌一首

瓜 食め(四・已) ば(接助) 子ども 思ほゆ(下二・終) 栗 食め(四・已) ば(接助) まして(副) 偲は(四・未) ゆ(助動・自・終)

瓜を食べると（瓜の好きな）子供のことが思われる。栗を食べるといっそう子供のことが恋しく思われる。

いづく(（代）) より(格助) 来たり(四・用) し(助動・過・体) もの そ(終助) 目交 に(格助) もとな(副) 懸かり(四・用) て(接助) 安眠 し(副助) 寝さ(四・未) ぬ(助動・打・体)

（いったい子供というものは）どこから来たものなのか。むやみに目の前にちらついて安眠させないことだよ。

反歌

銀〔反歌〕　も〔係助〕　金　も〔係助〕　玉　も〔係助〕　何せむに〔副〕　まされ〔四・已〕　る〔助動・存・体〕　宝　子　に〔格助〕　及か〔四・未〕　め〔助動・推・已〕　や〔係助〕　も〔終助〕

銀も金も玉もどうして優れた宝である子供に及ぶだろうか(、いや、及びはしない)。

語句の解説

教207ページ

2 **偲《しぬ》は《ワ》ゆ**　慕わしく思う。

3 **そ**　問いただす意を表す。……のか。……なのか。

鑑賞

常に子供のことが気にかかり、どんな宝も子供に及ぶものはないと、子供を思う親の気持ちをうたっている。対句的、漸層的手法を用いている。(長歌…二句・四句・六句切れ／反歌…句切れなし)

【品詞分解／現代語訳】

大伴坂上郎女　の〔格助〕　歌　一首　　**大伴坂上郎女《おほとものさかのうへのいらつめ》**

大伴坂上郎女の歌一首

夏　の〔格助〕　野　の〔格助〕　繁み　に〔格助〕　咲け〔四・已〕　る〔助動・存・体〕　姫百合　の〔格助〕　知ら〔四・未〕　え〔助動・受・未〕　ぬ〔助動・打・体〕　恋　は〔格助〕　苦しき〔シク・体〕　もの　そ〔終助〕

夏の野の草むらに(ひっそりと)咲いている姫百合のように、(人に)知られない恋は苦しいことですよ。

語句の解説

8 **姫百合《ひめゆり》の**　「の」は比喩を表し、「……のように」と訳す。

8 **知《し》らえぬ**　「え」は上代の助動詞で終止形は「ゆ」。古語の「る」にあたり、「え・え・ゆ・ゆる・ゆれ・○」と活用する。

8 **ものそ**　「そ」は「ぞ」と同じ。

鑑賞

繁《しげ》みの中にひっそりと隠れるように咲いている小さな百合の花にたとえて、胸に秘めた恋心をうたっている。冒頭から「姫百合の」まで「の」を重ねて情景をリズミカルに呼び起こす調子が、下の句の苦しい心情を引き立てている、技巧的な作品でもある。(句切れなし)

【品詞分解／現代語訳】

二十五日　に〔格助〕　作る〔四・体〕　歌　一首　　**大伴家持**

(天平勝宝五年二月)二十五日に作る歌一首

うららに（副） 照れ（四・已） る（助動・存・体） 春日 に（格助） 雲雀 上がり（四・用） 情 悲し（シク・終） も（終助） 一人 し（副助） 思へ（四・已） ば（接助）

うららかに照っている春の日にひばりが空へ上って行き、心悲しいことだ。ただ一人でもの思いにふけっていると。

語句の解説

10 **一人《ひとり》し** ただ一人で。「し」は強意を表す。

10 **思《おも》へ《エ》ば** もの思いにふけっていると。「ば」は順接を表す接続助詞。「情《こころ》悲しも」と「一人し思へば」は倒置。

鑑賞

うららかな春の日差しの中で、一人沈思し、春愁に浸るさまをうたったもの。ラ行音の流麗な歌調、倒置法などの技法は、万葉調の「ますらをぶり」歌風とは異なった印象がある。（四句切れ）

【品詞分解／現代語訳】

（東《あづま》歌《うた》） 東国地方の歌

多摩川 **に**（格助） **さらす**（四・体） **手作り** **さらさらに**（副） **何**（副） **そ**（係助（係）） **こ**（（代）） **の**（格助） **児** **の**（格助） **ここだ**（副） **かなしき**（シク・体（結））

多摩川にさらす手織りの布の、そのさらさらした感触ではないが、今さらながらどうしてこの子がこんなにもいとおしいのだろう。

語句の解説

教208ページ

2 **さらす手作《てづく》り** 「手作り」は手織りの布で、「さらす」は織り上げた布を川で洗い、日にさらすこと。

2 **かなしき** いとおしい。かわいい。

鑑賞

庶民がうたった労働歌であろう。「さらす手作りさらさらに」「この児《こ》のここだ」の同音の繰り返しが軽快でリズミカルであるうえに、「さらさら」が川の流れを思わせる響きをもっている。働いているのを女性と見れば、わが子への愛情が主題となる。（句切れなし）

【品詞分解／現代語訳】

（防人歌《さきもりうた》） 九州警護に行った兵士の歌

韓衣（（枕）） **裾** **に**（格助） **取りつき**（四・用） **泣く**（四・体） **子ら** **を**（格助） **置き**（四・用） **て**（接助） **そ**（係助） **来**（カ変・用） **ぬ**（助動・完・終） **や**（間助） **母なし** **に**（助動・断・用） **して**（接助）

私の着物の裾に取りついて泣く子供たちを、置いて来てしまったのだなあ。母親もいない子供たちなのに。

語句の解説

4 **置《お》きて来《き》ぬや**　置いてやって来てしまったのだなあ。「そ……来ぬ」の「そ」は係助詞で、連体形で結ぶから、本来なら「そ……来ぬる」となるところである。「や」は感動・詠嘆の間投助詞。

鑑賞

防人として九州に赴いた作者が、郷里に残してきた子供たち（母親はすでに死んでいる）を思いやる歌である。作者のどうにもしようのない悲痛な叫びが聞こえてくる。（四句切れ）

学習の手引き

一　意味上どこで切れるかを意識して、それぞれの歌を音読しよう。

考え方　句切れについては「鑑賞」参照。句切れのない歌についても、感動の中心がどこにあるかを考えながら読んでみよう。

二　修辞技法の用いられている歌について、技法をそれぞれ説明してみよう。

考え方　枕詞や序詞、対句などの用いられている歌を指摘し、それぞれの効果について考えてみよう。

解答例　・「天離る」の歌＝「天離る」が「鄙」にかかる枕詞。

・「瓜食《うりは》めば」の歌＝「瓜食めば子ども思ほゆ」と「栗《くり》食めばまして偲はゆ」が対句的表現。「まして」と漸層的に調子を高めている。

・「夏の野の」の歌＝「夏の野の……姫百合の」が「知らえぬ」を導き出す序詞。

・「多摩川《たまがは》に」の歌＝「多摩川にさらす手作り」が「さらさらに」を導き出す序詞。「さらさらに」の音に「更に更に」の意を掛けている。

・「韓衣《からころむ》」の歌＝「韓衣」が「裾」にかかる枕詞。

三　情景や心情がどのように表出されているかに留意して、それぞれの歌を鑑賞しよう。

考え方　各歌の「鑑賞」参照。

古今《こきん》和歌集

教科書P.209〜211

【品詞分解／現代語訳】

春　立ち（四・用）　**ける**（助動・過・体）　**日　よめ**（四・已）　**る**（助動・完・体）　**紀貫之**

立春になった日によんだ（歌）

袖　ひち（四・用）　**て**（接助）　**むすび**（四・用）　**し**（助動・過・体）　**水　の**（格助）　**こほれ**（四・已）　**る**（助動・完・体）　**を**（格助）　**春　立つ**（四・体）　**今日　の**（格助）　**風　や**（係助（係））　**とく**（四・終）　**らむ**（助動・現推・体（結））

（去年の夏）袖がぐっしょりぬれるようにして手ですくった水が、（冬の間）凍っていたのを、立春の今日の風がとかしているだろうか。

語句の解説

教209ページ

2 **袖《そで》ひちて**　袖が水にぬれて。「ひち」は四段活用動詞「ひつ」の連用形で、「ぬれる」の意。

2 **むすびし**　両手の手のひらですくった。「むすぶ」は、「袖」の縁語である。「結ぶ」に掛け、下の「とく」（とかす）に対応。

2 **風《かぜ》やとくらむ**　風がとかしているだろうか。「や」は疑問の係助詞。「らむ」は目に見えていない現在の真実について推量する意。

鑑賞

立春を迎え、春の到来を喜ぶ歌である。袖がぬれるままに水をすくった夏、水が凍った冬、再び暖かくなり氷がとける春と、季節の推移が凝縮して表現されている。また、「とくらむ」の「らむ」によって、暦のうえでは立春を迎えた今日はどうなっているだろうと思いをはせているさまがよく表現されている。（句切れなし）

【品詞分解／現代語訳】

渚の院 にて（格助）、**桜 を**（格助）**見**（上一・用）**て**（接助）**よめ**（四・已）**る**（助動・完・体）　**在原業平《ありはらのなりひら》**

渚の院で、桜を見てよんだ（歌）

世の中 に（格助）**たえて**（副）**桜 の**（格助）**なかり**（ク・用）**せ**（助動・過・未）**ば**（接助）**春 の**（格助）**心 は**（係助）**のどけから**（ク・未）**まし**（助動・反仮・終）

もし世の中に全く桜の花がなかったとしたら、（人々の）春の心はのどかだったろうに。

語句の解説

4 **たえて**　（下に打消の語を伴って）いっこうに。全く。

4 **なかりせば**　もしなかったとしたら。未然形＋「ば」で、順接の仮定条件を表す。

4 **のどけからまし**　「〜せば…まし」の形で、反実仮想の構文となる。もし〜だったら…だろうに。

鑑賞

桜の花は、平安時代以降、最も賞美された花であり、その花を思って、いつになったら咲くのだろうか、また風雨で散ってしまわないだろうかと、落ち着いていられないという意である。だからといって、桜なんかないほうがいいと言っているわけではない。桜の花の魅力を逆説的に表現しているのである。（句切れなし）

【品詞分解／現代語訳】

題 知ら（四・未）**ず**（助動・打・終）　**よみ人 知ら**（四・未）**ず**（助動・打・終）

題不明　作者不明

五月	待つ	花橘	の	香	を	かげ	ば	昔	の	人	の	袖	の	香	ぞ	する
	四・体		格助		格助	四・已	接助		格助		格助		格助		係助(係)	サ変・体(結)

五月を待って咲く橘の花の香りをかぐと、ああ、昔なじみの人の懐かしい袖の香りがすることだよ。

語句の解説

6 **花橘《はなたちばな》** 花の咲いている橘のこと。その花は白く、香りが強い。

6 **かげば** かぐと。已然形に接続する「ば」は順接の確定条件を表す接続助詞。

6 **袖《そで》の香《か》ぞする** 袖にたきしめた香《こう》の香りがすることよ。

鑑賞

橘の花の香りから昔の恋人の袖の香りを連想するという、甘美優雅で官能的な歌。こうした連想の世界は平安朝独特の美の世界であるが、一首全体が技巧をこらさない、素朴で素直な詠風となっていて、さわやかな感じを与える。よみ人知らずの時代の典型的なものといえる。(句切れなし)

【品詞分解/現代語訳】

秋	立つ	日	よめ	る
	四・体		四・已	助動・完・体

藤原敏行《としゆき》

立秋の日によんだ(歌)

秋	来	ぬ	と	目	に	は	さやかに	見え	ね	ども	風	の	音	に	ぞ	おどろか	れ	ぬる
	カ変・用	助動・完・終	格助		格助	係助	ナリ・用	下二・未	助動・打・已	接助		格助		格助	係助(係)	四・未	助動・自・用	助動・完・体(結)

秋が来たと目にははっきり見えないけれども、吹いてくる風の音で秋が来たと気づいたことだよ。

語句の解説

8 **秋来《あきき》ぬと** 秋が来たと。「ぬ」は完了の助動詞。確かに秋になったという趣を表す。「見えねども」にかかる。

8 **見《み》えねども** 見えないけれども。「ね」は打消の助動詞「ず」の已然形。「ども」は逆接の確定条件を示す接続助詞。

8 **おどろかれぬる** 気づいたことだ。「おどろく」はこの場合、「はっとしてそれに気づく」の意。

鑑賞

周囲の景色からは感じ取れない微妙な秋の気配を、昨日と違う風の音によって感じ取っている。このように、視覚と聴覚を対照させて季節の微妙な変化をとらえた点に、この時代の理知的で技巧的な作風がうかがえる。また、ナ行音を重ねたおっとりした調べにより、微妙な自然の変化が巧みに表現されている。(句切れなし)

【品詞分解／現代語訳】

冬 の(格助) 歌 とて(格助) よめ(四・已) る(助動・完・体)　源 宗于《むねゆき》

冬の歌としてよんだ(歌)

山里 は(係助) 冬 ぞ(係助(係)) さびしさ まさり(四・用) ける(助動・詠・体(結)) 人め も(係助) 草 も(係助) かれ(下二・用) ぬ(助動・強・終) と(格助) 思へ(四・已) ば(接助)

山里はいつもさびしいが、冬はことにさびしさが勝っているよ。人の往来も途絶え、草も枯れてしまうと思うと。

語句の解説

教210ページ

2 **人《ひと》めも草《くさ》もかれぬ**　「人め」は、人の目。人の往来。人の出入り。「かれ」は「離《か》れ」で「遠のく」の意。「(人めが)離れ」と「(草が)枯れ」の掛詞《かけことば》。

2 **思《おも》へ《エ》ば**　「思へ」は已然形で、「ば」は順接の確定条件を示す。

鑑賞

寂しい冬枯れの山里の実景をよんだ歌ではなく、言葉のおもしろさを用いて、心に浮かぶ山里の景をよんだもの。「山里は」には、言外に都と対照した趣がうかがわれ、「人めも草もかれぬ」には、人事と自然を同列に扱うことを好んだ当時の作風が見える。掛詞・倒置法を使用。(三句切れ)

【品詞分解／現代語訳】

雪 の(格助) 降り(四・用) ける(助動・過・体) を(格助) 見(上一・用) て(接助) よめ(四・已) る(助動・完・体)　紀 友則《とものり》

雪が降ったのを見てよんだ(歌)

雪 降れ(四・已) ば(接助) 木ごと に(格助) 花 ぞ(係助(係)) 咲き(四・用) に(助動・完・用) ける(助動・詠・体(結)) いづれ(代) を(格助) 梅 と(格助) わき(四・用) て(接助) 折ら(四・未) まし(助動・ためらい・体)

雪が降るのでどの木にも花が咲いたなあ。どの木を梅だと区別して折ればよいだろうか。

語句の解説

4 **木《き》ごと**　「木」と「毎《ごと》」で「梅」という漢字になることを重ねた言葉遊び。「ごと」は「どの……もみな」の意を添える接尾語。

4 **折《お》らまし**　この「まし」は「いづれ」という疑問の指示代名詞と呼応して、ためらいの意志(～タラヨカロウカ)を表す。疑問の代名詞との呼応で、結びが連体形になる。

鑑賞

雪を花に見たてて、どの木にも花が咲いたとうたっている。さらにそこに「木＋毎」の漢字の遊びを重ね、白い梅の花と白い雪の花を見分けて、梅の花の枝をこそ手折りたいものだという心をうたっている。上の句の「花ぞ咲きにける(＝景)」と下の句の「いづれを……折らまし(＝心)」の照応も見事な理知の歌。(三句切れ)

【品詞分解／現代語訳】

唐土 にて 月 を 見 て よみ ける　　安倍仲麻呂《あべのなかまろ》
（格助／格助／上一・用／接助／四・用／助動・過・体）
唐の国で月を見てよんだ(歌)

天の原 ふりさけ見れ ば 春日 なる 三笠の山 に 出で し 月 かも
（上二・已／接助／助動・在・体／格助／下二・用／助動・過・体／終助）
広々とした大空を振りあおいで見ると、(日本にいたころ、)春日にある三笠山に昇った月(と同じ月)が昇ってくるよ。

こ の 歌 は、昔、仲麻呂 を 唐土 に もの習はし に つかはし たり ける に、あまた の
（(代)／格助／係助／格助／格助／格助／四・用／助動・完・用／助動・過・体／接助／副／格助）
この歌は、昔、仲麻呂を唐の国に留学生として派遣したところ、長い年月を経ても、

年 を 経 て、え 帰りまうで来 ざり ける を、こ の 国 より、また 使ひ まかり至り
（格助／下二・用／接助／副／カ変・未／助動・打・用／助動・過・体／接助／(代)／格助／格助／副／四・用）
帰国できなかったが、日本から、また遣唐使が派遣されたとき、

ける に、たぐひ て まうで来 な む とて、出で立ち ける に、明州 と いふ 所 の 海辺 にて、
（助動・過・体／格助／四・用／接助／カ変・用／助動・強・未／助動・意・終／格助／四・用／助動・過・体／接助／格助／四・体／格助／格助）
いっしょに帰国しようとして出発したところ、明州という所の海辺で、

か の 国 の 人、馬のはなむけ し けり。夜 に なり て 月 の いと おもしろく さし出で
（(代)／格助／格助／サ変・用／助動・過・終／格助／四・用／接助／格助／副／ク・用／下二・用）
唐の国の人たちが送別の宴を開いた。夜になって、月がたいそう美しく昇っていたのを見てよんだ歌である

たり ける を 見 て よめ る と なむ、語り伝ふる。
（助動・存・用／助動・過・体／格助／上一・用／接助／四・已／助動・完・体／格助／係助(係)／下二・体(結)）
と、語り伝えている。

語句の解説

6 かも　詠嘆の終助詞。平安時代以後は、主に「かな」が使われる。

8 え帰《かえ》りまう《も》で来《こ》ざりける　帰国できなかった。「え」は副詞で、下に打消の語を伴うと「……することができない」の意を表す。

鑑賞

唐での生活を終えて日本に帰る作者の送別会が開かれている。満月を見上げ、作者は懐郷の思いに浸っている。作者の乗った船は安南(ベトナム)に漂着。その後唐で一生を終えた。(句切れなし)

【品詞分解／現代語訳】

題 知ら ず　　小野小町《をののこまち》
（四・未／助動・打・終）
題不明

思ひ	つつ	寝れ	ば	や	人	の	見え	つ	らむ	夢	と	知り	せ	ば	さめ	ざら	まし	を
四・用	接助	下二・已	接助	係助(係)		格助	下二・用	助動・完・終	助動・原推・体(結)		格助	四・用	助動・過・未	接助	下二・未	助動・打・未	助動・反仮・体	間助

しきりに思いながら寝たから、(恋しい)あの人が夢に現れたのだろうか。夢とわかっていたならば、目覚めなかっただろうに。

語句の解説

13 **寝《ぬ》ればや** 寝たからか。「ぬれ」は「寝《ぬ》」の已然形。「や」は疑問。

13 **夢《ゆめ》と知《し》りせば** 夢だとわかっていたならば。「せ」は過去の助動詞「き」の未然形。「ば」は未然形に接続して仮定条件を表す。

13 **さめざらましを** 目覚めないでいただろうに。「覚む」は自動詞で「目覚める」。「～せば…まし」は反実仮想の形で、実際には夢だと知らなかったから、目が覚めてしまって残念だという気持ちを表しているのである。

鑑賞

夢の中でわずかに会うことをさえ頼みにしているやるせない恋心が、あわれ深くうたいあげられている。夢で逢瀬《おうせ》を楽しむはかなさ、その夢の目覚めを惜しむ艶にゆかしい気分が、下の句の反実仮想による表現によく表れている。(三句切れ)

【品詞分解／現代語訳】

深草の帝	の	御時	に、	蔵人頭	にて	夜昼	なれ	つかうまつり	ける	を、	諒闇	に	なり	に	けれ	ば、
	格助		格助		格助		下二・用	四・用	助動・過・体	接助		格助	四・用	助動・完・用	助動・過・已	接助

さらに	世	に	も	まじら	ず	して、	比叡の山	に	登り	て、	かしら	下ろし	て	けり。	そ	の
副		格助	係助	四・未	助動・打・用	接助		格助	四・用	接助		四・用	助動・完・用	助動・過・終	(代)	格助

仁明天皇の御代に、蔵人頭として夜昼親しくお仕えしていたところ、(仁明天皇が崩御して、)文徳天皇が一年間の喪に服する期間になってしまったので、(私は)全く世間との交際をしないで、比叡山に登って、出家してしまった。その次の年、

また	の年、	みな人、	御服	脱ぎ	て、	あるは	冠	賜り	など、	喜び	ける	を	聞き	て	よめ	る	僧正遍昭《そうじやうへんぜう》
				四・用	接助	(連語)		四・用	副助	四・用	助動・過・体	格助	四・用	接助	四・已	助動・完・体	

すべての人は、喪服を脱いで、ある者は位を昇進させていただくなどして、喜んでいたのを聞いてよんだ(歌)

みな人	は	花	の	衣	に	なり	ぬ	なり	苔	の	袂	よ	かわき	だに	せよ
	係助		格助		格助	四・用	助動・完・終	助動・伝・終		格助		終助	四・用	副助	サ変・命

朝廷に仕える人々はすべて、喪が明けたので、華やかな着物に着替えたそうだ。(私の)僧衣の袂よ、せめていつまでも涙に濡れていないで、乾いておくれ。

語句の解説

教211ページ

1 **なれつか《コ》うまつりける** 親しくお仕えしていた。「なれ」は「なる」(親しむ・なじむ・打ち解ける の意)の連用形。

2さらに世《よ》にもまじらずして　全く世間とは交際せず。
5なりぬなり　下の「なり」は、伝聞をもとに推定する意味を表す。
5かわきだにせよ　せめて乾きでもしてくれ。「だに」は「せめて……だけでも」の意を表す副助詞。

鑑賞
作者が仕えていた仁明《にんみょう》天皇の一周忌の折の作。「花の衣」と「苔《こけ》の袂《たもと》」、ほかの廷臣と自分を対比させ、自分の悲しみがどれほど深いかを表している。（三句切れ）

学習の手引き

一 意味上どこで切れるかを意識して、それぞれの歌を音読しよう。

考え方 句切れについては「鑑賞」参照。

二 修辞技法の用いられている歌について、技法をそれぞれ説明してみよう。

考え方 掛詞や縁語、見立てなどの技法に注目しよう。

解答例
・「袖ひちて」の歌＝「むすび（結び）」「春（張る）」「立つ（裁つ）」「とく（解く）」は、「袖」の縁語。「むすび」が「掬び」と「結び」、「春」が「春」と「張る」、「立つ」が「立つ」と「裁つ」、「とく」が「（氷を）解く」と「（帯などを）解く」の掛詞。衣に関係のある言葉をちりばめている。
・「山里は」の歌＝「かれ」が「（人めも）離れ」と「（草も）枯れ」の掛詞。上の句と下の句が倒置。
・「雪降れば」の歌＝雪を花に見立てて、情景を知的に構成している。

三 対象の捉え方や表現のしかたを『万葉集』と比較しながら、それぞれの歌を鑑賞しよう。

考え方 各歌の「鑑賞」参照。『万葉集』が眼前の景物を直接よみこんでいるのに比べ、目の前にはないものを想像したり感覚的に受けとめたりした歌が多いことに注目する。
・「世の中に」「思ひつつ」の歌＝反実仮想によって現実とは異なる世界への願望を表している。
・「五月《さつき》待つ」「秋来ぬと」の歌＝花の香りや風の音から季節の訪れを感じるという、目には見えない感覚の世界をうたっている。

新《しん》古《こ》今《きん》和歌集

教科書P.212〜214

【品詞分解／現代語訳】

春　の（格助）　はじめ　の（格助）　歌　　後鳥羽院

春のはじめをよんだ歌

ほのぼのと（副）　春　こそ（係助(係)）　空　に（格助）　来（カ変・用）　に（助動・完・用）　けらし（助動・過定・已(結)）　天の香具山　霞　たなびく（四・終）

ほんのりと春が空にやって来たらしい。天の香具山に(春のしるしの)霞がかかっている(のを見ると)。

語句の解説

教212ページ

2 **ほのぼのと**　「ほのぼの」は、「ほのかに」「かすかに」という意味を表し、「ほのぼのと」の形で副詞として用いられている。

2 **けらし**　本書107ページ参照。根拠に基づいた過去の推定を表す。

鑑賞

『新古今和歌集』の二首目に置かれた春のはじめの歌。本歌の春の夕方の実景を、ほのぼのとした明るい情景に転じている。眼前の景ではなく、香具山《かぐやま》をイメージとして用いたもので、ゆったりとした中に王者らしい風格が漂う。作者は『新古今和歌集』編纂《へんさん》の中心人物で優れた歌人でもあった。(三句切れ)

【品詞分解／現代語訳】

百首歌　奉り（四・用）　し（助動・過・体）　時、春　の（格助）　歌　　式子《しょくし》内親王

百首の歌を献上したときの春の歌

山　深み（ク(語幹)）　春　と（格助）　も（係助）　知ら（四・未）　ぬ（助動・打・体）　松　の（格助）　戸　に（格助）　たえだえ（副）　かかる（四・体）　雪　の（格助）　玉水

山が深いので、春が来たともわからない(ようなわび住まいの)粗末な松の戸にとぎれとぎれに落ちかかる、玉のように美しい雪解けのしずくよ。

語句の解説

4 **山深《やまふか》み**　「み」は形容詞の語幹に付く接尾語。原因・理由を表す。

4 **雪《ゆき》の玉水《たまみず》**　玉のように美しい雪解けの水のしずく。

鑑賞

山奥に住んでいると、春が来たことがわからない。だが、庵《いおり》の戸にあたる雪解けのしずくの音で、春の訪れを感じる。雪深い山奥の静けさと清らかさ、春を待つ喜びをうたっている。(句切れなし)

【品詞分解／現代語訳】

入道前関白、右大臣　に（助動・断・用）　はべり（補丁・ラ変・用）　ける（助動・過・体）　時、百首歌　よま（四・未）　せ（助動・使・用）　はべり（補丁・ラ変・用）　ける、（助動・過・体）　ほととぎす　の（格助）　歌　　藤原俊成《としなり》

入道前関白が右大臣でございましたとき、歌を百首よませましたが、(そのときの)ほととぎすの歌

昔　思ふ（四・体）　草の庵　の（格助）　夜　の（格助）　雨　に（格助）　涙　な（副）　添へ（下二・用）　そ（終助）　山ほととぎす

夜、雨が降る草の庵の中で昔を思い出し、私は涙にくれている。山ほととぎすよ、悲しげな声で鳴いて、これ以上私の涙を誘ってくれるな。

語句の解説

8 **昔《むかし》思ふ《おもウ》**　華やかであった過去のことを思う。

8 **夜《よる》の雨《あめ》**　「ほととぎす」とあることから、五月雨と考えられる。

8 **涙《なみだ》な添《そ》へ《エ》そ**　涙を誘ってくれるな。「な…そ」は禁止を表し、間には動詞の連用形が入る（カ変・サ変の場合は未然形）。

鑑賞

俊成の歌の特色は叙情性・音楽性にある。「草の庵の夜の雨」と「の」を重ねることによるリズム性と、素材による耽美《たんび》的情感は彼の歌風をよく表している。「昔思ふ」「夜の雨に」と二句を字余りにしたことも、わびしさを増す助けになっている。（四句切れ）

【品詞分解／現代語訳】

題　知ら（四・未）　ず（助動・打・終）　　藤原俊成女《としなりのむすめ》

題不明

橘　の（格助）　にほふ（四・体）　あたり　の（格助）　うたたね　は（係助）　夢　も（係助）　昔　の（格助）　袖　の（格助）　香　ぞ（係助（係））　する（サ変・体（結））

橘の花が香っているあたりでうとうとすると、夢の中でも昔の（恋人の）袖の香りがすることだよ。

語句の解説

教213ページ

2 **橘《たちばな》**　夏に白い花をつける。

2 **にほ《オ》ふ《ウ》**　美しく照り映える意だが、ここでは本歌をふまえて、よい香りを立てるという意味で用いられている。

2 **うたたね**　短い時間うとうとする眠りのこと。

鑑賞

夏の夕暮れであろうか。橘の花の香りが漂ってくる庭に面した部屋でうたたねをすると、戸外の花の香りが夢の中にまで入ってきて、夢に見る恋人も懐かしい香りがする。花の香を昔の人の袖の香に転じた本歌の舞台をさらに「夢の中」に転じて、昔をなつかしむ味わいを深めている。本歌取りの技巧の冴《さ》えた歌。（句切れなし）

【品詞分解／現代語訳】

題　知ら（四・未）　ず（助動・打・終）　　寂《じゃく》蓮《れん》法師

題不明

さびしさ は(係助) そ(代) の(格助) 色 と(格助) しも(副助) なかり(ク・用) けり(助動・詠・終) まき 立つ(四・体) 山 の(格助) 秋 の(格助) 夕暮れ

(秋の)寂しさは、特にどの色のせいだということはないのだなあ。(一面に)杉や檜などが生い茂る山の、この秋の夕暮れ(のなんと寂しいこと)よ。

語句の解説

4 **その色《いろ》としもなかりけり** 特にどの色がというわけでもなく、秋の山全体が寂しさを感じさせる、ということ。「しも」はあとに否定の表現を伴い、「必ずしも……でない」という気持ちを表す。

4 **秋《あき》の夕暮《ゆうぐ》れ** 体言止め。詠嘆をこめた余情表現。

鑑賞

すべてが寂しい色合いに覆われていて、華やいだ色が全くない世界をイメージさせる歌で、言い知れぬ寂しさがうたわれている。また、秋の歌の伝統である「秋の色＝紅葉の色」というパターンをあえて否定することで、よりいっそう寂寥感《せきりょうかん》を強めている。(三句切れ)

【品詞分解／現代語訳】

題 知ら(四・未) ず(助動・打・終)　　西行《さいぎやう》法師

題不明

心 なき(ク・体) 身 に(格助) も(係助) あはれ は(係助) 知ら(四・未) れ(助動・自・用) けり(助動・詠・終) 鴫 立つ(四・体) 沢 の(格助) 秋 の(格助) 夕暮れ

もののあわれや悲しみの情を知ることのない(出家した)私のような者にも、しみじみとした情趣が感じられることだ。鴫の飛び立っていくこの沢辺の秋の夕暮れの景色は。

語句の解説

6 **心《こころ》なき身《み》** 情趣を感じる心を捨てた、出家の身。

6 **知《し》られけり** (秋の趣深さが)自然に感じられることだ。

鑑賞

秋の夕暮れの静寂を破って、羽音高く鴫《しぎ》が飛び立ち、またもとの静寂に返り、より深い静寂に支配される。この静寂、寂寥の中にあっては、俗世の煩悩《ぼんのう》を絶ったはずの心にも情趣のほどは感じられる、というのである。(三句切れ)

【品詞分解／現代語訳】

西行法師、勧め(下二・用) て(接助)、百首歌 よま(四・未) せ(助動・使・用) はべり(補丁・ラ変・用) ける(助動・過・体) に(格助)　　藤原定家

西行法師が勧めて、百首歌をよませましたときに(よんだ歌)

見渡せ(四・已) ば(接助) 花 も(係助) 紅葉 も(係助) なかり(ク・用) けり(助動・詠・終) 浦 の(格助) 苫屋 の(格助) 秋 の(格助) 夕暮れ

見渡せば、浜辺には春の花も秋の紅葉も美しいものは何一つないよ。漁師の粗末な小屋が建つ、この浦の秋の夕暮れは。

語句の解説

7 **よませはべりけるに**　この「はべり」は丁寧の意味の補助動詞。

8 **花《はな》も紅葉《もみじ》もなかりけり**　四季のうち最も趣深いものの代表として、春の「花」、秋の「紅葉」をあげている。「けり」は詠嘆を表す。

鑑賞

定家の歌は、わびしさの漂う幽玄美の表現にその特色がある。上句の華やかで美しい花も紅葉もない事実の表現が、下句のわびしい景観をいっそう際立たせて、閑寂な美を現出している。（三句切れ）

【品詞分解／現代語訳】

摂政太政大臣家歌合　に（格助）、湖上　の（格助）　冬月　　**藤原家隆《いへたか》**

摂政太政大臣家で催された歌合で、「湖上の冬月」（という題でよんだ歌）

志賀の浦　や（間助）　遠ざかりゆく（四・体）　波間　より（格助）　凍り（四・用）　て（接助）　出づる（下二・体）　有明の月

志賀の浦は（夜が更けるにつれて、）岸に近い方からしだいに凍っていき、波も沖の方へ遠ざかっていく、その波の間から、凍ったように冷たい光を放ちながら昇ってくる有明の月よ。

語句の解説

10 **遠《とお》ざかりゆく波間《なみま》より**　岸からしだいに凍っていくために、波がしだいに沖の方に移っていく様子を表す。

10 **有明《ありあけ》の月《つき》**　夜が更けてから出て、夜が明けてもまだ空に残っている月。陰暦十六日以後の月。

鑑賞

「さ夜更くるままに汀《みぎは》や凍るらむ遠ざかりゆく志賀の浦波」（『後《ご》拾《しゅう》遺《い》集』快覚《かいかく》）を本歌とする本歌取りの歌。本歌にない「有明の月」を加えたことで、夜更けの寒々とした感じを強めている。調べも強く、冴えた感覚美が表れている。（初句切れ）

【品詞分解／現代語訳】

百首歌　奉り（四・用）　し（助動・過・体）　時、よめ（四・已）　る（助動・完・体）　　**慈円《じえん》**

百首歌を献上したときに、よんだ（歌）

わ（代）　が（格助）　恋　は（係助）　松　を（格助）　時雨　の（格助）　染めかね（下二・用）　て（接助）　真葛が原　に（格助）　風　さわぐ（四・終）　なり（助動・定・終）

私の恋は、時雨が松を紅葉させられないように、あの人の心を変えることもできず、葛の生い茂る原に風が騒いで（葉の裏を見せる「裏見」ではないが、その恨みの心が騒いで）いるようだ。

語句の解説

教214ページ

2 **時雨《しぐれ》**　晩秋から初冬にかけて、降ったりやんだり定めなく降る雨。

2 **染《そ》めかねて**　染められないで。「かぬ」は動詞の連用形に付いて「……できにくい」の意の動詞を作る語。

鑑賞

恋人のつれなさをたとえた歌。すなわち、「松」は「つれない恋人」、「時雨」は「自分の恋人に寄せる愛情」をたとえている。また、「真葛《まくず》が原に風さわぐ」は、風によって葛の葉の裏が見えるから「うらみ」を暗示している（裏見→恨み）。忍ぶ恋の苦しさをうたっている。（句切れなし）

【品詞分解／現代語訳】

百首歌 よみ（四・用）**はべり**（補丁・ラ変・用）**ける**（助動・過・体）**に**（格助）　**藤原良経《よしつね》**

百首の歌をよみましたときに（よんだ歌）

ふるさと は（係助）**浅茅 が**（格助）**末 に**（格助）**なり果て**（下二・用）**て**（接助）**月 に**（格助）**残れ**（四・已）**る**（助動・存・体）**人 の**（格助）**面影**

以前住んでいた土地は、すっかり浅茅の生い茂る野末になってしまって（かつての面影をしのぶこともできないが）、ただ、月の中に残っている、昔親しかった人の面影よ。

語句の解説

4 **ふるさと**　ここでは、「以前住んでいた土地」の意。

4 **なり果《は》てて**　すっかり変わり果てて。「果つ」は、「すっかり……する」の意を動詞に付け加える。

4 **月《つき》に残《のこ》れる**　月に残っている。「月」を今も昔も変わらぬものとしてとらえている。

4 **人《ひと》の面影《おもかげ》**　この「人」は、昔、作者にゆかりのあった人。

鑑賞

変わり果ててしまった景観の中にあって、ただ一つ変わらない月。その月だけがなつかしい人の面影をしのばせてくれるという、作者の現在の嘆きがうたわれている。（句切れなし）

学習の手引き

一 **意味上どこで切れるかを意識して、それぞれの歌を音読しよう。**

考え方　句切れについては「鑑賞」参照。秋の夕暮れをよんだ三首（「三夕《さんせき》の歌」という）は、三句切れ、体言止めであることに留意する。

二 **本歌取りの歌について、それぞれ先行の作品をふまえつつどのような新しさを生み出しているか、脚注を参考にして説明してみよう。**

考え方　教科書では本歌取りは三首、漢詩を下敷きにした歌が一首ある。元の作品をどう受け継ぎ、変化させているか考えてみよう。

解答例　・「ほのぼのと」の歌＝本歌の「天《あめ》の香具山」「霞《かすみ》たなびく」をふまえながらも、夕べの情景を、ほんのりとした初春の情景に転じ、春の明るさをよりかもしだしている。

・「昔思ふ」の歌＝漢詩の「花の時」「雨の夜の草庵《さうあん》の中《うち》」をふまえて季節を春から夏に移し、雨の音に「ほととぎす」の鳴き声と「涙」を添えてわびしさを深めている。

・「橘の」の歌＝本歌の「花橘の香」「昔の人の袖の香」をふまえながら、舞台を「夢」に転じ、現実の香りが「夢」の中にまで入りこむとして、昔を偲《しの》ぶ思いを深めている。

・「志賀の浦や」の歌＝本歌の「凍る」「遠ざかりゆく」「志賀の浦波」をふまえつつ時間を夜から有明(朝)に移し、凍る対象を「水際」だけでなく「月」も凍るとして「冬の月」の情感を深めている。

三 **着想のしかたに注目しながら、それぞれの歌を鑑賞しよう。**

考え方 各歌の「鑑賞」参照。本歌取りによるイメージの転換などを用い、単に素朴な感情吐露でない創作意識をもってよまれていることに注目しよう。

古文を読むために　7

教科書P.216～217

●**和歌の技法**　『万葉集』から『新古今和歌集』にいたる長い時間の中で発達してきた和歌の技法について理解しよう。

1 枕詞

特定の語にかかる、主に五音の修飾語。意味の不明になったものが多く、訳出しない。主な枕詞とかかる語は覚えよう。

〈例〉あかねさす　紫《むらさき》野《の》行《ゆ》き標野《しめの》行き野守《のもり》は見ずや君が袖振る

＊「あかねさす」が「紫」や「日」にかかる枕詞。

2 序詞

ある言葉を導き出すために用いられる、七音以上の修飾句。イメージや音のつながりによってその都度創作されたもので、一首の主題と直接関係しないが、個別の表現であり、訳出する。

〈例〉あしひきの山鳥の尾のしだり尾の　長々し夜《よ》をひとりかも寝む

＊「あしひきの山鳥の尾のしだり尾の」が「長々し」を導き出す序詞。「山鳥の尾のように長い長い夜を」のように訳す。

3 掛詞

同音の語を利用して、一つの語に意味の異なる別の語をかける技法。習慣的に一定の形がある。

〈例〉秋の野に人まつ虫の声すなり我かと行きていざとぶらはむ

＊「まつ」は「待つ」と「松(虫)」との掛詞。「秋の野に人を待って鳴く松虫の声がする……」のように訳す。

4 縁語

中心になるある語から連想される語を、意識的によみ込んでイメージを膨らませる技法。ただし意味的なつながりは薄く、訳に反映させる必要はない。共有されている一定の形がある。

〈例〉鈴鹿山《すずかやま》憂き世をよそにふり捨てていかになりゆくわが身なるらむ

＊「鈴」の縁で「ふり(振り)」と「なり(鳴り)」を用いているが、鈴を振ったり鈴が鳴ったりする意味はない。「鈴鹿山を、つらいこの世を振り捨てて(越えてゆく私は)この先どうなってゆくのだろうか」というように普通に訳せばよい。

5 見立て

あるものを他のものになぞらえる技法で、比喩の一種。「見立て」という言葉自体は本来近世の用語で、最近になってそれを中古の和歌にあてはめるようになったもの。比喩と考えればよい。

〈例〉み吉野の山べに咲ける桜花　雪かとのみぞあやまたれける

＊桜の花を「雪」に見立てたもので、山桜の白い花を、雪のようで見まちがえてしまう、とよんでいる。

6 折句

五音の言葉を一音ずつに分け、各句の頭によみ込んだもの。

〈例〉をぐら山　みね立ちならし　なく鹿の　へにけむ秋を　しる人ぞなき

＊各句の頭に「をみなへし」という花の名をよみ込んでいる。

7 本歌取り

古歌の一節を取り入れ、新たな趣向を加えて余情を深める技法。

〈例〉駒《こま》とめて袖うち払ふ陰もなし佐野《さの》のわたりの雪の夕暮れ

＊「苦しくも降り来る雨か三輪《みわ》の崎狭野《さの》のわたりに家もあらなくに」（『万葉集』）を本歌とし、旅の間の「雨」を「雪の夕暮れ」の情景に転じている。

8 体言止め

第五句（結句）を体言で止めて余情を深める技法。

〈例〉明日よりは志賀《しが》の花園まれにだに誰か訪《と》はむ春のふるさと

＊『新古今和歌集』の「春歌下」の最後に置かれた歌で、過ぎゆく春を惜しむ心と、荒廃した旧都（志賀＝近江京《おうみきょう》）を偲《しの》ぶ心とを「ふるさと」という体言で結んで、深い余情を残している。

●これらの技法のうち、特に1・2は『万葉集』、3〜6は『古今和歌集』、7・8は『新古今和歌集』に多い技法である。

言語活動　古典の和歌を現代の言葉で書き換える

俵《たわら》　万智《まち》

教科書P.218〜221

活動の手引き

一　本文で取り上げられている『伊勢物語』中の三首の歌から一首を選び、筆者の作例を参考にしながら、自分のイメージと言葉で歌を書き換えて発表し合おう。

考え方　次のような順序で取り組んでみよう。

①三首の歌から一首を選ぶ。→②脚注にある現代語訳を参考に、イメージを膨らませる。→③できれば、歌のよまれた背景を図書館で『伊勢物語』を借りるなどして確認する。→④歌にこめられた心情を、自分の言葉で短くまとめてみる。→⑤短歌のリズムに言葉を整える。

二　冒頭にあげられている小野小町の歌を、現代の言葉で書き換えて発表し合おう。

考え方　訳文は、歌の直後に書かれている。歌を作ったときの小野小町の心情を想像しながら、それにふさわしい現代の言葉を探してみよう。

旅立ち

〈奥《おく》の細道《ほそみち》〉

教科書P.222～223

【大意】 1　教222ページ1～10行

月日というものは、永遠に歩みをやめない旅人のようなものであり、その流れに浮かぶ「人生」も旅そのものにほかならない。尊敬する古人の中にも旅の途中で死んだ者は多い。旅すなわち人生と考える自分も、漂泊の思いが抑えきれず、とうとう旅立つ決心をした。

【品詞分解／現代語訳】

月日 は〔係助〕 百代 の〔格助〕 過客 に〔助動・断・用〕 して〔接助〕、行きかふ〔四・体〕 年 も〔係助〕 また〔副〕 旅人
月日は永遠に歩みをやめない旅人であり、行く年来る年もまた旅人である。

なり〔助動・断・終〕。舟 の〔格助〕 上 に〔格助〕 生涯 を〔格助〕 浮かべ〔下二・用〕、馬 の〔格助〕 口 とらへ〔下二・用〕 て〔接助〕 老い を〔格助〕
舟の上で一生を過ごし、馬のくつわを取って老年を迎える船頭や馬方は、

迎ふる〔下二・体〕 者 は〔係助〕、日々 旅 に〔助動・断・用〕 して〔接助〕、旅 を〔格助〕 栖 と〔格助〕 す〔サ変・終〕。古人 も〔係助〕 多く〔ク・用〕
毎日毎日が旅であって、旅を自分のすみかとしている。古人にも多く

旅 に〔格助〕 死せ〔サ変・未〕 る〔助動・完・体〕 あり〔ラ変・終〕。予〔(代)〕 も〔係助〕、いづれ〔(代)〕 の〔格助〕 年 より〔格助〕 か〔係助〕、片雲 の〔格助〕
旅(の途中)で死んだ人がいる。私もいつの年からであったか、ちぎれ雲が風

風 に〔格助〕 誘は〔四・未〕 れ〔助動・受・用〕 て〔接助〕、漂泊 の〔格助〕 思ひ やま〔四・未〕 ず〔助動・打・用〕、海浜 に〔格助〕
に誘われるように、さまよい歩きたい望みが抑えきれず、海辺をさすらい、

さすらへ〔下二・用〕、去年 の〔格助〕 秋、江上 の〔格助〕 破屋 に〔格助〕 蜘蛛 の〔格助〕 古巣 を〔格助〕 払ひ〔四・用〕 て〔接助〕、
去年の秋、隅田川のほとりのあばら屋に(もどり)、くもの古い巣をはらって(住んでいるうちに)、

やや〔副〕 年 も〔係助〕 暮れ〔下二・用〕、春 立て〔四・已〕 る〔助動・完・体〕 霞 の〔格助〕 空 に〔格助〕、白河の関 越え〔下二・未〕 ん〔助動・意・終〕
しだいに年も暮れ、立春になって霞が立った空を見ると、白河の関所を越えてみたいものだと、

と〔格助〕、そぞろ神 の〔格助〕 もの に〔格助〕 つき〔四・用〕 て〔接助〕 心 を〔格助〕 狂は〔四・未〕 せ〔助動・使・用〕、道祖神 の〔格助〕
人の心を誘惑して落ち着きをなくさせるそぞろ神が私の体にとりついたようで狂おしくなり、道祖神に誘われて

語句の解説 1

教222ページ

1 **行《ゆ》きかふ《(コ)ウ》年《とし》**　行き交う年。年月が過ぎ去って、まためぐり来ること。

1 **舟《ふね》の上《うえ》に生涯《しょうがい》を浮《う》かべ**　舟の上で一生を送る人、すなわち船頭や船方のことを指す。

2 **馬《うま》の口《くち》とらへ《エ》て老《お》いを迎《むか》ふ《ウ》る者《もの》**　馬のくつわを取って、歳を取っていく人、すなわち馬子や馬方のこと。

3 **死《し》せるあり**　死んだ人がある。「死せる」の下に「者」「人」などの語が省略されていると考えるとよい。

3 **片雲《へんうん》の風《かぜ》に誘《さそ》は《ワ》れて**　「片雲」はちぎれ雲。「の」は主格の格助詞。ちぎれ雲が風に誘われるように。

4 **去年《こぞ》の秋《あき》**　芭蕉《ばしょう》は『笈《おい》の小文《こぶみ》』『更科《さらしな》紀行』の旅から一六八八年(貞享《じょうきょう》五)の八月下旬に江戸に戻った。

5 **やや**　だんだん。しだいに。

5 **春《はる》立《た》てる霞《かすみ》の空《そら》に**　「立てる」は「春立てる」と「立てる霞」の両方にかかる掛詞。

招き に(格助) あひ(四・用) て(接助) 取る(四・体) もの 手 に(格助) つか(四・未) ず、(助動・打・用) ももひき の(格助) 破れ
取るものも手につかず、ももひきの破れを繕い、

を(格助) つづり、(四・用) 笠 の(格助) 緒 つけかへ(下二・用) て、(接助) 三里 に(格助) 灸 据うる(下二・体) より、(格助) 松島 の(格助)
笠のひもを付けかえて、三里に灸をすえると、松島の月がま

月 まづ(副) 心 に(格助) かかり(四・用) て、(接助) 住め(四・已) る(助動・完・体) 方 は(係助) 人 に(格助) 譲り、(四・用) 杉風
ず気にかかり、これまで住んでいた家は人に譲り、杉風の

が(格助) 別墅 に(格助) 移る(四・体) に、(格助)
別宅に移るときに、

草 の(格助) 戸 も(係助) 住み替はる(四・体) 代 ぞ(終助) 雛 の(格助) 家
こんなわびしい草庵も住む人が変わって、私のように世を捨てた人が出たあとは、ひな人形を飾るような娘のいる家になるだろうよ。

表八句 を(格助) 庵 の(格助) 柱 に(格助) 掛けおく。(四・終)
（とよみこれを発句とした連句の、）表八句を庵の柱に掛けておいた。

【大 意】 2 教223ページ1～8行

陰暦三月二十七日の早朝、千住まで見送ってくれた知人や門人たちと名残を惜しみつつ、いよいよ前途はるかな旅への第一歩を踏み出すことにした。

【品詞分解／現代語訳】

弥生 も(係助) 末 の(格助) 七日、あけぼの の(格助) 空 朧々と(タリ・用) して、(接助) 月 は(係助) 有明 に(助動・断・用)
陰暦三月も下旬の二十七日、明け方の空はおぼろにかすんで、月は有明の月で光は失せている

て(接助) 光 をさまれ(四・已) る(助動・存・体) ものから、(接助) 富士 の(格助) 峰 かすかに(ナリ・用) 見え(下二・用) て、(接助)
ので、（遠くには）富士の峰がかすかに見え、（近くには）上野や

上野・谷中 の(格助) 花 の(格助) 梢、 また(副) いつ(代) かは(係助) と(格助) 心細し。(ク・終) むつまじき(シク・体) 限り
谷中の桜のこずえが（見えるが、その眺めも）、また、いつ見られるだろうかと思うと心細い。親しい人々はみな前の晩

---

5 **ものにつきて** 自分に乗り移って。「つきて」は、神や超人間的なものなどが、人間にとりつくこと。

7 **緒《お》** 細長いひも。

7 **松島《まつしま》の月《つき》** 松島は歌枕として知られ、月をよんだ歌も多い。

8 **住《す》める方《かた》** 芭蕉庵《あん》のこと。

8 **杉風《さんぷう》が別墅《べっしょ》** 「が」は「の」と同じ働きの連体修飾の格助詞。

9 **草《くさ》の戸《と》も……** 「草の戸」は、わびしい草庵の意味で、「雛の家」とは反対の意を表す。

語句の解説 2

教223ページ

1 **弥生《やよい》も末《すえ》の七日《なぬか》** 陰暦三月二十七日。「末の七日」はひと月を上《かみ》・中《なか》・末《すえ》に分けた日にちの呼び方。

1 **朧々《ろうろう》として** おぼろにかすんで。

1 **有明《ありあけ》** 陰暦で十六日以後の、月が空にあるままで、夜が明けようとすること。

2 **またいつかはと** 再びいつの日に桜の花を見ることができるのだろうかと。「かは」

は（係助）宵より（格助）集ひ（四・用）て（接助）、舟に（格助）乗り（四・用）て（接助）送る（四・終）。千住と（格助）いふ（四・体）所にて（格助）

から集まって、舟に乗って送ってくれる。千住という所で舟から上がると、

舟を（格助）上がれ（四・已）ば（接助）、前途三千里の（格助）思ひ胸に（格助）ふさがり（四・用）て（接助）、[1]幻の（格助）

前途の遠い旅路への思いで胸がいっぱいになって、幻のように

ちまたに（格助）離別の（格助）涙を（格助）そそぐ（四・終）。

はかないこの世の分かれ道で別れの涙を流したのであった。

行く（四・体）春や（間助）鳥啼き（四・用）魚の（格助）目は（係助）涙

今まさに去って行こうとしている春を惜しんで、鳥は悲しげに鳴き、魚の目は涙を浮かべているよ。

これ（代）を（格助）矢立ての（格助）初めと（格助）し（サ変・用）て（接助）、行く（四・体）道なほ（副）進ま（四・未）ず（助動・打・終）。

この句を旅の記録の書き始めとして、（旅に出たのだが、名残が惜しまれて）道はなかなか進まない。

人々は（係助）途中に（格助）立ち並び（四・用）て（接助）、後ろ影の（格助）見ゆる（下二・体）まで（副助）は（係助）と（格助）、見送る（四・体）

人々は道の途中に立ち並んで、後ろ姿の見えているかぎりは、と（思って）、見送るの

なる（助動・断・体）べし（助動・推・終）。

だろう。

は疑問の係助詞で、結びとして、「見む」「眺めむ」など連体形の述語が省略されている。

3「むつまじ」＝親しい。

4 **前途《ぜんと》三千里《さんぜんり》の思《おも》ひ《イ》**　「三千里」は、距離の遠いことを表す慣用的な表現。

1 「幻のちまた」とはどういう意味か。

答　幻のようにはかない、この世の分かれ道という意味。

6 **行《ゆ》く春《はる》や……**　杜甫《とほ》の詩「春望」（教科書二六九ページ）などを参考にしている。

7 **なほ《オ》**　なかなか。やはり。

8 **後《うし》ろ影《かげ》の見《み》ゆるまでは**　あとに「見送らむ」を補う。

学習の手引き

一　冒頭の二文には、どのような修辞技法が用いられ、どのような人生観が示されているか、説明してみよう。

考え方　修辞技法は対になる言葉やたとえている言葉に注意して整理してみよう。人生観は類似の言葉の反復から読み取ろう。

解答例　〈修辞技法〉第一文＝・「月日は百代の過客」は、李白《りはく》の「光陰は百代《はくたい》の過客《くわかく》なり」を下敷きにした表現。　・「月日」と「行きかふ年」、「過客」と「旅人」を対応させた対句的表現。　・「月日」「年」を「過客」「旅人」にたとえた比喩表現。／第二文＝「舟」と「馬」、「生涯を浮かべ」と「老いを迎ふる」を対応させた対句的表現。　・「浮かべ」が「舟」の縁語。

〈人生観〉人生は旅であるとする人生観。

二　作者が旅に出た理由を、本文中の表現をもとに整理しよう。

考え方　「古人も多く……まづ心にかかりて、」（三三・2〜8）の部分に着目しよう。

解答例　①「古人も……死せるあり。」（三三・2〜3）＝自分の敬慕する先人たちの生き方にならいたい。②「予も、いづれの……思ひ

やまず、」（二二二・3〜4）＝いつからか、さまよい歩きたい望みが抑えきれなくなった。③「春立てる……手につかず、」（二二二・5〜6）＝そぞろ神や道祖神に誘われて、何も手につかなくなった。④「ももひきの……まづ心にかかりて、」（二二二・6〜8）＝準備をしているうちに松島の月が気になって、いよいよ落ち着かなくなった。

①②は「旅こそが人生」とする芭蕉の人生観から来る理由、③④は先人の旅を追体験して風雅の道を究めたいという理由である。

活動の手引き

一　**「『奥の細道』旅程図」を参照し、旅の概要を把握しよう。**

考え方　『奥の細道』の旅は、奥州平泉を北限とし、現在の岩手県南部から山形県を横断して日本海側に出、日本海沿岸を南下して岐阜の大垣《おおがき》に至る。時間的には旧暦三月（晩春）から九月（晩秋）にかけての約半年間にわたる長大な旅である。旅程図を見ながら、どの季節にどの辺りを歩いていたか、句と季節の関係を考えてみよう。

言葉の手引き

一　**次の語の意味を調べよう。**

「語句の解説」参照。

二　**季語と切れ字について調べ、「草の戸も」「行く春や」の句の季語と切れ字を答えよう。**

考え方　「季語」は、俳句によみ込まれる季節を表す言葉。「切れ字」は意味の切れ目に用いられる助詞や助動詞で、感動の中心を表す。主なものに「ぞ・か・や・かな・けり」などがある。

解答　・「草の戸も」＝季語「雛」／切れ字「ぞ」

・「行く春や」＝季語「行く春」／切れ字「や」

平《ひら》泉《いづみ》

〈奥の細道〉

教科書P.224〜225

【大　意】　1　教224ページ1〜9行

藤原氏三代の栄華の跡を一望したあと、高館《たかだち》に登り、ここで討ち死にした義経《よしつね》主従の運命を思った。そして、悠久不変の自然に対して人の世のはかなさを嘆息する。

【品詞分解／現代語訳】

三代 の〔格助〕 **栄耀**[1] **一睡 の**〔格助〕 **うち に**〔助動・断・用〕 **して、**〔接助〕 **大門 の**〔格助〕 **跡 は**〔係助〕 **一里**

藤原氏三代の栄華も一瞬の夢の間であって、大門の跡は一里ほど手前にある。

こなた〔代〕 **に**〔格助〕 **あり。**〔ラ変・終〕 **秀衡 が**〔格助〕 **跡 は**〔係助〕 **田野 に**〔格助〕 **なり**〔四・用〕 **て、**〔接助〕 **金鶏山 のみ**〔副助〕 **形**

秀衡のいた館の跡は田や野原になってしまって、金鶏山だけが昔の形をとど

語句の解説 1

教224ページ

1　**「一睡のうち」とはどういう意味か。**

答　ほんのわずかな、はかない時間。

1 **大門《だいもん》の跡《あと》は一里《いちり》こなたにあり**　平泉館の南大門のことで、館のあった場所から一里も

を〔格助〕 残す〔四・終〕。まづ〔副〕 高館 に〔格助〕 登れ〔四・已〕 ば〔接助〕、北上川、南部 より〔格助〕 流るる〔下二・体〕 大河 なり〔助動・断・終〕。

めている。　まず（源義経の住んだ館であった）高館に登ると、北上川は南部地方から流れてくる大河である。

衣川 は〔係助〕 和泉が城 を〔格助〕 巡り〔四・用〕 て〔接助〕、高館 の〔格助〕 下 にて〔格助〕 大河 に〔格助〕 落ち入る〔四・終〕。

衣川は和泉が城を取り巻くように流れ、高館の下で北上川に流れ込む。

泰衡ら が〔格助〕 旧跡 は〔係助〕、衣が関 を〔格助〕 隔て〔下二・用〕 て〔接助〕 南部口 を〔格助〕 さし固め〔下二・用〕、えぞ を〔格助〕 防ぐ〔四・終〕 と〔格助〕 見え〔下二・用〕 たり〔助動・存・終〕。さても〔接〕、義臣 すぐつ〔四・用（音）〕 て〔接助〕 こ〔（代）〕の〔格助〕 城 に〔格助〕 こもり〔四・用〕、功名 一時 の〔格助〕 草むら と〔格助〕 なる〔四・終〕。「国 破れ〔下二・用〕 て〔接助〕 山河 あり〔ラ変・終〕、城 春 に〔助動・断・用〕 し て〔接助〕 草 青み〔四・用〕 たり〔助動・存・終〕。」と〔格助〕、笠 うち敷き〔四・用〕 て〔接助〕、時 の〔格助〕 移る〔四・体〕 まで〔副助〕 涙 を〔格助〕 落とし〔四・用〕 はべり〔補丁・ラ変・用〕 ぬ〔助動・完・終〕。

泰衡らがいた館の跡は、衣が関を間に置いて南部地方からの入り口を固めて、蝦夷を防いだものとみえる。それにしても（義経は）、忠義の家来たちをえりすぐってこの高館にたてこもって（華々しく戦ったが）、その手柄も（ただ）一時の（夢と消えて、今は一面の）草むらとなってしまっている。「国は破れても山河だけは昔と変わらず残る、廃墟となった城内に春が来ると草は昔と同じように青々としている。」と（いう杜甫の詩を思い出して）、笠を敷いて（腰を下ろし）、時が過ぎるまで涙を流しました。

夏草 や〔間助〕 つはものども が〔格助〕 夢 の〔格助〕 跡

一面に夏草がぼうぼうと生い茂っている。昔、武士たちが立てた功名も一時の夢と消えた跡の姿なのだなあ。

卯の花 に〔格助〕 兼房 見ゆる〔下二・体〕 白毛 かな〔終助〕　曽良

卯の花が白く咲いているのを見ていると、義経の家来の兼房が、白髪を振り乱して戦っている姿が目の前に浮かぶようだ。――曽良

【大　意】　2　教224ページ10～14行

次いで中尊寺《ちゅうそんじ》の経堂《きょうどう》と光堂《ひかりどう》（今の経蔵《きょうぞう》と金色堂《こんじきどう》）を拝し、その荒廃した中にもかつての栄華の趣の残るたたずまいに感動する。

【品詞分解／現代語訳】

離れているということを表し、かつての館の大きさを示している。

2 **北上川《きたかみがわ》**　岩手県中央部を流れる大河。

4 **泰衡《やすひら》らが旧跡《きゅうせき》は、衣《ころも》が関《せき》を隔《へだ》て**　泰衡の居館の場所については不詳。「衣が関」は高館の西方約百メートルの所にある。歌枕で、古代には蝦夷《えぞ》との戦いの拠点だった。

5 **さても**　それにしても。話題を変えるときに用いる接続詞。ここでは、「それにしてもまあ」といった詠嘆の意も含む。

5 **すぐつ《ッ》て**　四段活用動詞「すぐる」の連用形「すぐり」の促音便＋接続助詞「て」。

5 **功名《こうみょう》一時《いちじ》の草《くさ》むらとなる**　俳文独特の省略表現。功名をあげたのも一時のことで、今は一面の草むらになっている。

5 **国破《くにやぶ》れて……青《あお》みたり**　杜甫《とほ》の「春望」（教科書三六九ページ）の一節をもとにした表現。

語句の解説　2

教224ページ

10 **耳驚《みみおどろ》かしたる**　「耳驚く」は、「聞いて驚く」の意。

13 **しばらく**　長い歴史から見ればほんの短い

副 四・用 助動・完・体 サ変・終 係助 格助 格助
かねて耳驚かしたる二堂開帳す。経堂は三将の像を
以前からうわさに聞いて驚いていた(中尊寺の経堂と光堂の)二堂が開帳されている。経堂には三代の将軍の像を残し

四・用 係助 格助 格助 下二・用 格助 格助 サ変・終
残し、光堂は三代の棺を納め、三尊の仏を安置す。七宝
ており、光堂にはこれら三代の棺を納め、(阿弥陀如来と観世音菩薩・勢至菩薩の)三尊の仏を安置している。七宝も

下二・用 接助 格助 格助 下二・用 格助 格助 上二・用 接助
散り失せて、珠の扉風に破れ、金の柱霜雪に朽ちて、
消失し、珠玉をちりばめた扉も風のために破れ、金箔の柱も霜や雪のために朽ちて、

副 格助 格助 四・終 助動・当・体 接助 ナリ・用
すでに頽廃空虚の草むらとなるべきを、四面新たに
とっくにくずれ落ちて何もない草むらになるはずであったが、周囲に新しく囲いを

四・用 接助 格助 四・用 接助 格助 四・終 副 格助
囲みて、甍を覆ひて風雨をしのぐ。しばらく千歳のかたみ
して、屋根で覆って風雨を防いでいる。しばらくの間は、千年の昔をしのぶ記念物

格助 係助 四・已 助動・存・終
とはなれり。
になっている。

格助 四・用 接助 係助
五月雨の降り残してや光堂
すべてを朽ち果てさせる五月雨がここだけは降らなかったのだろうか。今もなお、昔と同じように燦然と輝いている光堂よ。

間のことに過ぎず、人間の営みははかないものだとわかっているところから、このように述べたもの。

13 かたみ　昔をしのぶ記念の品。

14 降《ふ》り残《のこ》してや　「や」は疑問で、詠嘆の意も含む。このあとに「かくあらむ」が省略されていると考える。

学習の手引き

一 「夏草や」「五月雨の」の句を鑑賞し、散文部分の記述とどのような関係にあるか、説明してみよう。

解答例 ・「夏草や」＝季語は「夏草」(夏)。切れ字「や」の用いられている「夏草」の生い茂る情景に感動の中心がある。／散文部分の「功名一時の草むらとなる」(三四・5)、「城春にして草青みたり」(三四・6)に照応させ、「つはものどもが夢」のはかなさへの思いを加えている。

・「五月雨の」＝季語は「五月雨」(夏)。切れ字「や」の用いられている「降り残して」に感動の中心がある。／「光堂は……をしのぐ」「千歳《せんざい》のかたみ」(三四・10〜13)と照応させ、長い歳月の中で今も輝き続ける「光堂」を称《たた》える視点を加えている。

活動の手引き

一 藤原秀衡《ひでひら》や源義経について調べ、本文の読解に必要な情報を報告し合おう。

考え方 藤原秀衡は、源義経の幼い頃からの庇護者《ひごしゃ》で、子の泰衡に

義経を守るように遺言して死んだが、泰衡は源頼朝《みなもとのよりとも》の命に逆らえず、義経主従を攻め滅ぼした。

言葉の手引き

一　次の語の意味を調べよう。

「語句の解説」参照。

二　「さても、義臣すぐつてこの城にこもり、功名一時の草むらとなる。」(三四・5)という俳文独特の表現を、省略された内容を補って口語訳しよう。

「現代語訳」参照。

〔奥の細道〕 立《りふ》石《しやく》寺《じ》

教科書P.226～227

【大意】 教226ページ1～7行

人に勧められて、予定になかった立石寺《りっしゃくじ》を訪ねる。自然の中に溶け込んだような寺院のたたずまい。蟬《せみ》の声だけが聞こえる静寂の中で、自分の心も静かに澄みきっていくのが感じられる。

【品詞分解／現代語訳】

山形領 に〔格助〕 立石寺 と〔格助〕 いふ〔四・体〕 山寺 あり〔ラ変・終〕。 慈覚大師 の〔格助〕 開基 に〔助動・断・用〕 して〔接助〕、

山形藩の領内に立石寺という山寺がある。慈覚大師が開かれた寺であって、

ことに〔副〕 清閑 の〔格助〕 地 なり〔助動・断・終〕。 一見す〔サ変・終〕 べき〔助動・適・体〕 よし、 人々 の〔格助〕 勧むる〔下二・体〕 に〔格助〕

とりわけ清らかで静かな場所である。一度は見ておくのがよいとのこと、人々が勧めるので、

よつ〔四・用(音)〕 て〔接助〕、 尾花沢 より〔格助〕 とつて返し〔四・用〕、 そ〔(代)〕 の〔格助〕 間 七里 ばかり〔副助〕 なり〔助動・断・終〕。

尾花沢から引き返したが、その間七里ほどである。

日 いまだ〔副〕 暮れ〔下二・未〕 ず〔助動・打・終〕。 ふもと の〔格助〕 坊 に〔格助〕 宿 借りおき〔四・用〕 て〔接助〕、

日はまだ暮れていない。ふもとの宿坊に宿を借りておいて、

山上 の〔格助〕 堂 に〔格助〕 登る〔四・終〕。 岩 に〔格助〕 巌 を〔格助〕 重ね〔下二・用〕 て〔接助〕 山 と〔格助〕 し〔サ変・用〕、 松柏 年

山上の本堂に登る。岩が重なり合って山となっており、松などの常緑

語句の解説

教226ページ

1 開基《かいき》　寺院を新たに開くこと。

1 清閑《せいかん》　清らかでもの静かなこと。

2 一見《いっけん》すべきよし　一度見るのがよいとのこと。「べし」は適当の助動詞で「……するのがよい」の意。「よし」は「……という こと」の意。

2 とつ《ツ》て返《かえ》し　引き返し。当初、尾花沢《おばなざわ》から羽州《うしゅう》街道を北上する予定だったのを、逆に南下した。来た道を戻ったのではない。

4 松《しょう》柏《はく》年《とし》ふり　「ふり」は上二段活用動詞「ふる(旧る)」の連用形。

6 佳景《かけい》寂寞《じゃくまく》として　「佳景」は「すぐれた景観」、「寂寞たり」は「しんと静まり返った様子」を表す。

ふり、土石 老い て 苔 なめらかに、岩上 の 院々 扉 を 閉ぢ て、
高木が年を経て、土や石も古くなって、苔がなめらかに覆い、岩の上の諸堂はみな扉を閉じて、
物 の 音 聞こえ ず。 岸 を 巡り 岩 を はひ て、仏閣 を 拝し、
物音一つ聞こえない。 崖のふちを回り岩の上をはうようにして、仏堂にお参りしたが、
佳景 寂寞と して 心 澄みゆく のみ おぼゆ。
すばらしい景色はひっそりとしていて心が澄みきってゆくことだけが感じられる。
閑かさ や 岩 に しみ入る 蟬 の 声
何という静けさだろうか。この静けさの中で鳴く蟬の声は、岩の中にしみ入るようである。

6 おぼゆ 思われる。「おもはゆ」→「おもほゆ」→「おぼゆ」と変化したもの。「ゆ」は、上代の自発・受身の助動詞で、「自然とそう思われる」の意。

7 閑《しづ》かさや…… 季語は「蟬」で、季節は夏。「や」が切れ字。

学習の手引き

一 「閑かさや」の句を鑑賞し、初案「山寺や石にしみつく蟬の声」、再案「さびしさや岩にしみこむ蟬の声」の二句と比較して、その味わいの違いを説明してみよう。

解答例 ・句の鑑賞…終案の感動の中心は「閑かさ」にあり、それを際立たせる蟬の声が「寂寞」の世界を強調している。「岩にしみ入る」からは、無心に耳を傾ける芭蕉《ばしょう》の澄んだ心境が想像できる。

・初案…「山寺」に感動の中心があり、蟬の声も「しみつく」で、「石」の表面にとどまっている印象であまり深みがない。

・再案…「さびしさ」が感動の中心であり、蟬の声を「岩にしみこむ」ものとする点では終案の世界に近づいているが、それを「さびしさ」という感情を表す言葉で受けとめる点が説明的で、やや物足りなさが残る。

活動の手引き

一 「岩に巌を重ねて」(二二六・4)以下の描写と、次ページの写真から得られる情報をもとに、立石寺の様子を説明してみよう。

解答例 一面緑に覆われた写真からは、降りしきっているであろう蟬の声のすさまじさが想像される。険しい岩の上に切りひらかれた、規模の大きな寺院の中に作者はおり、それは、建物と岩の間をはうようにして山上へと登ってゆく一人の旅人の姿である。

言葉の手引き

一 次の語の意味を調べよう。

「語句の解説」参照。

二 次の傍線部の助詞の意味を答えよう。

1 その間《あひ》七里ばかりなり。(二二六・2)

2 心澄みゆくのみおぼゆ。(二二六・6)

解答例 1 程度 2 限定

●漢文とは

「漢文」とは、中国で書かれた漢字による文章のことで、とくに、現代の中国語文に対して、古い時代の中国の文章や文学のことである。また、これに倣って書かれた日本の文章や文学のこともいう。

●訓読《くんどく》とは

漢文を日本語の文法に従って読むことを「訓読」という。訓読のために工夫されたのが、送り仮名や返り点などの訓点である（「漢文を読むために 1〜5」で解説）。

漢文の学習

教科書P. 232〜233

■漢文の歴史

漢文は、今から千数百年前に大陸からの渡来者からもたらされ、しだいに返り点・送り仮名を付けて日本語の文語文に変換しながら読む方法が発展し、定着した。

固有の文字のなかった日本では最初は漢文が使われ、やがて万葉仮名や仮名の発明で日本語を表記できるようになったが、知識人はもっぱら漢文を使用した。漢文訓読体という日本語の文体を生み、やがて和漢混交文体が発展し、現代の日本語の文体に引き継がれている。

■訓読と訓点

(1) 送り仮名

① 訓読するために補う活用語尾や助詞などの送り仮名は、歴史的仮名遣い・かたかなを用いる。

② 活用語は活用語尾を送る。

③ 再読文字で、二度めに動詞・助動詞として読むときの送り仮名は、その再読文字の左横下に、語形の変化する部分を送る。

④ 副詞・接続詞・前置詞などは、原則として最後の一字を、助動詞は語形の変化する部分を送る。

⑤ 会話・引用などの終わりには「ト」を送る。

(2) 返り点

日本語の語順に合わせるために用いる符号である。

① レ点

② 一二点

③ 上中下点

④ 一レ点・上レ点

⑤ 熟語の二字の間に入れる「－」

返り点については「漢文を読むために 1」で詳説する。

(3) 書き下し文のきまり

① 漢文は中国の文語文なので、歴史的仮名遣いを用いる。

② 訓読するとき、助詞・助動詞にあたる漢字はひらがなに改める。

③ 再読文字の二度めに読む部分は、ひらがなに改める。

④ 訓読しない漢字(＝置き字)は、書き下し文に表さない。(於・而・矣・焉など。)

訓読に親しむ㈠

教科書P.234

● 繰り返し音読してみよう。

教科書の例文と似た構造の文をあげてある。教科書の文とともに繰り返し音読して、漢文の構造・調子に慣れよう。

A 忠言ハ逆ラフレ耳ニ。
1 2 4レ 3

忠言《ちゅうげん》は耳《みみ》に逆《さか》らふ。

● 忠告は素直に聞き入れにくい。

B 瓜《くわ》田《でん》ニ不《ず》レ納《い》レ履《くつ》ヲ。
1 2 5レ 4レ 3

瓜田《かでん》に履《くつ》を納《い》れず。

● 瓜《うり》を盗んだと疑われないように、瓜畑では靴が脱げても履き直さない。

C 憂フル二其《そ》ノ壊ルルヲ一者ハ為《な》ス二大遠一ト。
3二 1 2一 4 7三 5 6一

其《そ》の壊《こわ》るるを憂《うれ》ふる者《もの》は大遠《だいえん》と為《な》す。

● それ(天地)が崩壊するのではないかと心配するのは遠大すぎると思う。

D 巧詐ハ不レ如《し》カ二拙誠一ニ。
1 2 6レ 5二 3 4一

巧詐《こうさ》は拙誠《せっせい》に如《し》かず。

● 巧みに人を欺くよりは不器用でも誠実なほうがよい。

E 無シ下不《ざ》ルレ知ラレ敬スルヲ二其ノ兄ヲ一者上。
7下 5レ 4レ 3二 1 2一 6上

其《そ》の兄《あに》を敬《けい》するを知《し》らざる者《もの》無《な》し。

● 自分の兄を尊敬することを知らない者はいない。

漢文を読むために 1

教科書P.235

返り点の種類と用法

1 **レ点**…すぐ上の一字に返って読むときに用いる。

[2]レ[1]

2 **一二点**…二字以上を隔てて、上に返って読むときに用いる。

[3]二[1][2]一

3 **上中下点**…「一二点」を挟んで、上に返って読むときに用いる。

[7]下[3]二[1][2]一[6]中[4][5]上

4 **一レ点・上レ点**…一レ点・上レ点は、レ点を優先して読む。

[1][2][7]二[4]レ[3][6]一レ[5]

[9]下[1][6]二[2][3][4][5]一[8]上レ[7]

5 **―**…二字の熟語に返って読むときに、二字の間に入れる。

[3]-[4]二[1][2]一

練習問題

（　）内の書き下し文を参考にして、読む順番に漢字の左に番号を書きなさい。

〈例〉　積レ仁　潔レ行。（仁を積み行を潔くす。）
　　　2　1　4　3

① 一日行二千里一。（一日に千里を行く。）

② 景公問二政孔子一。（景公政を孔子に問ふ。）

③ 孔子学二鼓レ琴師襄子一。（孔子琴を鼓するを師襄子《じょうし》に学ぶ。）

④ 秦人恐-喝二諸侯一、求レ割レ地。（秦人《しんひと》諸侯を恐喝し、地を割かんことを求む。）

⑤ 不レ登二高山一、不レ知二天之高一也。（高山に登らずんば、天の高きを知らざるなり。）

⑥ 有レ徳者必有レ言、有レ言者不二必有一レ徳。（徳有る者は必ず言有り、言有る者は必ずしも徳有らず。）

⑦ 高倉帝幼時、有下献二楓樹一者上。（高倉帝の幼時、楓樹《ふうじゅ》を献ずる者有り。）

解答

① 1・2・5・3・4

② 1・2・6・3・4・5

③ 1・2・8・4・3・5・6・7

④ 1・2・5・6・3・4・9・8・7

⑤ 4・3・1・2・9・8・5・6・7・10

⑥ 2・1・3・4・6・5・8・7・9・13・10・12・11

⑦ 1・2・3・4・5・10・8・6・7・9

訓読に親しむ(二)

教科書P.236

● 繰り返し音読してみよう。

教科書の例文と似た構造の文をあげてある。

A　張儀嘗《かつ》テ遊ビレ楚《そ》ニ、為ルニ楚相ノ所トレ辱《はづか》シムル。

1 2 3 5レ 4 10二 6 7 9レ 8

B　如《ごと》シ下揮《ふる》ツテ二快刀一ヲ断中ツガ乱麻上ヲ。

7下 3二 1 2一 6中 4 5上

C　備ヘシ三他ノ盗之出入ト与《と》ニ二非常一也。

9三 1 2 3 4 5 8二 6 7一 10

D　有リ下博《ひろ》ク施シテ二於民一ニ而能《よ》ク済《すく》フ上衆ヲ。

7下 1 3二 × 2一 × 4 6上 5

教科書の文とともに繰り返し音読して、漢文の構造・調子に慣れよう。

張儀《ちょうぎ》嘗《かつ》て楚《そ》に遊《あそ》び、楚相《そしょう》の辱《はずか》しむる所《ところ》と為《な》る。

● 張儀は以前に楚の国に旅に出かけ、楚の宰相に侮辱されたことがあった。

快刀《かいとう》を揮《ふる》つて乱麻《らんま》を断《た》つがごとし。

● 鋭い刀で乱れた麻を断ち切るようだ。

他《た》の盗《とう》の出入《しゅつにゅう》と非常《ひじょう》とに備《そな》へしなり。

● 他の盗賊の出入りと非常事態とに備えたのです。

博《ひろ》く民《たみ》に施《ほどこ》して能《よ》く衆《しゅう》を済《すく》ふ有《あ》り。

● 広く人民に恩恵を施し多くの人民を救済できる人がいる。

漢文を読むために　2

教科書P.237

助字

文中や文末にあって、名詞・動詞・形容詞などの実字を助け、疑問や断定・接続などの意味を添える文字をいう。おもに日本語の助詞・助動詞・接続詞などに相当する働きをし、置き字も助字の中に含まれる。

1 文中にある助字

於(比較・対象)　而(接続)　之(連体修飾)

2 文末にある助字

也《なり》（断定）　哉《かな》（感嘆）　乎《や》（疑問）　邪《か》（疑問・反語）　耳《のみ》（限定）

置き字

助字のうち、訓読するときに読まない文字を置き字という。ただし、これらの字は、常に読まないわけではなく、読むか読まないかは、文中における用法によって決まる。

練習問題

（　）内の書き下し文を参考にして、各文中の置き字に傍線をつけなさい。

〈例〉青シ二於藍ヨリモ一。（藍《あい》よりも青し。）

① 己ノ所レ不レ欲セ、勿カレ施スコト二於人ニ一。（己の欲せざる所、人に施すこと勿《な》かれ。）

② 得テ二天下之英才ヲ一而教二育スヲ之ヲ一。（天下の英才を得て之を教育す。）

③ 忠言ハ逆ラヘドモ二於耳ニ一、而利アリ二於行ヒニ一。（忠言は耳に逆らへども、行ひに利あり。）

④ 過チテ而不ル改メ、是ヲ謂フレ過チト矣。（過ちて改めざる、是を過ちと謂《い》ふ。）

⑤ 与《と》二朋友一交ハリテ、而不ル信ナラレ乎か。（朋友と交はりて、信ならざるか。）

⑥ 吾十有五ニシテ而志ス二于学ニ一。（吾《われ》十有五にして学に志す。）

解答

① 己ノ所レ不レ欲セ、勿カレ施スコト二於人ニ一。

② 得テ二天下之英才ヲ一而教二育スヲ之ヲ一。

③ 忠言ハ逆ラヘドモ二於耳ニ一、而利アリ二於行ヒニ一。

④ 過チテ而不ル改メ、是ヲ謂フレ過チト矣。

⑤ 与《と》二朋友一交ハリテ、而不ル信ナラレ乎か。

⑥ 吾十有五ニシテ而志ス二于学ニ一。

訓読に親しむ㈢

教科書P.238

● **繰り返し音読してみよう。**

教科書の再読文字を含む例文と似た構造の文をあげてある。教科書の文とともに繰り返し音読して、漢文の構造・調子に慣れよう。

A 人ハ当《まさ》ニレ惜シム二寸陰ヲ一。

[1] [2/6]レ [5]二 [3] [4]一

人《ひと》は当《まさ》に寸陰《すんいん》を惜《お》しむべし。

● 人間はわずかな時間を大切にすべきである。

B　魏《ぎ》ノ文《ぶん》侯《こう》且《まさ》ニレ置カントレ相《しやう》ヲ。
[1][2][3][4・7]レ[6]レ[5]

C　盍《なんゾ》ざル三各《おのおの》言ハ二爾《なんぢ》ノ志一ヲ。
[1・6]三[2][5]二[3][4]一

D　吾《われ》未《いまダ》ざル二嘗テ不ずンバアラレ得レ見《まみ》ユルヲ也。
[1][2・7]二[3][6]レ[5]レ[4][8]

…………………………

魏《ぎ》の文侯《ぶんこう》且《まさ》に相《しょう》を置《お》かんとす。

●魏の文侯は宰相を置こうとした。

盍《なん》ぞ各《おのおの》爾《なんじ》の志《こころざし》を言《い》はざる。

●どうしてそれぞれが自分の思っていることを言わないのか、言えばよいのに。

吾《われ》未《いま》だ嘗《かつ》て見《まみ》ゆるを得《え》ずんばあらざるなり。

●私はこれまで必ずお会いできていたのです。

漢文を読むために　3

教科書P.239

再読文字

漢字一字で日本語の副詞と助動詞または動詞の二つの意味を持ち、二度訓読するところから再読文字という。

再読文字の種類と意味

① 未（いまダ……〔セ〕ず）→「まだ……〔し〕ない」
② 将・且（まさニ……〔セ〕ントす）→「（今にも）……〔し〕ようとする」
③ 猶（なホ……〔ノ・ガ〕ごとシ）→「ちょうど……〔の〕ようだ」
④ 当（まさニ……〔ス〕ベシ）→「……〔し〕なければならない」
⑤ 応（まさニ……〔ス〕ベシ）→「きっと……〔の〕はずだ」
⑥ 宜（よろシク……〔ス〕ベシ）→「……〔する〕のがよい」
⑦ 須（すべかラク……〔ス〕ベシ）→「ぜひ……〔する〕必要がある」
⑧ 盍（なんゾ……〔セ〕ざル）→「どうして……〔し〕ないのか」

練習問題　再読文字に注意して、読む順番に次の各文の漢字の左に番号を書きなさい。

〈例〉未二嘗敗北一。（未だ嘗《かつ》て敗北せず。）
1・5 2 3 4

① 須レ尽レ酔。（須らく酔を尽くすべし。）

② 未レ果、尋病終。（未だ果たさず、尋《つ》いで病みて終はる。）

③ 君自二故郷一来。応レ知二故郷事一。（君故郷より来たる。応に故郷の事を知るべし。）

④ 孤之有二孔明一、猶二魚之有一レ水。

（孤の孔明《こうめい》有るは、猶ほ魚の水有るがごとし。）

⑤ 君将レ有三以利二吾国一乎。

（君将に以《も》つて吾《わ》が国を利する有らんとするか。）

学習の手引き

一 読む順に、番号をつけてみよう。

1 於《おイテ》レ物《ニ》無《キ》レ不レ陥《ルとほサ》也。　□□□□□□

2 若《なんぢハ》非《あらズ》二吾《わガ》故人《ニ》一乎《や》。　□□□□□□

3 家貧《シクシテ》不二常《ニハ》得一レ油《ヲ》。　□□□□□□

4 有下能《リよク》為《ス》二狗《く》盗《たうヲ》一者上。　□□□□□□

5 吾《われ》日《ニ》三省《ス》二吾《ガ》身《ヲ》一。　□□□□□□

解答

1 2・1・5・4・3・6

2 1・5・2・3・4・6

3 1・2・6・3・5・4

4 6・1・4・2・3・5

5 1・2・5・6・3・4

二 書き下し文を参考にして、次の文に返り点をつけてみよう。

1 所向無敵。〈向かふ所敵無し。〉

2 人非木石。〈人は木石《ぼくせき》に非ず。〉

3 略定秦地。〈秦《しん》地を略定す。〉

4 欲改推作敲。〈推を改めて敲《かう》と作《な》さんと欲す。〉

5 無友不如己者。〈己に如かざる者を友とすること無かれ。〉

6 吾不復夢見周公。〈吾復《ま》た夢に周公《しうこう》を見ず。〉

7 如揮快刀断乱麻。〈快刀を揮《ふる》つて乱麻を断つが如《ごと》し。〉

解答

1 所レ向無レ敵。

2 人非二木石一。

3 略二定秦地一。

4 欲二改レ推作一レ敲。

5 無レ友二不レ如レ己者一。

6 吾不三復夢見二周公一。

7 如下揮二快刀一断中乱麻上。

三 書き下し文を参考にして、次の文に返り点をつけてみよう。

1 習与性成。〈習ひ性と成る。〉

2 防民之口、甚於防水。〈民の口を防ぐは、水を防ぐよりも甚だし。〉

解答

① （1・4）・3・2

② （1・3）・2・4・5・6

③ 1・4・2・3・5・（6・11）・10・7・8・9

④ 1・2・5・3・4・（6・11）・7・8・10・9

⑤ 1・（2・8）・7・3・6・4・5・9

3　忠言逆於耳、而利於行。

〈忠言は耳に逆らへども、行ひに利あり。〉

4　有一言而可以終身行之者乎。

〈一言にして以つて終身之を行ふべき者有りや。〉

解答

1　習与レ性成。

2　防二民之口一、甚二於防一レ水。

3　忠言逆二於耳一、而利二於行一。

4　有下一言而可二以終身行一レ之者上乎。

四　次の文を書き下し文にしてみよう。

1　仁ハ人ノ心也。

2　苗ハ則チ槁《か》レタリ矣。

3　乗リテレ桴《いかだ》ニ浮二カバン于海一ニ。

4　紅二ナリ於二月ノ花一ヨリモ。

5　忘二レタル会稽《くわいけい》之恥一ヲ邪《か》。

6　独リ不レラン愧《は》ヂ二於心一ニ乎《や》。

7　甚シキ哉《かな》愛憎之時。

8　尭《げう》舜《しゆん》与レ人同ジキ耳《のみ》。

解答

1　仁は人の心なり。

2　苗は則ち槁れたり。

3　桴に乗りて海に浮かばん。

4　二月の花よりも紅なり。

5　会稽の恥を忘れたるか。

6　独り心に愧ぢざらんや。

7　甚しきかな愛憎の時。

8　尭舜人と同じきのみ。

五　書き下し文を参考にして、次の文に返り点と送り仮名を施してみよう。

1　将来。〈将に来たらんとす。〉

2　当然。〈当に然《しか》るべし。〉

3　応有意。〈応に意有るべし。〉

4　将限其食。〈将に其の食を限らんとす。〉

5　趙且伐燕。〈趙《てう》且に燕《えん》を伐たんとす。〉

6　宜在高位。〈宜しく高位に在るべし。〉

7　盍為我言之。〈盍ぞ我が為に之を言はざる。〉

8　須惜少年時。〈須らく少年の時を惜しむべし。〉

解答

1　将ニレ来タラント。

2　当ニシレ然ル。

3　応ニシレ有ルレ意。

4　将ニレ限ラント二其ノ食一ヲ。

5　趙且ニレ伐タントレ燕ヲ。

6　宜シクシレ在ル二高位一ニ。

7　盍ゾル二為ニレ我ガ言一レハ之ヲ。

8　須ラクシレ惜シム二少年ノ時一ヲ。

六　次の文を書き下し文にしてみよう。

1　対シテハ㆑酒ニ当ニシ㆑歌フ。
2　猶ホキ㆓子ノ事《つか》フルガ㆒㆑父ニ也。
3　盍ゾル㆑反《かへ》ラ㆓其ノ本ニ㆒矣。
4　幽人応ニシ㆑未ダル㆑眠ラ。
5　且ニ㆔後ニ為ラント㆓国ノ患ヒト㆒。
6　得バ㆑意ヲ須ラクシ㆑尽クス㆑歓ヲ。
7　宜シクシ㆑取ル㆓其ノ所ヲ㆒㆑長ズル。

解答　1　酒に対しては当に歌ふべし。
2　猶ほ子の父に事ふるがごときなり。
3　盍ぞ其の本に反らざる。
4　幽人応に未だ眠らざるべし。
5　且に後に国の患ひと為らんとす。
6　意を得ば須らく歓を尽くすべし。
7　宜しく其の長ずる所を取るべし。

七　次の語句に返り点と送り仮名を施してみよう。

1　地震　　2　避難
3　中毒　　4　未然
5　已然　　6　不可避
7　不世出　　8　未曽有

考え方　書き下し文にした場合、次のようになる。
1　地震ふ　　2　難を避く
3　毒に中《あた》る　　4　未《いま》だ然《しか》らず
5　已《すで》に然り　　6　避く可《べ》からず
7　世に出《い》でず　　8　未《いま》だ曽《かつ》て有らず

解答　1　地震フ　　2　避ク㆑難ヲ
3　中ル㆑毒ニ　　4　未ダ㆑然ラ
5　已ニ然リ　　6　不㆑可カラ㆑避ク
7　不㆓世ニ出デ㆒　　8　未ダ㆓曽テ有ラ㆒

八　次の語句を書き下し文にしてみよう。

1　日進月歩　　2　以心伝心
3　有名無実　　4　百発百中
5　臨機応変　　6　勧善懲悪
7　巻《けん》土《ど》重《ちょう》来《らい》　　8　傍若無人

解答　1　日に進み月に歩む　　2　心を以て心に伝ふ
3　名有れども実無し　　4　百たび発して百たび中《あ》つ
5　機に臨みて変に応ず　　6　善を勧め悪を懲らす
7　土を巻きて重来す　　8　傍らに人無きがごとし

漢文を読むために 4

教科書P.242〜243

漢文訓読のための基本語彙

漢文には読み方や意味に注意しておきたい語句や表現がある。

1 副詞・接続詞

	〈読み〉	〈意味〉
敢	あへテ	進んで〜する
嘗	かつテ	以前に
尽・悉	ことごとク	すべて
忽	たちまチ	突然に
已	すでニ	もはや
方	まさニ	ちょうど今
漸	やうやク	しだいに
故	ゆゑニ	それだから
固	もとヨリ	もともと もちろん
蓋	けだシ	思うに・たぶん
凡	およソ	おおかた

2 疑問詞

誰・孰	たれカ	誰が〜か
孰	いづレカ	どちらが〜か
何・胡	なんゾ	どうして〜か
何	なにヲカ	何を〜か
安・焉	いづクンゾ	どうして〜か

3 同じ読み方をする字

・「すなはチ」と読む字は五つ覚えておきたい。
①則(〜すると) ②乃(そこで) ③即(ただちに)
④便(すぐに) ⑤輒(〜するたびに)

・「まタ」と読む字は三つがよく用いられ、おもな意味が異なる。
①復(ふたたび) ②亦(〜もまた) ③又(そのうえ)

4 複数の読み方がある字

自	みづかラ・おのヅカラ・より
為	なル(なス)・ためニ・ためニス・たリ・つくル・る(らル)
若	ごとシ・しク・もシ・なんぢ
如	ごとシ・しク・もシ・ゆク
与	と・ともニ・より・あたフ・あづカル・くみス
已	すでニ・やム・のみ
之	これ・の・ゆク
見	みル・みユ・まみユ・あらハル・る(らル)

5 特殊な読み方をする語

	〈読み〉	〈意味〉
以為	おもヘラク	思うに
所以	ゆゑん	理由
何如・何若	いかん	どうであるか
如何・奈何	いかん	どうしたらよいか
如レ此	かクノごとシ	このようである
而已・也已・耳	のみ	〜だけだ
何為	なんすレゾ	どうして〜か
為レ人	ひとトなり	人柄・性格
所謂	いはゆる	世に言うところの

是以　ここヲもツテ　こういうわけで・だから
以レ是　こレヲもツテ　このことから
於レ是　ここニおイテ　そこで・こうして
不レ然　しかラずンバ　そうでなければ
然則　しかラバすなはチ　そうだとすると
然後　しかルのちニ　そのあとで

6 必ず下から返って読む字〈返読文字〉

有　あり　～がある　〈例〉有レ害（害有り）
無　なシ　～がない　〈例〉無レ益（益無し）
難　かたシ　～しにくい　〈例〉難レ成（成り難し）
易　やすシ　～しやすい　〈例〉易レ老（老い易し）
多　おほシ　～が多い　〈例〉多レ労（労多し）
少・寡　すくナシ　～が少ない　〈例〉少レ功（功少なし）
自・従　より　～から　〈例〉自二故郷一（故郷より）
不　ず　～ない　〈例〉不レ言（言はず）
非　あらズ　～ない　〈例〉非レ人（人に非ず）
莫・勿　なカレ　～するな　〈例〉勿レ為（為すこと勿かれ）
若・如　ごとシ　～のようだ　〈例〉若レ無（無きが若し）
可　ベシ　～できる　〈例〉可レ行（行くべし）
見　る（らル）　～れる・られる　〈例〉見レ愛（愛せらる）
欲　ほつス　～しようとする　〈例〉欲レ咲（咲かんと欲す）
雖　いへどモ　たとえ～としても　〈例〉雖レ小（小なりと雖も）
毎　ごとニ　～ごとに　〈例〉毎レ年（年毎に）
所　ところ　～のところ　〈例〉所レ悪（悪《にく》む所）

練習問題 1

次の傍線部の語の読み方を、送り仮名が必要な場合は送り仮名もふくめて、ひらがなで書きなさい。（現代仮名遣いでもよい。）

① 子《し》無二敢カレ食《く》ラフコトレ我ヲ也。
（＝あなたは決して私を食べてはいけません。）

② 燕《えん》雀《じやく》安知ランニ鴻《こう》鵠《こく》之志ヲ一哉《や》。
（＝燕《つばめ》や雀《すずめ》のような小さな鳥が、どうしておおとりや白鳥のような鳥の志を知ろうか。）

③ 今日不レ雨フラ、明日不ンバレ雨フラ、即有ランニ死《し》蚌《ぼう》一。
（＝今日雨が降らず、明日も雨が降らなければ、どぶがいはただちに死んでしまう。）

④ 傍《かたは》ラニ若レ無キガレ人。（＝そばに人がいないかのようだ。）

⑤ 以テ二子之矛《ほこ》ヲ一、陥《とほ》サバ二子之盾《たて》ヲ一何如。
（＝あなたの矛で、あなたの盾を突いたらどうであるか。）

解答　① あへて（あえて）　② いづくんぞ（いずくんぞ）
③ すなはち（すなわち）　④ ごとし　⑤ いかん

練習問題 2

読む順序に気をつけて、次の文を書き下し文に改めなさい。

① 乃《すなは》チ左手モテ持チレ卮《し》ヲ、右手モテ画《ゑが》クレ蛇ヲ。
② 故ニ遂ニ与レ之行ク。
③ 有リレ朋《とも》自リ二遠方一来タル。
④ 雖モレ不トレ中《あた》ラ不レ遠カラ矣。
⑤ 悪《あく》ハ可シ二変ジテ為スレ善ト。

解答　① 乃ち左手もて卮を持ち、右手もて蛇を画く。

② 故に遂に之と行く。

③ 朋有り遠方より来たる。

④ 中らずと雖も遠からず。

⑤ 悪は変じて善と為すべし。

漢文を読むために　5

教科書P.244

漢文の構造

1 主語と述語の関係

〈例〉水清（水は清し）　＊主↓述　で、日本語と同じ語順。

2 述語と目的語・述語と補語の関係

〈例〉・述語と目的語…見レ花（花を見る）

・述語と補語……行ニ広陵ー（広陵に行く）

＊漢文では目的語や補語は述語の後にくる。↓返り点を用いて順序を入れ替え、必要な助詞を加えるなどして訓読する。

3 修飾語と被修飾語の関係

〈例〉良薬（良き薬）　＊日本語と同じ語順。

4 並列語と並列語の関係

〈例〉禍福（禍と福）　＊日本語と同じ語順。

漢文における「返読文字」「再読文字」「置き字」などの分類も、日本語として読めるようにした独自の工夫である。こうした工夫は、漢字文化圏に属する東アジアの他の国でも見られる。

練習問題

次の各文の中で、主語（S）、述語（V）、目的語（O）、補語（C）にあたるものはどれか。〈例〉にならって、傍線とS・V・O・Cの記号で示しなさい。

〈例〉山ハ高シ。↓　山ハ（S）高シ（V）。

① 大器ハ晩成ス。

② 疑心ハ生ズ二暗鬼ヲ一。

③ 王問フ二政ヲ於孔子ニ一。

解答

① 大器ハ（S）晩成ス（V）。

② 疑心ハ（S）生ズ二（V）暗鬼ヲ一（O）。

③ 王（S）問フ二（V）政ヲ（O）於孔子ニ一（C）。

●故事成語とは

「故事」とは、昔あった事柄、昔から伝えられている興味のある事柄、という意味である。その内容を表す熟語や語句で、現代でもよく引用され、比喩的に使われるものを「故事成語」という。

「故事成語」は、日本人の言語生活に深く結び付いていて、スポーツ中継などで使われる「背水の陣」というのも『史記』にある言葉である。ここで学ぶ「漁父《ぎょふ》の利」「狐《きつね》虎の威を借る」「蛇足」も、文章や会話で、現在でもよく使われている。

漁《ぎょ》父《ふ》之利

〔戦国策〕

教科書P.246〜247

【大　意】 教246ページ3〜7行

どぶがいがひなたぼっこをしていると、しぎが食べようとした。どぶがいはしぎのくちばしを挟んで抵抗した。両者とも譲らず争っているうちに、通りかかった漁師にとらえられてしまった。

【書き下し文】

❶今者《いま》臣《しん》の来《き》たるとき、易水《えきすい》を過《す》ぐ。❷蚌《ぼう》方《まさ》に出《い》でて曝《さら》す。❸而《しか》して鷸《いっ》其《そ》の肉《にく》を啄《ついば》む。❹蚌合《ぼうがっ》して其《そ》の喙《くちばし》を箝《はさ》む。❺鷸《いつ》曰《い》はく、「今日《きょう》雨《あめ》ふらず、明日《あす》雨《あめ》ふらずんば、即《すなわ》ち死蚌《しぼう》有《あ》らん。」と。❻蚌《ぼう》も亦《また》鷸《いつ》に謂《い》ひて曰《い》はく、「今日《きょう》出《い》でず、明日《あす》出《い》でずんば、即《すなわ》ち死鷸《しいつ》有《あ》らん。」と。❼両者《りょうしゃ》相舎《あいす》つるを肯《が》へんぜず。❽漁者《ぎょしゃ》得《え》て

【現代語訳】

❶今、わたくしがここへやって来たとき、易水を通りかかりました。❷ちょうどそのとき、どぶがいが泥の中から出てひなたぼっこをしていました。❸そして、しぎがその肉をつついて食べようとしました。❹どぶがいはその殻を閉じて、しぎのくちばしを挟みました。❺しぎが言うには、「今日雨が降らず、明日も雨が降らなければ、ただちにおまえは(干上がって)死んでしまうぞ。」と。❻どぶがいもまた、(負けず

語句の解説

教246ページ

❷**方《まさニ》**　ちょうど。いまや。

❸**而《しかシテ》**　順接の場合は「しか(う)シテ」、逆接の場合は「しかルニ・しかモ・しかレドモ」などと訓読する。

❺**即《すなわチ》有《あラン》二 死蚌《しぼう》一**　ただちにどぶがいの死骸ができる。「即」は「ただちに・すぐに」。

❻**不《ず》レ出《いデ》**　しぎのくちばしがどぶがいの貝殻の中から出ない。

❼**不《ず》レ肯《がヘンぜ》二 相舎《あいすツルヲ》一**　「肯」は「肯定する・承知する」。したがって、「不レ肯」は「……しようとしない」と訳す。

❽**得《えテ》而并《あわセ》ヨ擒《とらフ》之《これヲ》一**　「得《う》レ并《セ》ヨ擒《フル》之《ヲ》一」を強

之《これ》を幷《あわ》せ擒《とら》ふ。

に)しぎに向かって言うには、「今日おまえのくちばしがここから出られず、明日も出られなければ、おまえこそただちに死んでしまうぞ。」と。❼両者とも互いに放そうとしません。❽(通りかかった)漁師は、この両者をいっぺんに捕ることができました。

調した形。「得而」として「得」を強めている。「得」は「手に入れる」という意味ではなく、「〜することができる」という意味の補助動詞。「擒」は「生け捕りにする」の意。

学習の手引き

一　返り点の用法と助字の意味に留意して、繰り返し訓読しよう。

考え方　レ点と一二点の使い方や、置き字の「而」(二四六・4、7)に注意。ここでは順接を表し、「合シテ」「得テ」の「テ」にあたる。

二　「漁者」が「幷擒之」ことができた理由を説明してみよう。

解答例　どぶがいの肉を、しぎがつついて食べようとすると、どぶがいは殻を閉じてしぎのくちばしを挟んだ。その状態のまま両者が互いを放そうとせず、周囲への警戒を怠ったから。

三　本文に登場する三者は、導入文に書かれている三国とどのように対照されているか考え、蘇代《そだい》はこの話で何を伝えようとしたのか、説明してみよう。

考え方　導入文に出てくるのは「秦《しん》」「趙《ちょう》」「燕《えん》」の三国である。強国である秦が勢力を拡大する中で、趙が燕を攻めようとしている状況を理解する。趙は燕よりは強大な国。

解答例　「蚌」は燕、「鷸」は趙、「漁者」は秦のたとえ。蘇代が伝えたかったのは、趙と燕が争っているうちにどちらも秦に侵攻されてしまう、趙と燕は今争うべきではない、ということ。

活動の手引き

一　「漁父之利」という言葉やその由来を知らない人にもわかるように工夫して、独自の故事成語事典を作成しよう。

考え方　次のほか〈出典〉〈用例〉などの項目も立てるとよい。

作成例　「漁父之利」／〈意味〉二者が争っている間に、第三者が利益を横取りすることのたとえ。／〈由来〉燕の国で重用されていた遊説家、蘇代は、趙の恵文王《けいぶんおう》のところに行き、どぶがいがしぎのくちばしを挟み争っているうちに、漁師に捕らえられたというたとえ話をした。これにより強国、秦のことを考えれば、趙と燕が争っている場合ではないと説こうとした、という故事による。

句形

◇太字の部分に注意して、その働きを考えよう。

＊**不**レ雨《フラ》　――雨ふらず(雨が降らず)。「不二〜一。」は「〜ず。」と訓読し、「〜ない。」という**否定**の意味を表す。

狐《きつね》借ル二虎ノ威ヲ一

〔戦国策〕

教科書P.248〜249

【大　意】 教248ページ4行〜249ページ1行

虎に食われそうになった狐が、「天帝が私を百獣の王とされたのに、あなたが私を食べたら天帝に逆らうことになりますよ。」と言った。虎が狐のあとについて行くと、他の獣は皆逃げた。虎は自分を見て皆が逃げたのだとは思わずに、狐を見て逃げたのだと思った。

【書き下し文】

❶虎百獣《とらひやくじゆう》を求《もと》めて之《これ》を食《く》らひ、狐《きつね》を得《え》たり。❷狐《きつね》曰《い》はく、「子《し》敢《あ》へて我《われ》を食《く》らふこと無《な》かれ。❸天帝《てんてい》我《われ》をして百獣《ひやくじゆう》に長《ちよう》たらしむ。❹今《いま》子《し》我《われ》を食《く》らはば、是《こ》れ天帝《てんてい》の命《めい》に逆《さか》らふなり。❺子《し》我《われ》を以《も》つて信《しん》ならずと為《な》さば、吾《われ》子《し》の為《ため》に先行《せんこう》せん。❻子《し》我《わ》が後《あと》に随《したが》ひて観《み》よ。❼百獣《ひやくじゆう》の我《われ》を見《み》て、敢《あ》へて走《に》げざらんや。」と。❽虎《とら》以《も》つて然《しか》りと為《な》す。❾故《ゆえ》に遂《つい》に之《これ》と行《ゆ》く。❿獣之《けものこれ》を見《み》て皆《みな》走《に》ぐ。⓫虎獣《とらけもの》の己《おのれ》を畏《おそ》れて走《に》ぐるを知《し》らざるなり。⓬以《も》つて狐《きつね》を畏《おそ》ると為《な》すなり。

【現代語訳】

❶虎はすべての獣を探し求めては食い、(あるとき)狐をつかまえ(て食おうとし)た。❷狐が言うには、「あなたは、決して私を食べてはいけません。❸天の神は私をすべての獣の王にならせたのです。❹今もし、あなたが私を食べるならば、それは(自分の王を食べてしまうことになり)天の神の命令に背くことになります。❺あなたが私の言うことをうそだと思うならば、私があなたの(疑いを晴らす)ために前に立って歩いて行きましょう。❻あなたは、私のあとからついて来て、(その様子を)よく見なさい。❼獣たちは私を見て、どうして逃げないことがありましょうか、いや、きっと逃げるでしょう。」と。❽虎はそのとおりだと思った。❾そこでそのまま狐と(いっしょに)歩い(て行くことにし)た。❿獣たちはそれを見て、皆逃げ出した。⓫

語句の解説

教248ページ

❶百獣《ひやくじゆう》　あらゆる獣。獣のすべて。

❷無《な》カレ二敢《あ》ヘテ食《く》ラフコトレ我《われ》ヲ也　「無二敢〜一」は否定・禁止を表す。「也」は、ここでは置き字。

❹今《いま》　時を表す用法から転じて、「(実際にはそうでないものの)今もし……ならば」という仮定の意で用いる。

天帝《てんてい》ノ命《めい》　具体的には「天帝使ム三我ヲシテ長タラ二百獣一」の内容をさす。「使」は使役を表す。

❺為《な》サバレ不《ず》トレ信《しん》ナラ　うそだと思うならば。「為」は「思う」、「不レ信」は「真実でない」。

❼敢《あ》ヘテ不《ざ》ランレ走《に》ゲ乎《や》　「敢不二〜一乎」は反語を表す。単なる叙述より強い意味になる。どうして逃げないことがあろうか、いや、きっと逃げる。

❾遂《つい》ニ与《と》レ之《これ》行《ゆ》ク　「遂」は、前のことから予想される結果どおりに事態が進むことを表す言葉。「そのまま」と訳す。「とうとう」の意味にはとらない。

❿之《これ》　この場合は「虎」をさしている。「之」は狐をさす。

虎は、獣たちが自分を畏れて逃げたのだと気づかなかった。⓬よって（虎は）、「（獣たちは）狐を畏れているのだ。」と思った。

教249ページ
⓬以《もって》　ここでは、「よって・だから」の意。

学習の手引き

一　**返り点の用法と助字の意味に留意して、繰り返し訓読しよう。**

考え方　レ点と一点が組み合わさった「㆑」の形に注意。助字は、置き字の「而」「也」のほかに、「之」「乎」「与」などが用いられている。

二　**「虎」「狐」「百獣」が、導入文に書かれている何のたとえになっているかを考え、江乙《こういつ》は宣王《せんおう》にどのようなことを伝えようとしたのか、説明してみよう。**

考え方　導入文に出てくるのは「楚《そ》の宣王」「北方の国々（秦《しん》・魏《ぎ》・斉《せい》）」「昭奚恤《しょうけいじゅつ》」「江乙」の四者である。昭奚恤は楚の宰相で実力者。

解答例　「虎」は「楚の宣王」、「狐」は「昭奚恤」、「百獣」は「北方の国々（「秦」「魏」「斉」）」のたとえ。昭奚恤は宣王の権威を利用して自分を強者に見せかけているにすぎないということを、伝えようとした。（これによって昭奚恤に対する宣王の警戒心を強めさせ、彼を失脚させて、楚の国力を弱めようとした。）

活動の手引き

一　**「狐借虎威」という言葉やその由来を知らない人にもわかるように工夫して、独自の故事成語事典を作成しよう。**

考え方　次のほか〈出典〉〈用例〉などの項目も立てるとよい。

作成例　「狐借虎威」／〈意味〉他人の権力を利用して勝手気ままな態度をとることのたとえ（日本では「虎の威を借る狐」の形で用いられることが多い）。／〈由来〉魏の国の遊説家、江乙は、楚の宣王に近づき、百獣は虎を恐れているのであって狐を恐れているのではないというたとえ話をして、宰相・昭奚恤と宣王との仲を裂こうとしたという故事による。

句形

◇**太字の部分に注意して、その働きを考えよう。**

＊**無**《カレ》ニ**敢**《ヘテ》食《ラフコト》レ我《ヲ》也。――敢へて我を食らふこと無かれ（決して私を食べてはいけない）。「無ニ敢〜一。」は「敢へて〜（すること）無かれ。」と訓読し、「進んで（決して）〜てはいけない。」という否定・禁止の意味を表す。

＊**使**《ム》三我《ヲシテ》長《タラ》ニ百獣《ニ》一。――我をして百獣に長たらしむ（私にすべての獣の王にならせたのだ）。「使ニ―〜一。」は「―に〜させる。」という使役の意味を表す。

＊**敢**《ヘテ》**不**《ラン》レ走《ゲ》**乎**《や》。――敢へて走げざらんや（どうして逃げないことがあろうか、いや、きっと逃げる）。「敢不ニ〜一乎。」は「敢へて〜ざらんや。」と訓読し、「どうして〜ないことがあろうか、いや、〜する。」という反語の意味を表す。助字の「乎」は単独でも反語形を作る。

蛇足

〔戦国策〕

教科書P.250～251

【大　意】　教250ページ5行～251ページ3行

祭祀《さいし》を主宰する者の使用人たちが酒を手に入れた。飲む順番を決めるために、地面に蛇を描《か》くことにした。最初に完成させた者は、さらに足まで描こうとしたが、描き終わらないうちに、次に完成させた者が酒を飲んでしまった。

【書き下し文】

❶楚《そ》に祠者《ししゃ》有《あ》り、其《そ》の舎人《しゃじん》に卮酒《ししゅ》を賜《たま》ふ。❷舎人相謂《しゃじんあいい》ひて曰《い》はく、「数《すう》人之《にんこれ》を飲《の》まば足《た》らず、一人之《いちにんこれ》を飲《の》まば余《あま》り有《あ》り。❸請《こ》ふ地《ち》に画《えが》きて蛇《へび》を為《つく》り、先《ま》づ成《な》る者酒《ものさけ》を飲《の》まん。」と。❹一人《いちにん》の蛇《へび》先《ま》づ成《な》る。❺酒《さけ》を引《ひ》きて且《まさ》に之《これ》を飲《の》まんとす。❻乃《すなわ》ち左手《ひだりて》もて卮《し》を持《も》ち、右手《みぎて》もて蛇《へび》を画《えが》きて曰《い》はく、「吾《われ》能《よ》く之《これ》が足《あし》を為《つく》る。」と。❼未《いま》だ成《な》らざるに、一人《いちにん》の蛇成《へびな》る。❽其《そ》の卮《し》を奪《うば》ひて曰《い》はく、「蛇固《へびもと》より足無《あしな》し。❾子安《しいず》くんぞ能《よ》く之《これ》が足《あし》を為《つく》らん。」と。❿遂《つい》に其《そ》の酒《さけ》を飲《の》む。⓫蛇《へび》の足《あし》を為《つく》る者《もの》、終《つい》に其《そ》の酒《さけ》を亡《うしな》ふ。

【現代語訳】

❶楚に祭祀を主宰する者がいて、(その人が)使用人たちに大杯についだ酒を与えた。❷使用人たちが互いに相談して言うには、「数人でこの酒を飲めば足りず、一人でこの酒を飲めば余りあるほどだ。❸地面に蛇を描いて、最初に完成させた者が酒を飲むことにしよう。」と。❹ある一人が最初に蛇の絵を完成させた。❺(その人は)酒を引き寄せて今にも飲もうとした。❻そして左手で大杯を持ち、右手で蛇を描きながら言うには、「(余裕があるから)おれは蛇の足を描くこともできる。」と。❼(蛇の足が)まだ完成しないうちに、別の一人が蛇を完成させた。❽(そして、最初に蛇を完成させた)その人の大杯を奪って言うには、「蛇にはもともと足はない。❾あなたはどうしてその足を描けるだろうか、いや、描けはしない。」と。❿(その人

語句の解説

教250ページ

❶楚《そ》ニ有《あり》ニ祠《し》者《しゃ》一　「～有ニ—者一」は、存在を表す構文(～に—がある・いる)。

❷相《あい》　下に続く動詞の動作に対象があることを示す。「互いに」と訳す場合と、訳さない場合がある。ここでは前者。

❸請《こフ》～　自分の意志・願望を述べる表現。文末を「ン・セン(コトヲ)」と結ぶ。

為《つくリ》　「為」は漢文における最重要多義語の一つ。ここでは動詞として用いられている。動詞としては「つくル」以外にも、「なル」「なス」などの用法がある。

❺且《まさニ》レ飲《のマント》レ之《これヲ》　「且」は、近未来を表す再読文字。「且ニ～一」で、「今にも～しようとする」の意。

❻乃《すなわチ》　上文と下文の間に時間的・心理的な隔たりがあることを示す。そして。そこで。はじめて。

能《よク》　「(能力があって)……できる」意を表す副詞。

は)そのまま酒を飲んでしまった。⓫蛇の足を描いた人は、結局その酒を飲みそこなった。

教251ページ

❽固《もとヨリ》　「本来・もともと」の意を表す副詞。転じて「もちろん・言うまでもなく」の意も表す。

無《なシ》**レ～**　否定詞「不」が下に用言を伴うのに対して、体言を伴って存在を否定する。

学習の手引き

一　返り点、及び再読文字の用法と助字の意味に留意して、繰り返し訓読しよう。

考え方　再読文字の二度目を読むときの返り点に注意。本文では「且(まさニ～す)」、「未(いまダ～ず)」の二字が用いられている。助字「之(の)」(二五一・1)は連体修飾の意。

二　蛇に足を描いた者が、導入文に書かれている誰のたとえになっているかを考え、陳軫《ちんしん》**は昭陽**《しょうよう》**にどのようなことを説こうとしたのか、説明してみよう。**

考え方　導入文に出てくるのは「楚の将軍・昭陽」「魏《ぎ》」「斉《せい》」「陳軫」「斉王」の五者。よけいなことをしようとした者は誰か考えてみる。

解答例　「蛇に足を描いた者」は「楚の将軍・昭陽」のたとえ。

すでに魏に大勝したことで楚の国で得られる爵位は手に入れており、このうえ斉を討ってもそれ以上のほうびはない。むしろ失敗した場合、手に入るはずの爵位も後任者のものになる。勢いに乗ってよけいなことをすると、せっかくの成果も台無しになる、と陳軫は説こうとした。

活動の手引き

一　「蛇足」という言葉やその由来を知らない人にもわかるように工夫して、独自の故事成語事典を作成しよう。

考え方　次のほか〈出典〉〈用例〉などの項目も立てるとよい。

作成例　「蛇足」／〈意味〉益のないよけいな行為、あるとかえって邪魔なもののたとえとして使われる。／〈由来〉戦国時代の遊説家、陳軫は、楚の将軍、昭陽のもとに赴いて、蛇の絵を最初に完成させた者が酒を飲むという勝負をした者たちのたとえ話をした。最初に描き終えた者がよけいな足を足そうとしたために、ほうびの酒を飲みそこねたという故事による。

句形

◇太字の部分に注意して、その働きを考えよう。

＊**安**クンゾ能ク為ラン二之ガ足ヲ一。——安くんぞ能く之が足を為らん(どうしてこれの足を描けるだろうか、いや、描けはしない)。「安～。」は「安くんぞ～ん。」と訓読し、「どうして～であろうか、いや、～ではない。」という**反語**の意味を表す。

言語活動　故事成語の由来と意味を調べる

教科書P.252〜253

活動の手引き

一　次の故事成語の由来と意味を調べ、独自の故事成語事典を作成しよう。

1　杞憂《きゆう》　2　推敲《すいこう》
3　背水《はいすい》の陣《じん》　4　巻土重来《けんどちょうらい》
5　朝三暮四《ちょうさんぼし》　6　三顧《さんこ》の礼《れい》
7　一炊《いっすい》の夢《ゆめ》　8　管鮑《かんぽう》の交《まじ》わり
9　愚公《ぐこう》　山《やま》を移《うつ》す　10　覆水盆《ふくすいぼん》に返《かえ》らず

解答例　1　杞憂…〈由来〉中国古代の杞の国の人が、天が崩れて落ちてくるのではないかと心配して、寝食も取らなかったという故事による。

〈意味〉心配する必要のないことをあれこれ心配すること。取り越し苦労。

2　推敲…〈由来〉唐の詩人賈島《かとう》が、「僧は推《お》す月下の門」という句を思いついたが、「推《お》す」を「敲《たた》く」にしようかと迷って韓愈《かんゆ》に問い、「敲く」に改めたという故事による。

〈意味〉詩や文章を作るとき、字句をさまざまに練り直してよいものにすること。

3　背水の陣…〈由来〉漢の名将韓信《かんしん》が趙《ちょう》の軍と戦ったとき、わざと川を背にして陣取り、味方に退却できないという決死の覚悟をさせて大勝した故事による。

〈意味〉一歩もひけないような絶体絶命の状況の中で、全力を尽くすこと。

4　巻土重来…〈由来〉秦《しん》末期の武将で劉邦《りゅうほう》と天下を争って敗死した項羽《こうう》の故事を背景に書かれた、唐の詩人、杜牧《とぼく》の次の詩の一節による。

烏江亭《うこうてい》に題す
勝敗は兵家《へいか》も事《こと》期せず
羞《はじ》を包み恥を忍ぶは是《こ》れ男児
＊江東《こうとう》の子弟才俊多し
巻土重来未《いま》だ知るべからず

（現代語訳）
勝敗は兵法家でも予測できない。
恥辱に耐え忍ぶのが男児である。
江東の若者たちには俊才が多い。
再び攻めのぼったら、どうなるかわからない。

＊「江東」…揚子江の下流、項羽が本拠地とした地域。

〈意味〉一度敗れた者が、再び勢いを盛り返してくること。「けんどじゅうらい」とも読む。

5　朝三暮四…〈由来〉宋《そう》の国の狙公《そこう》が、飼っている猿にトチの実を与えるのに、「朝に三つ、暮れに四つやる」と言うと猿が怒ったので、「朝に四つ、暮れに三つやる」と言うと、猿がたいそう喜んだという故事による。

〈意味〉目先の違いにこだわって、実際は同じであるのに気づかないこと。また、うまい言い方で人をだますこと。

6　三顧の礼…〈由来〉三国時代（魏《ぎ》・呉《ご》・蜀《しょく》の三国に分かれて抗

争していた時代)に、劉備《りゅうび》が、諸葛亮《しょかつりょう》(孔明《こうめい》)を軍師として招くために、その草庵《そうあん》を三度訪ねたという故事による。このとき、劉備は既に天下に知られた人物であり、諸葛亮は野に暮らす無官の人であったのに、目上の者が格下の者に三度も出向いて願い事をした。

〈意味〉人の上に立つ者が、物事を頼みたい相手に、特別に礼を尽くして交渉すること。

7　一炊の夢…〈由来〉唐の時代、盧生《ろせい》という青年が、趙の都の邯《かん》鄲《たん》で道士の枕を借りて眠り、五十余年もの間栄華を極めて暮らす夢を見たが、目覚めてみると、炊《た》きかけの粟《あわ》がまだ炊きあがっていないわずかな時間のことであったという故事による。

〈意味〉「一炊」は飯をひと炊きする短い時間のこと。「一炊の夢」で、人の世の栄華のはかないことのたとえ。「盧生の夢」「邯鄲の夢」「邯鄲の枕」の形でも用いられる。

8　管鮑の交わり…〈由来〉春秋時代、管仲《かんちゅう》と鮑叔牙《ほうしゅくが》という青年がいた。二人はどんなときにも信頼し合い、助け合った。のちに大政治家になった管仲は「我を生む者は父母なり。我を知る者は鮑叔なり」と言って、その友情は終生変わらなかったという故事による。

〈意味〉友人同士の親密な交遊のたとえ。

9　愚公　山を移す…〈由来〉九十歳になる愚公という老人が、家の前に山があるために遠回りしなければならず苦労していた。そこで山を他へ移そうとして、家族の者と山を崩して海に運び始めた。愚かだと笑う人に対して、愚公は、子孫が代々続ければいつかは移動できると答えた。その志に感動した天帝は、一夜で山を移させたという故事による。出典は『列子』。「愚公」は想像上の人物とされる。

〈意味〉どんなに困難なことでも、たゆまず続ければやがて成就するということ。また、愚かな者でも、努力を怠らなければ、遂には大事業をなしとげるという意味でも用いられる。

10　覆水盆に返らず…〈由来〉周の国の呂尚《りょしょう》(太公望《たいこうぼう》)が読書ばかりしていたとき、妻は愛想をつかして去った。のちに呂尚が斉《せい》の領主に封じられたので、妻は復縁を求めてきたが、呂尚は盆の水をこぼして、この水をもとにもどすことができれば復縁してもよいと言って、復縁を拒んだという故事による。

〈意味〉①いったん離別した夫婦の仲は元通りにならないことのたとえ。そこから転じて、②一度してしまったことは、もう取り返しがつかないことのたとえとしても用いられる。

史伝

● 史伝とは

「史伝」とは、歴史と伝記、または歴史的な事実に基づいて書かれた伝記のことである。

『十八史略』は十三世紀の成立。『十八史略』とは、十八の歴史書のあらすじをまとめたもの、という意味である。十八の中には、司馬遷の『史記』、班固の『前漢書』、陳寿の『三国志』なども含まれる。編年体で、逸話風に書かれている。

『史記』は、前漢の武帝の時代に編纂《へんさん》された中国の正史。黄帝から武帝までのことを、紀伝体で記している。本紀《ほんぎ》（帝王の事績を記したもの）十二巻、世家《せいか》（王や諸侯などの家柄の記録）三十巻、列伝（人々の伝記）七十巻、表十巻、書八巻、合計百三十巻からなり、『漢書』をはじめ後世の正史、日本の『日本書紀』などの模範となった。

完《まつたウス》レ璧《ヲ》

〔十八史略〕

教科書P.256〜257

【大　意】　1　教256ページ3〜5行

秦《しん》は趙《ちょう》の璧宝《へきほう》と町との交換を要求した。趙は攻撃されるか、欺かれるかであった。そのとき、趙の賢臣、藺相如《りんしょうじょ》が璧を送り届け、最悪でも璧を完全なままに保って持って帰ることを願い出た。

【書き下し文】

❶趙《ちょう》の恵文王《けいぶんおう》嘗《かつ》て楚《そ》の和氏《かし》の璧《へき》を得《え》たり。❷秦《しん》の昭王《しょうおう》十五城《じゅうごじょう》を以《も》つて之《これ》に易《か》へんことを請《こ》ふ。❸与《あた》へざらんと欲《ほっ》すれば、秦《しん》の強《つよ》きを畏《おそ》れ、与《あた》へんと欲《ほっ》すれば、欺《あざむ》かるるを恐《おそ》る。❹藺相如《りんしょうじょ》曰《い》はく、「願《ねが》はくは璧《へき》を奉《ほう》じて往《ゆ》かん。❺城《しろ》入《い》らずんば、則《すなわ》ち

【現代語訳】

❶趙の恵文王は以前に、楚の「和氏の璧」という宝物を手に入れた。❷秦の昭王は十五の町と交換しようと申し込んできた。❸（恵文王は、）壁を秦に）与えないとすれば、秦の強さを恐れ、与えるとすれば、（秦に）欺かれることを心配した。❹藺相如が言うには、「（私が）璧をささげ持ち（秦に）送り届けたく思います。❺もし町が

語句の解説　1

教256ページ

❶嘗《かつテ》　行為や事件が以前あったことを示す。

❷城《じょう》　中国の町は、周囲が城壁で囲まれていたので、町のことを「城」という。

❸畏《おそレ》二秦《しんノ》強《つよキヲ》一　ここでは、強国の秦が趙に攻め込んでくることを意味する。

❹願《ねがハクハ》　後文の動作や行為を主観的に望むことを表す。

❺則《すなわチ》　「〜バ、則チ」の形で、前文の仮定や条件を受けて、後文で結果を示す。

臣《しん》請《こ》ふ璧《へき》を完《まっと》うして帰《かえ》らん。」と。

手に入らなかったならば、そのときは私は璧を完全に保って（完全なまま趙に）持って帰りましょう。」と。

【大 意】 2 教256ページ6行～257ページ1行

相如は秦王の策謀を見抜き、一度は秦王に渡った璧を奪い返すことに成功した。そしてその璧を供の者に持たせ、こっそり帰国させた。自身は秦に留まり処罰を待った。

【書き下し文】

❶既《すで》に至《いた》る。❷秦王《しんおう》城《しろ》を償《つぐな》ふに意《い》無《な》し。❸相如《しょうじょ》乃《すなわ》ち紿《あざむ》きて璧《へき》を取《と》る。❹怒《ど》髪《はつ》冠《かんむり》を指《さ》す。❺柱下《ちゅうか》に却立《きゃくりつ》して曰《い》はく、「臣《しん》が頭《こうべ》は璧《へき》と倶《とも》に砕《くだ》けん。」と。❻従者《じゅうしゃ》をして璧《へき》を懐《いだ》きて間行《かんこう》して先《ま》づ帰《かえ》らしめ、身《み》は命《めい》を秦《しん》に待《ま》つ。❼秦《しん》の昭王《しょうおう》賢《けん》として之《これ》を帰《かえ》らしむ。

【現代語訳】

❶（相如は）やがて（秦に）到着した。❷秦王には（璧の）代償として町を提供する意志はなかった。❸相如はそこで（その璧にはきずがあるので示しましょうと）だまして璧を取り返した。❹（相如は激怒のため）髪は逆立って冠を突き上げる勢いであった。❺（相如は）後ずさりして、柱のそばに立って言うには、「私の頭をこの璧もろとも（柱で）ぶちわって見せますぞ。」と。❻供の者に璧を抱きかかえさせて、（抜け道から）ひそかに先に帰国させ、自身は秦にとどまって処分を待った。❼秦の昭王は、相如を賢者であると考え、（趙に）帰らせた。

語句の解説 2

教256ページ

❶既《すでニ》 ここでは、ある行為や事態が終了したことを表す。

❷償《つぐなフ》 代償として提供する。

❸乃《すなわチ》 前後の事態がすぐつながるのではなく、時間的な間や心理的屈折がある場合に用いられることが多い。「そこで」の意。

❺与《と》 あとに名詞（句）を伴い、「与二～一（～と）」という前置詞構造を構成する。

教257ページ

1 「身待命於秦」とは、どういう意味か。

答 自身は秦国にとどまって秦王の処分を待つという意味。

学習の手引き

一 本文中において「完璧而帰」とはどういう意味を持つか、当時の時代状況をもとに説明してみよう。

考え方 まず出来事の流れを整理してみよう。秦の昭王が「和氏の璧」を「十五城」と交換しようと言ってきたとき、趙では、璧を与えなければ秦に攻められるだろうが、与えても十五城は手に入らないだろうと考え、秦の申し出にどう応じるか迷った。このとき藺相如が、璧は持って行くが、町が手に入らなければ渡さずに持ち帰ると言い、約束どおり璧を無事に持ち帰ったのである。

解答例 宝物の璧を、傷つけたり秦に奪われたりすることなく、完全な状態のまま趙に持ち帰るという意味。

二 **藺相如の言動からうかがえる人物像を整理しよう。**

考え方 本文中に登場する藺相如の言動から考えてみよう。

・趙が秦の申し出に恐れをなしていたとき、自分が璧を持って行き、城が手に入らなければ璧は渡さずに持ち帰ると願い出た。（→意志の強さ・勇気）

・会見の場で、秦に町を渡す意志がないことを悟ったとき、「きずを示す」というとっさの機転で璧を取り返し、激怒して（自分の頭とともに）璧をうち砕くと豪語した。（→知恵）

・奪い返した璧を従者に持って帰らせ、自分はそのままとどまって秦王の処分を待った。（→責任感・道義心）

解答例 藺相如は死を覚悟のうえで行動を起こし目的を成し遂げることのできる意志の強い性格であり、知恵と勇気を兼ね備えた人物であるといえる。また、自分はとどまって処分を待つなど、強い責任感と道義心も備えた人物としても描かれている。

活動の手引き

一 **藺相如が再び趙と秦との間に立って活躍する「澠池《べんち》の会」について調べ、そこに表された人物像を本文と比較してみよう。**

解答例 趙の恵文王と秦の昭王が澠池で会見した際、秦の昭王が恵文王に瑟《しつ》（琴の一種で遊女が弾くもの）を弾くように言い、恵文王は従った。代わりに、藺相如が昭王に盆缻《ほんふ》（酒などを入れる器）を打って奏でることを求めると、昭王は拒否した。このとき藺相如は、昭王に詰め寄って「私の首の血をあなたに注ぐ（自分は死んで昭王を殺す）」と言って脅し、ついに盆缻を一度だけ打たせ、趙の体面を保つことに成功した。西方の強国「秦」の王にも屈しない藺相如の意志の強さ、行動力は本文と共通している。

句形

◇太字の部分に注意して、その働きを考えよう。

＊**恐**ル㆑**見**ルヲ㆑欺カ。――欺かるるを恐る（欺かれることを心配した）。「見㆓〜㆒。」は「〜る。・〜らる。」と訓読し、「〜される。」という**受身**の意味を表す。また「被」にも同じ用法がある。

＊**遣**メ㆓従者ヲシテ懐キテ㆑璧ヲ間行シテ先ヅ帰㆒ラ――従者をして璧を懐きて間行して先づ帰らしめ（供の者に璧を抱きかかえさせて、ひそかに先に帰国させ）。「遣㆓―〜㆒。」は「―をして〜（せ）しむ。」と訓読し、「―に〜させる。」という**使役**の意味を表す。「―」は省略される場合がある。また「使・令・教」にも同じ用法がある。

先ヅ従ヨリ㆑隗《くわい》始メヨ

〔十八史略〕

教科書P.258〜259

【大意】 1 教258ページ4〜8行

語句の解説 1

燕《えん》の昭王《しょうおう》は、自国の内乱につけこんで襲ってきた大国の斉《せい》に仕返しするため、天下の人材を得ようと考え、郭隗《かくかい》に相談した。

【書き下し文】

❶燕人《えんひと》太子《たいし》平《へい》を立《た》てて君《きみ》と為《な》す。❷是《こ》れを昭王《しょうおう》と為《な》す。❸死《し》を弔《とむら》ひ生《せい》を問《と》ひ、辞《じ》を卑《ひく》くし幣《へい》を厚《あつ》くして、以《も》つて賢者《けんじゃ》を招《まね》く。❹郭隗《かくかい》に問《と》ひて曰《い》はく、「斉孤《せいこ》の国《くに》の乱《みだ》るるに因《よ》りて、襲《おそ》ひて燕《えん》を破《やぶ》る。❺孤《こ》極《きわ》めて燕《えん》の小《しょう》にして以《も》つて報《ほう》ずるに足《た》らざるを知《し》る。❻誠《まこと》に賢士《けんし》を得《え》て与《とも》に国《くに》を共《とも》にし、以《も》つて先王《せんおう》の恥《はじ》を雪《すす》ぐは、孤《こ》の願《ねが》ひなり。❼先生《せんせい》可《か》なる者《もの》を視《しめ》せ。❽身《み》之《これ》に事《つか》ふるを得《え》ん。」と。

【現代語訳】

❶燕の人々は太子の平を立てて主君にした。❷これを昭王といった。❸(昭王は)戦死者を弔い、生存者を見舞い、へりくだった言葉遣いをし、多くの礼物を用意して、賢人を招こうとした。❹(昭王が)郭隗に尋ねて言うには、「斉はわが国の内乱につけこんで襲い、燕の国を破った。❺私は燕が小国で、仕返しをすることができないことを十分に承知している。❻ぜひとも賢人を味方に引き入れて、ともに国事を相談し、死んだ先王の恥をすすぐのが私の願いだ。❼先生、ふさわしい人物を見つけ出してください。❽私はぜひその人に師事したい。」と。

【大　意】　2　教259ページ1～6行

郭隗は、死馬の骨を買うことによって名馬を手に入れた昔の王の話から、立派な人物を得たいのなら、まずこの私から始めなさいと説得した。そのとおりにすると、果たして天下の賢人が争って燕にやって来た。

【書き下し文】

❶隗曰《かいい》はく、「古《いにしえ》の君《きみ》に千金《せんきん》を以《も》つて涓人《けんじん》をして千里《せんり》の馬《うま》を求《もと》めしむる者《もの》有《あ》り。❷死馬《しば》の骨《ほね》を五百金《ごひゃくきん》に買《か》ひて返《かえ》る。❸君怒《きみいか》る。❹涓人《けんじん》曰《い》はく、

【現代語訳】

❶隗が言うには、「昔ある王様で、涓人に千金を持たせて、一日に千里を走るほどの名馬を買いに行かせた者がいました。❷(すると涓人は、)死んだ千里の馬の骨を五百金で買って帰っ

語句の解説　2

教258ページ

❶**立《た》テテ二太子《たいし》平《へい》ヲ一**　太子の平を立てて。

為《な》スレ君《きみ》ト　主君にする。

❸**幣《へい》**　礼物に用いた絹織物を意味する。転じて、「贈り物」の意。

❹**孤《こ》**　諸侯の謙称。「徳が少ない人」の意。

❺**極《きわ》メテ**　十分に。このうえもなく。

報《ほう》ズル　報復する。復讐《ふくしゅう》する。

❻**雪《すす》グ二先王《せんおう》之《の》恥《はじ》ヲ一**　先王(父の噲《かい》王)の恥をすすぐ。

❼**先生《せんせい》**　文字どおり、先に生まれた年長者に対する尊称であり、「先輩」の意。現在の「先生」には「師」が用いられた。

教259ページ

1　郭隗の「古之君」に始まるたとえ話はどこまでか。

答　「千里馬至者三。」まで。

❻**馬今《うまいま》ニ至《いた》ラン矣**　馬はすぐにやって来るだろう。「矣」は断定する語気を表す助字。

❼**三《さん》アリ**　三頭も集まった。

『死馬《しば》すら且《か》つ之《これ》を買《か》ふ。❺況《いわ》んや生《い》ける者《もの》をや。❻馬今《うまいま》に至《いた》らん。』と。❼期年《きねん》ならずして、千里《せんり》の馬至《うまいた》る者三《ものさん》あり。❽今《いま》、王必《おうかなら》ず士《し》を致《いた》さんと欲《ほっ》せば、先《ま》づ隗《かい》より始《はじ》めよ。❾況《いわ》んや隗《かい》より賢《けん》なる者《もの》、豈《あ》に千里《せんり》を遠《とお》しとせんや。」と。❿是《ここ》に於《お》いて昭王隗《しょうおうかい》の為《ため》に改《あらた》めて宮《きゅう》を築《きず》き、之《これ》に師事《しじ》す。⓫是《ここ》に於《お》いて士《し》争《あらそ》ひて燕《えん》に趨《おもむ》く。

て来ました。❸王様は怒りました。❹涓人は、『死んだ馬（の骨）でさえ（五百金で）買ったのです。❺まして生きているものはもちろん高く買うに違いない（、と天下の人は考えます）。❻（ですから、）千里の馬はすぐやって来るでしょう。』と言いました。❼（果たして、予言どおり）まる一年もたたないうちに、千里を走る名馬が三頭もやって来ました。❽今もし王様が、どうしても賢人を招き寄せたい、とお考えならば、まず私（隗）からお始めください。❾まして私より賢い人は、どうして千里の道を遠いと思うでしょう、いや、思いません。」と。❿そこで昭王は、隗のために邸宅を新たに造り、隗を先生としてこれに仕えた。⓫そこで（これを聞いた）天下の賢人たちは先を争って燕に駆けつけた。

❽**今《いま》** 今もし……ならば。

2 「先従隗始」とは、具体的に何をせよというのか。

答 まず隗（私）自身を、よい条件で抱えることから始めよということ。

❾**況《いわンヤ》賢《けんナル》ニ於隗《かいヨリ》一者《もの》** （隗程度の者でさえ、王は厚遇するのだから）まして隗より賢い人（＝自分）は（さらに厚遇するに違いないと思って）。「於」は比較を表す助字。

豈《あニ》遠《とおシトセン》ニ千里《せんりヲ》一哉《や》 「豈〜哉」は反語を表す。「どうして〜ようか、いや、〜ない」。

❿**宮《きゅう》** 立派な邸宅の意。のちに、天子の住居のみをいうようになった。

⓫**士争《しあらそヒテ》趨《おもむク》レ燕《えんニ》** 「士」は「立派な人・教養のある人」。「趨」は、「あわてて小走りする」の意。諸国の士が小走りするように燕にやって来たことをいう。

学習の手引き

一 昭王が賢者を求めた理由と、その方法を整理しよう。

考え方 理由は第一段落の昭王の言葉、方法は第二段落の隗の言葉に従った昭王の行動に表れている。

解答例 ・理由＝賢人に国事を相談して燕の国を立て直し、斉に仕返しをして先王の恥をすすぎたいから。
・方法＝まず隗を厚遇してこれに仕えることで、各地の賢人が自ら燕に赴くようにした。

二 馬のたとえが何を表しているかを考え、郭隗が用いた論理の巧みさを説明してみよう。

考え方 「死馬すら且つ之を買ふ。況んや生ける者をや」に着目して、「死馬」と「生ける者」とがどのように比較されているか、またそれがどんなことをたとえているかを読み取る。

解答例　・馬のたとえ＝「死馬でさえ五百金で買うのだから、生きている馬ならもっと高値で買うだろう」と言って、まず隗自身を厚遇させたという内容から、「死馬」は「隗」自身、「生きている馬」は王が求めている「賢人」のたとえである。

・論理の巧みさ＝①「古之君」が「千里馬」を手に入れたいと思った状況と、昭王が賢人を手に入れたいと思った状況がぴったり合っていて、たとえの選び方が巧みである。②人々は、「死馬」を高く買うのだから「(生きた)千里馬」ならもっと高く買うと考える、という主張に説得力がある。③このことで賢人を得ることに成功しただけでなく隗自身を厚遇させることにもなる、という点が巧みである。

活動の手引き

一　「隗より始めよ」という言葉の本来の意味と、現在使われている意味との違いを調べて発表しよう。

考え方　言葉というものは、長い間に意味や使い方が変化することがある。この言葉もその例である。

解答例　・本来の意味＝賢者を招くには、まず隗(＝自分)のようにたいしたことのない者から厚遇せよ、という意味。

・現在の使われ方＝(遠大なことをなすには、まず身近なことから着手せよの意から、多くの場合、)最初に言い出した者からまず実行せよ、という意味で使われている。

句形

◇太字の部分に注意して、その働きを考えよう。

＊**使**《ムル》三涓人《ヲシテ》求《メ》二千里《ノ》馬《ヲ》一――涓人をして千里の馬を求めしむる(涓人に一日に千里を走るような名馬を買いに行かせる)。「使三―〜二＝一。」は「―をして＝を〜(せ)しむ。」と訓読し、「―に＝を〜させる。」という**使役**の意味を表す。

＊死馬《スラ》**且**《ツ》買《フ》レ之《ヲ》。**況**《ンヤ》生《ケル》者《ヲ》**乎**。――死馬すら且つ之を買ふ。況んや生ける者をや(死んだ馬でさえ買ったのである。まして生きているものにおいてはいうまでもない)。「〜且―。況＝乎。」は「〜すら且つ―。況んや＝をや。」と訓読し、「〜でさえ―である。まして＝においてはいうまでもない。」という**抑揚**の意味を表す。「抑揚形」とは、軽いものを述べておき、次に重いものを強調して述べる形。

＊賢《ナル》二**於**隗《ヨリ》一者――隗より賢なる者(隗より賢い人)。「〜二於―一。」は「―より(も)〜。」と訓読し、「―よりも〜。」という**比較**の意味を表す。

＊**豈**《ニ》遠《シトセン》二千里《ヲ》一**哉**。――豈に千里を遠しとせんや(どうして千里の道を遠いと思うでしょう、いや、思いません)。「豈〜哉。」は「豈に〜んや。」と訓読し、「どうして〜ようか、いや、〜ない。」という**反語**の意味を表す。

臥《ぐわ》薪《しん》嘗《しやう》胆《たん》

〔十八史略〕

教科書P.260～262

【大意】 1 教260ページ3～5行

呉王《ごおう》である闔廬《こうりょ》が重用する子胥《ししょ》は、もともと楚《そ》の国の人であったが、父親が楚王に殺されたので呉に亡命した。子胥は呉の兵を率いて楚に攻め入った。

【書き下し文】

❶呉王《ごおう》闔廬《こうりょ》伍員《ごうん》を挙《あ》げて国事《こくじ》を謀《はか》らしむ。❷員字《うんあざな》は子胥《ししょ》。❸楚人《そひと》伍奢《ごしゃ》の子《こ》なり。❹奢誅《しゃちゅう》せられて呉《ご》に奔《はし》り、呉《ご》の兵《へい》を以《ひき》ゐて郢《えい》に入《い》る。

【現代語訳】

❶呉王の闔廬は、伍員を登用して、国の政治を行わせた。❷員は字を子胥という。❸楚の人である伍奢の子である。❹奢が(楚王に罪を責められ)殺されて、(子の員は)呉に逃れ、呉の軍隊を率いて(楚の首都である)郢に攻め入った。

【大意】 2 教260ページ6行～261ページ1行

越《えつ》との戦いで闔廬は亡くなり、その子である夫差《ふさ》が呉の王となった。子胥はこの夫差にも仕えた。夫差は越への復讐《ふくしゅう》を心に誓い、薪の上に寝てその身体の痛さや、周囲の人に声をかけさせることによって、常に越へのうらみを忘れないようにした。

【書き下し文】

❶呉越《ごえつ》を伐《う》ち、闔廬傷《こうりょきず》つきて死《し》す。❷子《こ》の夫差《ふさ》立《た》つ。❸子胥《ししょ》復《ま》た之《これ》に事《つか》ふ。❹夫差《ふさ》讎《あだ》を復《ふく》せんと志《こころざ》し、朝夕《ちょうせき》薪中《しんちゅう》に臥《ふ》し、出入《しゅつにゅう》するに人《ひと》をして呼《よ》ばしめて曰《い》はく、「夫差《ふさ》、而越人《なんじえつひと》の而《なんじ》の父《ちち》を殺《ころ》せるを忘《わす》れたるか。」と。

【現代語訳】

❶呉は越を攻撃し、闔廬は傷を負って死んだ。❷(闔廬の)子である夫差が王となった。❸子胥は再び(呉王である)夫差に仕えた。❹夫差は父親の敵を討とうと決意し、朝晩(寝床に)薪(を敷いて そ)の中に寝て、(部屋を)出入りする際に人に「夫差よ、おまえは越の人がおまえの父親を殺したのを忘れたのか。」と声をかけさせた。

語句の解説 1

教260ページ

❶**挙《あ》ゲテ二伍員《ごうん》ヲ一謀《はか》ラシム二国事《こくじ》ヲ一** 伍員を重用して国の政治を任せた。「謀」の送り仮名で使役の意を表す。

❹**誅《ちゅう》セラレテ 而奔《はし》リレ呉《ご》ニ** 父親の奢が楚王に殺されたため、子の員は呉に亡命したということ。「誅」の送り仮名で受身の意を表す。「而」は置き字で順接を表す。

語句の解説 2

教260ページ

❶**而** 置き字。順接を表す。

❷**子《こ》ノ 夫差《ふさ》立《た》ッ** 死んだ闔廬に代わって、子である夫差が王位についたということ。

❹**臥《ふ》シ二薪中《しんちゅう》ニ一** 寝台ではなく薪の上に寝ることによって、その痛みで越へのうらみを忘れないようにしたのである。

出入《しゅつにゅう》スルニ 使《し》メテ二人《ひと》ヲシテ 呼《よ》バ一 部屋を出入りする際に周囲の人に声をかけさせて、常に越へのうらみを忘れないようにしたということ。「Aヲシテ～(セ)しム」で使役の形。「Aに

【大　意】 3　**教**261ページ2～7行

呉の夫差は越を破った。越の王句践《こうせん》は呉の宰相である伯嚭《はくひ》に賄賂を贈り、死を免れた。自国に戻った句践は苦い胆《きも》をなめて呉へのうらみを忘れないようにし、呉を倒すことに専念した。

【書き下し文】

❶周《しゅう》の敬王《けいおう》の二十六年《にじゅうろくねん》、夫差《ふさ》越《えつ》を夫椒《ふしょう》に敗《やぶ》る。❷越王句践《えつおうこうせん》、余兵《よへい》を以《ひき》ゐて会稽山《かいけいざん》に棲《す》み、臣《しん》と為《な》り、妻《つま》は妾《しょう》と為《な》らんと請《こ》ふ。❸子胥《ししょ》言《い》ふ、「不《ふ》可《か》なり。」と。❹太宰伯嚭《たいさいはくひ》越《えつ》の賂《まいない》を受《う》け、夫差《ふさ》に説《と》きて越《えつ》を赦《ゆる》さしむ。❺句践国《こうせんくに》に反《かえ》り、胆《きも》を坐臥《ざが》に懸《か》け、即《すなわ》ち胆《きも》を仰《あお》ぎ之《これ》を嘗《な》めて曰《い》はく、「女《なんじ》会稽《かいけい》の恥《はじ》を忘《わす》れたるか。」と。❻国《こく》政《せい》を挙《あ》げて大夫種《たいふしょう》に属《しょく》し、而《しか》して范《はん》蠡《れい》と兵《へい》を治《おさ》め、呉《ご》を謀《はか》るを事《こと》とす。

【現代語訳】

❶周の敬王の二十六年に、夫差は越を夫椒の地で破った。❷越王の句践は、敗残兵を率いて会稽山にこもり、（句践は）家来となり、妻は侍女となろうということを（条件に、命を）請うた。❸子胥は、「いけません。」と言った。❹（呉の）宰相である伯嚭は越からの賄賂を受け取って、夫差を説得して越を許させた。❺句践は越に帰って、（苦い）胆を寝起きするところに吊り下げ、いつも仰ぎ見てはこれをなめて、「おまえは会稽の恥を忘れたのか。」と言った。❻国の政治をすべて重臣の種に任せ、そして范蠡と軍備を整え、呉を倒すことに専念した。

～させる」の意。

語句の解説 3

教261ページ

❶**于**　場所を表す置き字。

❷**請《こフ》ニ為《なリ》レ臣《しんト》、妻《つまハ》為《なラント》レ妾《しょうト》**　敗れた句践が命乞いをしたということ。「請～」は自己の希望を表す形。

1　**子胥はなぜ「不可」と言ったのか。**

答　句践を生かしておくと復讐されるに違いないから。

❹**伯《はく》嚭《ひ》受《うケ》ニ越《えつノ》賂《まいないヲ》一、説《とキテ》ニ夫《ふ》差《さ》一赦《ゆるサシム》レ越《えつヲ》**　句践は夫差に命乞いをしたがかなわなかったので、呉の宰相である伯嚭に賄賂を贈り、夫差を説得してもらったのである。「Aニ説キテ～(セ)シム」という使役の形。

❺**懸《かケ》ニ胆《きもヲ》於坐《ざ》臥《がニ》一**　胆を寝起きするところにかけ、の意。「於」は場所を表す置き字。

女《なんじ》忘《わすレタル》ニ会稽《かいけい》之《の》恥《はじヲ》一邪《か》　「女」は二人称。「おまえ」の意。「会稽の恥」とは周の敬王の二十六年に呉に敗れたこと。「邪」は疑問を表す。

❻**而《しかシテ》与《と》ニ范蠡《はんれい》一治《おさメ》レ兵《へいヲ》**　「而」は順接の接続詞。「与ニ～一」で「～と(いっしょに)」の意。

【大　意】 4 教261ページ8行～262ページ1行

宰相伯嚭の讒言《ざんげん》によって子胥は夫差から死を賜った。子胥は死ぬ前に自分がいなければ呉は滅びるであろうことを家人に告げた。呉の人は子胥のためにほこらを立てて祀《まつ》った。

【書き下し文】

❶太宰《たいさい》嚭《ひ》子胥《ししょ》 謀《はかりごと》の用《もち》ゐられざるを恥《は》ぢて怨望《えんぼう》すと譖《しん》す。❷夫差《ふさ》乃《すなわ》ち子胥《ししょ》に属鏤《しょくる》の剣《けん》を賜《たま》ふ。❸子胥《ししょ》其《そ》の家人《かじん》に告《つ》げて曰《い》はく、「必《かなら》ず吾《わ》が墓《はか》に檟《か》を樹《う》ゑよ。❹檟《か》は材《ざい》とすべきなり。❺吾《わ》が目《め》を抉《えぐ》りて、東門《とうもん》に懸《か》けよ。❻以《も》つて越兵《えつへい》の呉《ご》を滅《ほろ》ぼすを観《み》ん。」と。❼乃《すなわ》ち自剄《じけい》す。❽夫差《ふさ》其《そ》の尸《しかばね》を取《と》り、盛《も》るに鴟夷《しい》を以《も》つてし、之《これ》を江《こう》に投《とう》ず。❾呉人《ごひと》之《これ》を憐《あわ》れみ、祠《し》を江上《こうじょう》に立《た》て、命《なづ》けて胥山《しょざん》と曰《い》ふ。

【現代語訳】

❶宰相の伯嚭は子胥が自分の計略が用いられなかったことを恥としてうらみに思っていると、(子胥を貶《おとし》めるため夫差に)中傷した。❷夫差はそこで子胥に属鏤の剣(という名剣)を与えた。❸子胥は自分の家の者に告げて、「必ず私の墓にひさぎの木を植えてくれ。❹ひさぎの木は(主君夫差の)棺おけの材料にできる。❺私の目をえぐり出して、(越の方角である)東門に懸けてくれ。❻そして越の兵が呉を滅ぼすのを見よう。」と言った。❼そして自分で自分の首をはねて死んだ。❽夫差は子胥の死体を取り、馬の皮で作った酒を入れる袋に詰め込んで、これを長江に投げ入れた。❾呉の人は子胥を気の毒に思い、ほこらを長江のほとりに立て、胥山と名前をつけた。

語句の解説 4

教261ページ

❶**譖《しん》ス** 宰相の伯嚭にとって、先代から仕え、夫差に重用されている子胥は、排除すべき人物だったのである。

恥《は》ヂテ二 謀《はかりごと》ノ 不《ざ》ルヲレ 用《もち》ヰラレ 計略が採用されなかったのを屈辱に思っての意。「用」の送り仮名で受身を表す。

2 剣を「賜」うとは、ここではどういう意味を持つか。

答 与えられた剣で自ら命を絶て、という意味。

❸**樹《う》ヱヨ二 吾《わ》ガ 墓《はか》ニ 檟《か》ヲ一** やがて夫差は死ぬだろうから、棺に使う用意として檟を植えよ、という呪いの言葉。

❹**可《べ》キレ 材《ざい》トス 也《なり》** 「可」は可能の助動詞。

❻**以《も》ツテ** 「そして」の意。単純な接続を表す。

❼**乃《すなわ》チ** 本書220ページ参照。

❽**盛《も》ルニ 以《も》ツテシ二 鴟夷《しい》ヲ一** 「～(スル)ニ…ヲ以ツテス」で「…を使って～する」の意。「盛ル」は「包む」「入れる」の意。「鴟夷」の「鴟」はフクロウ、「夷」はペリカンのこと。フクロウの腹、ペリカンのくちばしに似ていることから名づけられた。

【大 意】 5 教262ページ2〜4行

越は二十年の間国力を充実させ軍を強化し、呉を何度も破った。夫差は講和を申し入れたがかなわず、忠臣であった子胥に合わせる顔がないと言って自殺した。

【書き下し文】

❶越《えつ》、十年生聚《じゅうねんせいしゅう》し、十年教訓《じゅうねんきょうくん》す。❷周《しゅう》の元王《げんおう》の四年《よねん》、越呉《えつご》を伐《う》つ。❸呉《ご》三《み》たび戦《たたか》ひ三《み》たび北《に》ぐ。❹夫差姑蘇《ふさこそ》に上《のぼ》り、亦《また》成《たいらぎ》を越《えつ》に請《こ》ふ。❺范蠡《はんれい》可《き》かず。❻夫差《ふさ》曰《い》はく、「吾《われ》以《も》つて子胥《ししょ》を見《み》る無《な》し。」と。❼幎冒《べきぼう》を為《つく》りて乃《すなわ》ち死《し》す。

【現代語訳】

❶越は、十年間国民や物資を増やし(国力を充実させ)、十年間軍事訓練を施した。❷周の元王の四年、越は呉を攻めた。❸呉は三度戦って三度とも敗走した。❹夫差は姑蘇台に登り、(句践と同様に、夫差も)また講和を越に願い出た。❺(しかし、)范蠡は聞き入れなかった。❻夫差は、「私は子胥に合わせる顔がない。」と言った。❼死者の顔を覆う布を作って、そこで(これをかぶって)自殺した。

語句の解説 5

教262ページ

❸三《み》タビ戦《たたか》ヒ三《み》タビ北《に》グ 実際に「三度」ということではなく、「何度も」「戦うたびに」ということ。「北」は負けて逃げる意。「敗北」という熟語も同じ。

❹亦《また》 同じ読みの漢字に「復」「又」「還」などがあるが、「亦」は「〜もまた」の意のことが多い。

於 動作の対象を表す置き字。

❻無《な》シ㆔以《も》ツテ見《み》ル㆓子胥《ししょ》ヲ㆒ 「以」は手段を表す。「それを使って子胥に会うものがない」の意。

学習の手引き

一 登場人物を呉と越と楚に分けて、役割を整理しよう。

考え方 呉と越の抗争史をまとめながら整理しよう。

解答例 呉・闔廬…呉の王。夫差の父。越との戦いで死に、子の夫差に越への敵討ちを決意させる。

・夫差…呉の王。闔廬の子。越を一度破ったことで油断し、自ら名臣を失って越に敗れて死ぬことになる。句践とは対照的な役割。

・伯嚭…呉の宰相。もとは楚の人。句践を逃がし、夫差に子胥を殺させるなど、呉が越に敗れる原因をつくった。

越・句践…越の王。呉を倒すまで油断せず、名臣・范蠡の意見をよくききいれて雪辱を果たした。夫差と対照的な役割。

・范蠡…越の名臣。句践を助けて越を勝利に導き、夫差を死に追いやる。

楚・伍員(＝子胥)…伍奢の子。父と兄を楚王に殺され、呉に亡命して闔廬と夫差に仕えた。のちに夫差に自殺させられる。

・伍奢…伍員の父。

二 夫差の「臥薪中」、句践の「仰胆嘗之」という行動にはどのような意味があるか、説明してみよう。

考え方　「臥薪中」は薪の上で寝ること、「仰胆嘗之」は肝を仰いで嘗めること。前後に描かれている出来事とあわせて考えてみよう。

解答例　夫差の「臥薪中」は、越が父(闔廬)を殺したことを決して忘れず、越を討つのだと心に強く言い聞かせるという意味。句践の「仰胆嘗之」は、呉に敗れ、会稽山で赦しを乞うた恥辱を忘れず、呉を討つのだと心に強く言い聞かせるという意味。

三　**伍員の「必樹吾墓檟。」「抉吾目、懸東門。」という遺言にはどのような意味があるか、説明してみよう。**

考え方　伍子胥は、二代にわたって呉王に仕え、夫差の時、呉を勝利に導いた忠臣だが、伯嚭の中傷を信じた夫差によって自殺に追いこまれた。その子胥の思いをとらえる。

解答例　自分の墓にひさぎの木を植えよとは、それで夫差の棺おけを作れという意味で、目を越の方角である東の門に懸けよとは、死んでも呉の滅亡を見届けるのだという強い意志を表している。どちらも自分を裏切った夫差と呉への呪詛《じゅそ》の言葉といえる。

活動の手引き

一　**呉王夫差が、伍員の死体を「盛以鴟夷、投之江」した理由を調べて、発表しよう。**

考え方　「盛るに鴟夷を以つてし」の「鴟夷」は、注にあるように「馬の皮で作った袋」、「江に投ず」は川に流す(または水に沈める)という意味で、どちらも死者を辱める行為である。夫差がそのようにした理由は、引用の直前にある子胥の遺言の言葉に夫差が大いに怒ったためと考えられる。また、「鴟夷」に入れて流すことには、けがれをはらう意味があるともいわれ(参考：白川静『漢字』岩波新書)、子胥の霊がもたらす災いを恐れ、死体を墓に葬らず、「鴟夷」に閉じ込めて流したとも考えられる。さらに、死体を墓に葬らず、沈まない袋に入れて川に浮かべることで群衆に王の威厳を見せつけ、かつ子胥の遺言を実行できなくするなどの目的も、可能性として考えられよう。

二　**范蠡には、「狡兎《かうと》死して走狗《そうく》烹《に》らる」という言葉の由来となった話が残されている。どのような話かを調べ、言葉の意味とともに発表しよう。**

考え方　・言葉の意味＝「狡兎」はすばしこいウサギ、「走狗」は狩猟で使われる犬のこと。ウサギをつかまえる犬も必要がなくなれば煮て食われてしまうという意味。そこから転じて、必要なときは大事にされるが、不要となれば捨てられる、また、敵が滅びれば軍事に尽くした功臣も不要とされて殺されてしまうという意味で用いられる。

・由来となった話＝越王句践を助けて呉を滅ぼした功臣、范蠡が、自分も呉の子胥と同じだと悟って言った言葉とされる。

句形

◇**太字の部分に注意して、その働きを考えよう。**

＊而忘㆔レタル越人之殺㆓セルヲ而ノ父㆒ヲ**邪**。——而越人の而の父を殺せるを忘れたるか(おまえは越の人がおまえの父親を殺したのを忘れたのか)。「〜邪。」は、ここでは「〜か。」と訓読し、句末に用いて**疑問**の意味を表す。

＊**無**㆔シ以ツテ見㆓ル子胥㆒ヲ。——以つて子胥を見る無し(子胥に会う手段がない→子胥に合わせる顔がない)。「無㆓〜㆒。」は「〜無し。」と訓読し、「〜ない。」という**否定**の意味を表す。

漢詩

●近体詩の約束

中国の唐《とう》の時代(六一八〜九〇七)は長く、文学が栄えた。多くの詩人が生まれ、形式面での約束事が完成したので、これ以後の詩を近体詩という。また、唐代の詩を特に唐詩という。

絶句　一首が四句からできている詩。そのうち、一句が五字のものを五言絶句、七字のものを七言絶句という。

律詩　一首が八句からできている詩。一句が五字のものを五言律詩、七字のものを七言律詩という。

●唐の時代の文人

李白《りはく》　盛唐の詩人。中国最高の詩人の一人で「詩仙」といわれる。絶句を得意とし、自由奔放で豪快な盛唐の詩風を代表する。

杜甫《とほ》　盛唐の詩人。李白と並んで「李杜」と称される大詩人で「詩聖」といわれる。律詩の完成者で、社会を見つめた叙情詩が多い。

白居易《はくきょい》　中唐の詩人。平易な詩風。韓愈《かんゆ》と並び「韓白」と称される。

自然を描く

春暁

孟《まう》浩《かう》然《ねん》

教科書P.264

【主　題】　教264ページ2〜4行

心地よい眠りからゆっくりと目覚めていく、穏やかな春の朝の様子を描いている。

●五言絶句　韻　暁・鳥・少

【書き下し文】

○春暁《しゅんぎょう》

❶春眠暁《しゅんみんあかつき》を覚《おぼ》えず

❷処処啼鳥《しょしょていちょう》を聞《き》く

❸夜来風雨《やらいふうう》の声《こえ》

❹花《はな》落《お》つること多少《たしょう》を知《し》らんや

【現代語訳】

○春の明け方

❶春の眠りの心地よさに夜明けにも気づかずうとうとしていると、

❷あちらこちらで鳥のさえずる声が聞こえる。

❸昨夜は風や雨の音がしていたが、

❹庭の花はどれほど散ったであろうか。

語句の解説

1　「不覚暁」とはどういう意味か。

答　夜が明けたのも気づかなかった、という意味。

❷**聞《きく》**　「聞」は「聞こえる」の意で、自然と耳に入ることを表す。

❸**啼鳥《ていちょう》**　鳥の鳴き声。さえずり。

夜来《やらい》　昨夜。昨夜から。

❹**花《はな》**　春の花。桃や李《すもも》など。特に限定しなくてもよい。

知《しランヤ》二多少《たしょうヲ》一　どれほどであろうか。「多少」は「どれぐらい」と数量を問う。作者は寝床から外の様子に思いをめぐらせ、春の眠りを楽しんでいる。

自然を描く

江雪

柳《りゅう》宗《そう》元《げん》

教科書P.264

【主　題】　教264ページ5～7行

雪の降りしきる大自然の中で、独りぽつんと釣り糸を垂れている老人の、清らかで優雅な、そして孤独な姿を描いている。●五言絶句　韻　絶・滅・雪

【書き下し文】

○江雪《こうせつ》

❶千山《せんざん》鳥《とり》飛《と》ぶこと絶《た》え

❷万径《ばんけい》人蹤《じんしょう》滅《めっ》す

❸孤舟《こしゅう》蓑笠《さりゅう》の翁《おう》

❹独《ひと》り釣《つ》る寒江《かんこう》の雪《ゆき》

【現代語訳】

○川に降る雪

❶すべての山には鳥の飛ぶ姿も絶えて、

❷すべての道には人の足跡も消えた。

❸一そうの小舟に、みのかさをつけた老人がいて、

❹独りぼっちで寒々とした川に釣り糸を垂れている。

語句の解説

○**江雪《こうせつ》**　「江」は長江のこと。

❶**千山《せんざん》**　「千」は数の多いことを表す。ここでは、「すべての」という意。起句と承句は対句で、次の句の「万」も「千」と同じ意味で呼応している。

❷**万径《ばんけい》**　「径」は小道の意。

滅《めっス》　消える。「ほろぶ」ではない。

❸**孤舟《こしゅう》**　たった一そうだけの小舟。

蓑笠《さりゅう》　雪をしのぐためのみのとかさ。

❹**独《ひとり》釣《つル》寒江《かんこうノ》雪《ゆき》**　「孤」と「独」は対句。「千」「万」という雄大さに対して、「孤」「独」は対照的に小さなものを表している。

2　「独釣寒江雪」には、作者のどのような心情がこめられているか。

答　孤独感。

自然を描く

江南ノ春

杜《と》牧《ぼく》

教科書P. 265

【主題】 教265ページ1〜3行

前半の華やかな景色と後半の落ち着いた色調がしっくりと溶け合って、豊かな詩情を感じさせる。絵画的な美の世界を構築している。●七言絶句 韻 紅・風・中

【書き下し文】

○江南《こうなん》の春《はる》

❶千里《せんり》鶯《うぐいす》啼《な》いて緑紅《みどりくれない》に映《えい》ず

❷水村山郭《すいそんさんかく》酒旗《しゅき》の風《かぜ》

❸南朝《なんちょう》四百八十寺《しひゃくはっしんじ》

❹多少《たしょう》の楼台《ろうだい》煙雨《えんう》の中《うち》

【現代語訳】

○江南の春

❶(長江下流の江南の地域では)千里四方いたる所でうぐいすが鳴き、木々の緑が花の紅に鮮やかに映えている。

❷水辺の村や山ぎわの村では酒屋を示す旗やのぼりが春風にはためいている。

❸この辺りは昔、南朝の都のあった所で、当時は(仏教が栄え、)四百八十もの寺院があったという。

❹(今もその名残をとどめて)たくさんの寺院の堂塔が、うちけぶる春雨の中にかすんで見える。

語句の解説

❶❷**千里《せんり》……酒旗《しゅき》ノ風《かぜ》** うぐいすの声、木々の緑、紅い花、村々にはためく酒屋ののぼり。晴れた春の明るい江南地方を活写している。

千里《せんり》 千里四方。一望のうちにはるかに見渡せる広い平野。

鶯《うぐいす》 高麗《こうらい》うぐいす。日本のうぐいすより大きく、体は黄色。

啼《な》イテ 鳴いて。

映《えい》ズレ紅《くれない》ニ 「紅」は花の色。桃やあんずの花。「映」は「うつり映える」の意。

❸**南朝四百八十寺《なんちょうしひゃくはっしんじ》** 南朝時代の昔を回想した句。第一・二句の眼前に広がる色彩的風景から転じて、第四句につなげる役割を果たしている。「八十寺」の「十」は、「じゅう」と読むと口調がよくないので「しん」と読む慣例になっている。

❹**楼台《ろうだい》** 高い建物。ここでは寺院の堂塔。

煙雨《えんう》 けむったような春雨。

学習の手引き

一 **それぞれの詩について、詩人は、自然をどのように描写し、それによって、どのような心情を表現しているか、比較してみよう。**

考え方 それぞれの詩の【主題】・**語句の解説**に書かれている内容を参照すること。

解答例 ・「春暁」…聞こえてくる鳥の鳴き声とともに、心地よい眠りから目が覚める。前の晩の風雨のために散ってしまったであろう花の風景を、想像を通して描いている。春の眠りの心地よさや、穏やかな朝にゆったりと身を任せる心情を表現している。

・「江雪」…白一色の雪景色や、生物のいない静けさ、厳しくも美しい自然を一幅の墨絵のように描き、その自然と一体となった老人（＝詩人）の崇高な境地と孤独感とを表現している。

・「江南ノ春」…第一・二句では、広々とした江南一帯の春景色を視覚・聴覚にうったえる形でよんでいる。第三句では一転して思いをはるかに南朝時代の昔にめぐらせ、第四句では春雨にかすむ墨絵のような幻想的な世界を描いて結んでいる。懐古の情緒に浸る詩人の心情が表現されている。

二 **それぞれの詩について、一首の構成と押韻とを調べてみよう。**

解答例 それぞれの詩の【主題】の項を参照。

月を望む

静夜思

李《り》白《はく》

教科書P.266

【主題】 教266ページ2〜4行

晩秋の静寂に加え、月の明るい夜に、故郷を遠く離れた所で、一人で過ごす寂しさはいっそう募る。言葉の自然さと感情の率直さが共感を呼ぶ。●五言絶句　韻　光・霜・郷

【書き下し文】

○静夜思《せいやし》
❶牀前月光《しょうぜんげっこう》を看《み》る
❷疑《うたが》ふらくは是《こ》れ地上《ちじょう》の霜《しも》かと
❸頭《こうべ》を挙《あ》げて山月《さんげつ》を望《のぞ》み
❹頭《こうべ》を低《た》れて故郷《こきょう》を思《おも》ふ

【現代語訳】

○静かな夜の思い
❶寝台の前に差しこんだ月の光をじっと見て、
❷もしや地上に降りた霜なのかと思う。
❸頭をあげて山上に輝く月を眺め、
❹うなだれて遠い故郷を思う。

語句の解説

❶**牀**《しょう》　中国式のベッド。
❷**疑**《うたが》フ　信じられないほどに驚く。
❸**望**《のぞ》ミ　遠くを眺めて。
❹**低**《た》レテレ**頭**《こうべ》ヲ　うなだれ、もの思いに沈むさま。

1 **「山月」と「故郷」とは、どのように関係しているか。**

答 「山月」は、作者が「故郷」を思うきっかけになっている。

月を望む

月夜

杜《と》甫《ほ》

教科書P.266

【主題】 教266ページ5～9行

杜甫は反乱軍に長安で捕らえられ、妻と子は鄜《ふ》州に疎開させたままであった。妻子、特に妻への愛情を中心にうたい、再会の日を待つのである。●五言律詩 韻 看・安・寒・乾

【書き下し文】

○月《げつ》夜《や》

❶今《こん》夜《や》鄜《ふ》州《しゅう》の月《つき》

❷閨《けい》中《ちゅう》只《た》だ独《ひと》り看《み》るならん

❸遥《はる》かに憐《あわ》れむ小《しょう》児《じ》女《じょ》の

❹未《いま》だ長《ちょう》安《あん》を憶《おも》ふを解《かい》せざるを

❺香《こう》霧《む》に雲《うん》鬟《かん》湿《うるお》ひ

❻清《せい》輝《き》に玉《ぎょく》臂《ひ》寒《さむ》からん

❼何《いず》れの時《とき》か虚《きょ》幌《こう》に倚《よ》り

❽双《なら》び照《て》らされて涙《るい》痕《こん》乾《かわ》かん

【現代語訳】

○月の夜

❶今夜の鄜州を照らす月を、

❷（妻は）部屋の中で、ただ一人でみつめているだろう。

❸はるか遠くからいじらしく思う、幼い子供たちが、

❹長安にいるこの父親をまだ心配することさえできないかと思うと。

❺かぐわしい秋の夜霧に、（雲のように豊かな）妻の髪はしっとりとぬれ、

❻清らかな月光に照らされて、玉のように美しい妻の腕は冷たくなっていよう。

❼いつになったら人気のない部屋の窓のとばりに寄り添い、

❽（妻と）二人そろって月光に照らされて（再会の喜びで）涙の跡を乾かせるのだろうか。

語句の解説

❷只《たダ》 「只」には「ひたすら・いちずに」（「看」を修飾）と「ただ・全く」（「独」を修飾）との二説がある。

❸憐《あわレム》 自分の思いがある対象から断ち切れないこと。「いじらしく思う」と訳す。

❹解《かいス》 「理解する」と「……できる」との二説がある。

2 「未解憶長安」とは、どういう意味か。

答 長安に捕らわれの身であるこの私を思い出すことさえできないという意味。

❺香《こう》霧《む》 髪の香が霧に移っているためと考えられる。

❻清《せい》輝《き》 清らかに澄んだ月の光。

❼虚《きょ》幌《こう》 ここではカーテンのこと。

❽双《ならビ》照《てラサレテ》 夫婦二人で月に照らされて。

涙《るい》痕《こん》乾《かわカン》 涙の跡が乾く。笑顔を取り戻すことをいう。この「涙」は、再会のうれし涙とする説と、今、流している別離を悲しむ涙とする説の両方がある。

月を望む

八月十五日ノ夜、禁中ニ独リ直シ、対レシテ月ニ憶二フ元九ヲ一

白《はく》居易《きょい》

教科書P.266〜267

【主題】 教 266ページ10行〜267ページ9行

中秋の名月の夜、宮中の宿直中、一人月を眺めながら、左遷されて二千里のかなた江陵にいる友を思いやる心情をうたっている。

●七言律詩 韻 沈・林・心・深・陰

【書き下し文】

○八月十五日《はちがつじゅうごにち》の夜《よ》、禁中《きんちゅう》に独《ひと》り直《ちょく》し、月《つき》に対《たい》して元九《げんきゅう》を憶《おも》ふ

❶銀台金闕《ぎんだいきんけつ》夕《ゆう》べ沈沈《ちんちん》

❷独《ひと》り宿《しゅく》し相思《あいおも》ひて翰林《かんりん》に在《あ》り

❸三五夜中新月《さんごやちゅうしんげつ》の色《いろ》

❹二千里外故人《にせんりがいこじん》の心《こころ》

❺渚宮《しょきゅう》の東面《とうめん》は煙波《えんぱ》冷《ひ》ややかに

❻浴殿《よくでん》の西頭《せいとう》は鐘漏《しょうろう》深《ふか》し

❼猶《な》ほ恐《おそ》る清光《せいこう》同《おな》じくは見《み》ざらんことを

❽江陵《こうりょう》は卑湿《ひしつ》にして秋陰《しゅういん》足《た》る

【現代語訳】

○八月十五日の夜、宮中に一人宿直し、月に向かって、元九のことを思う。

❶銀台門や宮殿のあたりがしんしんと宵闇深まるころ、

❷ひとり翰林院に宿直しながら、君への思いを募らせる。

❸十五夜の、昇り始めたばかりの月の光(を見ていると)、

❹二千里のかなたにいる友の心が思われる。

❺そちら(江陵)の水辺の宮殿の東では、もやのかかった水面が冷たく光っていることだろう。

❻こちら(の浴殿)の西のあたりからは、時刻を告げる鐘の音が深まった夜に聞こえてくる。

❼それにしても気になるのは、清らかな月の光を君は見ていないのではないかということ。

❽江陵は湿気が多くて秋は曇りの日が多いというから。

語句の解説

○八月十五日《はちがつじゅうごにち》 中秋の名月の夜。

❶夕《ゆうべ》 夕方だけでなく、夜間も含めていう。

沈沈《ちんちん》 夜が深深と静かに更けていく状態を表す。

❷相《あい》 ここでは、動作の対象を示す語である。

❸三五夜《さんごや》 十五夜。満月の夜。

新月《しんげつ》 空に昇り始めたばかりの新しい月。

❹二千里外《にせんりがい》 白居易のいる長安と元稹《げんじん》の左遷された江陵との距離。

故人《こじん》 古くからの友人。ここでは、元稹。

❺煙波《えんぱ》 もやのかかった水面。「煙」は水蒸気状のものの総称。「煙」と「波」という意味ではない。

❻西頭《せいとう》 「頭」は漠然とした空間を示す語。

❼猶《なホ》恐《おそル》 「おそらくは」「ただ」と解釈するものもある。

3 「不同見」とは、どういう意味か。

答 (君は清らかな月光を)私と同じようには見ていないという意味。

学習の手引き

一 それぞれの詩について、月にこめられた作者の思いを比較してみよう。

考え方 それぞれの詩の【主題】・**語句の解説** に書かれている内容を参照すること。

解答例 ・「静夜思」…第三句と第四句「頭を挙げて山月を望み／頭を低れて故郷を思ふ」とあるように、月を見ることによって、遠く離れた故郷を思い出している。望郷の思いである。

・「月夜」…第一・二句に「今夜鄜州の月／閨中只だ独り看るならん」とあり、満月を見ることによって、その月が照らしているであろう鄜州の地にいる妻子へと思いをつなげている。さらに第七・八句「何れの時か虚幌に倚り／双び照らされて涙痕乾かん」のように、再会を期待する妻への愛情がこめられている。

・「八月十五日《ノ》夜、禁中《ニ》独《リ》直《シ》、対《シテ》レ月《ニ》憶《フ》二元九《ヲ》一」…第七・八句に「猶ほ恐る清光同じくは見ざらんことを／江陵は卑湿にして秋陰足る」とあるように、満月を見ることによって、その月が照らしているであろう江陵の地にいる友人への思いにつなげるのである。

さらに、この詩では、このような表現方法をふまえて、今自分が見ている月を天候不順な江陵では見られないのではないかと、低湿の地にいる元稹の健康に対する憂慮をもこめている。ここにあるのは、友人の元稹への深い友情である。

二 それぞれの詩について、対句の構成を考えてみよう。

解答例 ・「静夜思」…第三句と第四句が対句である。

・「月夜」…律詩なので、第三句と第四句、第五句と第六句がそれぞれ対句になるべきであるが、この詩では、第五句と第六句のみ対句になっている。

・「八月十五日《ノ》夜、禁中《ニ》独《リ》直《シ》、対《シテ》レ月《ニ》憶《フ》二元九《ヲ》一」…律詩なので、第三句と第四句、第五句と第六句がそれぞれ対句である。

句形

◇**太字の部分に注意して、その働きを考えよう。**

＊**何**《レノ》**時**《カ》倚《リ》二虚幌《ニ》一 ——何れの時か虚幌に倚り（いつになったら人気のない部屋の窓のとばりに寄り添い）。「何時～。」は「何れの時か～。」と訓読し、「いつ～か。」という**疑問**の意味を表す。

---

❽**卑湿**《ひしつ》 土地が低くて、じめじめしていること。

足《たる》二**秋陰**《しゅういん》一 「足」は「十分に」の意だが、ここでは「多」に転用されている。

別れを思う

黄《くわう》鶴《かく》楼《ろう》ニテ送ル三孟浩然ノ之《ゆ》クヲ二広陵ニ一

李白

教科書P.268

【主　題】 教268ページ2～6行

孟浩然の乗る舟の小ささと雄大な長江の景観を対照させることで、あとに残された李白の心のあふれんばかりの余情を大自然の中にたたえている。●七言絶句　韻　楼・州・流

【書き下し文】

○黄鶴楼《こうかくろう》にて孟浩然《もうこうねん》の広陵《こうりょう》に之《ゆ》くを送《おく》る

❶故人《こじん》西《にし》のかた黄鶴楼《こうかくろう》を辞《じ》し

❷煙花《えんか》三月《さんがつ》揚州《ようしゅう》に下《くだ》る

❸孤帆《こはん》の遠影《えんえい》碧空《へきくう》に尽《つ》き

❹唯《た》だ見《み》る長江《ちょうこう》の天際《てんさい》に流《なが》るるを

【現代語訳】

○黄鶴楼で孟浩然が広陵に行くのを見送る

❶古くからの友人(の孟浩然)は、(揚州から見て)西の地にあるこの黄鶴楼に別れを告げて、

❷花がすみの中に花の咲く春三月、揚州に向かって長江を下って行く。

❸遠くにぽつんと見える舟の帆が(遠ざかり)、やがて青空に吸い込まれて消え、

❹あとはただ、長江がはるか空の果てまで流れるのを見るばかり。

語句の解説

❷**下**《くだ》ル二**揚州**《ようしゅう》ニ一　「揚州に下る」のであって、「揚州を下る」のではない。「下」は長江を下って行くこと。

❸**尽**《つ》キ　吸い込まれるように消えていき。

❹**唯**《た》ダ　限定の副詞。

天際《てんさい》　空の果て。地平線。

1　**作者の送別の気持ちはどこに最も強く表れているか。**

答　後半の「孤帆遠影碧空尽／唯見長江天際流」の二句。

別れを思う

送ル三元《げん》二《じ》ノ使ヒスルヲ二安西ニ一

王維《わうゐ》

教科書P.268

【主　題】 教268ページ7～9行

前半には送別の場の情景がみずみずしく描かれ、後半には友との別れを惜しむ気持ちや辺境の地へ赴く友へのいたわりの気持ちが見事に表現されている。●七言絶句　韻　塵・新・人

【書き下し文】

…【現代語訳】

語句の解説

❶**朝雨**《ちょうう》　朝方降る雨。唐代は、都から一泊の距離で送別の宴を開き、一夜明けて別れた。

軽塵《けいじん》　細かい、黄土地帯の土ぼこり。

❷**青青**《せいせい》　柳の緑が鮮やかなこと。

○元二《げんじ》の安西《あんせい》に使《つか》ひするを送《おく》る
❶渭城《いじょう》の朝雨《ちょうう》軽塵《けいじん》を浥《うるお》し
❷客舎青青柳色新《かくしゃせいせいりゅうしょくあら》たなり
❸君《きみ》に勧《すす》む更《さら》に尽《つ》くせ一杯《いっぱい》の酒《さけ》
❹西《にし》のかた陽関《ようかん》を出《い》づれば故人《こじん》無《な》からん

○元二が安西に使者として行くのを見送る
❶渭城の町に降る朝方の雨が、舞い上がる土ぼこりをしっとりと湿らせ、
❷(別れの宴を開いた)旅館の青々とした柳の葉の色は(雨に洗われて)ひときわ鮮やかである。
❸さあ君よ、別れの酒をもう一杯飲み干してくれたまえ。
❹(この地から見れば)西方にある陽関を出たならば、(こうして酒を酌み交わす)友もいないだろうから。

柳色新《りゅうしょくあらタナリ》　中国では別れに際し、柳の一枝を折って、旅立つ人に手渡す習慣があった。

2　**第一・二句は、作者のどのような気持ちを表しているか。**

答　別れの酒を酌み交わした翌朝のすがすがしさと、友人の前途を祝し、無事を祈る気持ち。

❸**更《さらニ》尽《つクセ》一杯《いっぱいノ》酒《さけ》**　普通は「更に一杯の酒を尽くせ」だが、倒置法的によむことで、友との別れを惜しむ気持ちが伝わってくる。

❹**無《なカラン》二 故人《こじん》一**　ここでは作者が、自分のような友人はこの先いないだろうと言っている。

別れを思う

春望

杜甫

教科書P.269

【主　題】 教269ページ1〜5行

祖国は破壊されてしまったが、自然は変わりなく存在している。戦乱の世にあって、家族とも会えないまま老いていく境遇への嘆きが痛切である。●五言律詩　韻 深・心・金・簪

【書き下し文】

○春望《しゅんぼう》
❶国破《くにやぶ》れて山河《さんが》在《あ》り
❷城春《しろはる》にして草木深《そうもくふか》し
❸時《とき》に感《かん》じては花《はな》にも涙《なみだ》を濺《そそ》ぎ
❹別《わか》れを恨《うら》みては鳥《とり》にも心《こころ》を驚《おどろ》かす

【現代語訳】

○春の眺め
❶国都長安は戦乱で荒れ果てたが、山や河は昔の姿のままで残っている。
❷(長安の)町には再び春が訪れて、草や木は青々と生い茂っている。

語句の解説

❶**国破《くにやぶレテ》**　首都(長安)は破壊され。ここでの「破」は「敗れる」の意味ではない。

山河在《さんがあり》　山河は昔の姿をとどめ、確固として存在している。ただ「有る」の意なら「有二山河一」となる。

❷**城《しろ》**　都市。町。ここでは、長安のこと。

3　**「花濺涙」「鳥驚心」は、それぞれどのような意味か。**

❺烽火《ほうか》三月《さんがつ》に連《つら》なり
❻家書万金《かしょばんきん》に抵《あ》たる
❼白頭《はくとう》搔《か》けば更《さら》に短《みじか》く
❽渾《すべ》て簪《しん》に勝《た》へざらんと欲《ほっ》す

❸このような時世を嘆いては、花を見ても涙が流れ、
❹家族との別れを悲しんでは、鳥のさえずりにもはっとする。
❺敵の来襲を知らせるのろしは、三月になってもまだ続き、
❻家族からの手紙は(めったに届かず)、大金に相当する(ほど貴重である)。
❼(憂いに耐えかねて)白髪をかきむしると、ますます少なくなって、
❽全く冠をとめるかんざしも挿せなくなろうとしている。

答

「花濺涙」…花を見ても涙を流す。
「鳥驚心」…鳥のさえずりにも(、驚いて)はっとする。

❺**三月《さんがつ》**　①陰暦三月　②三か月間　③何か月もの間　の説があるが、ここでは①をとる。

❻**抵《あ》タル㆓万金《ばんきん》ニ㆒**　戦乱が続き、手紙のやりとりが難しいので、家族からの手紙が万金にも相当するくらい貴重であるということ。

❽**不《ざ》ラン㆑勝《た》ヘ㆑簪《しん》ニ**　もう再び役人生活をするチャンスもないだろうという、老いの悲しみをも表している。

学習の手引き

一　それぞれの詩は、どのような別離を描いているか、比較してみよう。

解答例
・「黄鶴楼送㆔孟浩然之㆓広陵㆒」…広陵に向かって舟に乗って去って行く友人の孟浩然を黄鶴楼から見送っている。憧れの地へ行く親友へのうらやましさや一人残される寂しさが感じられる。
・「送㆓元二使㆒安西㆒」…辺境の地に使者として出かけていく友人を、送別の宴の翌朝、旅館から見送っている。友人へのいたわりや惜別の切なさが強く感じられる。
・「春望」…戦争で破壊された都で、いやおうなく引き離された家族との別離を嘆いている。孤独と悲壮感に満ちた別離である。

二　杜甫の詩について、「白頭搔更短」にこめられた心境を説明してみよう。

解答例
戦乱の続く祖国や家族に対し何もできないまま、無為に年老いてゆくことへのやりきれないいらだちと悲しみの心境。

句形

◇**太字の部分に注意して、その働きを考えよう。**

＊**唯**ダ 見ル 長 江ノ 天 際ニ 流ルルヲ ――唯だ見る長江の天際に流るるを(ただ長江がはるか空の果てまで流れるのを見るだけだ)。「唯～。」は「唯だ～(のみ)。」と訓読し、「ただ～だけだ。」という**限定**の意味を表す。

読ム二家書ヲ一

菅原道真《すがはらのみちざね》

教科書P.270

【主　題】教270ページ1～5行

九州の太宰府《だざいふ》に流された作者のもとに、都にいる家族から三か月ぶりに手紙が届いた。それを読んで家族の暮らしを思いやり、愁いに沈む心情。●七言律詩　韻　余・書・居・儲・余

【書き下し文】

○家書《かしょ》を読《よ》む

❶消息寂寥《しょうそくせきりょう》たり三月余《さんがつよ》

❷便風吹著《びんぷうすいちゃく》す一封《いっぷう》の書《しょ》

❸西門《せいもん》の樹《き》は人《ひと》に移去《いきょ》せられ

❹北地《ほくち》の園《その》は客《かく》をして寄居《ききょ》せしむ

❺紙《かみ》は生薑《せいきょう》を裹《つつ》んで薬種《やくしゅ》と称《しょう》し

❻竹《たけ》は昆布《こんぶ》を籠《こ》めて斎儲《さいちょ》と記《しる》す

❼妻子《さいし》飢寒《きかん》の苦《くる》しみを言《い》はず

❽是《こ》れが為《ため》に還《かえ》つて愁《うれ》へて余《よ》を懊悩《おうのう》せしむ

【現代語訳】

○家族からの便りを読む

❶便りがなく寂しいことが三か月余りも続いた。

❷都合よく都の方角からの風が吹いて一通の手紙を届けてくれた。

❸(それによれば邸《やしき》の)西門にあった木は人に持ち去られ、

❹北側の空地《あきち》は他人に住まわせている。

❺(同封された)紙には生姜《しょうが》を包んで薬だと上書きし、

❻竹かごには昆布をつめて、もの忌みのための備えだと記してある。

❼妻子は(自分たちの)飢えや寒さの苦しみについては何も言わず、

❽そのためにかえって気がかりで私を悩ませる。

語句の解説

❶消息《しょうそく》　便り。手紙のこと。

寂寥《せきりょう》　もの寂しいこと。

❷吹著《すいちゃく》　「著」は動作の完成などを示す助字。

❹客《かく》　旅人や居候《いそうろう》など、定住しない人。

1　第三・四句は、どのようなことを表しているか。

答　留守宅の生活がだんだん苦しくなってきていること。

❺❻紙《かみハ》……竹《たけハ》……　第三・四句と同様に、第五・六句も対句。

薬種《やくしゅ》　薬の材料。

❻斎儲《さいちょ》　「儲」は、たくわえ。備え。

❽為《ためニ》レ是《こレガ》　妻子が生活上の困難について何も言ってこないために、という意味。

懊悩《おうのう》　悩みもだえること。

桂《けい》林《りん》荘《さう》雑詠、示ス㆓諸生ニ㆒

広《ひろ》瀬《せ》淡《たん》窓《さう》

教科書P.270～271

【主　題】 教 270ページ6行～271ページ1行

故郷を離れて桂林荘で暮らすことになった塾生たちに、心配もあるだろうが、ともに学びながら暮らすことの楽しさを説いて激励している。●七言絶句　韻 辛・親・薪

【書き下し文】

○桂林荘雑詠《けいりんそうざつえい》、諸生《しょせい》に示《しめ》す

❶道《い》ふを休《や》めよ他郷《たきょう》苦辛《くしん》多《おお》しと

❷同袍《どうほう》友《とも》有《あ》り自《おの》づから相親《あいした》しむ

❸柴扉《さいひ》暁《あかつき》に出《い》づれば霜雪《しもゆき》のごとし

❹君《きみ》は川流《せんりゅう》を汲《く》め我《われ》は薪《たきぎ》を拾《ひろ》はん

【現代語訳】

○桂林荘での雑詠で、塾生たちに教える

❶言うのをやめなさい、他郷では苦しくつらいことが多いと。

❷（他郷での生活は）綿入れをともにするほどの仲のよい友もいて、自然と親密になる。

❸雑木の小枝で作られた質素な扉を開けて夜明けのころ外に出ると、霜が雪のように真っ白に降りている。

❹君は川の水を汲んできなさい、私は薪を拾いに行こう。

語句の解説

○**雑詠**《ざつえい》　いろいろな物事や季節を詠じた詩歌のこと。詩題のひとつ。

諸生《しょせい》　塾生・学生のこと。桂林荘には、内外の生徒二十人余りが居住していたという。

❶**道**《いフ》　「言ふ」と同じ。漢文ではよく用いられるので覚えておく。

他郷《たきょう》　故郷を離れた土地。ここでは、桂林荘での暮らしをさす。

❸**暁**《あかつき》　夜明けのころ。明け方。

2　**第四句は何をするための行為か。**

答　朝食の準備をするため。

道《フ》㆑情《ヲ》

中《なか》野《の》逍《せう》遥《えう》

教科書P.271

【主　題】 教 271ページ2～4行

自分の命と交換してもいいから片思いの女性の愛情を得たい、と訴えながらも、それを得ることができない悲しみを、仙女のイメージとともにうたっている。●五言絶句　韻

命・情・声

語句の解説

○**情**《じょう》　ここは男女間の恋情の意。ただし、歌われているのは、片思いの恋情である。

【書き下し文】

○情《じょう》を道《い》ふ

❶我《わ》が百年《ひゃくねん》の命《いのち》を擲《なげう》ち

❷君《きみ》が一片《いっぺん》の情《じょう》に換《か》へん

❸仙階人《せんかいひと》見《み》えず

❹唯《た》だ玉琴《ぎょっきん》の声《こえ》を聴《き》く

【現代語訳】

○恋情を言う

❶私に百年の寿命があるなら、それを投げ捨てて、

❷あなたのほんの一かけらの愛情と交換しよう。

❸仙女（のようなあなた）が住む家の階段に、あなたの姿は見えず、

❹ただ（あなたの弾く）美しい琴の音色が聞こえるばかりだ。

答 **3** 第一・二句は、作者のどのような気持ちを表しているか。

好きな人が少しでも自分を思ってくれるなら、すぐに死んでしまってもかまわないという気持ち。

❸**人**《ひと》　第二句の「君」をさす。恋しい人。

❹**唯**《た》ダ　限定の意味をそえる副詞。「ただ〜だけだ」という意味を表す。

玉《ぎょく》　美しいという意味をそえる語。

声《こえ》　ここでは、琴の音色を表す。

学習の手引き

一　**「読ニ家書一」詩について、手紙の内容と、家族に対する作者の思いを説明してみよう。**

考え方　手紙の内容は第三〜七句に、家族に対する作者の思いは最後の句に表現されている。

解答例　〈手紙の内容〉・西門の木は人に運び去られ、邸の北側の空地は他人に住まわせていて、家族の生活が苦しくなってきている様子が書かれている。

・薬の材料としての生姜の紙包みと、もの忌みの備えとしての竹かご入りの昆布が添えられていた。

・自分たちの飢えや寒さについては書かれていない。

〈作者の思い〉都にいる家族の心細さは想像はできるが、直接飢えや寒さについて伝えてこないので、かえってその境遇が思いやられて悩ましいという思い。

二　**「桂林荘雑詠、示ニ諸生一」詩は、誰に対するどのような思いを表しているか、説明してみよう。**

考え方　詩の題に「諸生に示す」とあることに注目。「桂林荘」が作者の開いた私塾であるという脚注の内容も参考にしよう。

解答例　勉学のために故郷を離れ入門したばかりの塾生たちに対し、桂林荘の生活は、予想しているようなつらいものではないから、学ぶことの楽しさを知り、前向きな心構えで励んでほしい、と願う思いを表している。

三　**「道ㇾ情」詩について、「百年命」「仙階」「玉琴」という表現が詩に与える効果を説明してみよう。**

考え方　これらの言葉のイメージを想像してみよう。「百」は第二句の「一」と対比的に用いられた強調表現。「仙・玉」は、この世

のものならぬ雰囲気や美しさを形容する言葉といえる。

解答例　詩に登場する「君」を、人間の手の届かないところにいる神々しく純粋な存在、憧れや崇拝の対象に感じさせる効果をもつ。

句形

◇太字の部分に注意して、その働きを考えよう。

＊**被**《ら》レ二人ニ移去セ一——人に移去せられ(人に持ち去られ)。

「被二——〜。一」は、「——に〜(せ)らる。」と訓読し、「——に〜される。」という**受身**の意味を表す。「被」は、ほかに「見・為」などの字も用いられる。

＊**教**《し》ム二客ヲシテ寄居セ一——客をして寄居せしむ(他人に住まわせる)。

「教二——〜。一」は、「——をして〜(せ)しむ。」と訓読し、「——に〜させる。」という**使役**の意味を表す。「教」は、ほかに「使・令・遣」などの字も用いられる。

漢詩のきまり

教科書P.272〜273

漢詩は形式上、次のように分けられる。

○古体詩—字数・句数は不定(古詩・楽府《がふ》)

○近体詩—┬**絶句**…四句で構成(五言絶句・七言絶句)
　　　　　└**律詩**…八句で構成(五言律詩・七言律詩)

七言絶句の例

江南ニテ逢《あ》フ二李亀年《りきねん》ニ一　杜甫《とほ》

1　岐《ぎ》王《わう》ノ宅《たく》裏《り》尋常ニ見ル　起句
2　崔《さい》九《きう》ノ堂《どう》前《ぜん》幾《いく》度《たび》カ**聞**ク→**押韻**《おういん》　承句
3　正ニ是レ江南ノ好風景　転句
4　落花ノ時節又逢フレ**君**ニ→**押韻**　結句

(1・2：対句)

●**詩形**…一首が四句で構成され、一句が七字である。

●**押韻**…「韻」というのは、漢字発音の際に、耳に残る「響」のこと。音読みしたときに、子音を除いた部分が「韻」である。偶数句末に韻を踏み、七言詩は、第一句にも踏むというきまりがある。この詩では、第二句「聞」(b<u>un</u>)と第四句「君」(k<u>un</u>)とが韻。

●**詩の一句の構成**…原則として、七言詩の場合は「○○－○○－○○○」か「○○○○－○○○」のように表現する。

●**対句**…この詩では、第一句と第二句が対句。

【書き下し文】

江南にて李亀年に逢ふ　杜甫

1　岐王の宅裏　尋常に見る
2　崔九の堂前　幾度か聞く
3　正に是れ　江南の好風景
4　落花の時節　又君に逢ふ

【現代語訳】

江南で李亀年に会う　杜甫

1　岐王様のお屋敷でしばしばお会いしました。

2 崔九様の大広間の前で何度も君のすばらしい歌声を聞きました。
3 今ちょうどこの江南の麗しい風景を前にして、
4 花びらの舞い散る晩春の時節にまた君にめぐり会いましたね。

五言律詩の例

春夜喜ブレ雨ヲ　杜甫

1 好雨知リ二時節ヲ一
2 当タリテレ春ニ乃《すなは》チ発生ス →押韻
（1・2　首聯《しゅれん》）

3 随《したが》ヒテレ風ニ潜カニ入リレ夜ニ
4 潤シテレ物ヲ細ヤカニシテ無シレ声 →押韻
（3・4　対句　頷聯《がん》）

5 野《や》径《けい》雲倶《とも》ニ黒ク
6 江船火独リ明ラカナリ →押韻
（5・6　対句　頸聯《けい》）

7 暁ニ看《み》レバ二紅ノ湿《うるほ》フ処《ところ》ヲ一
8 花ハ重カラン二錦官城ニ一 →押韻
（7・8　尾聯《び》）

●**詩形**…一首が八句で構成され、一句が五字である。

●**押韻**…この詩では、第二句「生」(sei)、第四句「声」(sei)、第六句「明」(mei)、第八句「城」(sei)が韻である。(「城」には、「傾城《けいせい》」のように「セイ」の読みがある。)

●**詩の一句の構成**…原則として、五言詩の場合は「○○－○○○」のように表現する。

●**対句**…律詩では、第三句と第四句、第五句と第六句を対句にするという原則がある。

【書き下し文】

春夜雨を喜ぶ　杜甫

1 好雨時節を知り
2 春に当たりて乃ち発生す
3 風に随ひて潜かに夜に入り
4 物を潤して細やかにして声無し
5 野径雲倶に黒く
6 江船火独り明らかなり
7 暁に紅の湿ふ処を看れば
8 花は錦官城に重からん

【現代語訳】

春の夜に雨を喜ぶ　杜甫

1 好ましい春雨は降るべきときを心得ているとみえ、
2 ちょうど春となって今こそ万物生育の営みを開始したのだ。
3 雨は風につれてそっと夜まで降り続き、
4 万物に潤いを与えて細かく音も立てない。
5 戸外は野の小道も空の雲も真っ暗で、
6 川に、もやっている船の灯火だけが明るく見える。
7 夜が明けてうるおいを帯びた紅色をよく見るならば、
8 それは花がしっとりと枝もたわわに成都の街を飾っているのだ。

思想

●儒家思想とは

中国の春秋・戦国の時代（教科書二四六・二六〇ページ脚注参照）には多くの思想家が出現し、さまざまな説を展開した。彼らを「諸子百家」と呼び、孔子・孟子《もうし》を中心とする思想を「儒家《じゅか》思想」という。孔子の教えは、おのれを修め人を治めることを目的にして、「仁」をもって最高のものとする。孔子のいう「仁」とは、ただの美徳の名目ではなく、すべての徳を総合し、融和した至上の原理である。

『論語《ろんご》』は、儒教の重要な書物「四書」の一つで、孔子の死後、弟子たちによって編纂《へんさん》され漢代に集大成されたもの。孔子や弟子の言行、問答が中心である。

『孟子』は、中国の戦国時代の儒家孟子の言行を、弟子が編纂したもの。仁政徳治による王道政治を提唱している。

学び　〔論語《ろんご》〕

教科書P.276〜277

【大　意】 1　教276ページ2〜4行

学んで自分が向上し、友と語らって道が広がるのは喜ばしいことであり、世間に対してうらみがましく思わず、まじめに努力するのが君子である。

【書き下し文】

❶子《し》曰《い》はく、「学《まな》びて時《とき》に之《これ》を習《なら》ふ。❷亦説《またよろこ》ばしからずや。❸朋《とも》有《あ》り遠方《えんぽう》より来《き》たる。❹亦楽《またたの》しからずや。❺人《ひと》知《し》らざるも慍《うら》みず。❻亦君子《またくんし》ならずや。」と。（学而《がくじ》）

【現代語訳】

❶先生が言われた、「古典を学んで、（そのことについて）折に触れて復習して身につける。❷なんと喜ばしいことではないか。❸（学問をしていると）同じ志を持った人が遠方からもやって来る。❹なんと楽しいことではないか。❺他人が（自分の値打ちを）認めてくれなくても、心の中に不満を持たない。❻そういう人こそ人格の優れた人ではないか。」と。

語句の解説 1

教276ページ

❶**時《ときニ》習《ならフ》レ之《これヲ》**　折に触れて復習する。「習」は、「そのことを繰り返してまねて身につける」の意。

❷**説《よろこブ》**　「悦」に同じ。心中にうれしく思う。

❸**有《あり》レ朋《とも》**　「有」は返読文字。「朋」は、ともに学問の道を志す者。

1　「不知」とあるが、何が理解されないのか。

答　自分の値打ち。

【大　意】 2 教276ページ5行

人の師たるにいちばん大切なことは、古今に通ずる道を知っていることである。

【書き下し文】

❶子《し》曰《い》はく、「故《ふる》きを温《たず》ねて新《あたら》しきを知れば、以《も》つて師《し》と為《な》るべし。」と。（為政《いせい》）

【現代語訳】

❶先生が言われた、「古典を習熟するまで学んで、新しい意味を見つけて、考え、行動すれば、師となることができる。」と。

【大　意】 3 教276ページ6行

学習と思索とは、ともに行ってこそ意義がある。

【書き下し文】

❶子《し》曰《い》はく、「学《まな》びて思《おも》はざれば、則《すなわ》ち罔《くら》し。❷思《おも》ひて学《まな》ばざれば、則《すなわ》ち殆《あや》ふし。」と。（為政）

【現代語訳】

❶先生が言われた、「学習しても、思索をしなければ、物事の道理にくらい（のと同じである）。❷（かといって）思索をしても学習しなければ、道理にはずれて危険である。」と。

【大　意】 4 教277ページ1行

学問は自分の修養のためにすべきである。

【書き下し文】

❶子《し》曰《い》はく、「古《いにしえ》の学《まな》ぶ者《もの》は己《おのれ》の為《ため》にし、今《いま》の学《まな》ぶ者《もの》は人《ひと》の為《ため》にす。」と。（憲問《けんもん》）

【現代語訳】

❶先生が言われた、「昔の学ぶ者は自分の（修養の）ために学んだが、今の学ぶ者は人から認められるために学んでいる。」と。

語句の解説 2

教276ページ

❶**温《たずネテ》レ故《ふるキヲ》**　「故」は「古」に同じで、古典や伝統的文化をさす。「温」は、「たずねる・学習する・研究する」の意。

2　**「為師」とあるが、なぜ師となれるのか。**

答　古今に通ずる道を知ることで将来を見通せ、人を導けるようになるから。

語句の解説 3

教276ページ

❶**学《まなブ》**　「学」はもともと「まねぶ」の意で、先生や他人をまねること。

3　**「学」と「思」とはどのような関係か。**

答　互いに補い合い、両方がそろって学問を完全なものにするような関係。

語句の解説 4

教277ページ

❶**為《ためニス》レ人《ノ》**　人から認められるためにする。「人のためになるように」の意ではない。

【大意】 5 教277ページ2行

学問は果てしなく、また、失いやすいものである。

【書き下し文】

❶子《し》曰《い》はく、「学《がく》は及《およ》ばざるが如《ごと》くするも、猶《な》ほ之《これ》を失《うしな》はんことを恐《おそ》る。」と。(泰伯《たいはく》)

【現代語訳】

❶先生が言われた、「学問は、どこまで学んでもまだ十分ではないという様子でいるものであるが、さらにまた、(学んで得たものを)失うのを恐れるべきものである。」と。

【大意】 6 教277ページ3〜4行

知るとは、知っていることを知っている、知らないことを知らないとすることである。

【書き下し文】

❶子《し》曰《い》はく、「由《ゆう》よ、女《なんじ》に之《これ》を知《し》るを誨《おし》へんか。❷之《これ》を知《し》るを之《これ》を知《し》ると為《な》し、知《し》らざるを知《し》らずと為《な》す。❸是《こ》れ知《し》るなり。」と。(為政)

【現代語訳】

❶先生が言われた、「由よ、おまえに物事を知るとはどういうことかを教えようか。❷自分が知っていることは知っているとし、自分の知らないことは知らないとはっきりと区別する。❸これが真に知るということなのだ。」と。

語句の解説 5

教277ページ

❶如《ごとクスル》　サ変動詞で読んでいることに注意。

4 「之」は何をさすか。

答 学(＝学んで得たもの)

語句の解説 6

教277ページ

❶知《しル》レ之《これヲ》　「知る」と同じ。

❷為《なス》　あえて〜する。意志的な意を含む。

5 孔子のいう「知」とはどういうことか。

答 自分が何を知っているか、何を知らないかを自覚すること。

学習の手引き

一 孔子は、学びとはどのようなものだと述べているか、説明してみよう。

考え方　1・4・5に注目してまとめる。

1　学びとは楽しいもの。(学而)

4　人に認められるためにではなく、自分の修養のために行うもの。(憲問)

5　学んでも学んでも尽きないものであり、得たものを失わないように不断の努力を要するもの。(泰伯)

解答例　自己の向上につながる、喜ばしく楽しいものであると同時に、不断の努力を要する厳しいものである。

二 孔子は、学びの方法としてどのようなことを述べているか、まとめてみよう。

考え方　2・3・6に注目してまとめる。

2　古典に学び、新しい意味を見つける。(為政)

3　学習することと、思索することの両方を必要とする。(為政)

6 知っていることと知らないことを区別して自覚する。(為政)

解答例 古典に学びその知恵を現代に生かすこと、学んだことを自分でよく考え独断に陥らないように他からも学ぶこと、自分が知っていることと知らないことを判別して努力すること。

句形

◇**太字の部分に注意して、その働きを考えよう。**

＊**不㆓亦説《バシカラ》㆒乎。**――亦説ばしからずや(なんと喜ばしいことではないか)。「不㆓亦～㆒乎。」は「亦～ずや。」と訓読し、「なんと～ではないか。」という**感嘆**の意味を表す。

仁 〔論語〕

教科書P.278～279

【大　意】 1 教278ページ2行

巧みな言葉やうわべだけの愛想のよさに「仁」は少ない。

【書き下し文】

❶子《し》曰《い》はく、「巧言令色《こうげんれいしょく》、鮮《すく》なし仁《じん》。」と。(学而)

【現代語訳】

❶先生が言われた、「巧妙に言葉を飾る者やうわべだけ愛想がよい者には、ほとんどないのだ、他者を愛する心は。」と。

語句の解説 1

教278ページ

❶**鮮《すくナシ》矣仁《じん》** 通常の語順は「仁鮮矣」になるが、倒置して語勢を強める。

【大　意】 2 教278ページ3～4行

一言で言い表せて、一生行うことができるのは、相手を思いやることである。

【書き下し文】

❶子貢《しこう》問《と》ひて曰《い》はく、「一言《いちげん》にして以《も》つて終身之《しゅうしんこれ》を行《おこな》ふべき者《もの》有《あ》りや。」と。

❷子《し》曰《い》はく、「其《そ》れ恕《じょ》か。己《おのれ》の欲《ほっ》せざる所《ところ》は、人《ひと》に施《ほどこ》すこと勿《な》かれ。」と。(衛霊公《えいれいこう》)

【現代語訳】

❶子貢が尋ねて言った、「一言だけで(言い表せて、)一生行っていける(価値ある)ことがありますか。」と。

❷先生が言われた、「まあ相手を思いやる気持ちであろうか。自分の望まないことは、他人にしてはいけない。」と。

語句の解説 2

教278ページ

❶**可《ベキ》㆓以《もッテ》～㆒** 可能を表す。

❷**所《ところ》** もの・こと・人などを表す。

1 「恕」と、下の「己所不欲、勿施於人」とは、どのような関係にあるか。

答 「恕」とはその人の身になって考えること。その具体的な説明として「己所不欲、勿施於人」をあげている。

【大意】 3 教278ページ5〜9行

まず身近なところから、仁に至る実践を重ねることが大切である。

【書き下し文】

❶子《し》貢《こう》曰《い》はく、「如《も》し博《ひろ》く民《たみ》に施《ほどこ》して、能《よ》く衆《しゅう》を済《すく》ふ有《あ》らば、何如《いかん》。❷仁《じん》と謂《い》ふべきか。」と。❸子《し》曰《い》はく、「何《なん》ぞ仁《じん》を事《こと》とせん。❹必《かなら》ずや聖《せい》か。❺堯《ぎょう》・舜《しゅん》も其《そ》れ猶《な》ほ諸《これ》を病《や》めり。❻夫《そ》れ仁者《じんしゃ》は、己《おのれ》立《た》たんと欲《ほっ》して人《ひと》を立《た》て、己達《おのれたっ》せんと欲《ほっ》して人《ひと》を達《たっ》す。❼能《よ》く近《ちか》く譬《たとえ》を取《と》る。❽仁《じん》の方《ほう》と謂《い》ふべきのみ。」と。

（雍《よう》也《や》）

【現代語訳】

❶子貢が言った、「もし広く人民に（恩恵を）施して、多くの人を救える人がいたならば、どうでしょうか。❷仁と言えますか。」と。❸先生が言われた、「どうして仁を問題としようか、いや、仁どころではない。❹きっと聖（の段階）だね。❺（古代の聖天子である）堯と舜でさえもそれ（ができないこと）を憂えた。❻そもそも仁者（人格者）は、自分が立身したいと思えば人を立身させてやり、自分が栄達したいと思えば人を栄達させてやる。❼わが身に事柄をひき比べて考えることができる。❽（それこそが）仁に至る方法だと言うことができるだけだ。」と。

【大意】 4 教279ページ1〜3行

親や年長者を敬うことが、「仁」の根本である。

【書き下し文】

❶有子《ゆうし》曰《い》はく、「其《そ》の人《ひと》と為《な》りや、孝弟《こうてい》にして而《しか》も上《かみ》を犯《おか》すを好《この》む者《もの》は、鮮《すく》なし。❷上《かみ》を犯《おか》すを好《この》まずして、而《しか》も乱《らん》を作《な》すを好《この》む者《もの》は、未《いま》だ之《こ》れ有《あ》らざるなり。❸君子《くんし》は本《もと》を務《つと》む。

【現代語訳】

❶有子が言った、「その人柄が、親や年長者を敬う者であるのに目上の者に抵抗したがる者は、ほとんどいない。❷目上の者に抵抗したがらないのに、社会を無秩序な状態にしたがる者は、まだいない。❸君子は根本（の修養）に努力

語句の解説 3

教278ページ

❶能《ヨク》 可能を表す。主観的な判断によって、能力があることを示す。

❷可《ベシ》 ここでは可能を表す。

2 「仁」と「聖」とはどう違うか。

答 「仁」は自分の身の上にひき比べて考え、善意を他人に施そうとすること、「聖」は一段階上の徳で、多くの人を救済することである。

3 「諸」は、何をさすのか。

答 博施於民、而能済衆

語句の解説 4

教279ページ

❶為《なリ》レ人ト 人柄。人としてのふるまい。

4 「孝弟」がなぜ「仁之本」なのか。

答 親や年長者を敬う気持ちはすべての人間に対する善意の出発点であり、それがあれば社会を無秩序にしたがるよう

❹本立《もとた》ちて道生《みちしょう》ず。❺孝弟《こうてい》なる者《もの》は、其《そ》れ仁《じん》の本《もと》たるか。」と。　（学而）

する。❹根本が確立してこそ（人として進むべき）道がはっきりする。❺親を敬い年長者を敬うことが、仁の根本であろうか。」と。

なことはないから。

学習の手引き

一　孔子の述べる「仁」とはどういうものか、説明してみよう。

考え方　1・2に注目してまとめる。

1　言葉を飾る者やうわべだけ愛想がよい者には少ない。（学而）

2　相手を思いやる気持ちを持ち、自分の望まないことを、他人に行わないことである。（衛霊公）

解答例　外面ではなく内面から発せられる、すべての人間に賦与《ふよ》された人間の徳性であり、相手を思いやる気持ちを根本として、自分の望まないことを他人に行わないこと。

二　孔子は、「仁」に至る方法としてどのようなことを述べているか、まとめてみよう。

考え方　3・4に注目してまとめる。

3　すべての人を救済することは困難であるが、自分の身の上にひき比べて考え、善意を他人に施すことで実現できるものである。（雍也）

4　親や年長者に対する本能的な善意が、すべての人間に対する善意の出発点である。人間は社会的存在であることを常に考え、社会的な連帯感を深めていくことがその根本である。（学而）

解答例　父母に孝を尽くし年長者を敬うことから始めて、この姿勢を広く社会全体にまで推し及ぼし、その連帯感を深めることが仁に至る方法の一つである。また、相手を思いやる気持ちを根本に他人のことも自分にひき比べて考え、よかれと思われることを、実践し続けることが仁に至る方法の一つである。

句形

◇太字の部分に注意して、その働きを考えよう。

＊有㆘一言《ニシテ》而可《キ》㆓以《テ》終身行《フ》㆑㆒之《ヲ》者㆖**乎**。——一言にして以つて終身之を行ふべき者有りや（一言だけで一生行っていけることがありますか）。／其《レ》恕**乎**。——其れ恕か（まあ相手を思いやる気持ちであろうか）。／可《キ》㆑謂《フ》㆑仁《ト》**乎**。——仁と謂ふべきか（仁と言えますか）。「～乎。」は「～や。」「～か。」と訓読し、「～か。」という**疑問**の意味を表す。

＊**勿**《カレ》施《スコト》㆓於人《ニ》㆒。——人に施すこと勿かれ（他人にしてはいけない）。「勿㆓～㆒」は「～勿かれ。」と訓読し、「～てはいけない。」という**否定・禁止**の意味を表す。

＊**如**《シ》有《ラバ》㆘博《ク》施《シテ》㆓於民《ニ》㆒而能《ク》済《フ》㆖衆《ヲ》、**何如**。——如し博く民に施して、能く衆を済ふ有らば、何如（もし広く人民に施して、多くの人を救える人がいたならば、どうでしょうか）。「如～、」は「如し～ば、」と訓読し、「もし～であれば、」という**仮定**の意味を表す。また、「～何如。」は「～いかん。」と訓読し、様子や状態を

問い、「～はどうか。」という**疑問**の意味を表す。

*何ゾ事トセン二於仁一ヲ。——何ぞ仁を事とせん(どうして仁を問題としようか、いや、仁どころではない)。「何～。」は「何ぞ～ん。」と訓読し、「どうして～ようか、いや、～ない。」という**反語**の意味を表す。

*可レキ謂フ二仁之方一ト也已。——仁の方と謂ふべきのみ(仁に至る方法だと言うことができるだけだ)。「～也已。」は「～のみ。」と訓読し、「～だけだ。」という**限定**の意味を表す。

*未ダ二之レ有一ラ也。——未だ之れ有らざるなり(まだいない)。「未二～一。」は再読文字として「未だ～ず。」と訓読し、「まだ～ない。」という**否定**の意味を表す。

*其レ為ル二仁之本一与。——其れ仁の本たるか(仁の根本であろうか)。「～与。」は「～か。」と訓読し、「～か。」という**疑問**の意味を表す。

政治〔論語〕

教科書P.280～281

【大意】1 教280ページ2～4行

「政」の意味は「正」しいということで、上に立つ人のその精神が臣下や人々を善に導くのである。

【書き下し文】

❶季康子《きこうし》政《せい》を孔子《こうし》に問《と》ふ。❷孔子《こうし》対《こた》へて曰《い》はく、「政《せい》は正《せい》なり。子《し》帥《ひき》ゐるに正《せい》を以《も》つてせば、孰《たれ》か敢《あ》へて正《ただ》しからざらん。」と。（顔淵《がんえん》）

【現代語訳】

❶季康子が、政治とは何かを先生に尋ねた。❷先生が答えて言われた、「『政』は『正』だ。(上に立つ)あなたが臣下を率いるのに正しさをもって行ったら、いったい誰があえて不正を行おうとするか、いや、誰も行わない。」と。

語句の解説 1

教280ページ

❶**政**《せい》 政治の意義。

❷**政**《せい》**者**《は》**正**《せい》**也**《なり》 「者」は助詞、「也」は助動詞。
「正」は正しいことを行うこと。

帥《ひきヰル》 「率」と同じ。

孰《たれカ》**敢**《あヘテ》**不**《ざラン》レ**正**《ただシカラ》 「孰か～ん。」で反語形。

【大意】2 教280ページ5～10行

人民に信義の心がなければ、政治は成り立たないものである。

【書き下し文】

❶子貢《しこう》政《せい》を問《と》ふ。❷子《し》曰《い》はく、「食《しょく》を足《た》らし、兵《へい》を足《た》らし、民《たみ》は之《これ》を信《しん》にす。」と。

【現代語訳】

❶子貢が政治(のあり方)について尋ねた。❷先生が言われた、「食糧を十分にし、軍備を十分にし、人民には信義を重んずるようにさ

語句の解説 2

教280ページ

❶**問**《とフ》レ**政**《せいヲ》 ここでは「食」「兵」「信」とともに用いられており、政治のあり方をさす。

❷**足**《たラシ》レ**食**《しょくヲ》 「足」はここでは他動詞で、「十分にする・充足させる」の意。

❸子貢《しこう》曰《い》はく、「必《かなら》ず已《や》むを得《え》ずして去《さ》らば、斯《こ》の三者《さんしゃ》に於《お》いて、何《なに》をか先《さき》にせん。」と。❹曰《い》はく、「兵《へい》を去《さ》らん。」と。❺子貢《しこう》曰《い》はく、「必《かなら》ず已《や》むを得《え》ずして去《さ》らば、斯《こ》の二者《にしゃ》に於《お》いて、何《なに》をか先《さき》にせん。」と。❻曰《い》はく、「食《しょく》を去《さ》らん。古《いにしえ》より皆《みな》死《し》有《あ》り。民《たみ》に信《しん》無《な》くんば、立《た》たず。」と。（顔淵）

せることだ。」と。❸子貢が言った、「どうしてもやむを得ずに一つを取り去るなら、この三つの中で何を先にしますか。」と。❹先生が言われた、「軍備をやめよう。」と。❺子貢が言った、「どうしてもやむを得ずに一つを取り去るなら、この二つの中で何を先にしますか。」と。❻先生が言われた、「食糧を取り去ろう。昔から人は誰でも死ぬものだ。しかし、人民に信義の心がなければ（政治は）成り立たない。」と。

【大意】 3 教281ページ1〜2行

人民を導き治めるのに道徳を、統制するのに礼儀を用いるべきである。

【書き下し文】

❶子《し》曰《い》はく、「之《これ》を道《みちび》くに政《せい》を以《も》つてし、之《これ》を斉《ととの》ふるに刑《けい》を以《も》つてすれば、民免《たみまぬか》れて恥《はじ》無《な》し。❷之《これ》を道《みちび》くに徳《とく》を以《も》つてし、之《これ》を斉《ととの》ふるに礼《れい》を以《も》つてすれば、恥《はじ》有《あ》りて且《か》つ格《いた》る。」と。（為政）

【現代語訳】

❶先生が言われた、「人民を導き治めるのに法律や規則を用い、人民を統制するのに刑罰を用いれば、人民は抜け道を考えて恥と思わない。❷人民を導き治めるのに道徳を用い、人民を統制するのに礼儀を用いれば、（人民は不善を）恥じ、また（自ら不善を）正すのである。」と。

1 「之」は、何をさしているか。

答 民（「民之ヲ信ズ」と訓読する場合は、「之」は「為政者」または「為政者の行う政治」をさすが、ここでは「民ハ之ヲ信ニス」と訓読しているので、「之」＝「民」。）

❸**斯《こノ》三者《さんしゃ》** 「食」「兵」「信」。

2 「二者」は、何をさしているか。

答 「食」と「信」。

❻**民《たみニ》無《なクンバ》レ信《しん》、不《ず》レ立《たタ》** 「無レ〜、不レ〜」の「無レ〜」は否定条件を表す。

語句の解説 3 教281ページ

3 以下、四つの「之」は何をさすか。

答 民

4 「刑」と「礼」とはどこがどのように違うのか。

答 社会的規範をさし、「刑」は刑罰、「礼」は生活のうえでの社会的規範をさし、「刑」が人民に強……

【大意】4 教281ページ3～4行

道徳をもって政治を行えばうまくいくだろう。

【書き下し文】

❶子《し》曰《い》はく、「政《せい》を為《な》すは徳《とく》を以《も》つてす。❷譬《たと》ふれば北辰《ほくしん》の其《そ》の所《ところ》に居《お》りて衆星《しゅうせい》之《これ》と共《とも》にするがごとし。」と。(為政)

【現代語訳】

❶先生が言われた、「政治を行うのには道徳をもとにする。❷(そうすれば)たとえば北極星が天の頂点にあって、多くの星々がこれを取り巻いて動くように(万事うまく)いくだろう。」と。

制するものであるのに対し、「礼」は人民の良心によるものである。

語句の解説 4

教281ページ

❷譬《たとフレバ》如《ごとシ》二～一　たとえば～のようだ。

5 「之」は、何をさしているか。

答 北辰(北極星)

学習の手引き

一 孔子は、政治の根本は何であると述べているか、説明してみよう。

考え方 まず1～4でそれぞれ「子」が言っていることをとらえる。

解答例 正しい心で人民を正しく率いること、人民に信義の心を持たせること、道徳や礼儀を用いて人民を治めること。

二 孔子は、為政者と民との関係はどのようにあるべきだと考えているか、まとめてみよう。

考え方 とくに3・4の内容をとらえる。

解答例 為政者は仁の心を持ち徳や礼によって民を導き、民は為政者を信頼し慕い集まるような関係。

活動の手引き

一 孔子のさまざまなエピソードについて調べ、とくに興味を持ったことを文章にまとめて発表しよう。

考え方 教科書のウェブ資料などを参考にして、音楽への関心、諸国での反発や出来事、弟子たちとのやりとりなどから話題を選び、人物像を想像しながらまとめてみよう。

句形

◇太字の部分に注意して、その働きを考えよう。

＊**孰**《カ》敢《ヘテ》不《ラン》レ正《シカラ》。――孰か敢へて正しからざらん(誰が不正を行おうとするか、いや、誰も行わない)。「孰～。」は「孰か～ん。」と訓読し、「誰が～か、いや、～ない。」という**反語**の意味を表す。

＊**何**《ヲカ》先《ニセン》。――何をか先にせん(何を先にするか)。「何～。」は「何を～か。」と訓読し、「何を～か。」という**疑問**の意味を表す。

文章

●種々の文章

ここでは、「史伝」と異なり、歴史的事実に題材を取らない、中国人の想像の世界を取り上げている。古くから民衆の間に語り伝えられてきた話がもとになっており、民衆の考え方、好み、信仰なども表れている。

「桃花源記《とうかげんき》」は、東晋《とうしん》末の役人・文学者である陶潜《とうせん》(字《あざな》は淵明《えんめい》)が、戦乱や飢饉《ききん》により国が衰退する中、利欲を捨て自然とともに生きる平和な暮らしを、『老子《ろうし》』で掲げられている理想郷をもとに描いたものである。

「離魂記《りこんき》」は、陳玄祐《ちんげんゆう》の作とされる伝奇小説。地方官の娘が寝たきりの姿を父母のもとに残したまま恋人のあとを追い、数年後に戻ってきて、もとの身体と一体になるというストーリーである。

桃花源記

陶《とう》　潜《せん》

教科書P.284～286

【大　意】　1　教284ページ1～5行

武陵の漁師が、ある日、谷川の流れに沿って船に乗って行くうちに迷ってしまった。そのうち桃花の林に出くわし、さらに進んで行くと、水源の先の山に小さな入り口があった。漁師は奥に光が見えたので、入って行った。

【書き下し文】

❶晋《しん》の太元中《たいげんちゅう》、武陵《ぶりょう》の人《ひと》魚《うお》を捕《とら》ふるを業《ぎょう》と為《な》す。❷渓《たに》に縁《よ》りて行《ゆ》き、路《みち》の遠近《えんきん》を忘《わす》る。❸忽《たちま》ち桃花《とうか》の林《はやし》に逢《あ》ふ。❹夾岸数百歩《きょうがんすうひゃっぽ》、中《なか》に雑樹《ざつじゅ》無《な》し。❺芳草鮮美《ほうそうせんび》、落英繽紛《らくえいひんぷん》たり。❻漁人《ぎょじん》甚《はなは》だ之《これ》を異《い》とし、復《ま》た前《すす》み行《ゆ》きて、其《そ》の林《はやし》を窮《きわ》めんと欲《ほっ》す。❼林水源《はやしすいげん》に

【現代語訳】

❶晋の太元年間に、武陵の人で、魚を捕って生計を立てている人がいた。❷(ある日、)谷川(の流れ)に沿って(船で)行くうち、どのくらい来たかわからなくなって(迷って)しまった。❸(そのうち)突然、ふと桃の花の咲く林に出くわした。❹川の両岸に数百歩ほど続いており、その中には桃以外の木はない。❺かぐわしい草が

語句の解説　1

教284ページ

❷**忘《わする》ル二路《みち》之《の》遠近《えんきん》ヲ一**　どれほどの距離を来たかわからなくなってしまった。漁師が毎日漁をする場所で迷うということは、日常世界から別次元に入りこんだことを意味している。

❹**歩《ほ》**　長さの単位。当時の一歩は約一・五メートル。

❻**異《い》トシレ之《これ》ヲ**　「異」は「不思議だと思う」の意。

復《ま》タ　行為の反復・連続を表す。桃花に足をとめていたが、再び進んで行く、の意。「又」「亦」との違いに注意。本書213ページ参照。

尽《つ》き、便《すなわ》ち一山《いちざん》を得《え》たり。❽山《やま》に小《しょう》口《こう》有《あ》り、髣髴《ほうふつ》として光《ひかり》有《あ》るがごとし。❾便《すなわ》ち船《ふね》を捨《す》て、口《くち》より入《い》る。

鮮やかで美しく(茂り)、(あたりには桃の)花びらが乱れ散っている。❻漁師はこの眺めをたいそう不思議に思い、再び進んで行き、その林(の終わり)を突き止めようとした。❼林が川の水源で尽きると、すぐに一つの山があった。❽その山には小さな入り口があり、(奥の方は)ぼんやりと少し明るく、光が差しているようである。❾そこで船を下り、入り口から入って行った。

❼欲《ほっス》レ窮《きわメント》二其《そノ》林《はやしヲ》一　「欲レ～」は、ここでは「～しようとする」の意。
❼便《すなわチ》　そうすると。……するとすぐに。
得《え》二一山《いちざんヲ》一タリ　「山があった」ということ。
❽若《ごとシ》　「如」と同じ。……のようだ。
❾従《より》　「自」「由」と同じ。……から。

【大　意】　2　教284ページ6行～285ページ1行

入り口から進んで行くと、突然開けて広々とした明るい所に出た。そこはよく肥えた田畑が広がり、老若男女が楽しそうに働く平和な村だった。

【書き下し文】

❶初《はじ》めは極《きわ》めて狭《せま》く、纔《わず》かに人《ひと》を通《つう》ずるのみ。❷復《ま》た行《ゆ》くこと数十歩《すうじっぽ》、豁然《かつぜん》として開朗《かいろう》なり。❸土地《とち》平曠《へいこう》、屋舎《おくしゃ》儼然《げんぜん》たり。❹良田《りょうでん》美池《びち》桑竹《そうちく》の属《ぞく》有《あ》り。❺阡陌《せんぱく》交《こもごも》通《つう》じ、鶏犬《けいけん》相《あい》聞《き》こゆ。❻其《そ》の中《なか》に往来《おうらい》し種作《しゅさく》する男女《だんじょ》の衣着《いちゃく》は、悉《ことごと》く外人《がいじん》のごとし。❼黄《こう》髪垂髫《はっすいちょう》、並《なら》びに怡然《いぜん》として自《みずか》ら楽《たの》しむ。

【現代語訳】

❶初めのうちは非常に狭く、やっと人ひとりが通れるだけであった。❷(ところが)さらに数十歩進むと、目の前がからりと開けて広々と明るくなった。❸土地は平らで広々としており、家屋はきちんと整っている。❹よく肥えた田畑やきれいな池、桑畑や竹林の類いがある。❺田畑のあぜ道が縦横に通じ、(あちらこちらで)鶏や犬の鳴き声が聞こえる。❻その中を行き来して種をまいたり耕したりしている男女の衣服は、みな異国の人のようである。❼髪の黄色くなった老人もさげ髪の子供も、いずれもみな、和やかな様子でそれぞれに楽しんでいる。

語句の解説　2

教284ページ

❶纔《わずカニ》　限定の副詞。「ノミ」と呼応させる。
❷豁然《かつぜんトシテ》　開朗《かいろうナリ》　「豁」は本来、谷が途切れて目の前の景色が開けること。「朗」は「明」と同じ。成語として後世の文章にしばしば引用される一句。
❹良田《りょうでん》　中国では、「田」の字で、水田・畑の両方の意味になる。
❺交《こもごも》通《つうジ》　縦横に通じている。
鶏犬《けいけん》相《あい》聞《きコユ》　平和な理想郷を象徴する慣用表現。『老子』の「小国寡民《かみん》」中の表現に基づく。この文章で描かれている桃花源の世界は、この老子が唱えた世界がもとになっている。

教285ページ

【大　意】　3　教285ページ2行～286ページ1行

漁師は村人たちの歓待を受けた。村人たちの先祖は、秦《しん》の時代に世の乱れを避けてここに来たのだという。数日間とどまっていとまごいをしたが、別れるとき、この村里のことは秘密にしてほしいと頼まれた。

【書き下し文】

❶漁人《ぎょじん》を見《み》て、乃《すなわ》ち大《おお》いに驚《おどろ》き、従《よ》りて来《き》たる所《ところ》を問《と》ふ。❷具《つぶさ》に之《これ》に答《こた》ふ。❸便《すなわ》ち要《よう》して家《いえ》に還《かえ》り、酒《さけ》を設《もう》け鶏《にわとり》を殺《ころ》して食《しょく》を作《つく》る。❹村中《そんちゅう》此《こ》の人《ひと》有《あ》るを聞《き》き、咸《みな》来《き》たりて問訊《もんじん》す。❺自《みずか》ら云《い》ふ、「先世《せんせい》秦時《しんじ》の乱《らん》を避《さ》け、妻子《さいし》邑人《ゆうじん》を率《ひき》ゐて、此《こ》の絶境《ぜっきょう》に来《き》た

【現代語訳】

❶（村人は）漁師を見ると、たいへん驚き、どこから来たのかと尋ねた。❷（漁師は）詳しくそれに答えた。❸すると家に来てほしいと迎え招いて連れ帰り、酒を用意し鶏を殺して食事を作った。❹村中の人々が、この漁師が来ていることを聞いて、みなやって来て挨拶をした。❺（村人が）自ら語って言った、「私たちの先祖は

❻**悉**《ことごとク》　すべて。みな。

外人《がいじん》　本文中には「外人」の語が三箇所あり、ほかの二例は「桃花源の外の世界の人（＝現実世界の人）」と解釈できる。ここも同様とする説があるが、その場合は桃花源の人たちの服装が「現実世界と変わらない」という意味になる。しかし、ここは漁師から見た言葉なので、「漁師が見たこともない別世界の人」と解釈すべきである。

❼**自　楽**《みずからたのシム》　「自」は「みずから」と訓読すると「自分から」、「おのヅカラ」と訓読すると「ひとりでに・自然に」の意味になる。

語句の解説　3

教285ページ

❶**見**《み》テ二**漁人**《ぎょじん》ヲ一　**乃**《すなわチ》**大**《おおイニ》**驚**《おどろキ》　「乃」は、上下の語の間に時間的な間や心理的な屈折がある場合に多く用いられ、ある障害によって起こる抵抗感を表すことも多い。村人たちは、外部の人間には会ったことがないので非常にびっくりしたのである。

❷**具**《つぶさニ》　詳しく。事細かに。

❹**咸**《みな》　ことごとく。

❺**避**《さ》ケ二**秦時**《しんじ》ノ**乱**《らん》ヲ一　秦の世の乱れを避け、隠れていた。秦の始皇帝は暴政で世を乱したの

り、復《ま》た出《い》でず。❻遂《つい》に外人《がいじん》と間隔《かんかく》す。」と。❼問《と》ふ、「今《いま》は是《こ》れ何《なん》の世《よ》ぞ。」と。❽乃《すなわ》ち漢《かん》有《あ》るを知《し》らず、魏《ぎ》・晋《しん》に論無《ろんな》し。❾此《こ》の人一一為《ひといちいちため》に具《つぶさ》に聞《き》く所《ところ》を言《い》ふに、皆歎惋《みなたんわん》す。❿余人各《よじんおのおの》復《ま》た延《ひ》きて其《そ》の家《いえ》に至《いた》り、皆酒食《みなしゅしょく》を出《い》だす。⓫停《とど》まること数日《すうじつ》にして辞去《じきょ》す。⓬此《こ》の中《なか》の人《ひと》語《つ》げて云《い》ふ、「外人《がいじん》の為《ため》に道《い》ふに足《た》らざるなり。」と。

秦の時代の戦乱を避けて、妻子や村人を引き連れ、この人里離れた所に来て、それっきり外に出ませんでした。❻そして、そのまま外界の人々と隔たってしまったのです。」と。❼（そして漁師に）問うた、「今は、何という時代なのですか。」と。❽なんと、漢王朝があったのも知らず、（それより時代の下った）魏や晋（を知らないの）は言うまでもない。❾この漁師は一つ一つ彼らのために詳しく、聞き知っていることを話してやると、（村人たちは）みな（時代が移り変わったことに）嘆息したり、驚いたりしている。❿ほかの村人たちもそれぞれこの漁師を自分の家に招いて連れて行き、いずれも酒食を出してもてなした。⓫（漁師は）数日間とどまっていとまごいをした。⓬（別れるとき）その中の人は言った、「外の人たちに（この土地のことを）言うには及びませんよ（言わないでください）。」と。

で、賢い人々の中には実際に世を避けて逃げ出した者もいた。

絶境《ぜっきょう》　秘境。世間とは交際の絶えた土地。人里をはるかに離れた土地。

❼**今《いまハ》是《こレ》何《なんノ》世《よゾ》**　「是〜」は、「〜である」の意。何という王朝の時代かを尋ねた。

❽**乃《すなわチ》**　この「乃」は、「なんと・意外にも」という意を表す。

無《なシ》レ論《ろん》二魏《ぎ》・晋《しんニ》一　「無レ論二〜一」は、「〜は論ずるまでもない・言うまでもない」。秦の滅亡は、前二〇六年であるから、晋の太元年間までは約六〇〇年である。

1　「具言所聞」の内容はどのようなことか。

答　「秦」のあとに「漢」という王朝があり、その後「魏」「晋」の国が続いたことなど、漁師が聞き知っていること。

❿**余人《よじん》**　最初に漁師を家に連れ帰った人以外。

教286ページ

⓬**不《ず》レ足《たラ》**　〜するほどのことはない。婉曲な禁止を表す。ここでは「不可」に近く、

道《いフ》　「言」「云」に同じ。告げる。

【大　意】 4 教286ページ2～4行

漁師は目印をつけながら帰った。郡の長官のところに行き、これまでのことを話すと、長官は目印をつけた所を探させたが、村への道を見つけることはできなかった。

【書き下し文】

❶既《すで》に出《い》づ。❷其《そ》の船《ふね》を得《え》て、便《すなわ》ち向《さき》の路《みち》に扶《よ》り、処処《しょしょ》に之《これ》を誌《しる》す。❸郡下《ぐんか》に及《およ》び、太守《たいしゅ》に詣《いた》りて説《と》くこと此《か》くのごとし。❹太守《たいしゅ》即《すなわ》ち人《ひと》を遣《つか》はし其《そ》の往《ゆ》くに随《したが》ひ、向《さき》に誌《しる》しし所《ところ》を尋《たず》ねしむるも、遂《つい》に迷《まよ》ひて復《ま》た路《みち》を得《え》ず。

【現代語訳】

❶（漁師はやがて）外に出た。❷そうして自分の船を見つけて、そのままここに来るときに通った道をたどり、いたるところに目印をつけた。❸郡の役所のある所に来ると、長官のところへやって来て、これまでのことを話した。❹長官はすぐに人を遣わし、漁師に従って行かせて、先に目印をつけた所を探させたが、そのまま迷って、二度と（村に通じる）道を見つけることはできなかった。

【大　意】 5 教286ページ5～6行

南陽の劉子驥《りゅうしき》は志の高い人で、漁師の行った村に行こうとしたが、果たせないうちに病死してしまった。それ以来、村への道を尋ねようとする者はない。

【書き下し文】

❶南陽《なんよう》の劉子驥《りゅうしき》は高尚《こうしょう》の士《し》なり。❷之《これ》を聞《き》き、欣然《きんぜん》として往《ゆ》かんことを規《はか》る。❸未《いま》だ果《は》たさず、尋《つ》いで病《や》みて終《お》はる。❹後遂《のちつい》に津《しん》を問《と》ふ者《もの》無《な》し。

（陶淵明集《とうえんめいしゅう》）

【現代語訳】

❶南陽の劉子驥は志の高い人物であった。❷このことを聞いて、（その土地こそ自分のような隠者が住むにふさわしいと）喜んで、行くことを計画した。❸（しかし、）まだ果たさないでいるうちに、間もなく病気になって死んでしまった。❹その後は、そのままになって（かの村への）渡し場を尋ねる者はいない。

語句の解説 4

教286ページ

❶既《すでニ》出《いヅ》　「既」は、下に述べることが完了していることを示す。

❷扶《よリ》㆓向《さきノ》路《みちニ》㆒　ここに来るときに通った道をたどりながら。

「扶《よル》」＝頼る。

処処《しょしょ》　いたるところ。「ところどころ」ではない。

❸詣《いたリテ》　至って。「参詣」の意味はない。「詣」は、「到」に同じだが、多く中央や貴人のところに行くことを表す。

❹即《すなわチ》　たちまち。すぐに。そのまま。

語句の解説 5

教286ページ

❶高尚《こうしょうノ》士《し》　役人にならないで、名誉欲や権勢欲を捨てた人。隠棲《いんせい》している人物。

❸未《いまダ》《ず》㆑～　再読文字。「いまダ～ず」。

❹後遂《のちついニ》無《なシ》㆓問《とフ》㆑津《しんヲ》者《もの》㆒。　「問㆑津（＝渡し場を尋ねる）」とは、桃花源への入り口を尋ねること。純粋にこうした世界、桃花源という理想の社会を求めようとする人物がいなくなったことをいう。「津を問う」とは、正

……しい道を尋ねることをたとえる言葉。

学習の手引き

一　桃花源に至る道筋や村の描写を整理し、それらからわかる桃源郷のありようを説明してみよう。

考え方　漁師が桃花源に着くまでの道筋は第一～二段落に、村の描写は第二～三段落に書かれている。

解答例　・道筋＝谷川に沿って行くと桃花の林に出る。その林の尽きるところに水源と山があり、山には小さな入り口がある。そこで船を下りて入り口から入って歩いて行くと、狭い道が急に開けて村に出る。

・村の描写＝広々とした土地に家屋が整然と並び、肥えた田畑や美しい池、桑畑や竹林があり、縦横にあぜ道が通じていて、鶏や犬の鳴き声が聞こえる。人々は、異国のような衣服を着て、老人も子供も楽しそうである。村人はみな親切で、見知らぬ客人を家に招いて酒や食事をふるまい、親しく話を交わしてくれる。

・わかること＝桃源郷は、美しく豊かで、人々が仲良く平和に暮らす、世俗の名利とは切り離された別天地である。

二　「漁人」「太守」と「劉子驥」とを比較し、最後の段落を記した作者の意図について、説明してみよう。

解答例　・比較＝「漁人」「太守」は、たまたま桃花源の存在を知って関心を持った世俗の人。「劉子驥」は、もともと世俗を捨てた隠者で、桃源郷のような世界を求める気持ちを強く持っていた人。

・最後の段落の意図＝作者の思いは、とくに最後の一文によく表れている。劉子驥の存在を書き加えることで、以後、桃源郷のような世界を求める人もいなくなったことを嘆く気持ちを表している。

活動の手引き

一　陶潜が描いた理想郷観の根本には、中国の老荘思想の考え方があるとされている。とくに『老子《ろうし》』の「小国寡民」の思想について調べ、本文との類似点を発表してみよう。

考え方　「小国寡民」では、小さな国土に少数の民が住み、他国と交流せず、命を大切にし、文明の利器や武器を用いず、在るものに満足して暮らすことの大切さを説いている。これは欲望のままに振る舞い、拡大を目ざして争いを繰り返す世俗のありように反対する思想で、本文では桃花源の村の姿で描かれていることを理解しよう。

句形

◇太字の部分に注意して、その働きを考えよう。

＊**纔**《カニ》通《ズルノミ》レ人《ヲ》。――纔かに人を通ずるのみ(やっと人ひとりが通れるだけであった)。「纔～。」は「纔かに～のみ。」と訓読し、「やっと～だけだ。」という**限定**の意味を表す。

＊**不ニ復**《タ》得レ路《ヲ》。――復た路を得ず(二度とは道を見つけることができなかった)。「不ニ復～。」は「復た～ず。」と訓読し、「二度とは～しない。」という**一部否定**の意味を表す。ただし、「不復出焉」(二六五・5)の場合は、一度も出たことがないので、「一度は出たが二度とは出なかった」ではなく、「それっきり外の世界には出なかった」という意味を表し、強意の用法になる。

離魂記

陳《ちん》玄《げん》祐《いう》

教科書P.287〜290

【大意】 1 教287ページ1〜4行

唐の時代に、張鎰《ちょういつ》という穏やかな人柄の役人がいた。息子はなく、上の娘も亡くなって、下の娘の倩娘《せんじょう》を、おいにあたる王宙《おうちゅう》という優れた若者に嫁がせたいと思っていた。

【書き下し文】

❶天授三年《てんじゅさんねん》、清河《せいか》の張鎰《ちょういつ》は、官《かん》に因《よ》りて衡州《こうしゅう》に家《いえ》す。❷性《せい》は簡静《かんせい》にして、知友《ちゆうすく》寡なし。❸子《し》無《な》く、女《むすめ》二人《ににん》有《あ》り。❹其《そ》の長《ちょう》は早《はや》く亡《な》く、幼女倩娘《ようじょせんじょう》は、端妍絶倫《たんけんぜつりん》なり。❺鎰《いつ》の外甥太原《がいせいたいげん》の王宙《おうちゅう》は、幼《よう》にして聡悟《そうご》、容範美《ようはんうつく》し。❻鎰常《いつつね》に器重《きちょう》し、毎《つね》に曰《い》はく、「他時《たじ》当《まさ》に倩娘《せんじょう》を以《も》つて之《これ》に妻《めあわ》すべし。」と。

【現代語訳】

❶天授三年のこと、清河の張鎰は、役人勤めのために衡州に住んでいた。❷(鎰の)性格は飾り気がなく、もの静かで、友人も少なかった。❸息子はなく、娘が二人いた。❹そのうちの長女は早くに亡くなり、末の娘の倩娘は、容姿端麗で絶世の美女だった。❺鎰のおいにあたる太原の王宙は、幼いころから賢く鋭敏で、姿かたちも美しかった。❻鎰は常々(王宙の)才能を認めて重んじ、日ごろから「後々は、倩娘を王宙に嫁がせなくては。」と言っていた。

【大意】 2 教287ページ5〜8行

宙と倩娘は成長し、互いに心の中で思いを寄せ合っていたが、家の者は気づかない。その後、鎰は同僚から倩娘をほしいといわれ承諾したために、倩娘はふさぎこみ、宙は悲しみ恨んで都へ転任することにしてしまった。

【書き下し文】

❶後《のち》各《おのおの》長成《ちょうせい》す。❷宙《ちゅう》と倩娘《せんじょう》とは、

【現代語訳】

❶その後(二人は)それぞれに成長した。❷宙

語句の解説 1

教287ページ

❶官《かん》 役人のこと。

因《よ》リテレ〜ニ 〜のために。〜によって。

于 「衡州に」の「に」にあたる置き字。

❷寡《すく》ナシ 少ない。同訓異字に「鮮」「少」。

知《ち》友《ゆう》 親しい友人。

❹長《ちょう》・幼《よう》 年上・年下の意。

❺聡悟《そうご》 「聡」は賢い、「悟」は判断が的確で素早い、鋭敏な様子。

❻他時《たじ》 将来におけるいつか。後日。

当《まさ》ニ二〜一スベシ 再読文字。〜しなければならない。

妻《めあわ》ス 嫁がせる。結婚させる。

之《これ》 「王宙」をさす。

語句の解説 2

教287ページ

❷私《ひそ》カニ 心の中で。こっそり。

莫《な》シ 否定を表す返読文字。「無」と同じ。

其《そ》ノ状《じょう》 「其」は宙と倩娘とが互いに思い合っていることをさす。「状」はありさま。

常《つね》に私《ひそ》かに寤寐《ごび》に感想《かんそう》すれども、家《か》人《じん》其《そ》の状《じょう》を知《し》る莫《な》し。❸後《のち》賓寮《ひんりょう》の選《せん》者《じゃ》有《あ》りて之《これ》を求《もと》むるに、鎰《いつ》許《ゆる》す。❹女《むすめ》聞《き》きて鬱抑《うつよく》す。❺宙《ちゅう》も亦《また》深《ふか》く恚恨《いこん》し、託《たく》するに当調《とうちょう》を以《も》つてし、京《けい》に赴《おもむ》かんと請《こ》ふ。❻之《これ》を止《とど》むるも可《き》かず、遂《つい》に厚《あつ》く之《これ》を遣《や》る。❼宙陰《ちゅうひそ》かに恨《うら》みて悲慟《ひどう》し、決別《けつべつ》して船《ふね》に上《のぼ》る。

と倩娘は、いつも寝ても覚めても心の中で思いを寄せ合っていたが、家の者はそのことに気づかなかった。❸その後、同僚の中の優れた者がいて倩娘を（妻に）ほしいというので、鎰は承諾した。❹娘は（それを）聞いてふさぎこんだ。❺宙もまた深く怒り恨んで、任官を口実にして、都へ行きたいと言う。❻引き止めたが聞かず、とうとう手厚く（準備をして、宙を都へ）送り出してやった。❼宙は心の中で恨み悲しみ、別れを告げて船に乗った。

【大　意】　3　教288ページ1～10行

宙の乗る船は山村に着いたが、眠れないでいると、岸辺に人の足音がして、たちまち宙の乗る船まで来た。尋ねるとその人は倩娘で、宙の愛情に報いるために、家を出て追ってきたのだという。意外な出来事に宙は喜び、倩娘を船中に隠して二人で蜀へ逃れた。

【書き下し文】

❶日暮《にちぼ》、山郭《さんかく》に至《いた》ること数里《すうり》。❷夜方《よるまさ》に半《なか》ばなれども、宙寐《ちゅうい》ねられず。❸忽《たちま》ち岸上《がんじょう》に一人《いちにん》有《あ》るを聞《き》く。❹行《こう》声甚《せいはなは》だ速《はや》く、須臾《しゅゆ》にして船《ふね》に至《いた》る。❺之《これ》を問《と》へば、乃《すなわ》ち倩娘《せんじょう》の徒行《とこう》跣足《せんそく》

【現代語訳】

❶夕方、山村に数里ほどで着いた。❷真夜中になっても、宙は眠れない。❸（すると）突然岸辺に（誰か）一人いるのを聞いた。❹（その）足音はとても速くて、すぐに船に着いた。❺誰かと問うと、なんと倩娘がはだしで歩いてやってき

1　「之」とは、誰をさすか。

答　倩娘

❸**鎰《いつ》許《ゆるス》焉**　鎰が同僚の申し出を承諾してしまった。「焉」は置き字。

❺**京《けい》**　京師《けいし》、つまり都のこと。

❻**止《とどムル》・遣《やル》**　これらの主語は明示されていないが、家族、周囲の人々であろう。主語を「鎰」ととる説もある。

2　「止之不可、遂厚遣之。」は、どういう意味か。

答　宙を思いとどまらせようとしたが聞かないので、旅費を十分に持たせて、都へ送り出してやったという意味。

語句の解説 3

教288ページ

❷**方《まさニ》**　読み方に注意。「ちょうど・今まさに」の意。「正」も同じ。「まさニ」と読む字には、ほかに再読文字の「将」「当」「応」がある。

❸**忽《たちまチ》**　「突然」「急に」の意。

❹**甚《はなはダ》**　程度がはなはだしい意。形容詞「甚だし」の形でも用いられる。

須臾《しゅゆ》　ほんのわずかな時間を表す。

して至《いた》るなり。❻宙驚喜発狂《ちゅうきょうきはっきょう》して、手《て》を執《と》りて其《そ》の従《よ》りて来《き》たるを問《と》ふ。❼泣《な》きて曰《い》はく、「君《きみ》の厚意《こうい》此《か》くのごときは、寝食《しんしょく》にも相感《あいかん》ず。❽今将《いままさ》に我《わ》が此《こ》の志《こころざし》を奪《うば》はんとするも、又《また》君《きみ》が深情《しんじょう》の易《か》はらざるを知《し》り、将《まさ》に身《み》を殺《ころ》して奉報《ほうほう》せんとするを思《おも》ひ、是《ここ》を以《も》つて亡命《ぼうめい》し来奔《らいほん》す。」と。❾宙意《ちゅうい》の望《のぞ》む所《ところ》に非《あら》ざれば、欣躍《きんやく》すること特《こと》に甚《はなは》だし。❿遂《つい》に倩娘《せんじょう》を船《ふね》に匿《かく》し、連夜遁《れんやのが》れ去《さ》り、道《みち》を倍《ばい》し行《こう》を兼《か》ね、数月《すうげつ》にして蜀《しょく》に至《いた》る。

たのである。❻宙は驚き喜び気も狂わんばかりになって、(倩娘の)手をとり、そのいきさつを尋ねた。❼(倩娘が)泣きながら言うことには、「あなたの愛情がこのように厚いことは、寝ているときも食べているときも、いつも感じました。❽今(両親が)私のこの気持ちを奪おうとしていますが、またあなたの深い愛情が変わらないことを知って、死んでも(その愛情に)お報いするようにしようと思い、それで家を捨てて逃げ出してきたのです。」と。❾宙は思ってもみないことだったので、おどりあがって喜ぶことこのうえもなかった。❿(そして)とうとう倩娘を船に隠し、夜どおし逃げ、昼夜兼行で二日の行程を一日で進み、数か月かかって蜀の地にたどり着いた。

❺問《と》ヘバレ之《これ》ヲ　「之」は船に来た人。暗くて足音は聞こえても姿は見えないのである。

❻其《そ》ノ従《よ》リテ来《き》タル　「其」は倩娘が突然現れたこと、「従りて来たる」は慣用的な表現で、これまでの経緯、いきさつを表す。

❽将《まさ》ニスルモ　再読文字。「将ニ～ニ」で「今にも～しようとする」。

我《わ》ガ此《こ》ノ志《こころざし》　倩娘の宙を思う気持ち。

不《ざ》ルヲレ易《か》ハラ　変わらないのを。

奉報《ほうほう》セント　お報いしようと。恩などに報いる意。

是《ここ》ヲ以《も》ッテ　理由・原因を表し、「それゆえ」「それで」と訳す。「故《ゆえ》に」と同じ。

来奔《らいほん》ス　逃げてくる。「奔」は故郷を捨てて逃げるという意味。

3

「奪」の主語は誰か。

答

両親

❾欣躍《きんやく》　おどりあがって喜ぶこと。「欣《きん》喜《き》雀《じゃく》躍《やく》」ともいう。

4

「意所望」とは、どういうことか。

答

自分が予想していたこと。

【大意】 4 教288ページ11行～289ページ3行

五年が過ぎ、倩娘は二人の息子の母となっていた。倩娘は故郷の父母を思い、親子の義理を果たせていないと嘆くので、宙は帰ることとし、ついに一緒に衡州に帰った。

【書き下し文】

❶凡《およ》そ五年《ごねん》にして、両子《りょうし》を生《う》むも、鎰《いっ》と信《しん》を絶《た》つ。❷其《そ》の妻《つま》常《つね》に父母《ふぼ》を思《おも》ひ、涕泣《ていきゅう》して言《い》ひて曰《い》はく、「吾《われ》曩《さき》の日《ひ》、相負《あいそむ》く能《あた》はざれば、大義《たいぎ》を棄《す》てて君《きみ》に来奔《らいほん》せり。❸今《いま》に向《いた》りて五年《ごねん》、恩慈《おんじ》間阻《かんそ》す。❹覆載《ふくさい》の下《もと》、胡《なん》の顔《かんばせ》ありて独《ひと》り存《そん》せんや。」と。❺宙之《ちゅうこれ》を哀《あわ》れみて曰《い》はく、「将《まさ》に帰《かえ》らんとす。❻苦《くる》しむこと無《な》かれ。」と。❼遂《つい》に倶《とも》に衡州《こうしゅう》に帰《かえ》る。

【現代語訳】

❶(それから)五年ほどのうちに、(倩娘は)二人の男の子を産んだが、鎰とは音信を絶っていた。❷その妻(倩娘)がいつも父母を思い出して涙を流して言うことには、「私は以前、あなた(の私に対する愛情)に背くことができなかったので、父母への(子としての)義理を捨てて、あなたのもとへ逃げてきました。❸これまで五年(が過ぎて)、親子の情は隔たってしまいました。❹この世で、どんな顔をして一人生きていられましょうか(、いや、生きていられません)。」と。❺宙は妻をかわいそうに思って言った、「(故郷へ)帰ることにしよう。❻苦しんではいけない。」と。❼そしていよいよ一緒に衡州に帰った。

【大意】 5 教289ページ4～9行

故郷に着くと、宙は一人で妻の家に行き、これまでのことを話して謝った。鎰は信じなかったが、使いの者を行かせてみると、確かに倩娘がいる。その話を聞くと、病気で寝ていた娘が起き上がり、帰ってきた倩娘と一体になった。

語句の解説 4

教288ページ

❶**両子《りょうし》** 「両」は二の意。「子」は男子。合わせて、「二人の男の子」のこと。

信《しん》 音信、手紙などによる連絡のこと。

教289ページ

❷**涕泣《ていきゅう》** 涙を流して泣くこと。

5

「相負」とは、誰に負くのか。

答 宙

❹**胡《なんノ》顔《かんばせアリテ》～也《や》** 「胡」は「何」と同じ。文末の「也」と呼応して「胡の顔ありて～(ん)や」と読み、「どんな顔をして～だろうか(、いや、できない)」という反語を表す。

❺**将《まさニ》レ帰《かえラント》** 再読文字「将」は近い未来を表し、「今にも～しようとする」の意。

❻**無《なカレ》レ苦《くるシムコト》** 「無《なカレ》レ～《(スル)コト》」は禁止の句形で、「～(する)ことなかれ」と読み、「～(し)てはいけない」という意味を表す。

語句の解説 5

教289ページ

❶**既《すでニ》** すでに終わったことを表す。「已《すでニ》」も同じ。

【書き下し文】

❶既《すで》に至《いた》り、宙独身先《ちゅうひとりま》づ鎰《いっ》の家《いえ》に至《いた》り、首《はじ》めに其《そ》の事《こと》を謝《しゃ》す。❷鎰曰《いっい》はく、「倩娘病《せんじょうや》みて閨中《けいちゅう》に在《あ》ること数年《すうねん》、何《なん》ぞ其《そ》れ詭説《きせつ》するや。」と。❸宙曰《ちゅうい》はく、「見《げん》に舟中《しゅうちゅう》に在《あ》り。」と。❹鎰大《いつおお》いに驚《おどろ》き、促《すみ》やかに人《ひと》をして之《これ》を験《けん》せしむ。❺果《は》たして倩娘《せんじょう》の船《せん》中《ちゅう》に在《あ》るを見《み》る。❻顔色怡暢《がんしょくいちょう》、使者《ししゃ》に訊《たず》ねて曰《い》はく、「大人安《たいじんやす》きや否《いな》や。」と。❼家人之《かじんこれ》を異《い》とし、疾《と》く走《はし》りて鎰《いっ》に報《ほう》ず。❽室中《しっちゅう》の女聞《むすめき》き、喜《よろこ》びて起《た》ち、飾粧更衣《しょくしょうこうい》し、笑《わら》ひて語《かた》らず。❾出《い》でて与《とも》に相迎《あいむか》へ、翕然《きゅうぜん》として合《がっ》して一体《いったい》と為《な》り、其《そ》の衣裳《いしょう》も皆重《みなかさ》なる。

【現代語訳】

❶帰り着くと、宙は自分だけでまず鎰の家に行き、はじめにこれまでのことを謝った。❷(それを聞いて)鎰が言うには、「倩娘は病気で自分の部屋の中にいること数年になる、(おまえは)なんとでたらめを言うことよ。」と。❸(そこで)宙が言うには、「実際に船の中におります。」と。❹鎰はたいそう驚いて、すぐに人をやって(宙の言うことが本当かどうか)確かめさせた。❺すると確かに倩娘が船中にいるのを見た。❻(倩娘は)顔の様子もにこやかで、使いの者に尋ねて言うには、「お父様はお変わりありませんか。」と。❼使いの者はこれを奇異なことと思い、急いで走っていって鎰に知らせた。❽(すると)部屋にいた娘が(それを)聞き、喜んで起き上がり、化粧をして着物を着がえ、ほほえんで何も言わない。❾(そして)部屋を出て(倩娘とその娘とが)互いに迎え合い、ぴたりと合わさって一つの体となり、二人の着ているものもすべて重なった。

首《はじメ》　いちばんはじめ。第一。

❷**閨中《けいちゅう》**　「閨」は女性の部屋。

❹**促《すみヤカニ》**　すぐに。

使《しム》ニ人《ひとヲシテ》験《けんせ》レ之《これヲ》　「使ニ—《ム》〜《ヲシテ》(セ)一」は使役の句形。「—をして〜(せ)しむ」と読み、「—に〜させる」という意味を表す。

❺**果《はタシテ》**　予想したとおり。本当に。

❻**顔色《がんしょく》・訊《たずネテ》・曰《いハク》**　どれも主体は倩娘。

❼**異《いトシ》レ之《これヲ》**　船の中に倩娘がいて、父の安否を尋ねたことを、使いの者はおかしいと思った。

❽**室中《しっちゅうノ》女《むすめ》**　部屋で寝ていた娘。

飾粧《しょくしょう》更衣《いシ》　「飾粧」は化粧すること、「更衣」は着がえること。

笑《わらヒテ》而不《ず》レ語《かたラ》　主語は「室中の女」。

6　「与相迎」とは、どういう意味か。

答　帰ってきた倩娘と病んで寝ていた倩娘とが、互いに迎え合うという意味。

❾**為《なリ》ニ一体《いったいト》一**　分離していた「魂」と、「魂」が抜け出たために弱っていた「肉体」とが、一つに合体する場面である。

なお「魂」は精神を司《つかさど》る「気」、これに対して肉体を司る「気」を「魄《はく》」といい、両方

【大　意】　6　教289ページ10行〜290ページ1行

鎰の家ではこのことをよくないこととして隠していたが、親戚の中には知る者もいた。その後、宙と倩娘は亡くなり、二人の息子は立派に成長して出世した。

【書き下し文】

❶其《そ》の家事《いえこと》の不正《ふせい》なるを以《も》つて之《これ》を秘《かく》す。❷惟《た》だ親戚《しんせき》の間《あいだ》、潜《ひそ》かに之《これ》を知《し》る者《もの》有《あ》り。❸後《のち》四十年《しじゅうねん》の間《あいだ》に、夫妻《ふさい》は皆《みな》喪《し》す。❹二男《になん》は並《なら》びに孝廉《こうれん》に擢第《てきだい》し、丞《じょう》・尉《い》に至《いた》る。

【現代語訳】

❶その家では事が正常でなかったので、このことを隠していた。❷ただ親戚の中に、密かに知る者がいた。❸その後四十年の間に、（宙と倩娘の）夫妻はともに亡くなった。❹二人の息子は、どちらも官吏登用試験に合格し、県丞と県尉（の地位）にまで昇った。

【大　意】　7　教290ページ2〜4行

筆者は若いころからこの話を知っていたが、内容に違いも多く、作り話かもしれないと思って書かずにいた。あるときたまたま鎰の親戚の人に会い、詳しく話を聞かせてもらって、事情がよくわかったので、書いたのである。

合わせて「魂魄《こんぱく》」という。「魂」と「魄」の離合の考え方は、中国に古くから伝わる。

「為」は、「なル」「なス」「たリ」「ためニ」「る・らル」など多様な読み方と用法がある。ここは下から返って「〜となる」意で用いられている。

語句の解説　6

教289ページ

❶其《そ》ノ家《いえ》　鎰の家。

不正《ふせい》　宙と倩娘の結婚のしかたが通常でないことを表す。

❷惟《た》ダ　「唯」と同じ。「〜だけ」という意で「〜のみ」と呼応して用いられることが多い。ほかに「但」「徒」「只」も同じ。

有《あ》リ二潜《ひそ》カニ知《し》ルレ之《これ》ヲ者《もの》一　最後の段落の❺の内容と呼応し、「張仲規《ちょうちゅうき》」の話の伏線になっている。

❸夫妻《ふさい》　宙と倩娘の夫妻のこと。❹の「二男」の両親。

喪《し》ス　ここでは「死」と同じ。

語句の解説　7

教290ページ

❶玄祐《げんゆう》　「離魂記」の作者。私。

少《わか》キヨリ　「少」は「わかシ」と読み、年が若

【書き下し文】

❶玄祐《げんゆう》少《わか》きより常《つね》に此《こ》の説《せつ》を聞《き》く。❷而《しか》れども異同《いどう》多《おお》く、或《あ》るいは其《そ》の虚《きょ》なるを謂《い》ふ。❸大暦《たいれき》の末《すえ》、莱蕪県《らいぶけん》の令張仲規《れいちょうちゅうき》に遇《あ》ふ。❹因《よ》りて備《つぶ》さに其《そ》の本末《ほんまつ》を述《の》ぶ。❺鎰《いつ》は則《すなわ》ち仲規《ちゅうき》の堂叔《どうしゅく》にして、説《と》くこと極《きわ》めて備悉《びしつ》なり。❻故《ゆえ》に之《これ》を記《しる》す。

【現代語訳】

❶玄祐（私）は若いときからいつもこの話を聞いていた。❷けれども（話によって）異なる点が多く、もしかしたらそれは作り話であるとも言う。❸大暦の末に、（私は）莱蕪県の長官であった張仲規にたまたま出会った。❹そこで（仲規は）詳しくその話の一部始終を語ってくれた。❺鎰はつまり、仲規の父方の叔父にあたる人であるから、話は非常に詳しかった。❻それでこの文章を書き記したのである。

いという意味で用いられる。

此《こノ》説《せつ》 この話。「離魂記」の内容をさす。

❷**而《しかレドモ》** 逆接の接続詞として読んでいることに注意する。

或《あルイハ》 ひょっとしたら。または。

其《そノ》虚《きょナルヲ》 「其」は❶の「此説」、❹の「其本末」の「其」と同じ。「虚」は「事実でない・うそである」の意。

❸**遇《あフ》** たまたま会う。

❹**因《よリテ》** そこで。それゆえに。ここは第一段落の「～ニ因リテ」とは異なり、独立した接続詞として用いられている。

備《つぶサニ》 詳しく。具体的に。「具」と同じ。

本末《ほんまつ》 物事の始めと終わり。一部始終。

❺**而** ここは「～テ」にあたる順接の助字で、置き字である。

❻**故《ゆえニ》** 前に理由を述べ、あとに結果を導く接続詞で、「よって」「だから」「それで」などと訳す。ここでは直前の部分が「離魂記」を記した理由になっている。

学習の手引き

一 「倩娘」と「王宙」の互いを思う心情を、第三段落までの記述から整理しよう。

考え方 倩娘と王宙の思いは特に第二・三段落に書かれている。最初に思い合うようになったとき、縁談が持ち上がったとき、宙が出奔したあとに分けて二人の心情を整理してみる。

解答例 ・最初…家族は気づかなかったが、二人はひそかに強く思いを寄せ合っていた。
・縁談が持ち上がったとき…倩娘はふさぎこみ、宙はたいへん恨み悲しんだ。
・宙が出奔したあと…倩娘は宙の愛情を常に感じ、死んでもそれに報いたいと思い、はだしで追いかけてきた。それを見た宙は非常に驚き喜んで、倩娘と二人で逃げた。

二 **「倩娘」の身に起こった「事不正」を、「離魂」というタイトルと符合させながら、説明してみよう。**

考え方 ここでいう「事の不正なる」は、「事が正常でない」という意味であることに注意して説明してみよう。

解答例 ここでの「不正」なこととは、父親の鎰が信じることができず、世間から隠そうとした不思議な出来事のことである。タイトルの「離魂」と合わせて考えると、それは倩娘の「魂」が肉体を離れて抜け出し、「魂」の身(＝幽体)のまま宙と結婚し、数年後に元の肉体と合一したことであろう。親不孝をしたことなどではなく、恋しさのために魂魄が分離してしまった異常事態を「不正」と言っているのである。

活動の手引き

一 **最後の段落の記述は、この話にどのような読後感を与える効果をあげているか、考えたことを自由に発表し合おう。**

考え方 最後の段落に作者「玄祐」が直接登場して、この文章を書き残した理由を述べている。この話は作り話に思えるかもしれないが、たまたま鎰の親戚の人に会って詳しい話を聞くことができた、だから出所のはっきりした確かな話だ、と言っているように思える。したがって、不思議な話に信憑性をもたせる効果をあげていると言えるだろう。ほかにも作者の意図を想像してみよう。

句形

◇**太字の部分に注意して、その働きを考えよう。**

*何《ゾ》其《レ》詭説《スル》也。――何ぞ其れ詭説するや(なんとでたらめを言うことよ)。「何其～也。」は、「何ぞ其れ～(する)や。」と訓読し、「なんと～であることよ。」という**感嘆**の意味を表す。もともとは「どうして～(する)のか。」という**疑問**の形で、ここではそれが感嘆の意に用いられている。句中の「其れ」は指示代名詞ではなく感動詞で、「そら」「ほら」「ほんとうに」などの意味を表す。ただし、「其れ」はなくても感嘆の意で用いられるので覚えておこう。〈例〉何ぞ楚人の多きや(なんと楚の人が多いことよ)。

*大人安《キヤ》**否**《ヤ》。――大人安きや否や(お父様はお変わりありませんか)。「～否。」は、「～や否や。」と訓読し、「～かどうか。」という**疑問**の意を表す。一般に疑問形は反語形でも用いられることが多いが、この形は疑問のみで、反語としては用いられない。